LE GUIDE ILLUSTRÉ DES OISEAUX DE FRANCE ET D'EUROPE

Texte original de Peter Hayman et Philip Burton
Actualisation de Chris Mead

Adaptation française de Michel van Havre
Révision générale de Michel Cuisin,
membre de la Société Ornithologique de France

Nouvelle édition mise à jour

GRÜND

Sommaire

Introduction 7

Comment utiliser ce livre 8

LES OISEAUX D'EUROPE

Espèces décrites 10

Descriptions 12

Oiseaux des côtes et des marécages 236

Petits Échassiers 238

Oiseaux des montagnes 239

Oiseaux du Midi 240

LA VIE DES OISEAUX

Qu'est-ce qu'un oiseau ? 242

Adaptations 244

Nidification 246

Le vol des oiseaux 248

Comportement et voix 250

Les migrations 252

Le baguage 256

Les invasions 257

L'OBSERVATION DES OISEAUX

Observer les oiseaux 258

Au jardin 260

L'équipement de l'ornithologiste 262

Où observer les oiseaux en Europe ? 264

Pour en savoir plus 266

Glossaire 268

Index des noms latins 269

Index des noms communs 271

Sources 272

Première édition
Texte original de Philip Burton
Adaptation française de Michel van Havre
Illustrations de Peter Hayman
Cartes établies par John Parslow
Canards, oies, petits échassiers, oiseaux du Midi, des montagnes, des côtes et des marécages peints par Robert Morton ; textes généraux illustrés par John Davis et fonds de cartes de Brian Delf.
Avec la collaboration de Ian S. MacPhail

Nouvelle édition
Actualisation et nouveaux textes de Chris Mead
Révision générale et adaptation française (pour les pages 241-247, 250-256, 258-272) de Michel Cuisin, de la Société Ornithologique de France.
Nouveaux schémas, cartes et illustrations de Kevin Richardson et Paul Williams.
En association avec The Royal Society for the Protection of Birds.

ISBN : 2-7000-1909-1
Dépôt légal : mars 1992
Photocomposition : P.F.C. Dole
Produit par Mandarin Offset Ltd
Imprimé et relié à Hong Kong

Introduction

Les guides classiques consacrés aux oiseaux insistent en général surtout sur le plumage, comme s'il s'agissait de l'unique critère d'identification. Notre ouvrage montre au contraire les oiseaux *en mouvement*, c'est-à-dire tels qu'on les voit réellement, afin d'aider efficacement le débutant autant que le connaisseur à les reconnaître. Au premier il offre les moyens de les identifier par leur comportement, et au second il montre la variabilité des couleurs. Nous avons décrit les oiseaux que l'on peut voir en Europe, et omis uniquement les espèces rares.

Les oiseaux sont généralement groupés, dans ce livre, d'après leur taille et leurs ressemblances, et non pas d'après l'ordre de la classification scientifique, de façon à répondre aux souhaits de l'observateur. Ainsi, le Moineau domestique et l'Accenteur mouchet se ressemblent, mais appartiennent à deux familles bien différentes. Dans un guide classique, ils sont séparés par un grand intervalle, alors qu'ici on les trouvera à trois pages l'un de l'autre.

Décrire la voix des oiseaux au moyen d'onomatopées n'est guère utile pour le débutant, c'est pourquoi nous avons limité leur emploi aux cris les plus familiers, à certains chants et aux cas où la connaissance des émissions vocales est essentielle pour l'identification d'une espèce.

L'illustration de ce livre constitue un véritable tour de force : les dessins principaux ont tous été réalisés d'après des oiseaux morts ou naturalisés et, pour respecter les proportions, 38 mensurations, en moyenne, furent prises sur les modèles. La conception de cet ouvrage correspond manifestement aux vœux des ornithologistes européens, si l'on en juge par le succès qu'il connaît depuis sa parution, non seulement auprès des critiques mais aussi du public.

Cette nouvelle édition a été entièrement revue et complétée ; nous avons retenu l'essentiel, c'est-à-dire toute la partie descriptive avec ses illustrations, mais pour répondre à la demande des lecteurs qui ne se contentent plus d'identifier les oiseaux mais veulent aussi avoir des informations sur leur comportement et les moyens de les protéger, nous avons développé ces sujets dans la partie générale. Vous y trouverez aussi des renseignements sur tous les aspects techniques de l'observation, tels que le matériel d'enregistrement et enfin l'essentiel de la biologie.

Nous devons ces compléments à Chris Mead du British Trust for Ornithology, qui a su répondre aux désirs des lecteurs tout en conservant le ton général de l'ouvrage. Nous remercions encore le Dr J.J.M. Flegg, directeur de cet organisme jusqu'en 1975, pour son aide précieuse. Nous exprimons également notre reconnaissance à tous ceux qui nous ont assistés dans notre travail.

Peter HAYMAN et Philip BURTON

Comment utiliser ce livre

Les experts ne se contentent pas d'étudier le plumage pour identifier un oiseau. Ils rassemblent des indications concernant l'aspect général, la saison, le comportement de nutrition, le vol, les parades et le mode de groupement. Il ne faut pas seulement retenir les détails du plumage. C'est de cette manière que l'on peut affirmer qu'un oiseau très foncé, explorant une pelouse en tenant le bec ouvert, ne peut être qu'un Étourneau. Dans ce livre, chaque illustration, même la plus réduite, montre un caractère. C'est ainsi que l'expression faciale de la Mésange nonnette peut être distinguée de celle de la Mésange boréale par son regard. L'identification d'un oiseau se fait à partir d'un « portrait-robot » où entre en jeu un grand nombre de renseignements.

Les symboles concernant le biotope représentent des habitats qui, souvent, sont mêlés.

DESCRIPTION D'UN OISEAU

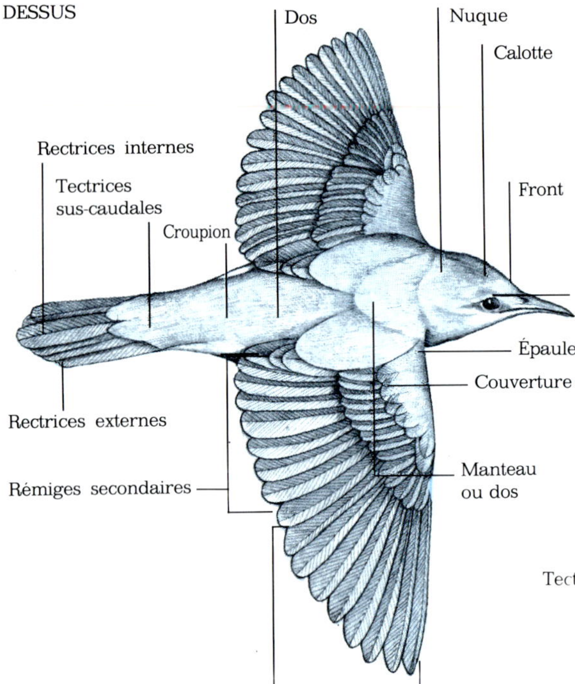

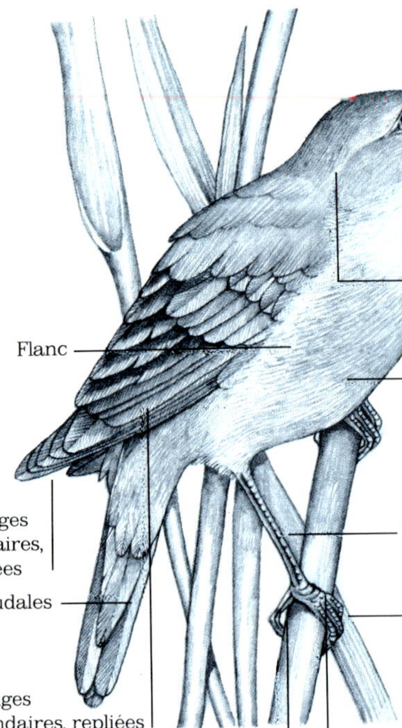

N'importe quelle zone urbaine : ville, faubourg, agglomération ou village. Jardins et parcs urbains. Sites et ensembles industriels.

Lacs et mares, rivières, ruisseaux et cours d'eau. Digues, polders et terrains soumis à l'action des marées. Retenues d'eau et champs d'épandage. Marais et tourbières.

Littoral : plages de sable ou de boue. Rochers, falaises, estuaires, bancs et criques inondables. Espaces portuaires et pleine mer.

Terres travaillées : champs, prairies, vergers et cultures d'agrumes méditerranéennes. Boqueteaux et taillis entre les cultures. Cours et bâtiments de ferme.

Forêt (de conifères, d'arbres à feuilles caduques ou un mélange des deux). Plantations, parcs étendus et boisements éclaircis.

Végétation basse (ne dépassant pas 1 m) ou terrains découverts. Landes et maquis méditerranéens.

Végétation de basse tige (ne dépassant pas 3 m) comprenant quelques arbres plus élevés (bouleau, aubépine) ne dépassant pas une dizaine de mètres.

S 60 — Espèce sédentaire (comptant parmi les 60 espèces les plus communes).

E 60 — Visiteur d'été très commun (comptant parmi les 60 espèces les plus communes).

H 60 — Visiteur d'hiver très commun (comptant parmi les 60 espèces les plus communes).

M E — Visiteur d'été nichant en Europe occidentale.

M H — Visiteur d'hiver, hivernant en Europe occidentale.

S — Espèce sédentaire (comptant parmi les 60 espèces les plus communes).

/ — Espèce rare.

M E M H — Migrateur faisant étape en France au printemps et en automne (principalement les échassiers).

LECTURE D'UNE PAGE

Nom habituel de l'espèce : beaucoup d'observateurs ne se servent pas de la nomenclature scientifique mais préfèrent grouper les oiseaux par caractères de ressemblance. Les espèces prêtant à confusion figurent sur la page en regard. Feuilletez ce livre pour identifier l'espèce que vous cherchez : elle n'est pas loin. Les noms latins sont répertoriés aux pages 269-270.

L'illustration de chaque oiseau est établie selon l'échelle indiquée. Cette image présente l'oiseau dans son attitude la plus caractéristique. Une illustration, à plus petite échelle, le montre généralement en vol.

L'explication complète des symboles figure à la page 8. Quand deux espèces figurent sur la même page, leurs habitats et leurs mœurs sont généralement identiques. Un second symbole, ajouté en fin de ligne, peut indiquer une légère différence.

Les attitudes les plus caractéristiques concernant les parades nuptiales et d'autres comportements sont illustrées.

Les variations sont également indiquées : mâle, femelle, jeune, sous-espèces et phases du plumage.

Quand un oiseau possède une capacité ou un caractère particuliers, ils sont représentés.

La taille est un caractère essentiel pour l'identification des oiseaux ; la silhouette de chaque espèce est comparée à celle du Moineau. L'expérience permettra de comparer aussi les silhouettes en vol.

La plupart des illustrations de chaque page montrent une attitude typique de l'espèce, car c'est une des façons les plus sûres pour identifier un oiseau.

L'importance, la forme du groupe et la façon d'être de ce groupe peuvent servir à identifier des oiseaux rassemblés.

L'attitude au sol identifie souvent un oiseau. Certaines espèces paraissent différentes vues de face et ont donc été représentées sous cet angle. Les caractères que l'on ne distingue qu'en vol sont également représentés.

Le texte principal décrit la biologie de l'espèce.

CARTE DE DISTRIBUTION	ARRIVÉE, REPRODUCTION, DÉPART
Présence toute l'année	Mois d'absence
Présence en été	Mois de présence sans reproduction
Quartiers d'hiver	Mois de présence avec reproduction

Notez que la bande orange indique la période d'arrivée et de reproduction la plus précoce en Europe. Parallèlement, elle indique les nichées tardives et le départ. Plus au nord, cette période est retardée, plus au sud elle est précoce. Les Hirondelles arrivent en Espagne dès le milieu de mars, mais ne se montrent en Suède qu'au début de juin.

LES OISEAUX D'EUROPE

Plutôt que de suivre la classification scientifique traditionnelle, nous avons préféré regrouper les espèces selon leurs ressemblances. Pour identifier un oiseau que vous ne connaissez pas, il vous suffira de feuilleter le livre jusqu'à ce que vous rencontriez un groupe d'oiseaux proche, par la taille et l'aspect général, de l'espèce qui vous intéresse. Regardez ensuite attentivement les dessins des oiseaux qui figurent dans ce groupe ; en vous aidant du texte, vous trouverez facilement celui que vous avez observé.

Troglodyte 12
Roitelet triple-bandeau ; Roitelet huppé 13
Mésange charbonnière 14
Mésange bleue 15
Mésange nonnette ; Mésange boréale 16
Mésange noire 17
Mésange huppée 18
Mésange à longue queue 19
Accenteur mouchet 20
Rouge-gorge 21
Moineau friquet 22
Moineau domestique 23
Linotte mélodieuse ; Linotte à bec jaune 24
Sizerin flammé 25
Verdier 26
Chardonneret 27
Serin cini 28
Tarin des aunes 29
Pinson du Nord 30
Pinson des arbres 31
Gros-bec 32
Bouvreuil pivoine 33
Bec-croisé des sapins 34
Cisticole des joncs 35
Mésange à moustaches 36
Locustelle tachetée 37
Phragmite des joncs 38
Rousserole effarvatte ; Rousserole verderolle 39
Locustelle luscinioïde 40
Bouscarle de Cetti 41
Rousserolle turdoïde 42
Fauvette épervière 43
Pouillot siffleur ; Pouillot de Bonelli 44
Pouillot fitis ; Pouillot véloce 45
Hypolaïs ictérine 46
Hypolaïs polyglotte 47
Fauvette à tête noire 48
Fauvette des jardins 49
Fauvette grisette 50
Fauvette babillarde 51
Fauvette pitchou 52
Fauvette mélanocéphale ; Fauvette passerinette 53
Traquet pâtre 54
Traquet tarier 55
Gorge-bleue 56
Traquet motteux 57
Rouge-queue à front blanc 58
Rouge-queue noir 59
Gobe-mouches noir 60
Rossignol philomèle 61
Gobe-mouches gris 62
Grimpereau des bois 63
Torcol fourmilier 64
Sittelle torchepot 65
Bruant zizi 66
Bruant jaune 67
Bruant ortolan 68
Bruant fou 69
Bruant des roseaux 70
Bruant des neiges 71
Alouette lulu 72
Bruant proyer 73
Cochevis huppé 74
Alouette des champs 75
Pipit des arbres 76
Pipit farlouse 77
Pipit spioncelle ; Pipit maritime 78
Pipit rousseline 79
Bergeronnette des ruisseaux 80
Bergeronnette printanière 81
Bergeronnette de Yarrell ; Bergeronnette grise 82
Hirondelle de cheminée 83
Hirondelle de fenêtre 84
Hirondelle de rivage 85
Martinet noir 86
Martinet alpin ou à ventre blanc 87
Cincle plongeur 88
Merle de roche ; Merle bleu 89
Grive musicienne 90
Grive draine 91
Grive litorne 92
Grive mauvis 93
Merle noir 94
Merle à plastron 95
Loriot jaune 96
Étourneau sansonnet 97
Jaseur boréal 98
Pie-grièche grise ; Pie-grièche à poitrine rose 99

Pie-grièche écorcheur 100
Pie-grièche à tête rousse 101
Rollier d'Europe 102
Martin-pêcheur 103
Guêpier d'Europe 104
Pigeon biset 105
Pigeon ramier ou Palombe 106
Pigeon colombin 107
Tourterelle des bois 108
Tourterelle turque 109
Pic vert ; Pic cendré 110
Pic noir 111
Pic épeiche 112
Pic épeichette 113
Huppe fasciée 114
Pie bavarde 115
Casse-noix moucheté 116
Geai des chênes 117
Corbeau freux 118
Choucas des tours 119
Grand corbeau 120
Corneille noire ; Corneille mantelée 121
Caille des blés ; Râle de genêts 122
Lagopède d'Écosse ; Lagopède des saules 123
Tétras lyre 124
Grand tétras 125
Faisan de Colchide 126
Perdrix grise ; Perdrix rouge 127
Coucou gris 128
Engoulevent d'Europe 129
Faucon crécerelle 130
Épervier d'Europe 131
Faucon hobereau 132
Autour des palombes 133
Faucon pèlerin 134
Faucon émerillon 135
Busard des roseaux ou harpaye 136
Busard Saint-Martin ; Busard cendré 137
Buse variable 138
Bondrée apivore 139
Balbuzard pêcheur 140
Milan royal ; Milan noir 141
Aigle royal 142
Chouette hulotte 143
Hibou petit-duc ; Chouette chevêche 144
Hibou moyen-duc 145
Chouette effraie 146
Hibou des marais 147
Grand gravelot 148
Petit gravelot 149
Bécasseau sanderling 150
Gravelot à collier interrompu 151
Bécasseau variable 152
Bécasseau minute 153
Tournepierre à collier 154
Bécasseau violet 155
Chevalier sylvain 156
Chevalier cul-blanc 157
Chevalier guignette 158
Combattant 159
Bécasseau maubèche 160
Vanneau huppé 161
Pluvier doré 162
Pluvier argenté 163
Chevalier aboyeur 164
Chevalier gambette 165
Bécasse des bois 166
Bécassine des marais ; Bécassine sourde 167
Barge rousse 168
Barge à queue noire 169
Courlis cendré 170
Courlis corlieu 171
Échasse blanche 172
Avocette 173
Huîtrier-pie 174
Spatule blanche 175
Héron cendré 176
Héron pourpré 177
Cigogne blanche 178
Râle d'eau 179
Plongeon catmarin 180
Plongeon imbrin ; Plongeon arctique 181
Cygne sauvage ; Cygne de Bewick 182
Cygne tuberculé 183
Bernache nonnette 184
Bernache du Canada 185
Oie rieuse 186
Bernache cravant 187
Oie à bec court ; Oie des moissons 188
Oie cendrée 189
Foulque macroule 190
Poule d'eau 191
Grèbe à cou noir ; Grèbe esclavon 192
Grèbe huppé 193
Grèbe castagneux 194
Sarcelle d'hiver 195
Sarcelle d'été 196
Canard pilet 197
Canard siffleur 198
Canard chipeau 199
Canard colvert 200
Fuligule milouinan ; Fuligule morillon 201
Nette rousse 202
Fuligule milouin ; Fuligule nyroca 203
Garrot à œil d'or 204
Canard souchet 205
Harelde 206
Harle piette 207
Harle bièvre 208
Harle huppé 209
Tadorne de Belon 210
Eider à duvet 211
Macreuse noire ; Macreuse brune 212
Macareux moine 213
Goéland argenté 214
Goéland cendré 215
Goéland marin 216
Goéland brun 217
Mouette rieuse 218
Goéland bourgmestre ; Goéland à ailes blanches 219
Labbe pomarin ; Grand labbe 220
Labbe à longue queue ; Labbe parasite 221
Mouette tridactyle 222
Mouette pygmée 223
Sterne pierregarin 224
Sterne arctique 225
Sterne naine 226
Sterne caugek ; Sterne hansel 227
Guifette noire 228
Puffin des Anglais 229
Fulmar ou Pétrel glacial 230
Pingouin torda 231
Guillemot de Troïl ; Guillemot à miroir 232
Fou de Bassan 233
Grand cormoran 234
Cormoran huppé 235

Troglodyte *(Troglodytes troglodytes)*

S 60

(× 3/5)

Le chant joyeux du Troglodyte est exceptionnellement fort pour un si petit oiseau.

À gauche : bruissement d'ailes au ras du sol sur une courte distance. Ci-dessus : silhouette d'abeille vue de dos. À droite : attitude typique, queue dressée, battant fréquemment.

Les Troglodytes de Saint Kilda, au large des Hébrides, sont plus forts, plus gris avec d'autres nuances plus prononcées, mais leur queue est roussâtre.

Son menu préféré est composé d'araignées et d'autres invertébrés trouvés au sol. Deux couvées, de six œufs chacune, remplissent bien le nid. La femelle se charge du nourrissage des jeunes.

Gonflant ses plumes quand il fait froid, le Troglodyte peut paraître sphérique.

Se nourrissant principalement au sol, ces oiseaux se glissent sous la végétation et dans les crevasses. Ils nichent dans des lieux abrités, d'où leur nom, et se tiennent souvent blottis.

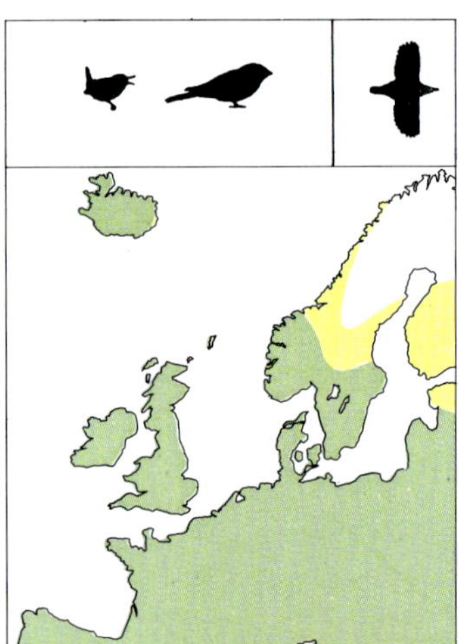

Le caractère du Troglodyte dépasse sa taille. Il est le seul représentant européen d'une famille qui compte dix espèces aux États-Unis.

Connue en Amérique sous le nom de Troglodyte d'hiver, notre espèce a dû venir en Europe au cours d'une période plus chaude de la préhistoire. C'est l'une des plus répandues d'Europe. S'adaptant aux bois comme à la plaine, il ne craint même pas les îlots rocheux de l'océan, tel Saint Kilda, où une sous-espèce particulière s'est établie.

Au printemps, le mâle construit plusieurs nids sur son territoire, mais la femelle ne tapisse que celui destiné à la ponte. Quelques-uns de ces « nids de coq » sont faciles à repérer, mais celui qui est choisi pour la couvée est bien caché dans un arbre, du lierre ou une berge. Les nichoirs sont rarement utilisés pour la couvée mais servent de dortoir pendant les nuits d'hiver. L'un d'eux a même contenu quarante-six oiseaux, serrés en bouquet, queues à l'extérieur.

En Angleterre, l'hiver rigoureux de 1962-1963 aurait détruit 70 % des Troglodytes, mais deux ou trois couvées annuelles de cinq ou six œufs chacune ont rétabli la population en trois ans. Les œufs ont la couleur de ceux des Mésanges. Les petits ne volent pas avant seize ou dix-sept jours.

Roitelet triple-bandeau *(Regulus ignicapillus)*
Roitelet huppé *(Regulus regulus)*

S 60

La bande oculaire pie et le dos plus vert du Roitelet triple-bandeau le distinguent du Roitelet huppé dont la teinte neutre se confond mieux avec la végétation. La calotte du Roitelet huppé mâle est tout aussi jaune et orangée que celle du Roitelet triple-bandeau.

Bien que chanteur moins accompli, le Roitelet triple-bandeau écarte le Roitelet huppé quand leurs aires se chevauchent.

Le nid de ces deux espèces est un hamac tissé de mousse et de toiles d'araignées garni de plumes. Les Roitelets huppés, très timides, ne doivent pas être dérangés de leur nid.

Tous deux aussi agiles que les Mésanges, les Roitelets se suspendent volontiers à l'envers en glanant des larves ou des œufs d'insectes dans le feuillage ou parmi les bourgeons.

Roitelets huppés et triple-bandeau ressemblent aux Pouillots véloces et fitis par le plumage. Tous deux font du vol sur place pour attraper des insectes sous le feuillage.

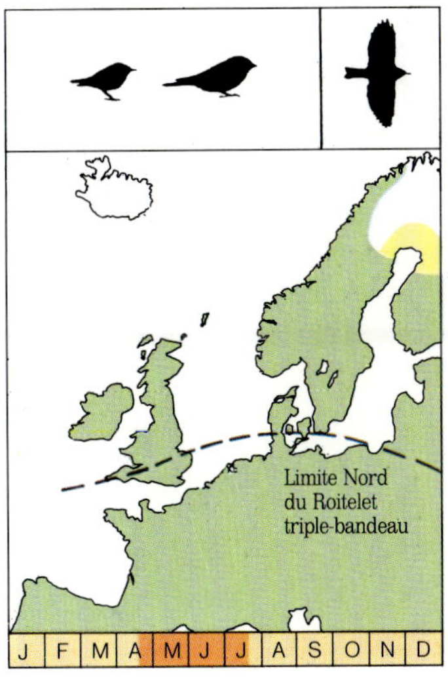

Ce sont les plus petits oiseaux d'Europe ; ils ne pèsent que la moitié du poids d'une Mésange bleue. Peu farouches, ils peuvent être difficiles à localiser dans une végétation dense tant leurs mouvements sont incessants. Se trahissant par des appels perçants, le chant du Roitelet huppé débute moins haut et moins fort que celui du Roitelet triple-bandeau ; répété rapidement, il se termine en gazouillis, contrairement à celui du Roitelet triple-bandeau. Ces oiseaux se distinguent également par la coloration faciale.

Tous deux nichent dans un hamac de mousse, de plumes et de duvet lié par des toiles d'araignées et adroitement suspendu sous une branche de conifère ou dans du lierre.

Sept à onze œufs crème pointillé de roux (deux couvées par an) compensent une grande vulnérabilité de l'espèce, que les hivers trop rudes privent d'insectes. Les Huppés ont une aire de distribution plus étendue bien que liée aux conifères, aux cèdres et aux ifs des jardins et des cimetières. Les Triple-bandeaux habitent les forêts de chênes-lièges au sud de leur aire, mais ils ont récemment atteint les îles Britanniques. L'hiver associe des Huppés aux Mésanges, ce qui n'arrive pas aux Triple-bandeaux. Les deux espèces sont sédentaires dans le sud.

Mésange charbonnière *(Parus major)*

S 60

C'est la seule Mésange chantant du haut d'un arbre au printemps.

Le dos vert et la nuque claire sont caractéristiques.

La bande ventrale du mâle (en bas) est plus large que celle de la femelle (en haut).

La Mésange charbonnière se distingue de la Mésange bleue par son dos vert, et des autres Mésanges européennes par sa poitrine jaune vif. Aucune autre Mésange n'a les rectrices externes blanches.

Quand la nourriture est rare, on voit parfois les mâles se poser sur des bouteilles de lait.

Les Mésanges charbonnières se nourrissent adroitement, décortiquant les noisettes à la manière des Pics. Elles les tiennent avec leurs pattes pour les ouvrir.

Différentes espèces de Mésanges se groupent l'hiver. Les Mésanges charbonnières, les plus grandes, restent près du sol où il est facile de les reconnaître à leurs joues blanches.

Les Mésanges charbonnières s'installent volontiers dans des nichoirs, pouvant y apporter jusqu'à 30 dm^3 de matériaux. Les joues blanches de l'oiseau tranchent sur le fond sombre du nichoir : agitées de droite à gauche, elles servent de signal optique.

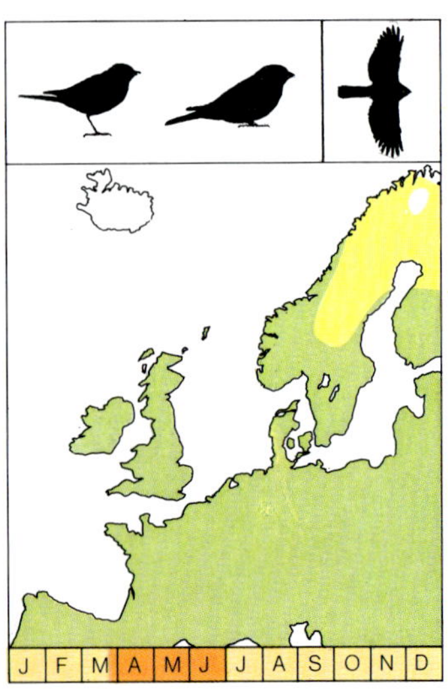

Le chant caractéristique de la Mésange charbonnière annonce le printemps dans toutes les régions cultivées, les forêts ou les banlieues boisées d'Europe. Elle est très attirée par les nichoirs, même s'il existe des cavités naturelles. Visiteuse habituelle des jardins, elle préfère les mangeoires sur table aux aliments suspendus, étant moins acrobate que les petites Mésanges. Cette sorte de nourriture n'est plus utile lors de la nichée, car les jeunes subsistent d'insectes : un chêne peut procurer autant de ravitaillement que plusieurs jardins, où les couvées sont d'ailleurs plus faibles.

En forêt, cette couvée comprend neuf ou dix œufs. Comme chez les autres Mésanges, les œufs sont couverts quand la femelle quitte le nid : celui-ci est vigoureusement défendu en cas de besoin, les mâles se servant de leur bande ventrale noire pour se gonfler d'importance lors des disputes territoriales. Les Mésanges charbonnières se servent d'un vocabulaire étendu : quatre-vingts cris différents ont été enregistrés. Les hivers européens trop rudes forcent les Mésanges charbonnières à aller vers le sud ou l'ouest. Cela peut également se produire quand des saisons douces et l'abondance de nourriture favorisent exagérément l'espèce.

Mésange bleue *(Parus caeruleus)*

Pouvant varier d'un individu à l'autre, la bande ventrale reste très caractéristique.

Pendant le vol nuptial, le mâle étend les ailes en papillonnant, plongeant d'un branchage élevé puis remontant jusqu'à la cavité du nid. La femelle rassemble les matériaux pour cette construction, mais le mâle l'aide souvent.

Pendant la parade, la femelle réclame sa provende en agitant les ailes. Le mâle lui apporte une chenille verte. La femelle doit être suralimentée pour pouvoir pondre plus que son propre poids.

Attitudes typiques de la Mésange bleue.

(× 3/5)

Femelle de Mésange bleue avec sa nichée. En zone urbaine, les nichées sont réduites, mais en forêt elles atteignent dix à douze petits.

À terre, la Mésange bleue se tient dressée et peut relever la queue.

Attitude de mâles lors des parades.

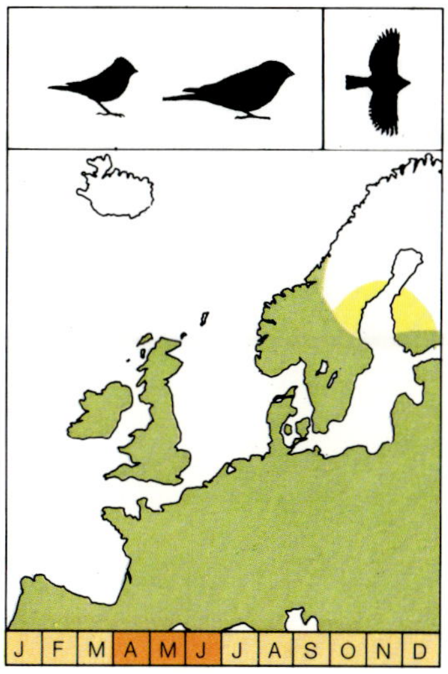

Les Mésanges bleues sont, avec les Rouges-gorges, les oiseaux les plus familiers des jardins. Elles s'adaptent bien aux zones urbanisées malgré leur origine forestière. Acrobates, elles aiment les extrémités des branches. Au printemps et en été, elles se nourrissent d'homoptères et de larves. L'époque de la ponte et son importance varient en fonction de l'abondance des chenilles. Les Mésanges bleues aiment les bourgeons de chêne et les spores de mousse ; elles sont également les seules Mésanges qui acceptent normalement du pain.

Les Mésanges bleues émigrent régulièrement des forêts vers les villes en cas de disette ou de tempête. Le baguage a montré qu'un millier d'entre elles peuvent traverser un jardin où l'on n'en voit normalement qu'une douzaine.

La tête et les ailes d'un bleu cobalt sont les accessoires principaux des jeux nuptiaux quand le mâle parade devant la femelle. Il hérisse les plumes de sa tête. La couvée peut atteindre treize œufs en forêt. Comme elle est généralement unique, sa production ne dépasse pas celles des trois couvées du Merle. La mortalité est élevée : d'une famille de douze oiseaux, il ne restera qu'un adulte et un jeune capable de se reproduire l'année suivante.

Mésange nonnette *(Parus palustris)*
Mésange boréale *(Parus montanus)*

La sous-espèce nordique de la Mésange boréale, fixée en Scandinavie, a les joues très blanches et le dos plus gris.

Mésange boréale : nuque plus massive, calotte plus large que celles de la Nonnette.

(× 3/5)

Les larges taches blanches des joues sont faciles à voir, même de dessus. Les jeunes (ci-dessous) sont à peu près impossibles à identifier.

(× 3/5)

Le gros cou de la Mésange boréale est toujours caractéristique vu de dos. Notez la calotte légèrement duvetée.

Mésange nonnette : tête ronde, plus petite. Les plumes de la calotte sont parfois brillantes.

(× 3/5)

Les plumes caudales intérieures de la Nonnette dépassent de 3 mm les extérieures ; de 5 à 10 mm chez la Boréale.

La Mésange boréale a des rémiges secondaires à bords clairs, très visibles : elles peuvent être obscurcies par l'humidité ou pendant la couvaison.

Nonnette vue de dos : pas de zone claire sur l'aile, cou plus fin que celui de la Boréale (voir plus haut).

La Mésange boréale (marron) est nettement plus ronde que la Nonnette (grise), qui ressemble aux autres Mésanges.

Attitude typique de la Nonnette de profil : moins bouffie que la Boréale.

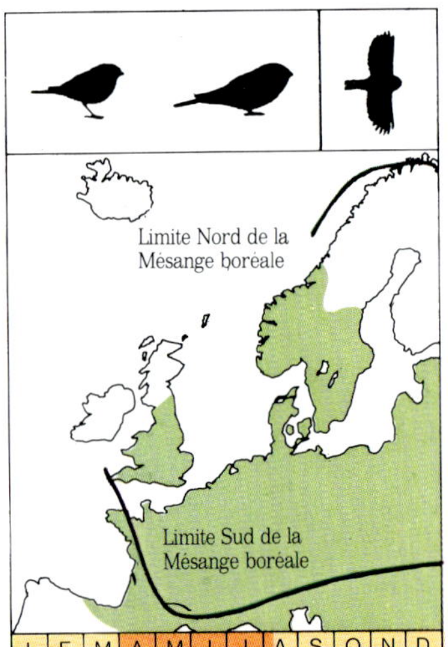

Jusqu'en 1900, la Mésange boréale n'était pas distinguée de la Nonnette : pouvoir le faire reste un problème pour beaucoup d'amateurs. Leurs aires se superposent en Europe. La diversité de la campagne confond leurs habitats ; pourtant la Nonnette préfère les feuillus en terrain sec, la Boréale les conifères et forêts à feuilles caduques en terrain humide.

Le chant des Nonnettes (« Pitchou ») est caractéristique, mais le nid les distingue encore mieux : la Nonnette se sert de trous naturels, la Boréale creuse une cavité nette, en forme de bouteille, de 30 cm de profondeur, dans du bois pourri. Elle se sert parfois de nichoirs. Comme chez les autres Mésanges, les deux sexes creusent, mais seule la femelle construit le nid avec de l'herbe, des écorces et des éclats de bois. Ces deux espèces pondent moins que les autres Mésanges ; beaucoup de nids sont détruits par les prédateurs.

Ces oiseaux sont moins grégaires après s'être reproduits. Les Nonnettes aiment les jardins, se nourrissant en automne de graines de chardon, de centaurée et de baies de chèvrefeuille. Les Boréales préfèrent la végétation rase, se nourrissant volontiers de chanvre.

Les deux espèces sont résolument sédentaires.

Mésange noire *(Parus ater)*

S 60

Vue automnale typique d'un adulte attrapant des faines.

La Mésange noire se distingue par sa calotte noire brillante, ses joues et sa nuque blanches et son ventre gris chamois.

La sous-espèce continentale est gris bleu.

(× 3/5)

La tête est disproportionnée par rapport au corps menu et à la courte queue. La bavette noire est plus développée que chez les autres Mésanges.

Attitude caractéristique au gagnage. Remarquez le bec acéré, fait pour extraire les insectes de cavités étroites.

En hiver, les Mésanges noires se groupent, examinant les arbres comme les Grimpereaux.

Le jeune (ci-dessus) a le dos vert-de-gris, le ventre, la face et la nuque jaunes. La double rayure des ailes l'identifie en vol.

La sous-espèce irlandaise (ci-dessous) a les joues et la nuque chamois.

Le nid est habituellement placé dans un creux de tronc ou de mur, mais un trou de souris abandonné peut faire l'affaire.

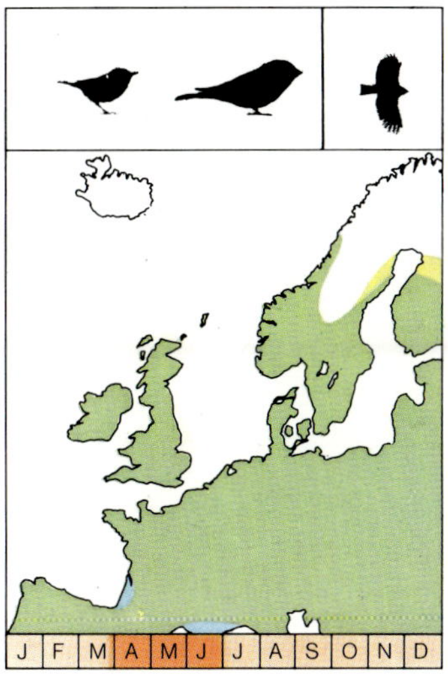

La Mésange noire, pesant la moitié du poids de la Mésange charbonnière, est la plus petite du genre. Elle se distingue par son adresse dans cette famille d'acrobates. Son destin est étroitement mais non exclusivement lié à celui des plantations de conifères. Son chant printanier ressemble à celui de la Mésange charbonnière, mais il est plus haut et plus aigu.

Son bec long et étroit lui permet d'extraire des insectes de pommes de pin et d'écorces avec plus de dextérité que les Mésanges charbonnières ou bleues.

Les Mésanges noires font des provisions, au contraire des Mésanges charbonnières et bleues qui sont migratrices partielles. Les réserves sont situées dans des bouquets d'aiguilles de pin, des lichens attachés aux branches ou des creux d'écorce. Elles nichent dans des souches pourries, au ras du sol. Elles empruntent les galeries abandonnées par les rongeurs.

La couvée moyenne est de douze œufs. Comme chez les autres Mésanges, la femelle bâtit le nid et couve, mais les parents nourrissent tous deux les jeunes d'araignées, de pucerons et d'autres petits insectes. Cet élevage dure environ seize jours. Les Mésanges noires fréquentent les jardins, les parcs et les forêts.

Mésange huppée *(Parus cristatus)*

S

Comme les Verdiers, les Mésanges huppées tournoient autour des cimes d'arbres en chantant pendant la parade.

La crête noir et blanc (plus terne chez les jeunes) et la face blanche bordée d'un C noir sont caractéristiques. Aussi acrobate que les autres Mésanges, la Huppée se distingue par son individualisme.

Gavée par le mâle afin d'être en bonne forme physique pour couver, la femelle (à gauche) quémande la nourriture.

(× 3/5)

Le nid peut être localisé en suivant les trilles de la Mésange huppée. Elle aime particulièrement les creux dans les troncs de vieux conifères.

La Mésange huppée se nourrit souvent le long des troncs, à la manière des Grimpereaux.

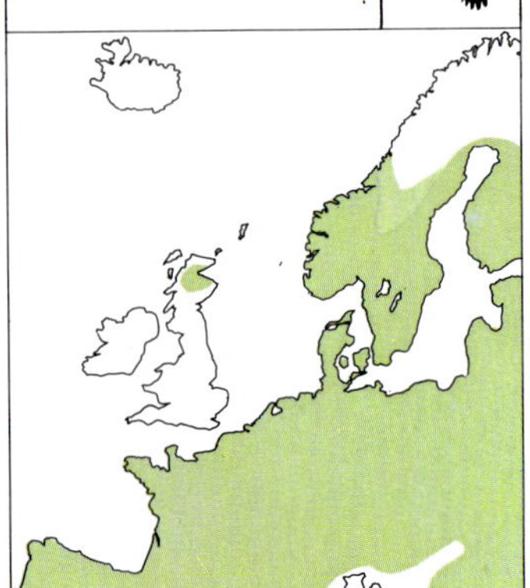

Élégante d'allure, mais d'un coloris sobre, cette petite Mésange habite les forêts de conifères de presque toute l'Europe. Plusieurs sous-espèces ont été distinguées : l'une d'elles, fixée en Écosse, a souffert du déboisement mais paraît rétablir sa population.

La Mésange huppée s'accommode d'un peu de bouleau ou d'aune parmi les conifères. En Europe méridionale, on la rencontre dans des forêts où poussent des feuillus, quelques conifères et des chênes-lièges. Elle cherche sa nourriture parmi les aiguilles de pin, le long du tronc et à terre. Son bec fin lui permet de saisir les insectes dans les bouquets d'aiguilles.

Comme la Mésange boréale, elle creuse son nid dans une souche pourrie : la rareté de ces souches dans les plantations explique sa préférence pour les forêts naturelles. Elle ne creuse pas le bois comme le fait la Boréale : le nid a une forme irrégulière, assez étalée. Il est tapissé de poils de cerf, de laine ou de matières similaires. La couvée compte cinq œufs, plus colorés que ceux des autres espèces ; ils sont couvés pendant quatorze jours. Dix-huit jours après l'éclosion, les jeunes quittent le nid.

La Mésange huppée, dont le trille caractéristique n'est pas un chant régulier, se joint parfois à d'autres Mésanges, mais elle reste essentiellement sédentaire.

Mésange à longue queue *(Aegithalos caudatus)*

Changeant continuellement de position, les Mésanges à longue queue se nourrissent en exécutant de rapides acrobaties.

Le plumage dorsal et ventral blanc, rose et noir de la Mésange à longue queue est tout à fait particulier.

Il est rare de voir toute une bande de Mésanges à longue queue aller d'un arbre à l'autre ; elles le font isolément ou par petits groupes.

La sous-espèce britannique a la tête fortement marquée.

Si le premier nid, situé près du sol, est détruit, un autre est bâti plus haut, dans la fourche d'une branche.

La longue queue est très visible pendant le vol.

Sous-espèce nordique à tête entièrement blanche.

On voit souvent la Mésange à longue queue fourrageant dans son nid soigneusement bâti dans un bouquet de genêts épineux.

Adulte nourrissant un jeune dont la tête est brune.

En hiver les Mésanges se serrent les unes contre les autres pour dormir.

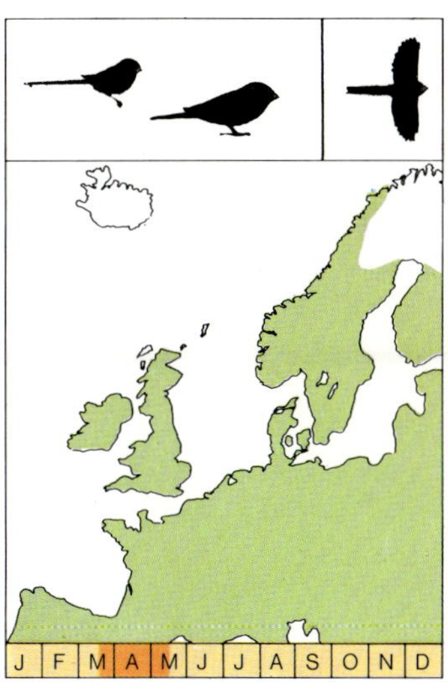

Le nid de la Mésange à longue queue se trouve souvent dans un bouquet d'ajoncs ou d'aubépine, mais parfois il est placé dans les arbres jusqu'à 25 m du sol. Quel que soit l'endroit choisi, le nid est remarquablement agencé : le seul garnissage de plumes peut réclamer deux mille voyages. Le lichen le protège à l'extérieur, mais raréfié par la pollution il est remplacé par du papier ou des matières synthétiques. Huit à douze œufs sont pondus début avril. Exposés dans les haies encore nues, ces nids sont souvent pillés. Les parents dépossédés nourrissent les jeunes voisins.

Parente éloignée des autres Mésanges, cette espèce n'est pas moins agile : elle parvient à se suspendre par une seule patte tandis que l'autre tient la proie que le bec décortique. Son menu est composé de petits insectes, de graines et de bourgeons.

Les Mésanges à longue queue souffrent des intempéries. Contrairement aux autres Mésanges, elles se groupent par cinq ou dix pendant les nuits d'hiver. Très légère, la Mésange à longue queue voyage volontiers dans un rayon d'une cinquantaine de kilomètres. Des sujets continentaux hivernent dans le sud quand l'hiver est trop dur.

Accenteur mouchet *(Prunella modularis)*

L'Accenteur mouchet traverse souvent les routes d'un bord à l'autre, et se heurte fréquemment aux voitures.

(× 3/10)

Comparé au vol vigoureux du Moineau, les mouvements de l'Accenteur mouchet sont lents et ondulants. Sa tête grise et son dos strié sont souvent visibles en vol.

Ci-dessous : oiseau au plumage usé ayant la tête grise et des taches autour des yeux. Le bec est plus fin que celui du Moineau.

Le plumage neuf d'un Accenteur mouchet peut être confondu avec celui du Moineau : tous deux ont les mêmes raies dorsales, mais les Moineaux n'ont pas le ventre gris ni les flancs rayés. Les Accenteurs mouchets ont le bec plus fin, les yeux rouille et la tête grise.

(× 3/5)

Vu de près, le plumage de l'Accenteur mouchet paraît superbe tant son coloris est original.

Ces oiseaux chantent et se nourrissent dans les haies et les buissons. Le tarse et les pattes sont orange.

Ces oiseaux évoluent discrètement, penchés sur le sol qu'ils sondent délicatement. Bien qu'habituellement dans cette position, ils se tiennent parfois droits comme les Moineaux.

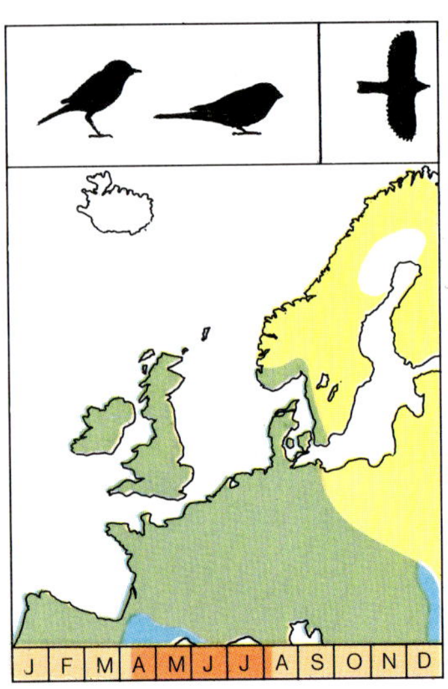

Les ornithologistes américains demandent souvent à leurs collègues européens de leur montrer cet oiseau dont il existe plusieurs sous-espèces en Europe et en Asie Mineure. Commun dans les jardins d'Europe occidentale, l'Accenteur mouchet est facile à approcher bien qu'il ne fréquente pas les mangeoires. Cet oiseau timide se révèle souvent grâce à son appel plaintif.

Il ne montre aucune préférence pour un habitat particulier, se contentant de presque tout pourvu qu'il ait une haie comme abri et un peu d'espace découvert pour se nourrir, de petits insectes en été, de graines en hiver.

Au printemps, les mâles se perchent haut pour chanter une phrase ressemblant à celle du Troglodyte sans le trille final. Les deux sexes participent, ailes ouvertes et queue dressée, aux jeux nuptiaux. Le nid, tissé d'herbes, de crin et de mousse, contient quatre à six œufs bleu vif. On connaît mal les mouvements migratoires ; largement répandus en Europe occidentale, les Accenteurs se répandent dans les secteurs voisins en cas de surpopulation.

Rouge-gorge *(Erithacus rubecula)*

S 60

Vol aisé, légèrement ondulant, du Rouge-gorge.

Adulte guettant des insectes au sol, sous son perchoir.

Le nid est bien caché.

Le Rouge-gorge chante bien en vue ou sous le couvert.

À gauche : l'oiseau, tête penchée, est prêt à saisir une proie. À droite : position de préattente, sur une pelouse.

La tête, vue de dos, est petite et étroite.

La poitrine rouge apparaît dès le premier été. À ce moment, le dos passe du brun moucheté au brun uni.

Ci-dessous, à droite : attitude de menace ; poitrine gonflée, l'oiseau se balance latéralement. Très excité, il rejette la tête en arrière.

Les jeunes ont la poitrine tachetée.

L'attitude identifie jeunes et parents : ils sautillent, hésitent puis plongent la tête de côté.

Attitude agressive.

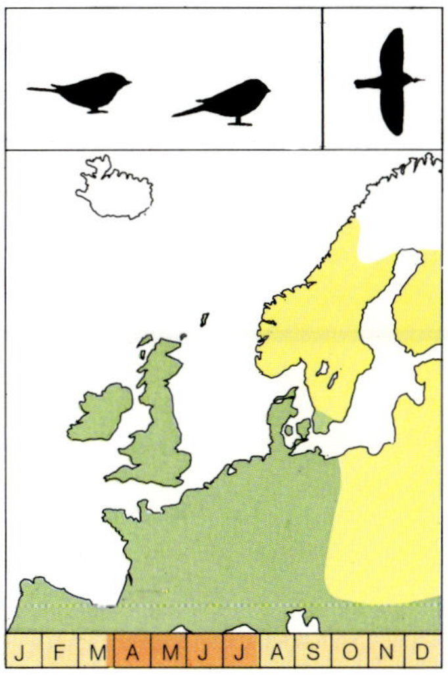

Très commun, le Rouge-gorge a prêté son nom à d'autres espèces à plastron rouge un peu partout dans le monde. Cet oiseau peu farouche est très populaire. Il s'agit néanmoins d'une espèce forestière assez timide, connue par son cri d'alarme (« Tic-Tic »). Furieusement agressif, le mâle attaque n'importe quoi, même une pelote de laine rouge. Les deux sexes gonflent la poitrine en signe de menace pour défendre leur territoire dont les limites changent au printemps, quand le chant du mâle devient plus fort. Ce tempérament violent oblige la femelle qui pénètre sur le territoire d'un mâle à se soumettre ou à être brutalement rejetée.

La première des trois nichées possibles commence tôt. Connus pour s'installer n'importe où, les Rouges-gorges adoptent souvent un nichoir béant alors qu'en forêt ils choisiront la cavité d'un talus ou le creux d'un tronc.

Le soubassement épais de feuilles mortes et les cinq ou six œufs crème, mouchetés de rouille, sont faciles à identifier. Le plumage brun moucheté des jeunes les protège tant des prédateurs que des parents qui attaquent tout ce qui est rouge. La poitrine ne devient rouge qu'au cours du premier été, ce qui permet au jeune de s'imposer sur un territoire.

Moineau friquet *(Passer montanus)*

Couple au repos. Ressemblant au Moineau domestique, le Moineau friquet s'en distingue par sa calotte brun roux, sa taille plus réduite et sa voix.

Le Moineau friquet en vol ressemble au mâle du Moineau domestique, ayant les mêmes taches d'épaule brun roux. Le plus sûr est de l'identifier par son col blanc et la tache noire sur sa joue blanche.

(× 3/10)

Discrets quand ils se nourrissent, les Moineaux friquets sautillent au sol en picorant leur nourriture.

Leur queue frétille quand ils s'appellent.

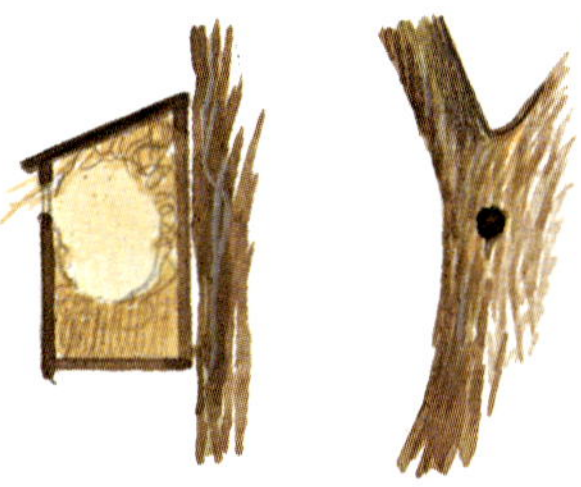

Les Moineaux friquets nichent dans des arbres creux, mais également dans des nichoirs.

Moineau domestique mâle : calotte grise, côtés brun roux, grande bavette noire.

Contrairement aux Moineaux domestiques, les deux sexes du Moineau friquet ne se distinguent pas par le plumage.

(× 3/5)

Vue de face, la bavette noire est plus petite que celle du Moineau domestique.

Moineau domestique femelle : bec clair et tête uniformément pâle.

Les Moineaux friquets s'assemblent aux Moineaux domestiques et à d'autres espèces, formant de grandes bandes. On les distingue par leur taille réduite et leur aspect plus élégant.

Moineau friquet : calotte brun roux, joues blanches, tache noire.

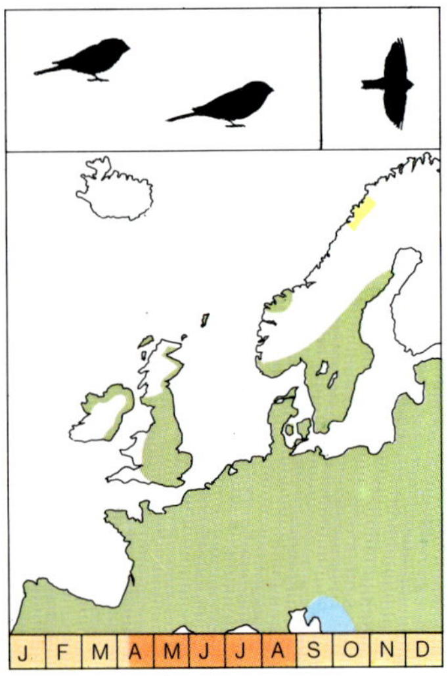

Les Moineaux friquets sont moins nombreux et moins répandus que les Moineaux domestiques. Ils recherchent les mêmes lieux et, par endroits, peuvent devenir un fléau. Ils habitent généralement les lisières forestières, les jardins boisés et d'autres endroits de cette sorte, pourvu qu'il y ait des arbres pour nicher, des champs ou une cour de ferme pour se nourrir. Normalement bâti dans le creux d'un tronc d'arbre, le nid peut être placé dans une meule de foin ou un nichoir d'où les occupants (Mésanges bleues par exemple) sont délogés.

Leur taille réduite leur permet de passer par des trous trop étroits pour les Moineaux domestiques.

Le nid, comme celui du Moineau domestique, est peu soigné. Les œufs sont différents : tachetés de brun au lieu de gris. La couvée varie de deux à huit œufs, la moyenne étant de cinq. On compte deux ou trois couvées par an. Les parents se partagent la couvaison qui dure douze à quatorze jours. Ils nourrissent les jeunes pendant le même laps de temps.

Les Moineaux friquets se rassemblent en bandes en toute saison mais principalement vers la fin de l'été, quand ils se nourrissent de grains en compagnie de Moineaux domestiques. On les distingue à leur cri plus aigu.

Moineau domestique *(Passer domesticus)*

S 60

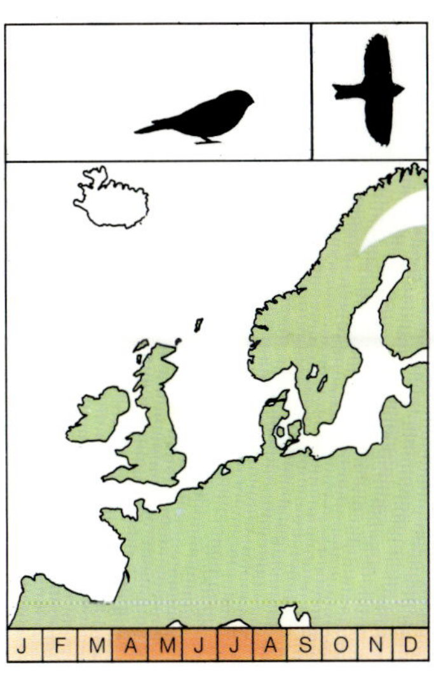

Certains aiment les Moineaux pour leur façon joyeuse de tirer parti des situations, d'autres les détestent à cause de leurs pillages et des gouttières obstruées par leur fait, mais personne ne les ignore. Apparemment familier, ce petit oiseau prudent originaire d'Eurasie a été introduit sur les autres continents, notamment en Amérique du Nord. Ses cris sont familiers mais ne constituent pas un chant.

Les mâles en quête d'une compagne bâtissent un nid et appellent continuellement. Les visites à la colonie sont fréquentes tout au long de l'année mais diminuent au moment de la mue, qui intervient à la fin de l'été ou au début de l'automne.

Le nid est placé dans le creux d'un bâtiment, un arbre ou un lierre : c'est un assemblage globuleux d'herbe et de paille, avec un peu de plumes. Ce nid est souvent couvert. On y trouve deux à sept œufs, les femelles d'un an pondant moins que les plus âgées. Les parents couvent tous deux, le mâle augmentant sa part vers la fin. La durée de l'incubation est variable, car elle commence souvent avant que la ponte soit achevée : douze jours suffisent normalement. Les parents nourrissent alors les jeunes pendant onze à dix-huit jours.

Linotte mélodieuse *(Carduelis cannabina)*
Linotte à bec jaune *(Carduelis flavirostris)*

S 60 S

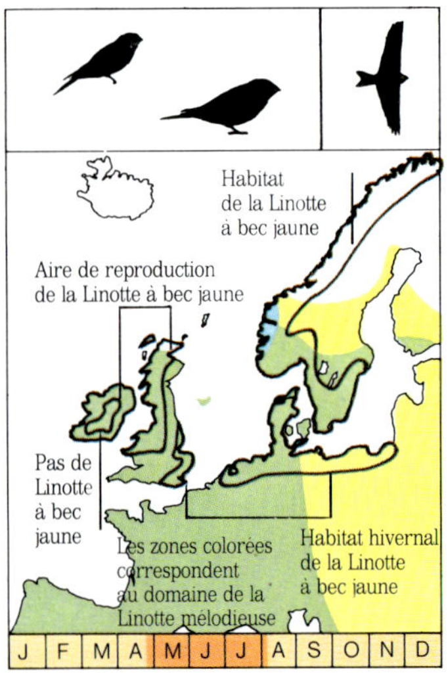

Bien qu'étant l'un des Fringillidés les plus répandus en Europe, la Linotte mélodieuse n'est jamais devenue un oiseau des jardins, mais on la rencontre aux environs des bâtiments de ferme. Elle se nourrit de graines de patience, de moutarde, de chénopode et de lin. Il arrive que les Linottes s'éborgnent sur des piquants de chardons. Ces oiseaux bruyants sont continuellement en mouvement, se déplaçant par bandes, même pendant la reproduction ; on les rencontre souvent dans les landes de bruyère et d'ajoncs.

Le nid forme une coupelle finement tissée d'herbes, de crin et de duvet. Il est placé bas dans les ronces ou les genêts, parfois en petites colonies. La femelle couve seule les quatre à six œufs, mais le mâle la nourrit au nid. Ensuite le mâle continuera d'apporter de la nourriture que la femelle donnera aux jeunes en plus de celle qu'elle apportera elle-même. Comme la plupart des Fringillidés, les Linottes mélodieuses avalent les fientes des jeunes au cours des premiers jours. Ensuite ces fientes sont accumulées sur le bord du nid.

Plus septentrionale, la Linotte à bec jaune n'élève qu'une ou deux nichées au lieu des deux de la Linotte mélodieuse.

Sizerin flammé *(Carduelis flammea)*

S

Tous les Sizerins chantent en volant, plongeant régulièrement tout en tournant et battant lentement des ailes. Ils chantent aussi au perchoir ou en vol normal.

(× 3/10)

Sizerin flammé de la sous-espèce britannique et alpestre.

(× 3/5)

Ci-dessus : le Sizerin flammé scandinave est plus petit que le Sizerin blanchâtre, mais plus grand que celui de la sous-espèce britannique.

(× 3/10)

(× 3/5)

Sizerin blanchâtre

(× 3/10)

Le Sizerin blanchâtre (qui vit dans la toundra arctique) est le plus grand et le plus clair des Sizerins.

Jeune Sizerin flammé : ni front rouge ni bavette noire. Il est aussi agile que les Mésanges, se suspend par les pattes et se nourrit souvent en compagnie des Tarins dans les aunes bordant l'eau.

Sizerin flammé (sous-espèce britannique) vers la fin de l'été. Son plumage dorsal usé devient brun foncé. Le front reste rouge vif tout au long de l'année.

(× 3/5)

Sizerin flammé de la sous-espèce scandinave.

Ces petits oiseaux actifs aux ailes pointues paraissant trop longues se distinguent par le front rouge et la bavette noire.

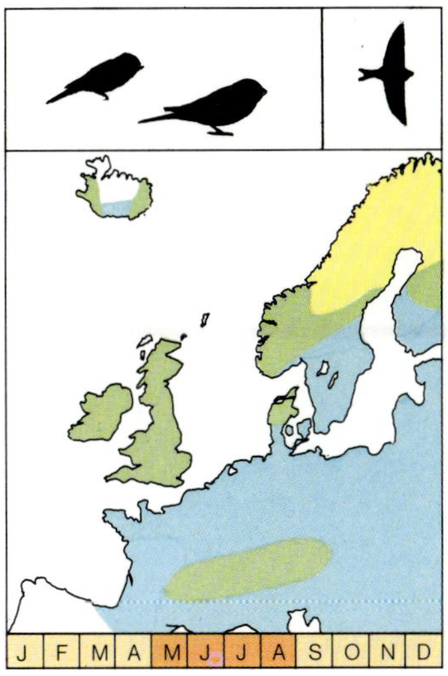

De loin, les Sizerins flammés pourraient être confondus avec les Linottes mélodieuses si l'on n'entendait pas leur cri saccadé suivi de trois cris brefs et d'un long caractéristiques. Au printemps, le mâle complète ce répertoire de trilles chantés en volant autour de son territoire.

Ils nichent en Grande-Bretagne, dans les Alpes et les Carpates. Une autre espèce niche en Scandinavie, de part et d'autre du cercle polaire. Cette espèce vivant dans les aunes et les bouleaux se contente de genévriers et de végétation rabougrie dans le Grand Nord. Elle colonise progressivement les plantations de conifères.

Les Sizerins flammés se nourrissent de graines diverses. Il prennent des insectes et mangent des bourgeons au printemps.

Les nids sont rassemblés en colonies lâches et situés entre 1 et 5 m (parfois plus haut) dans les arbres et les buissons. Ils sont faits d'herbe, de brindilles et tapissés de duvet végétal. La femelle couve ses cinq œufs pendant onze jours, puis les parents apportent, dans leur gorge, la nourriture des jeunes pendant une douzaine de jours. Deux nichées sont fréquentes.

Les oiseaux d'Europe occidentale sont sédentaires, ceux de l'Arctique sont migrateurs.

Verdier *(Carduelis chloris)*

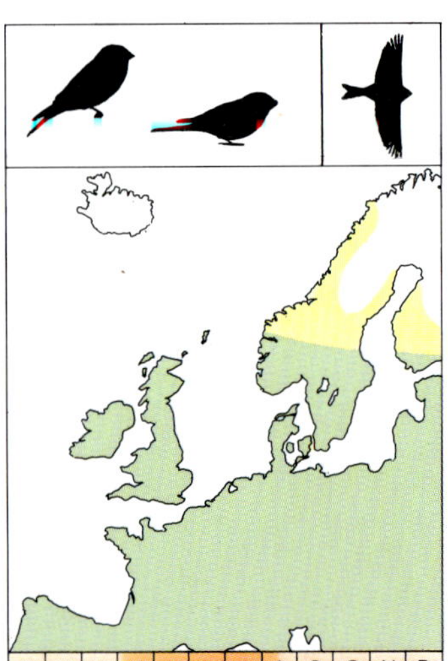

Le plumage brillant du Verdier anime agréablement les mangeoires des banlieues : plus de 1 000 individus ont été bagués en un seul hiver dans quelques jardins seulement. Ils prévoient le mauvais temps et leur arrivée soudaine en force annonce régulièrement une vague de froid. Les graines de tournesol et d'arachide les attirent particulièrement : en quelques jours, ils emmagasinent 10 % de leur poids, se garantissant ainsi du froid et de la disette. Hors des banlieues, les Verdiers fréquentent les lisières forestières, les cultures et les friches. En été, ils recherchent les graines de mercuriale vivace et d'orme, en automne celles d'if et de charme, en hiver celles de rosier et de ronce. En plaine, ils se nourrissent de mouron, de pissenlit, de persicaire, de bardane et de moutarde sauvage. Ils ne causent pas de dégâts dans les cultures de tournesol.

Les nids, groupés en petites colonies éparpillées, sont négligés mais tapissés de plumes. On les trouve souvent à faible hauteur dans des buissons épineux touffus. On compte deux ou trois nichées annuelles de quatre à six œufs chacune. Le mâle défend son territoire en émettant un chant modulé s'achevant en sifflement monotone.

Chardonneret *(Carduelis carduelis)*

Les ailes, déployées en vol, montrent des taches jaunes.

Ci-dessus : vol nuptial au-dessus des arbres précédant l'accouplement.

Les Chardonnerets aiment se percher sur les fils électriques bordant les routes.

Taches blanches de la queue vues d'en bas.

Tête de mâle : taches caractéristiques et bec clair. Il porte plus de rouge que la femelle.

Tête de femelle : les deux sexes ont le bout du bec foncé en hiver.

Le jeune Chardonneret porte les taches jaunes des adultes sur les ailes, mais ces taches, étant moins développées, sont peu visibles.

Attitude caractéristique du mâle chantant.

Ci-dessous, à gauche : le plumage des jeunes est strié. Ces oiseaux se nourrissent souvent tête en bas.

Attitude de parade : ailes basses, queue légèrement déployée, pattes bien ancrées, l'oiseau oscille d'un côté à l'autre.

Femelle près de son nid couvert de fientes des jeunes.

Les Chardonnerets ont un vol bondissant.

Groupe exploitant une tête de chardon : attitude typique au gagnage. Le chamois de la poitrine peut varier selon les individus.

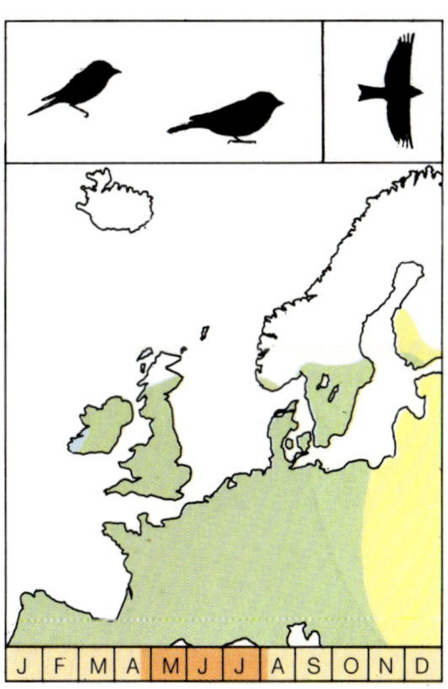

Les Chardonnerets sont recherchés à cause de leur plumage élégant et de leur chant mélodieux : 132 000 d'entre eux ont été capturés en 1860 en un seul endroit de Grande-Bretagne. Les Belges en capturent beaucoup. L'espèce est actuellement protégée.

Les Chardonnerets aiment les lisières forestières et les clairières, mais ils s'adaptent aux friches et aux broussailles. Leur bec fin et pointu permet de picorer les graines de séneçon, de pissenlit, de chardon, de cardère et de bardane. Le plumage facial rouge, court et raide, résiste aux piquants, mais, malgré leur dextérité, il arrive que ces oiseaux s'empalent. Habiles à se servir de leurs pattes, ils apprennent à écarter des obstacles pour s'emparer de nourriture cachée.

Le nid, remarquablement bien bâti, est tissé d'herbes, de mousse et de lichen avec une couverture blanche de laine ou de fleurs de chardon mêlée de crin. Placé au bout d'une branche fragile, il contient une couvée de cinq ou six œufs, renouvelée deux (ou trois) fois par an. Un bon été rassemble beaucoup de monde sur les bouquets de chardon.

Beaucoup de Chardonnerets hivernent en Europe, mais les sujets septentrionaux descendent jusqu'en Espagne et en Afrique du Nord.

Serin cini *(Serinus serinus)*

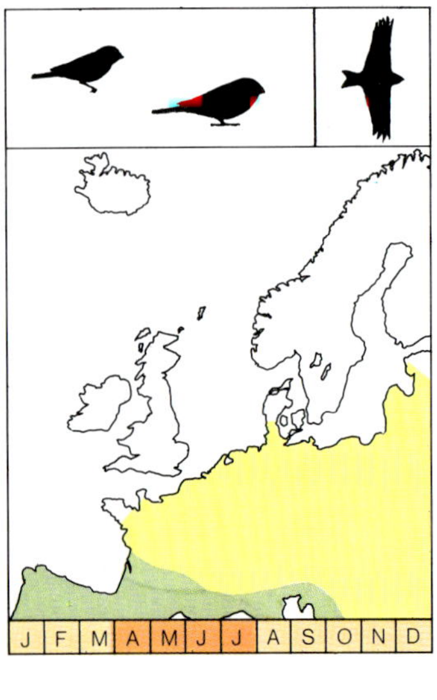

Le chant grêle du Serin cini est entrecoupé de trilles très semblables à ceux du Canari, ce qui rappelle leur parenté. Autrefois plus méridionale, l'espèce s'est étendue vers le nord et l'est depuis deux cents ans, mouvement devenu plus précis encore depuis vingt ans. Elle a niché en Grande-Bretagne et en Finlande en 1967, puis on l'a observée de manière régulière dans la région de Leningrad.

Les Serins aiment un biotope varié et se trouvent donc parfaitement à l'aise en Europe. Ils se nourrissent de bourgeons d'orme au printemps, comme de chatons de bouleau et de graines de pissenlit, tandis qu'en été ils recherchent les graines d'herbes qu'ils vont récolter jusque dans les lotissements. Les crucifères et les persicaires sont appréciées en automne, l'armoise commune en hiver.

Ce sont les plus petits Fringillidés d'Europe. Ils peuvent être confondus avec les Tarins des aunes, bien qu'ils n'aient pas les marques d'ailes jaunes, mais un croupion, des sourcils et un cercle orbital jaunes. Le bec des Serins est massif, celui des Tarins pointu, ce qui lui permet d'extraire les graines des cônes.

Le nid est caché au bout d'une branche, entre 1 et 13 m de hauteur : il contient quatre œufs. Il y a deux pontes dans le nord et peut-être trois dans le sud.

Tarin des aunes *(Carduelis spinus)*

S

Ces petits oiseaux à ailes longues et queue courte sont les seuls Fringillidés européens à plumage jaune verdâtre et bandes jaunes sur les ailes. La femelle (à gauche) n'a pas de taches jaunes sur la queue.

Le vol des Tarins est rapide et ondulant. Cette rapidité empêche souvent d'observer le dessous du corps. On ne distingue généralement que la silhouette.

La calotte et la bavette noires distinguent le mâle.

Le plumage de la femelle est plus terne, mais elle porte les marques d'ailes du mâle.

Vue typique d'un Tarin se nourrissant dans un aune. C'est un jeune : il ressemble à la femelle mais est plus strié, surtout en dessous.

Jeune (immature)

La femelle n'a pas de calotte noire.

Mâle en hiver : calotte et bavette deviennent grises.

Oiseaux se disputant des graines.

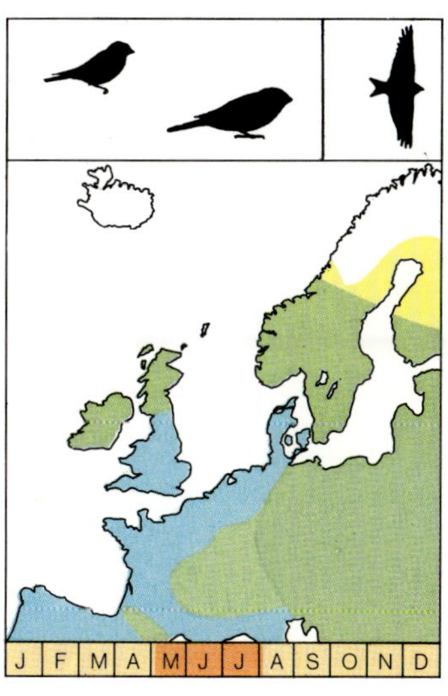

Comme les Becs-croisés, ils dépendent des graines d'épicéa, mais les Becs-croisés peuvent ouvrir les cônes alors que les Tarins doivent attendre qu'ils s'ouvrent naturellement. Si l'année est bonne, ils nichent dès avril, ce qui permet une deuxième nichée. Mais, lorsque l'année est mauvaise, il n'y a pas de nichée précoce et les jeunes, éclos plus tard, trouvent en supplément des cônes de pin (mûrissant après ceux des épicéas), des graines d'ormeau, de patience et de chardon. Le nid, petit et soigné, est placé haut dans un conifère. La femelle couve trois à cinq œufs. Le mâle émet un chant sifflé en tournant aux alentours du nid. En dehors de la saison de nidification le cri aigu est typique.

En été, ils se nourrissent principalement de graines de bouleau. La quantité de graines influe sur leurs migrations. Quand la production est importante en Scandinavie, ils migrent plus tard et en moins grand nombre. Les cônes d'aune les nourrissent en hiver. Quand on les nourrit de graines ou de graisse dans les jardins, ils choisissent de préférence des récipients rouges ou orange. Les Tarins sont habiles, se servant de leurs pattes pour s'emparer de nourritures suspendues. Ils sont, de ce fait, recherchés comme oiseaux de cage et pris en grand nombre en Belgique ou dans le Midi.

Pinson du Nord *(Fringilla montifringilla)*

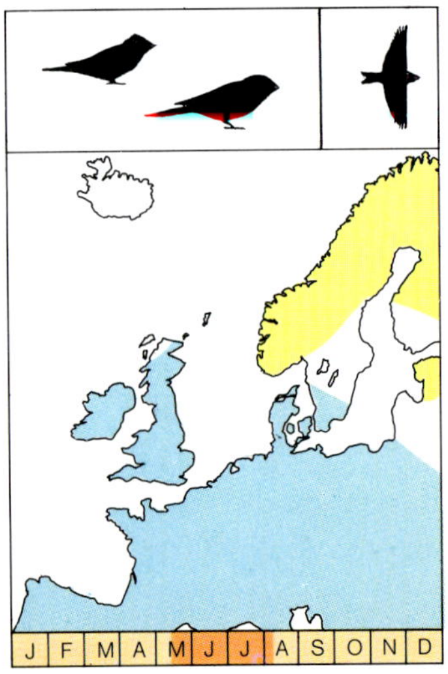

Pendant l'hiver 1951-1952, soixante-dix millions de Pinsons du Nord se sont établis dans les environs de Hunibach (Suisse), ce qui pouvait représenter la totalité de la population vivant à l'ouest de l'Oural. Une concentration de cette importance est rare, mais les Pinsons du Nord ont des mouvements de migration imprévisibles : des oiseaux hivernant en Angleterre seront en Italie l'année suivante. Cela tient au fait qu'ils dépendent des graines d'un petit nombre d'arbres qui ne fructifient pas régulièrement (hêtre). On les voit donc de temps à autre et, quand les faînes sont épuisées, ils se nourrissent de graines dans les champs. Leur aire de nidification se situe au nord de celle du Pinson des arbres. Ils sont communs dans les forêts de bouleaux de Scandinavie avec le Pouillot fitis. Leur chant, ressemblant à celui de la Grive mauvis, ne dure pas longtemps. Les deux espèces de Pinsons mangent beaucoup d'invertébrés : cela est important en Scandinavie où la quantité d'insectes dépasse les nourritures végétales disponibles. Le nid est grossier : il contient six ou sept œufs.

Pinson des arbres *(Fringilla coelebs)*

S 60

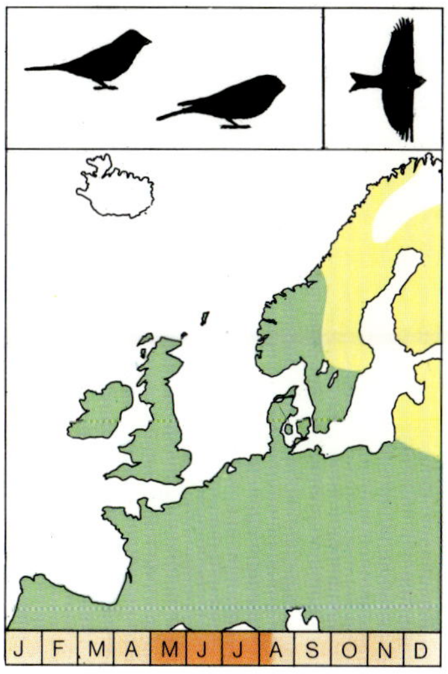

Le chant du Pinson des arbres annonce le printemps dans toute l'Europe, mais les ornithologistes qui voyagent beaucoup remarquent des « dialectes » chez cette espèce, même dans un seul pays. Son cri d'alarme ne varie pas, ressemblant à celui de la Mésange charbonnière.

L'espèce, bien que l'une des plus nombreuses d'Europe, est en déclin depuis 1960, probablement à cause des pesticides, car les Pinsons se nourrissent beaucoup de graminées et de céréales. En hiver, ils mangent des faînes. Les jeunes sont nourris d'insectes.

Ils nichent un peu partout dans les bois et les haies. Le nid est bien fait et tapissé de plumes. Il est extérieurement couvert de lichen. Le mâle assiste inactif à cette construction, puis à la couvaison des cinq œufs marqués de roux, qui ne dure que onze jours. Enfin, il aide à nourrir les jeunes (une ou deux pontes par an).

En hiver, les bandes de Pinsons des arbres se nourrissent volontiers en plaine, mais rentrent dans les sous-bois dès le soir, recherchant les arbres à feuilles persistantes.

Les sexes se séparent, migrant vers des régions différentes.

Gros-bec *(Coccothraustes coccothraustes)*

S

Intérieur du bec d'un Gros-bec : le palais et la mandibule inférieure comportent une série de dents de scie capables de tenir les graines dures. Les jeunes se contentent de graines molles. Ces dents de scie durcissent en même temps que le crâne.

Le dessin du dessous d'aile du jeune est identique à celui de l'adulte.

La queue est courte et les ailes sont remarquablement longues. La coloration est bien visible de dessus et de dessous. Le bec du mâle jaunit en hiver.

La tête et le bec sont massifs (illustration aux 3/4 de la taille réelle).

Mâle adulte en été : notez le bec bleu.

Plumage « écaillé » du jeune (qui n'existe pas chez les autres Fringillidés).

Rémige secondaire du Gros-bec dont l'utilité de forme n'est pas connue. Les rémiges primaires et secondaires ont des reflets bleu vert.

À gauche : attitude du mâle pendant les jeux nuptiaux : il hésite à s'approcher de la femelle qui est agressive. Ci-dessous : embrassade.

Ces oiseaux se nourrissent discrètement au sol puis regagnent soudain les arbres. Ils ne reviennent au sol qu'avec des hésitations.

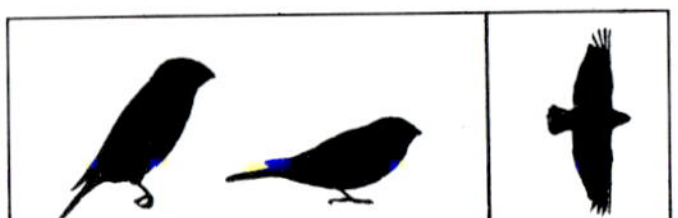

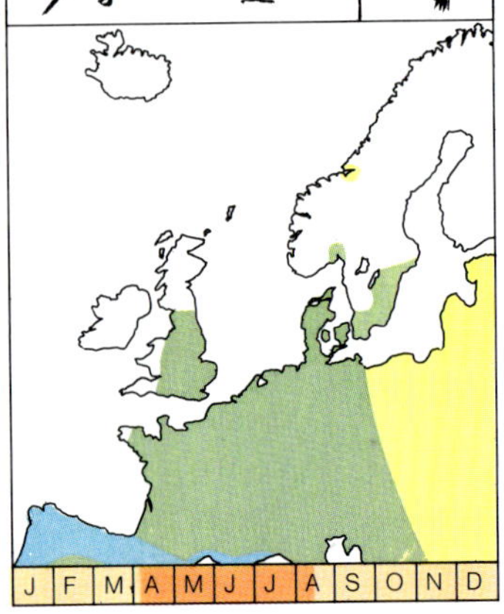

Le Gros-bec est facile à identifier grâce à sa tête massive et à ses marques alaires, mais il est difficile à observer dans son habitat de vergers et de bois. L'appel de contact (« tik ») peut le localiser.

Son crâne épais est enserré de muscles capables d'exercer une pression de l'ordre de 10 kg/cm^2 entre les mâchoires du bec pyramidal : cette puissance est nécessaire pour casser les faînes ou pour ouvrir les noyaux d'olives, de cerises et de prunelles. Ces noyaux sont saisis verticalement entre les mâchoires du bec et s'ouvrent ainsi plus facilement.

Le Gros-bec trouve ces noyaux sous les arbres fruitiers en hiver. Vers la fin de l'hiver, il se nourrit de cenelles, de cynorrhodons et de bourgeons de chêne. En été, il mange beaucoup d'insectes et de chenilles, capturant même de gros coléoptères en vol.

Le mâle construit une base de nid et tâche d'attirer la femelle en offrant de la nourriture. Si elle l'accepte avec soumission, tout va bien et elle achève le nid. Deux nichées de quatre ou cinq œufs sont habituelles. Les Gros-becs nichent parfois dans les jardins et les vergers : il ne faut pas les approcher, car ils abandonnent facilement leur nid.

Bouvreuil pivoine *(Pyrrhula pyrrhula)*

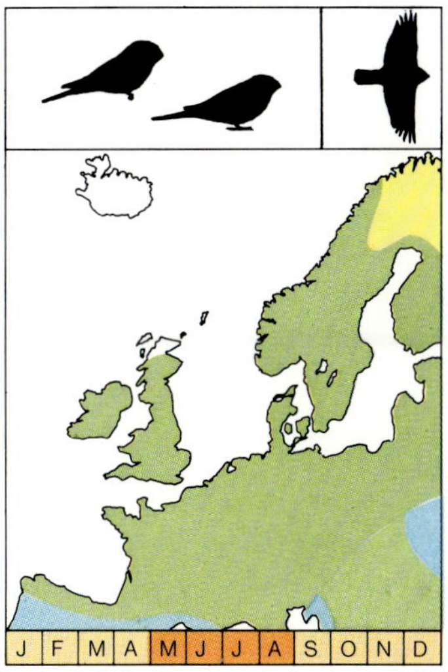

Apprécié pour son élégant plumage, détesté à cause de ses ravages dans les vergers, le Bouvreuil se développe, surpassant en nombre le Pinson des arbres dans beaucoup d'endroits.

Les ravages occasionnés dans les jardins et les cultures par les Bouvreuils ont motivé une étude attentive de leurs mœurs. Ils s'attaquent surtout au lilas et au forsythia dans les jardins, puis aux cultures de groseilles et de petits pois. Un seul oiseau peut détruire trente bourgeons en une minute. Ces ravages favorisés par la proximité de haies où les Bouvreuils se réfugient, sont particulièrement graves pour les espèces d'arbres ne fructifiant pas chaque année.

Ce sont des oiseaux calmes et discrets, au chant modeste, ne se rassemblant guère à plus d'une douzaine, se déplaçant le plus souvent par couples.

Caché dans un buisson épineux, le nid est fragile mais bien fait de radicelles sur une plate-forme de brindilles. La femelle couve seule ses cinq ou six œufs tachetés de marron. Les parents nourrissent tous deux les jeunes au moyen de leur poche gulaire qui ne se développe qu'à cette saison.

Les populations septentrionales migrent, les autres n'exécutent que de courts déplacements.

Bec-croisé des sapins *(Loxia curvirostra)*

S

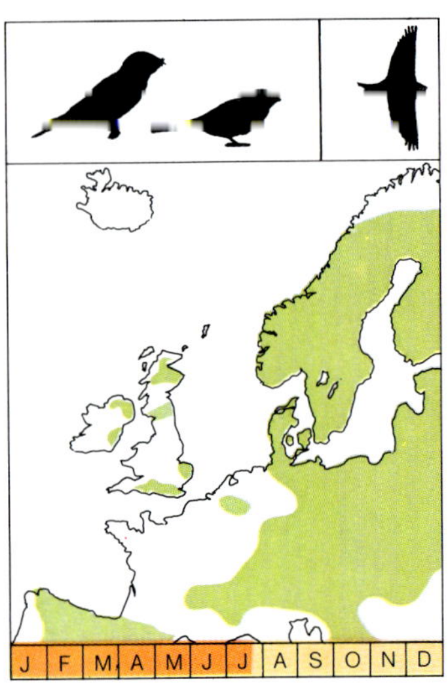

Un couple de parents peut extraire jusqu'à 85 000 graines de conifères pour nourrir une seule nichée. Cette spécialité permet aux Becs-croisés de profiter d'une nourriture que les autres oiseaux ne peuvent atteindre : les cônes d'épicéa, de sapin et de mélèze. Les cônes de pin plus durs sont travaillés par une espèce nordique : le Bec-croisé perroquet.

Des cris aigus et la chute de cônes trahissent la présence de Becs-croisés. La production variable des conifères provoque des migrations.

Ils nichent en groupe dès février, plaçant les nids haut dans les arbres. Les mâles émettent quelques gazouillis et exécutent des vols de parade. Les femelles couvent seules leurs trois ou quatre œufs : nourries par les mâles, elles ne quittent qu'occasionnellement leur nid. Nourris par les deux parents de graines de conifères prédigérées, les jeunes se développent très lentement. Ils quittent le nid à vingt-cinq jours et restent dépendants pendant un mois au moins, jusqu'à ce que le bout du bec se soit formé. Plus tard, les Becs-croisés se nourrissent de pucerons en se servant de leur langue, car ils ne peuvent les saisir avec le bec. En hiver, ils recherchent parfois le sel répandu sur les routes, ce qui peut leur être fatal quand il contient des produits toxiques.

Cisticole des joncs *(Cisticola juncidis)*

S

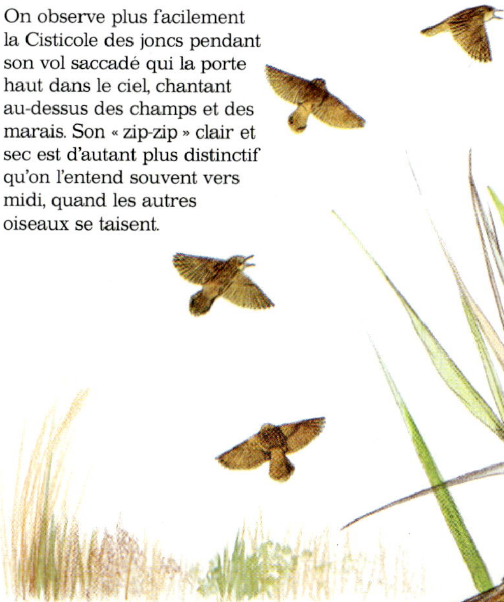

On observe plus facilement la Cisticole des joncs pendant son vol saccadé qui la porte haut dans le ciel, chantant au-dessus des champs et des marais. Son « zip-zip » clair et sec est d'autant plus distinctif qu'on l'entend souvent vers midi, quand les autres oiseaux se taisent.

De profil, l'oiseau paraît trapu mais alerte. Ressemblant au Phragmite des joncs par le plumage, il en diffère par la forme.

(× 3/5)

Adulte posé au-dessus du nid en forme de bourse, finement tissé à l'aide de toiles d'araignées et bien caché dans l'herbe. Les taches du dos caractérisent ce joli plumage : certains oiseaux sont plus ternes.

Vue arrière de l'oiseau caché dans la végétation.

Aucune autre Fauvette n'a ces courtes ailes et cette queue ronde qui caractérisent son profil en vol.

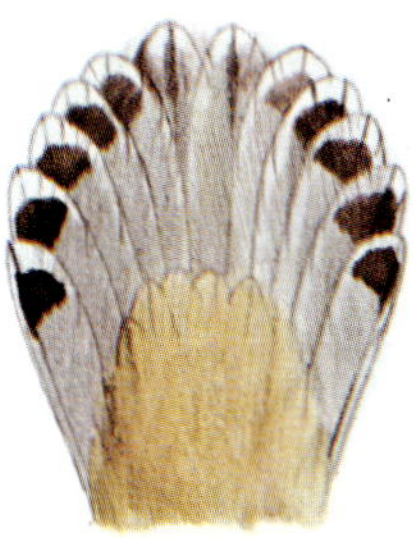

La face inférieure des courtes plumes caudales rondes porte des pointes blanches (ce n'est pas facile à distinguer sur le terrain).

(× 3/10)

Bien que timides, les Cisticoles peuvent être observées fréquemment dans les marais qui leur plaisent.

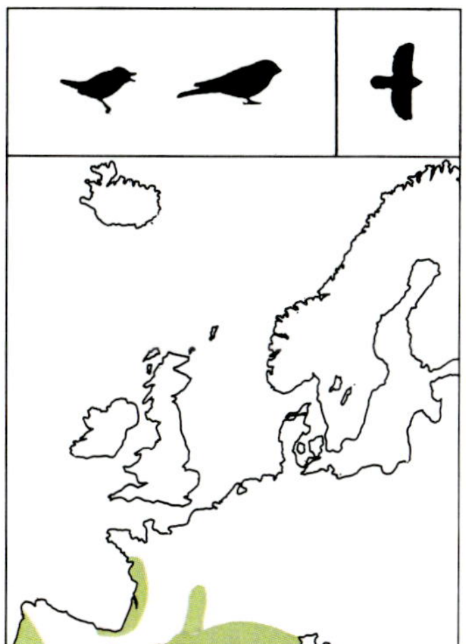

J	F	M	A	M	J	J	A	S	O	N	D

La petite Cisticole, à la robe striée, se camoufle aisément sur un fond de roseaux. On la voit pourtant ailleurs, surtout pendant le vol nuptial du mâle, fait d'une répétition étonnante de « zip-zip ». Ils prennent souvent l'habitude de chanter au-dessus de lignes électriques aériennes.

Préférant les roseaux, les broussailles des salines et les végétations marécageuses, la Cisticole se fixe parfois dans des friches. Méditerranéenne en Europe, elle est bien établie au Proche-Orient et compte de nombreux cousins en Afrique. En Europe, elle niche jusqu'en Belgique.

Le nid, en forme de bourse, est tissé à l'aide de toiles d'araignées, renforcé d'herbes, de fleurs de roseaux ou de chardons : il contient généralement cinq œufs bleu pâle tachés de brun.

Les jeunes au nid sont très bruyants. Les parents les nourrissent tous deux, mais le mâle, qui approche du nid en chantant, dénonce souvent cet endroit si bien caché.

Mésange à moustaches *(Panurus biarmicus)*

S

Ces oiseaux ne volent guère à plus de quelques dizaines de centimètres au-dessus des roseaux. Ils ne s'élèvent que pour le départ en migration, atteignant 60 ou 100 m d'une seule traite. Ils reviennent en plongeant jusqu'au ras des roseaux.

Femelle adulte

(× 3/10)

Le vol au ras des roseaux est rapide malgré les oscillations de la queue : il finit toujours par un plongeon soudain sous le couvert.

Le jeune porte plus de noir que ses parents : il se camoufle ainsi entre les tiges de roseaux basses.

(× 3/5)

Ci-dessus : attitude habituelle du mâle perché.

Femelle au nid posé sous les roseaux : remarquez le gosier rouge tacheté de blanc des jeunes.

Le plumage et la silhouette de la Mésange à moustaches sont uniques dans l'avifaune européenne. La tête grise du mâle est remarquable avec ses moustaches noires dont les deux touffes pendantes et très mobiles donnent une grande variété d'expression.

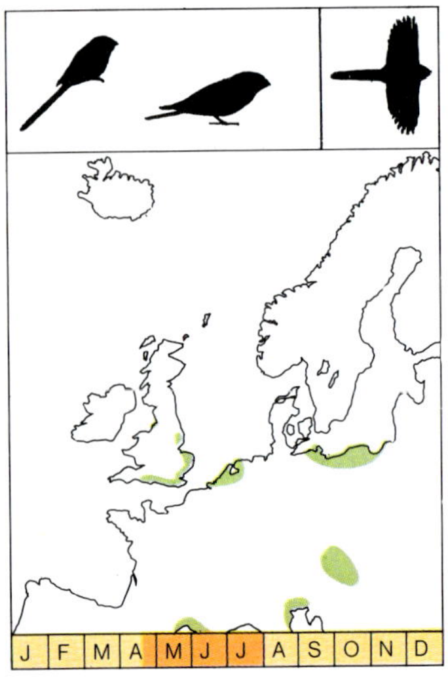

L'histoire de ce charmant oiseau est mouvementée. Poursuivi par les amateurs d'œufs, les oiseleurs et d'autres encore au cours du siècle dernier, son espèce s'est développée depuis sa protection, mais les hivers rigoureux provoquent des ravages. Actuellement l'espèce s'étend, notamment aux Pays-Bas, en Allemagne et en Grande-Bretagne.

Ce représentant unique en Europe de la famille des Timaliens, assez nombreux en Asie et en Afrique, est cantonné dans les roseaux, se nourrissant de leurs graines en hiver et d'insectes en été.

Les Mésanges à moustaches ne volent au ras des roseaux que par beau temps : le vent les maintient à l'abri.

Les parents bâtissent tous deux le nid près du niveau de l'eau, ils couvent à tour de rôle les cinq à sept œufs, puis nourrissent les jeunes au nid pendant neuf à douze jours. Les jeunes s'émancipent avant de pouvoir voler, car il arrive que trois couvées se succèdent au cours d'un bel été. Ces jeunes ont le gosier coloré de rouge, de blanc et de noir. Les couples formés dès le premier automne paraissent unis pour la vie. Considérée autrefois comme sédentaire, l'espèce est actuellement classée parmi les migrateurs partiels.

Locustelle tachetée *(Locustella naevia)*

Chantant de manière saccadée, cet oiseau oscille la tête, ouvre largement le bec et découvre un gosier jaune. Sa gorge se gonfle sous l'effort, vibrant comme sa queue.

Les Locustelles tachetées nichent souvent dans les jeunes plantations de pins.

(× 3/10)

La silhouette entière, révélant une queue arrondie et des ailes ovales, apparaît rarement en vol.

Les plumes sous-caudales sont striées.

Attitude de parade : aile renversée, queue frétillante.

Patte aux longs doigts faite pour marcher.

Grâce à son long doigt médian, elle peut saisir deux tiges à la fois et se poser sur les hampes les plus fragiles comme marcher parmi ou sous cette végétation.

(× 3/5)

Sa queue arrondie et son dos brun olive, rayé, la rendent difficile à caractériser.

Les Locustelles tachetées paraissent parfois trapues, d'autres fois étonnamment minces.

Confusion possible avec une souris.

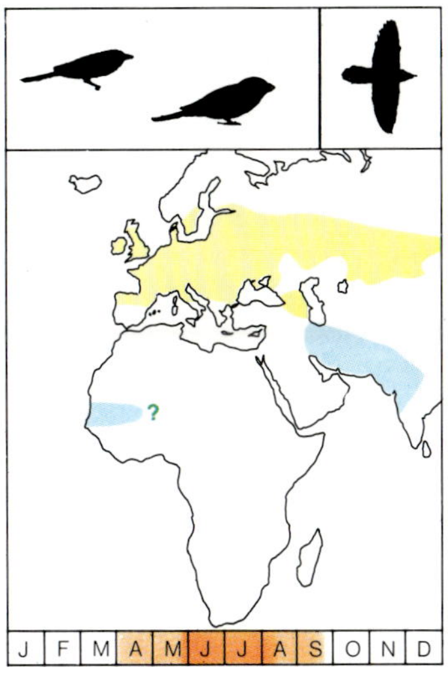

Chantant comme un insecte, furetant comme une souris, la Locustelle tachetée se montre rarement malgré sa large dispersion : elle passe inaperçue dans les joncs et les herbages. Son chant la dénonce : un trille haut, durant deux minutes ou davantage, mais, comme elle est ventriloque, comment la localiser ?

Repéré pendant son chant – bec largement ouvert, corps vibrant –, l'oiseau peut être approché avant qu'il ne s'éclipse dans la végétation.

Timide de nature, la Locustelle tachetée marche, court ou se pose sur plusieurs tiges grâce à ses longs doigts médians : elle ne peut se saisir de tiges isolées comme le Phragmites des joncs ou la Rousserolle effarvatte. Les mouvements discrets de la femelle protègent le nid. Il faut que les chercheurs marchent l'un derrière l'autre pour le découvrir, l'oiseau ne s'échappant que derrière l'intrus. Le nid est une coupe d'herbes grossières cachée dans la végétation. Deux couvées de cinq ou six œufs tachetés de rose sont habituelles. Rarement vues en vol, les Locustelles tachetées sont pourtant les victimes fréquentes des phares : en Irlande, plusieurs centaines se sont écrasées au cours d'une seule nuit. L'espèce est néanmoins en expansion.

Phragmite des joncs *(Acrocephalus schoenobaenus)*

Le contraste entre le dos rayé et le croupion roux apparaît clairement en vol. (× 3/10)

Les ailes, tenues basses, laissent voir le croupion. (× 3/5)

Un mâle bavarde, perché sur un roseau : poste de chant exposé et favori. La silhouette est large, la tête près des épaules.

Deux vues caractéristiques de la tête : la calotte des Luscinioles à moustaches (extrémité méridionale de l'Europe) est presque noire tandis que celle des Phragmites aquatiques (extrême nord) est coupée d'une raie crème. Ces deux espèces sont rares ailleurs en Europe.

Timides, les Phragmites des joncs bâtissent un nid bien caché, mais se montrent plus volontiers que les autres espèces familières des jonchaies. Ils se distinguent par leur dos rayé.

À gauche et ci-dessous : le bord clair des rémiges secondaires repliées accentue les parties foncées de l'aile.

En vol nuptial, l'oiseau s'élève puis plonge sans cesser de chanter.

Les Phragmites des joncs chantent dans la végétation basse.

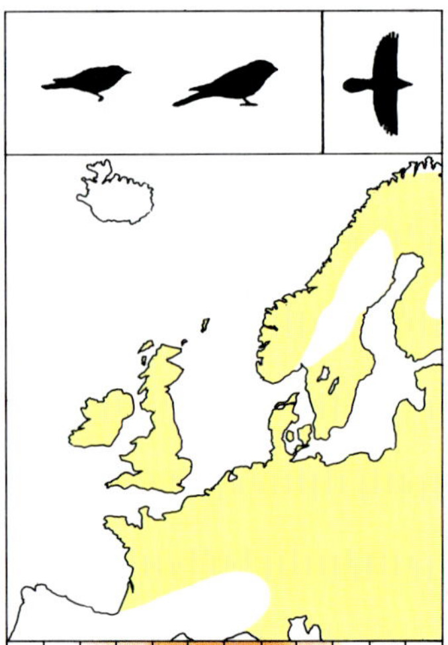

Largement répandu dans les marais européens, le Phragmite des joncs fréquente volontiers la végétation dense bordant les voies d'eau et les lacs, mais il peut se contenter de sites plus secs tels que des haies et des fourrés. On le reconnaît à son dos rayé, sa calotte foncée et son sourcil clair. Cantonné dans la végétation basse, il chante bruyamment, mais moins inlassablement que la Rousserolle effarvatte. Le nid profond, assez grossier et bien camouflé, est accroché à une tige basse de la végétation : il contient quatre ou cinq œufs. Deux ou trois couvées sont courantes.

Hivernant en Afrique équatoriale, les Phragmites des joncs font un voyage extraordinaire. Comme beaucoup d'autres espèces, ils accumulent des réserves de graisse avant la migration. Alors que les autres n'augmentent leur poids que de 30 %, ils en emmagasinent 50 %, logeant la graisse jusque sous les paupières.

Ils dépensent cette réserve en traversant la Méditerranée et le Sahara en une seule étape. La sécheresse récente de l'Ouest africain semble avoir réduit le nombre des retours, amoindrissant considérablement la population des Phragmites des joncs.

Rousserolle effarvatte *(Acrocephalus scirpaceus)*
Rousserolle verderolle *(Acrocephalus palustris)*

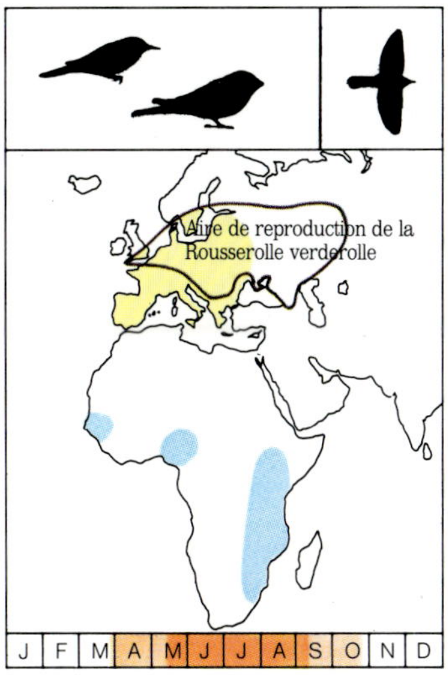

Les nids des Rousserolles effarvattes sont remarquablement agencés : liés à plusieurs tiges de roseaux, ils sont soutenus sans support inférieur. Les Rousserolles effarvattes arrivent et nichent tard. Les jeunes ne sont pas indépendants avant la fin de juin. Le site choisi pour le nid est un massif de phragmites* d'où le mâle chante ardemment deux heures avant l'aube. La femelle couve les quatre œufs pendant la nuit, et le mâle la relaie pendant un quart de la journée. L'incubation dure onze ou douze jours. Les parents nourrissent tous deux les jeunes, cherchant des insectes au-delà des roseaux, par exemple autour des saules. Les jeunes quittent le nid à l'âge d'une dizaine de jours, mais attendent une semaine de plus pour être capables d'attraper des insectes. Deux nichées sont fréquentes.

Ces oiseaux ne s'engraissent pas avant la migration, comme les Phragmites des joncs, mais se restaurent en passant par l'Espagne avant de traverser la Méditerranée et le Sahara vers l'Afrique tropicale où ils muent.

Bien qu'elle ressemble beaucoup à la Rousserolle effarvatte, la Verderolle s'en différencie par son habitat et sa manière d'être. Elle se tient dans la végétation des marais. Le mâle a un chant plus harmonieux.

* Variété de roseau à ne pas confondre avec le Phragmite des joncs (cf. page 38).

Locustelle luscinioïde *(Locustella luscinioides)*

M E

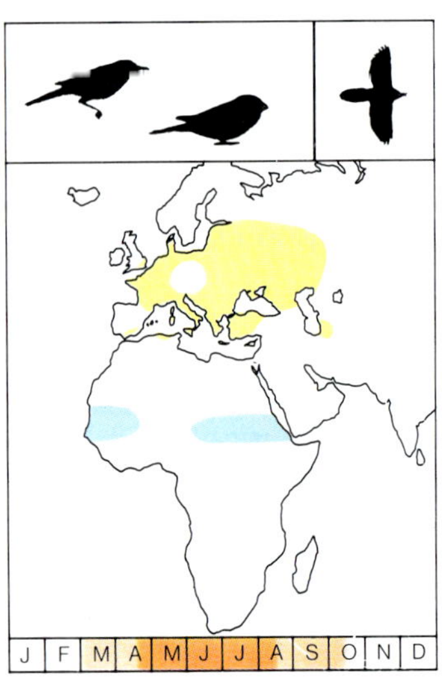

C'est une proche parente de la Locustelle tachetée, mais, n'étant pas rayée, elle est confondue avec la Rousserolle effarvatte : sa queue carrée et son caractère timide l'en distinguent. Elle aime les terrains plus humides que la Locustelle tachetée et est donc menacée par les travaux d'assèchement. Sa distribution est plus irrégulière : elle vient de nicher en Angleterre après un siècle d'absence. Son biotope est composé de saules, de joncs et de roseau avec un peu d'espace d'eau peu profonde. Elle se nourrit exclusivement d'insectes aquatiques. Son chant ressemble à celui de la Locustelle tachetée, mais il est plus grave et souvent précédé de cris. La femelle chante parfois et le cri de contact est fréquent. Le nid grossier, posé au pied des joncs ou des roseaux, est fait de parcelles de roseaux et de jonc tissées autour d'une tige avec un petit dôme. La femelle couve les quatre ou cinq œufs pendant douze jours et nourrit les jeunes, qui ont toutes leurs plumes à l'âge de quatorze jours.

Bouscarle de Cetti *(Cettia cetti)*

S

La Bouscarle est le seul Passereau ayant dix plumes caudales au lieu de douze ; sa queue est très arrondie. Chantant (à l'extrême droite) elle est souvent entendue mais rarement vue, sauf très tôt le matin au printemps.

La Bouscarle est la seule Fauvette à robe brun roux, particularité doublée de sourcils blancs. Le dessous varie du blanc sale au chamois clair.

La Bouscarle de Cetti se distingue par ses battements de queue. Elle ressemble plus à la Fauvette des jardins qu'aux autres oiseaux des marais.

La Bouscarle de Cetti se cache bien et se nourrit à l'abri des buissons. Elle niche près du sol, parfois au-dessus de l'eau dans une végétation épaisse (par exemple un massif de ronces). Ses œufs, d'un brun pourpre, sont bien camouflés, de même que les jeunes qui éclosent couverts d'un duvet gris ou brun foncé.

On la reconnait à son plumage foncé et à sa longue queue arrondie.

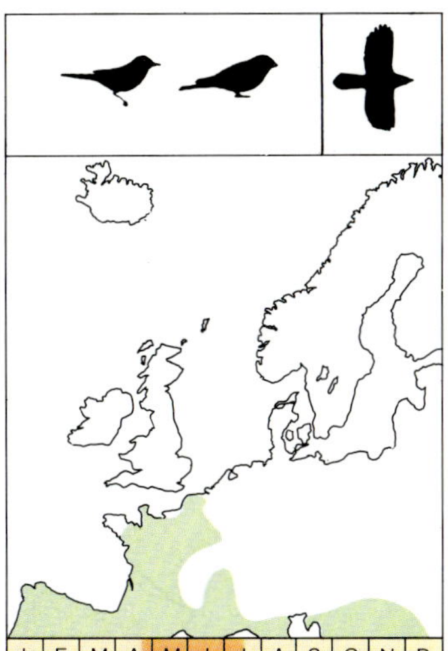

Comme la Pitchou, cette grande Fauvette n'est pas particulièrement migratrice. Ces deux espèces sont donc soumises aux hivers froids et prolongés de la partie septentrionale de leur aire de répartition.

C'est essentiellement un oiseau du Midi, répandu dans le centre et le sud de l'Europe. Les derniers hivers doux ont favorisé son extension rapide plus au nord. Elle niche actuellement dans le sud-est de l'Angleterre, mais un hiver rigoureux pourrait bien l'en éliminer.

La Bouscarle de Cetti aime les couches basses de la végétation, mais, avec un peu de patience, elle peut être observée dans n'importe quel site favorable, car les mâles révèlent leur présence par leur chant brusque.

Leur habitat favori est constitué de buissons et de broussailles proches des marais, des fossés d'irrigation ou des lacs. Quelques couples vivent cependant loin de l'eau. On les voit souvent voletant entre les arbustes, particulièrement quand ils nourrissent les jeunes. Par temps calme les matins de printemps, les mâles se découvrent en chantant. Il ne faut pas les confondre avec les Grives.

Le nid, assez grossier, construit au plus épais de la végétation, contient habituellement quatre œufs rouge brique.

Rousserolle turdoïde *(Acrocephalus arundinaceus)*

Observées quand elles chantent dans les roseaux, les Turdoïdes paraissent plus massives que les Effarvattes représentées plus bas.

Le vol de la Rousserolle turdoïde est lourd et lent, rasant les roseaux. Sa queue arrondie est souvent ouverte en éventail pendant le vol.

La Rousserolle turdoïde est caractérisée par sa taille imposante, son plumage uni, sa queue longue et ronde et son bec robuste. Son « chant » très bruyant permet de la localiser sur le terrain.

Le nid massif est tressé autour de tiges de roseaux, de typha, de saules, etc. L'oiseau posé (en haut) sur la tige est un jeune.

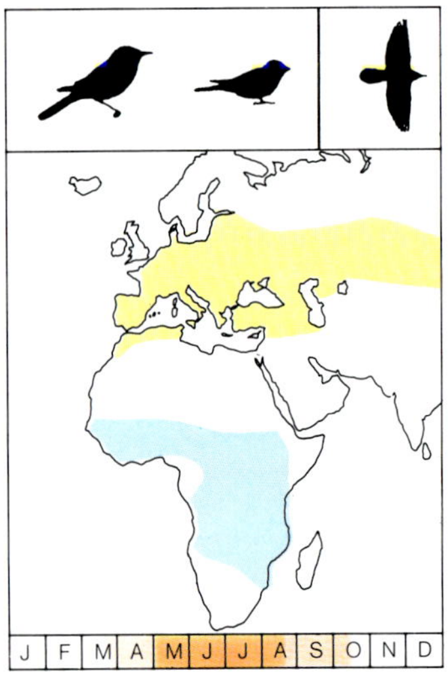

De loin la plus grande des Fauvettes, la Rousserolle turdoïde atteint la taille d'une Grive. Elle ressemble à la Rousserolle effarvatte par sa robe, mais son plumage est terne dès qu'il est usé et son bec est plus épais. Elle vole assez maladroitement, rasant les roseaux, ouvrant sa longue queue en éventail.

Tressé autour de tiges de roseaux, son nid ressemble à celui de la Rousserolle effarvatte, mais il est plus volumineux et contient quatre à six œufs. Comme la Rousserolle effarvatte, elle est une des victimes du Coucou.

L'espèce est commune partout en Europe occidentale où il existe des roseaux, mais elle n'est pas aussi répandue que sa petite cousine. Rares en Grande-Bretagne, malgré la proximité de la Hollande où elles vivent en bandes, les Rousserolles turdoïdes étendent leur aire dans les îles Britanniques et pourraient y nicher. Elles s'établissent en évitant un voisinage trop étroit.

Les Rousserolles turdoïdes chassent les Rousserolles effarvattes qui les gênent. Elles aiment les sites proches de plans d'eau, probablement à cause des coléoptères aquatiques, des libellules et des petits poissons qui forment parfois leur menu. En automne, elles s'engraissent de baies sucrées avant la migration.

Fauvette épervière *(Sylvia nisoria)*

Sa taille exceptionnelle (même par rapport à la Rousserolle turdoïde), ses ailes et sa longue queue, la coloration de son ventre et son manteau gris l'identifient facilement. Sous certaines lumières, ce plumage peut paraître plus clair.

Attitude typique de la Fauvette épervière, queue dressée.

Le jaune de l'œil peut varier d'intensité, mais le bec fort et l'attitude inimitable ne permettent pas de se tromper. Le ventre barré est également exceptionnel chez un Passereau.

Mâle adulte (à droite). La femelle est pratiquement semblable. Aucune autre espèce ne combine cette taille, cette longue queue, ce gros bec et cet œil clair.

Le jeune est brun. Il a la silhouette et les attitudes des parents.

Se reposant pendant la migration, des oiseaux se cachent dans les broussailles le long de la côte. On n'en aperçoit que la tête curieuse ou les yeux jaunes.

Le plumage du jeune diffère beaucoup de celui des parents. Il n'est pas barré. Certains ont les yeux jaunes, mais très pâles.

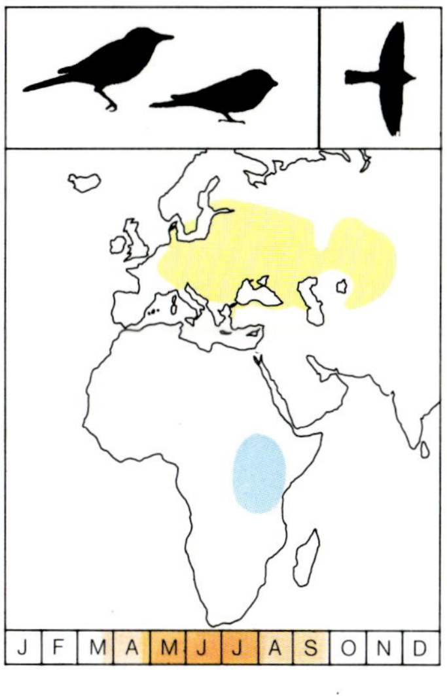

La Fauvette épervière est caractérisée par sa taille importante et son corps massif. Ses flancs barrés, en plumage d'été, la distinguent également. Ces barres ne sont pas nettes au cours du premier automne : les jeunes peuvent être confondus avec des Fauvettes des jardins. Les liserés blancs sur les ailes et le bord clair de la queue, qui facilitent cette identification, peuvent s'effacer par usure.

Les Fauvettes épervières nichent dans des endroits touffus comme les clairières forestières, les lisières de bois et les haies larges. Comme la Pie-grièche écorcheur, elles aiment la proximité de l'eau. Ces deux espèces cohabitent d'ailleurs souvent malgré le risque pour la première. Elles migrent également ensemble, pour des raisons qu'on ignore.

Plus rare que celui de la Fauvette grisette, le vol nuptial du mâle est caractéristique. Le chant est proche de celui de la Fauvette à tête noire mais plus bref et plus rude : il comprend des notes voisines d'expressions de la Fauvette à tête noire et du Rossignol.

Le nid, placé assez haut dans la végétation, ne sert qu'une fois. Le régime est composé d'arthropodes à corps mou en été et de baies en automne, de pommes et de poires. Les quartiers d'hiver africains sont situés dans les acacias.

Pouillot siffleur *(Phylloscopus sibilatrix)*
Pouillot de Bonelli *(Phylloscopus bonelli)*

(× 3/5)

(× 3/10)

Vol nuptial du Pouillot siffleur. Le plumage inférieur jaune couvre sa gorge, sa poitrine et le bord antérieur des ailes.

Attitude typique du Pouillot siffleur chantant.

On reconnaît le Pouillot de Bonelli à la tache jaune du poignet, son dos gris vert et sa queue brunâtre. Le croupion jaune, pas toujours visible, est un autre caractère particulier, que l'on peut remarquer en vol.

Vu d'en bas, le Pouillot de Bonelli présente une gorge et une poitrine blanc argenté le distinguant du Pouillot siffleur.

Jeune Pouillot siffleur (à gauche). Le Pouillot siffleur se distingue du Pouillot de Bonelli par une bande oculaire plus développée (dont l'importance varie), son dos verdâtre, sa gorge jaune et son ventre blanc. Ses ailes sont longues et relativement étroites.

(× 3/5)

Le Pouillot de Bonelli bâtit un nid en forme de four au sol et le couvre souvent d'aiguilles de pin ou de feuilles. Ce nid est plus petit que celui du Pouillot siffleur.

Le Pouillot siffleur bâtit également un nid bien caché au sol.

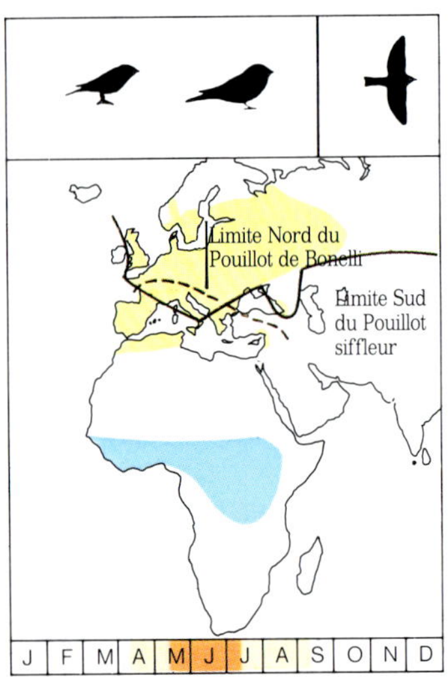

Le Pouillot siffleur est le plus grand Pouillot européen. C'est aussi le plus coloré, avec son dos vert et jaune, sa poitrine jaune et son ventre blanc. Ses ailes et sa queue tremblent quand il pousse son trille vibrant. Le vol nuptial papillonnant amène, par spirales, le mâle chantant jusqu'à la femelle perchée. Une autre phrase, plaintive, est émise après une douzaine de trilles.

Le Pouillot siffleur se rencontre dans les futaies de chênes et de hêtres. Il fréquente surtout les cimes mais niche à terre. Le nid, en forme de four avec entrée latérale, est souvent enfoncé dans une cavité : il n'est pas garni de duvet comme celui des Pouillots véloce et fitis.

Le Pouillot de Bonelli est plus méridional. C'est un habitué des versants méditerranéens couverts de pinèdes et de chênes-lièges. Des observations récentes indiquent une progression vers le nord. Le nid est le même, tout aussi simplement tapissé d'herbes. La couvée de cinq œufs est moins importante que celle du Pouillot siffleur. Ces deux espèces ne nichent qu'une seule fois. Elles hivernent toutes deux en Afrique, mais leurs routes de migration sont mal connues.

Pouillot fitis *(Phylloscopus trochilus)*
Pouillot véloce *(Phylloscopus collybita)*

E60

Pouillot véloce

(× 3/5)

Malgré une similitude apparente, la tête du Pouillot véloce est plus ronde, son dos plus brun et son ventre moins jaune. Les pattes sont généralement assez foncées.

(× 3/10)

En vol les silhouettes se ressemblent, mais le Pouillot fitis, à gauche, a les ailes plus longues que le Véloce. Les deux espèces se nourrissent de la même manière sous le dôme de verdure, mais elles chassent parfois les insectes dans le feuillage.

Pouillot fitis

(× 3/5)

Le dos du Pouillot fitis est verdâtre, le dessous plus jaune. Les pattes sont pâles.

Les Pouillots battent souvent des ailes en lançant le cri d'alarme.

L'attitude de chant est identique.

Un jeune Pouillot véloce (à gauche) diffère peu du jeune Fitis, mais est plus jaune que l'adulte. Les sous-espèces septentrionales du Pouillot véloce (au centre) et du Pouillot fitis (en bas) ont souvent le dos plus foncé et le ventre blanc.

Le Pouillot véloce bâtit un nid grossier, presque toujours au-dessus du sol. Celui du Fitis est plus délicat et placé au sol, dans l'herbe. Tous deux ressemblent un peu à celui du Troglodyte, avec leur entrée latérale.

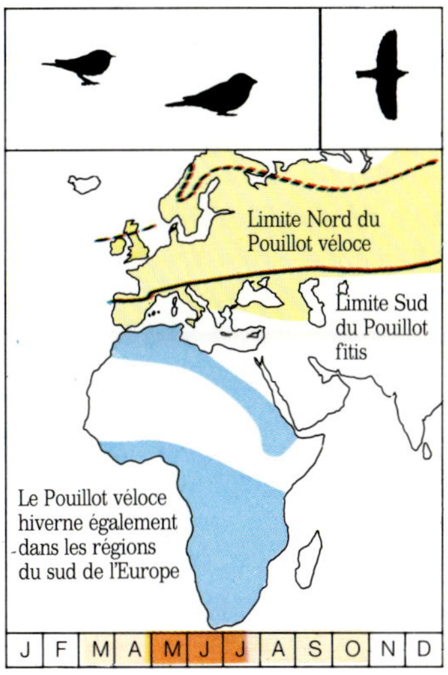

Un naturaliste du XVIIIe siècle, Gilbert White, distingua ces deux espèces qui se différencient surtout par le chant : le Pouillot véloce répète continuellement son nom anglais, allemand et hollandais (« Chif-Chaf ») tandis que le Pouillot fitis émet une suite harmonieuse de notes descendantes. Les appels diffèrent également.

Les pattes du Véloce sont noires, celles du Fitis brun clair, mais ce caractère n'est pas sûr. Le Fitis est également plus grand et ses ailes sont plus longues.

La différence d'habitat n'est pas clairement établie, mais le Fitis paraît préférer l'espace, s'installant dans les taillis, les taillis sous futaies, allant vers le nord jusque dans les bouleaux bordant la toundra. Le Véloce choisit la forêt élevée sans sous-bois dense. Plus fréquent en Europe occidentale, le Pouillot fitis est un oiseau d'été très commun dans la plupart des bois et des broussailles.

Cachant bien leur nid, l'une au sol, l'autre au-dessus, ces deux espèces se trahissent par de fréquents cris d'alarme en nourrissant leurs jeunes. Ce signal devrait écarter les promeneurs qui les gênent.

Hypolaïs ictérine *(Hippolais icterina)*

Le mâle chantant dresse les plumes de la tête, comme le font les deux sexes lors des jeux nuptiaux. Comme les Rousserolles effarvattes, ces oiseaux ont normalement une tête plate et un long bec.

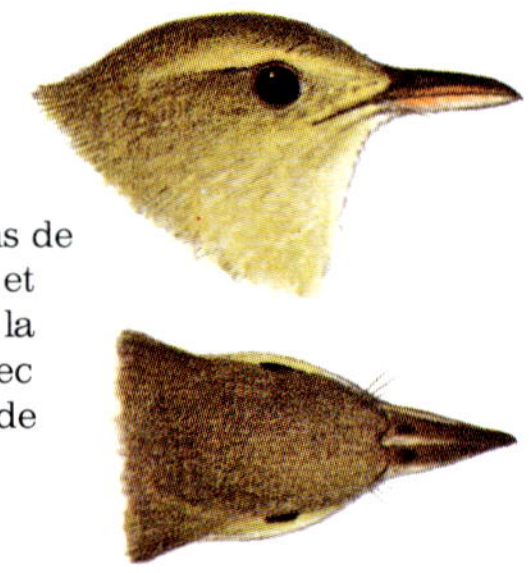

Ces deux illustrations de la tête, vue de profil et de dessus, montrent la base très large du bec ressemblant à celui de l'Hypolaïs polyglotte.

(× 3/10)

Les ailes sont plus longues et plus pointues que celles de l'Hypolaïs polyglotte. Notez également la longueur de queue différente.

Un jeune ayant atteint sa taille d'adulte a le dessous jaune.

En automne, les Hypolaïs ictérines se saisissent des baies en étirant la tête vers l'arrière de manière caractéristique.

La tache oblongue de l'aile et la longueur de celle-ci quand elle est repliée identifient également l'Hypolaïs ictérine.

Le jeune (à droite) est plus jaune que l'adulte (à gauche). Sa queue est plus courte et il n'a pas de tache claire sur l'aile.

(× 3/5)

Les oiseaux en migration d'automne sont plus sombres, mais la tache de l'aile reste intacte. On les distingue aux longues pointes d'aile.

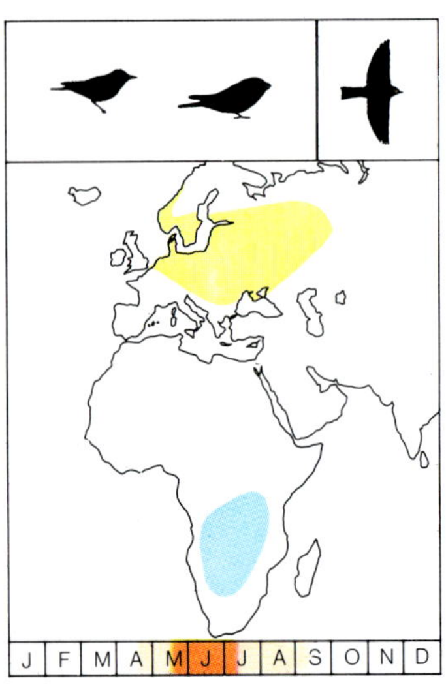

Pline affirmait que la vue d'une Hypolaïs ictérine guérissait de la jaunisse. Cette affirmation superstitieuse est liée au nom scientifique de cet oiseau, qui vient du mot *ikteros*, c'est-à-dire « jaune » en grec ancien.

Les Hypolaïs ictérines fixent leur habitat dans les parcs, les jardins et les haies en fréquentant plutôt l'étage supérieur de la végétation. Posé à 2 ou 3 m du sol, le nid est caché dans la fourche d'un arbuste : il est constitué d'herbes, de racines, de crin et de plumes, mais on y trouve également des bouts de papier ou d'écorce. Les parents couvent tous deux les quatre ou cinq œufs pendant treize ou quatorze jours, et ils nourrissent pendant la même période. Ils élèvent une ou deux nichées.

L'ensemble assez musical du chant de cette espèce est coupé d'exclamations rauques qui imitent parfois d'autres oiseaux. Le chant vient d'un perchoir. Il peut être entendu en vol, et même la nuit.

Hypolaïs polyglotte *(Hippolais polyglotta)*

Son bec long et large ressemble à celui de l'Hypolaïs ictérine, mais sa tête est plus plate.

Vues en vol, les ailes de l'Hypolaïs polyglotte paraissent plus larges et rondes que celles de l'Hypolaïs ictérine. Sa queue est aussi plus courte.

(× 3/10)

Chute du vol nuptial, semblable à celle du Pipit des arbres.

Les Hypolaïs polyglottes émergent parfois du couvert pour chanter, mais se tiennent généralement cachées.

(× 3/5)

Le jeune est plus jaunâtre que l'adulte. Cette combinaison de couleurs jaunes et vertes permet de distinguer les Hypolaïs polyglottes et ictérines des autres Fauvettes. La couleur des pattes varie du gris au brun foncé.

Caractérisées par leur grosse tête et leur aspect trapu, les Hypolaïs polyglottes ont les pointes des ailes et de la queue plus courtes que l'Hypolaïs ictérine dont ils se distinguent également par l'absence de taches alaires claires.

Quelques adultes ont le plumage fané. Ils restent identifiables par l'allure.

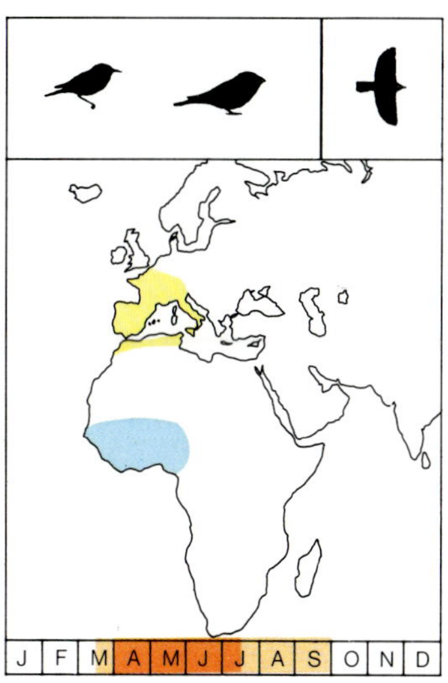

Contrairement à l'Hypolaïs ictérine dont elle évite les fausses notes, la Polyglotte chante mélodieusement. Ce chant peut durer plusieurs minutes, imitant parfois d'autres espèces. D'autres expressions ressemblent au bavardage des Moineaux. L'oiseau chante généralement de la cime d'un arbre élevé, montrant une gorge déployée jaune, en vol ou au cours de cette chute du vol nuptial rappelant celle du Pipit des arbres.

Les Hypolaïs polyglottes et ictérines sont assez proches pour qu'on suppose une ascendance commune. L'ère glaciaire les a probablement séparées, localisant les unes au sud, les autres au nord. Leurs aires d'extension ne se superposent d'ailleurs presque pas et leurs habitats diffèrent. Bien que toutes deux familières des lisières et des clairières, les Polyglottes aiment les sous-bois des futaies tandis que les Ictérines préfèrent les branches élevées. Cela amène les Polyglottes à nicher dans les jardins et les parcs, les vergers de figuiers et de citronniers. Semblable à celui de l'Hypolaïs ictérine, le nid est placé bas sous un couvert épais (ronces, lauriers-roses ou haies d'arbustes). La femelle couve seule, mais le mâle participe au nourrissage. Celui-ci, comme l'incubation, dure douze ou treize jours.

Fauvette à tête noire *(Sylvia atricapilla)*

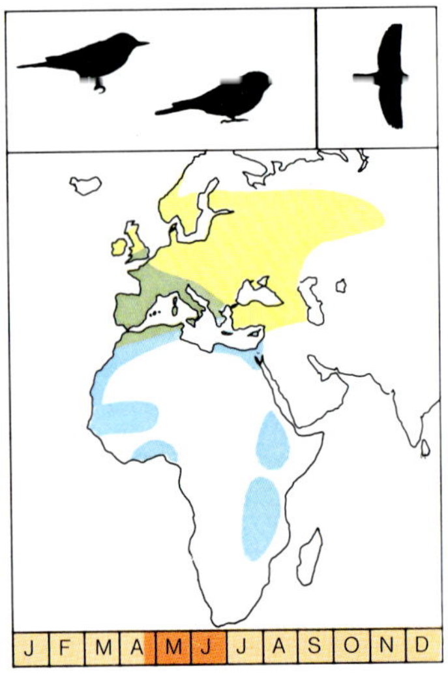

Le néophyte confond le chant de la Fauvette à tête noire avec celui du Rossignol, l'amateur avec celui de la Fauvette des jardins. Pourtant, ce chant n'a ni les roulements ni les longs gazouillis du Rossignol ; il est plus bref et plus nuancé que celui de la Fauvette des jardins. Un coup d'œil à la tête la différencie immédiatement.

Les Fauvettes à tête noire préfèrent les futaies avec sous-bois. Quand l'exploitation forestière permet un choix, les Fauvettes à tête noire s'établissent dans les coupes âgées, les Fauvettes des jardins dans les secteurs plus jeunes, mais toujours dans la végétation dense.

Le nid est situé plus haut que celui de la Fauvette des jardins, mais il est aussi finement tissé de végétaux secs. Les parents couvent tous deux les cinq œufs et se partagent le nourrissage. Une deuxième couvée a lieu au sud de l'aire de reproduction.

Les adultes muent avant la migration, les jeunes ne changent que le plumage du corps, remplaçant la calotte brune par le noisette ou le noir selon le sexe.

Dans les régions méridionales, les Fauvettes à tête noire recherchent les figuiers, d'où leur nom de « Bec-figue ». En automne, elles portent souvent des souillures anales, traces de baies de sureau ou de mûres.

Fauvette des jardins *(Sylvia borin)*

Ci-dessus : rituel amoureux au cours duquel le mâle pourchasse la femelle en sous-bois. À droite : attitude plus statique du mâle ouvrant les ailes vers la femelle.

La queue de la Fauvette des jardins, vue en vol, est notablement plus courte que celle de la Fauvette à tête noire.

(× 3/10)

Adulte

Jeune

(× 3/5)

À première vue, c'est un oiseau très quelconque, mais il a plusieurs particularités : sa tête est ronde ; son bec, court ; son œil, encerclé et souligné ; sa nuque, grise. Le regard fixe et vague est très caractéristique.

Le jeune ressemble fort à l'adulte, ayant la tache grise sur la nuque, mais son plumage est légèrement jaunâtre.

Femelle sur le nid, caché dans la végétation basse.

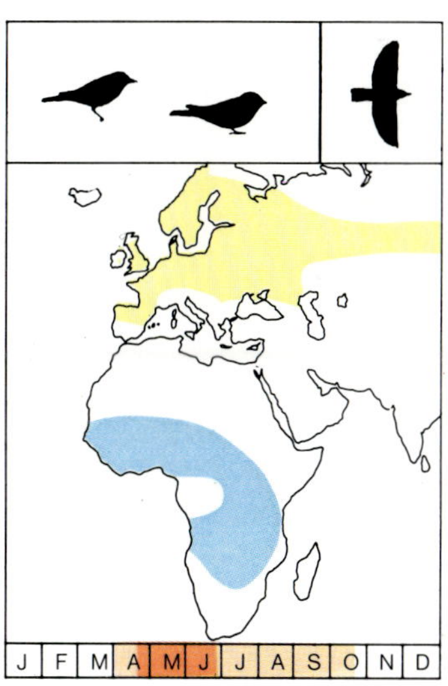

La Fauvette des jardins est proche parente de la Fauvette à tête noire, mais n'en a pas la calotte caractéristique. Elle est souvent confondue avec le Pouillot fitis, le Pouillot véloce, les Rousserolles verderolle et turdoïde ; sa taille est pourtant moindre, sa forme de tête différente avec ses bandes oculaires. Son chant approche celui de la Fauvette à tête noire, mais il comporte des trilles plus longs et moins mélodieux.

La ressemblance entre ces deux espèces s'étend au nid et aux œufs, difficiles à identifier sans voir les oiseaux. Le nid de la Fauvette des jardins est moins bien fait et situé plus bas. L'habitat les différencie mieux ; elle préfère des espaces plus dégagés, allant même jusqu'à la limite des bouleaux en bordure de la toundra.

Les Fauvettes des jardins partagent avec les Fauvettes à tête noire et les autres *Sylviinae* l'habitude de faire des nids qui ne seront pas occupés. Les parents élèvent tous deux les jeunes, qui quittent le nid après une dizaine de jours, avant de pouvoir voler.

Les Fauvettes des jardins arrivent après les Fauvettes à tête noire et, comme celles-ci, migrent tôt. Elles muent pendant l'hivernage africain et ne sont pas sédentaires en Europe.

Fauvette grisette *(Sylvia communis)*

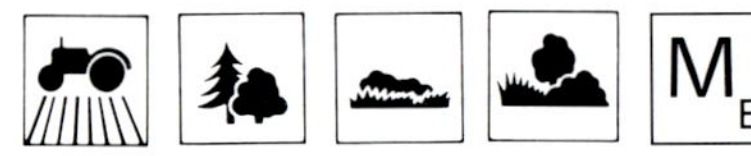

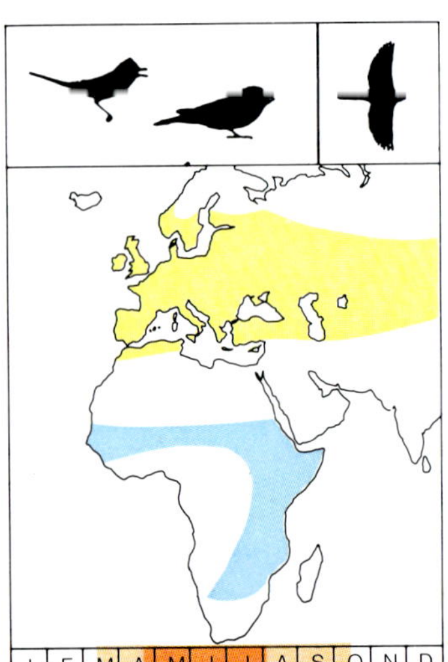

Récemment encore, la Fauvette grisette était commune dans les haies, les broussailles et les clairières forestières de toute l'Europe jusqu'en Scandinavie ; on connaissait partout son vol nuptial à culbute suivi d'une longue chute (souvent d'une hauteur de 30 m) et son chant jacassant.

En augmentation régulière jusqu'à l'automne de 1969, sa population fut brusquement réduite de 80 % au retour du printemps suivant. Toutes les causes étudiées (intempéries en migration, insecticides, épidémies) indiquent probablement que la malnutrition dans le Sahel ne lui a pas permis d'accumuler les réserves nécessaires pour traverser le Sahara. Dans beaucoup de régions, la population des Grisettes est toujours faible.

Le nid est bâti très bas dans le couvert ; les ronces, les branches basses ou un bouquet d'orties forment un site favorable. Les premières couvées (cinq œufs) commencent en mai. Seule la femelle couve, mais les parents nourrissent tous deux les jeunes, trahissant leur anxiété par des cris secs à l'approche d'intrus. Incubation et nourrissage sont brefs (onze jours chacun), ce qui laisse le temps pour une deuxième nichée, généralement moins nombreuse.

Fauvette babillarde *(Sylvia curruca)*

En vol, la Fauvette babillarde ressemble à la Grisette, mais elle est plus petite et sa queue est plus courte.

La jeune Fauvette babillarde porte une calotte grise et des oreillettes foncées. Certains oiseaux paraissent très clairs sur le terrain.

Vues de profil, quelques rectrices sont blanches comme chez la Grisette.

Les Fauvettes babillardes se nourrissent très discrètement dans le feuillage élevé des arbres. On ne remarque que leur ventre clair. Elles prennent également des insectes en vol.

L'allure ressemble à celle de la Grisette, mais la taille est plus réduite et la coloration plus terne. Le ventre est plus clair et le dos plus uniforme. Le roux de la Grisette manque également.

Mâle adulte

Mâle adulte

Femelle adulte

Femelle adulte

Jeune

La lumière du jour traverse le nid délicat de la Babillarde, qui est fait de brindilles, de radicelles et d'herbes.

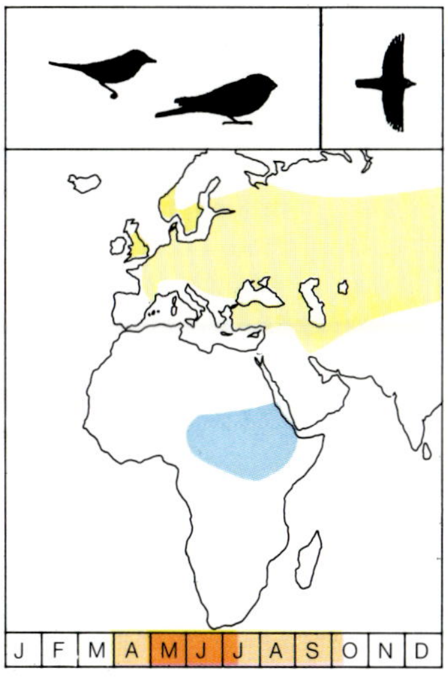

Discrètement élégante en gris et blanc avec son masque sombre, la Fauvette babillarde fut, autrefois, nommée « saltimbanque » à cause de ce masque. Elle se distingue de la Grisette par son habitat, nichant dans d'épais fourrés. À l'encontre de la même Grisette, elle aime les jardins touffus et les plantations forestières ainsi que les haies fournies. Les territoires, relativement importants, comptent plusieurs postes de chant dans des cimes parfois distantes de plusieurs centaines de mètres.

Les mâles chantent surtout aux premiers rayons du soleil, émettant une phrase en crécelle qui porte loin et ressemble à celle du Bruant zizi.

Le nid fragile peut être employé pour deux couvées. Comme les adultes arrivent assez tard au printemps et muent avant de repartir, l'incubation et le nourrissage sont courts. Mais les parents défendent âprement le nid. Comme chez les autres Fauvettes, le régime passe, avant les migrations, d'une prédominance d'insectes à celle de fruits. Les Fauvettes babillardes traversent l'Italie, la Grèce et Chypre pour aller hiverner en Éthiopie, alors que la Grisette passe par l'Espagne. La Babillarde doit donc affronter beaucoup d'oiseleurs armés de fusils et de pièges à glu.

Fauvette pitchou *(Sylvia undata)*

S

Le mâle se branche pour chanter brièvement ou, comme ci-dessous, vitupérer un intrus. Ces oiseaux ont une longue queue foncée, souvent dressée. L'envers des rectrices, critère d'identification, peut varier suivant l'individu ou les lieux.

Vue typique de l'oiseau quittant le couvert d'où il a été dérangé. En vol, la Pitchou paraît très sombre, les jeunes étant presque noirs. Le vol est paresseux, divaguant selon l'orientation incertaine de la queue.

Ce mâle s'emporte dans le vol nuptial à la manière de la Fauvette grisette.

Oiseaux perchés, selon leur habitude, avant de plonger dans les fourrés.

Une femelle nourrit deux jeunes sortant du nid. Bien qu'en pleine croissance (notez la courte queue), ils peuvent déjà voler. La femelle est plus brune que le mâle, mais les deux ont les yeux cerclés de rouge, les pattes jaunes, la gorge tachetée de blanc et le ventre pâle.

Guettées avec patience, les Fauvettes pitchous peuvent apparaître hors du couvert pour se nourrir ou contrôler les environs. Elles recherchent leur nourriture près du sol.

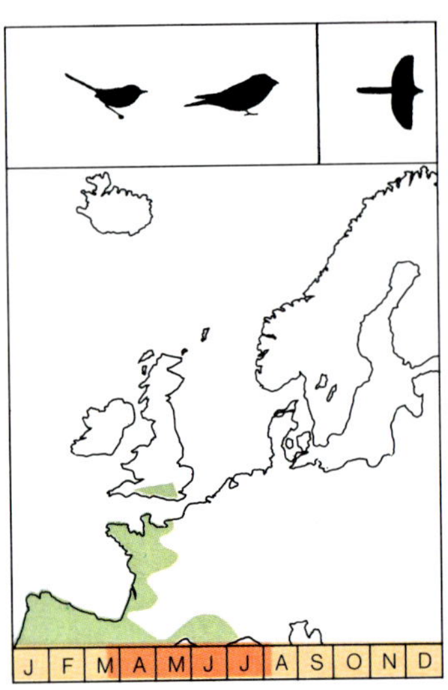

La Pitchou aime le maquis méditerranéen. Plus au nord, elle choisit des genêts, de la lavande ou de la bruyère. À l'encontre des autres Fauvettes, elle est généralement sédentaire et donc sensible aux hivers trop rudes.

Les nuits de neige à gros flocons la détruisent plus sûrement que le gel. Son effectif varie beaucoup dans les îles Britanniques : réduit à dix couples en 1963, il atteignait cinq cent soixante couples en 1975.

Les Pitchous sont timides, surtout par grand vent. On les observe souvent quand il fait très chaud ; les mâles chantent alors d'un perchoir élevé ou en volant. Ce gazouillis métallique assez sec se change en cri strident pour l'alarme, comme chez la Grisette.

La femelle construit son nid au plus bas de la végétation. Le mâle l'aide à couver, deux fois par an, quatre œufs. Ils nourrissent les jeunes de petits coléoptères, de chenilles et de moustiques. On se demande comment ces oiseaux subsistent en hiver en l'absence d'insectes : sans doute se nourrissent-ils d'araignées et d'autres arthropodes.

Fauvette mélanocéphale *(Sylvia melanocephala)*
Fauvette passerinette *(Sylvia cantillans)*

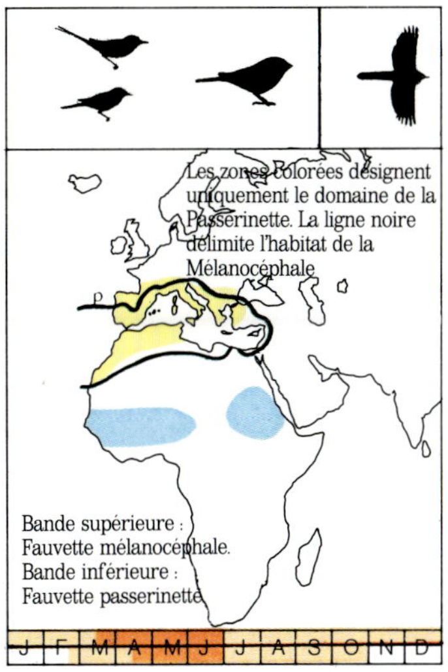

Parentes, mais différentes par les mœurs, les Passerinettes hivernent en Afrique tropicale de l'Ouest tandis que les Mélanocéphales, plus ou moins sédentaires, souffrent beaucoup des hivers rudes. Les Passerinettes aiment les flancs de montagne ensoleillés jusqu'à 2 000 m, de préférence couverts de buissons bas et serrés dans lesquels leur cachette est difficile à repérer, malgré leurs cris d'alarme bruyants. On les observe facilement au printemps pendant le vol nuptial du mâle ou quand les parents nourrissent les jeunes dans le nid caché sous les ronces ou les joncs. Deux nichées sont habituelles. Le brun terne des jeunes les fait ressembler aux Fauvettes grisettes et aux Fauvettes à lunettes. Les mâles ressemblent aux Pitchous, mais s'en distinguent par les moustaches blanches et la courte queue. Plus mélodieux, le chant ressemble pourtant à celui de la Grisette.

Les Fauvettes mélanocéphales sont vives, actives mais farouches ; pourtant, elles s'approchent parfois des promeneurs entre les oliviers et les amandiers. On les rencontre un peu partout en plaine. Leur chant mélodieux et leur cri d'alarme sont fréquents dans le Midi. Les nichées, aussi importantes que celles de la Pitchou, comprennent souvent quatre œufs.

Traquet pâtre *(Saxicola torquata)*

S

Au printemps, l'usure fait virer le dos du mâle au noir, ses plumes sus-caudales au blanc.

Le plumage estival du mâle (à gauche) est rayé. Sa tête noire et son col blanc le distinguent. Les Traquets pâtres se tiennent droits, le corps presque vertical, ce qui les fait remarquer sur les clôtures.

(× 3/5)

(× 3/5)

Femelle nourrissant deux jeunes. Les femelles sont plus gris brun que les mâles, mais le plumage brun hivernal des deux sexes se ressemble.

Exemple de plumage printanier : noir sur le dos, blanc à la base de la queue.

Mâle sur le point de se poser dans la bruyère.

Ci-dessous : tête du mâle l'hiver. La pointe chamois des plumes s'usera jusqu'à ce que la tête soit absolument noire. Il en est de même pour le dos.

Taches alaires blanches et queue noire bien visibles en vol. Le Traquet pâtre a les ailes rondes et la queue courte. Comparez-le au Traquet tarier, représenté page suivante.

(× 3/10)

Les Traquets pâtres se nourrissent plus souvent au sol que les Traquets tariers.

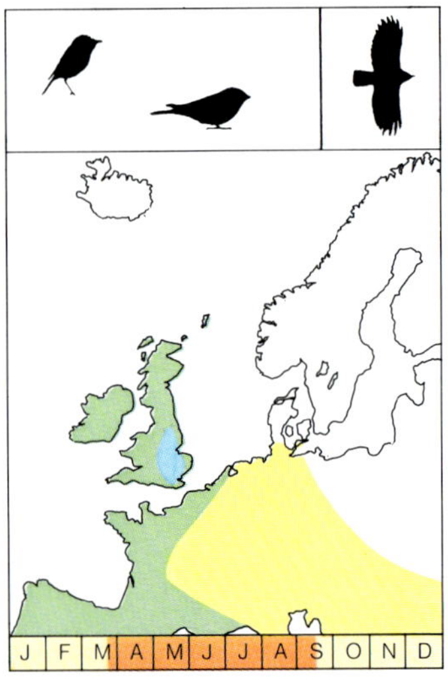

Les Traquets pâtres sont bruyants, surtout quand ils sont réunis en famille. Leur appel le plus fréquent ressemble au claquement de deux cailloux entrechoqués. À une trentaine de mètres de hauteur, le mâle chante une suite de phrases bruyantes. À la différence du Traquet tarier, le Pâtre s'établit dans les landes incultes mais préfère les zones sèches et broussailleuses. Il lui faut des perchoirs plus élevés que le Tarier : des poteaux téléphoniques et des fils sur lesquels il se tient, ailes et queue agitées, examinant le sol pour y découvrir des insectes.

La mise en culture récente de friches a fait diminuer la population européenne.

La période de reproduction est longue : une femelle âgée peut produire trois couvées de cinq ou six œufs, quand une jeune n'en produit qu'une seule de deux œufs. Le nid est bien caché sous un bouquet de genêts ou une touffe d'herbes.

Les Traquets pâtres sont répandus partout en Europe et en Asie jusqu'au Japon. Les nombreuses sous-espèces varient du roux en dessous au noir au-dessus. En Europe occidentale et méditerranéenne, ces oiseaux sont généralement sédentaires, mais ceux qui nichent au nord hivernent plus au sud.

Traquet tarier *(Saxicola rubetra)*

La coloration de la tête du mâle est très particulière. Les deux sexes ont des sourcils blancs bien évidents.

Les marques noires, plus prononcées chez la femelle, servent de camouflage dans l'herbe sèche.

Le jeune Traquet tarier ressemble au jeune Traquet pâtre, si l'on excepte les rectrices externes blanches.

La coloration très différenciée des ailes et de la queue du mâle est bien visible en vol.

Femelle montrant, à l'envol, ses marques blanches sur les ailes et la queue.

La zone blanche triangulaire située sur la queue de chaque côté du croupion distingue le Traquet tarier du Pâtre. En vol et de manière générale, ces deux espèces se ressemblent fort.

Les Traquets tariers sont migrateurs : ils ont donc des ailes plus longues que celles des Traquets pâtres sédentaires.

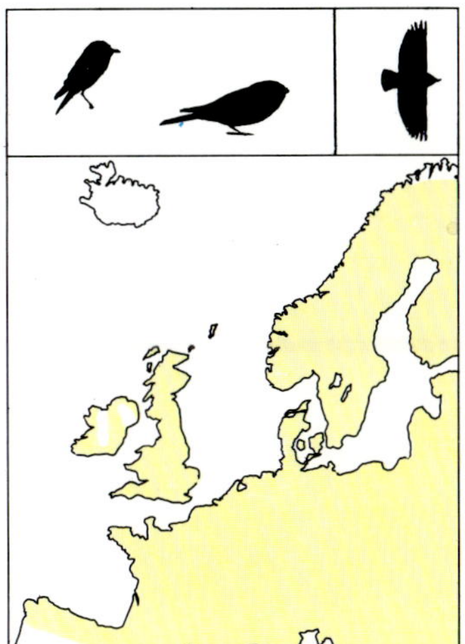

J	F	M	A	M	J	J	A	S	O	N	D

Cette espèce ressemble beaucoup à son parent le Traquet pâtre, mais elle est franchement migratrice, n'hivernant jamais en Europe occidentale. Elle passe la mauvaise saison dans les herbages africains, allant jusqu'en Angola sans être très nombreuse dans la savane boisée qui s'étend du Sénégal à l'Ouganda. En Europe, les pâturages, les prés humides, les marais et les bruyères constituent son habitat. La mécanisation agricole et les remembrements ont beaucoup réduit ces espaces. Elle ne recherche pas les ajoncs comme le Traquet pâtre.

Ces oiseaux se nourrissent de papillons, d'araignées et de mouches qu'ils cueillent sur les tiges d'herbes ou parfois en vol, comme les Gobe-mouches.

Le nid est très bien caché dans les herbes hautes, sous les fougères sèches ou encore là où l'herbe pousse à travers le pied d'un buisson : on peut parfois l'atteindre par un tunnel latéral. La femelle le bâtit d'herbes et de mousse, le tapissant de matière fine, mais non de plumes ou de duvet. La ponte compte cinq ou six œufs couvés par la femelle pendant treize jours. Les jeunes ont leurs plumes au bout du même délai, mais quittent le nid avant d'achever leur croissance. Les parents les nourrissent tous deux, la famille restant unie pendant quelque temps après l'abandon du nid.

Gorge-bleue *(Luscinia svecica)*

Le jeune au plumage rayé serait difficile à identifier sans la coloration de la queue.

Les Gorges-bleues paraissent souvent foncées vues en vol. Ce sont des oiseaux à ailes courtes et queue carrée.

(× 3/10)

Ci-dessus et ci-dessous, à gauche et à droite : la raie oculaire est, après la queue, le signe distinctif le plus particulier de la Gorge-bleue. Cette raie reste constante malgré les variations de plumage.

Les Gorges-bleues sont extrêmement discrètes. Leurs battements de queue les caractérisent.

De très près, on peut apercevoir les taches rousses de la queue.

(× 3/5)

Gorge-bleue mâle à miroir blanc. Le miroir blanc est plus petit, parfois même inexistant.

Gorge-bleue mâle à miroir roux.

La queue rousse et brun foncé est caractéristique.

Oiseau fuyant vers le couvert.

Près du littoral, les Gorges-bleues se tiennent volontiers sous des buissons bas.

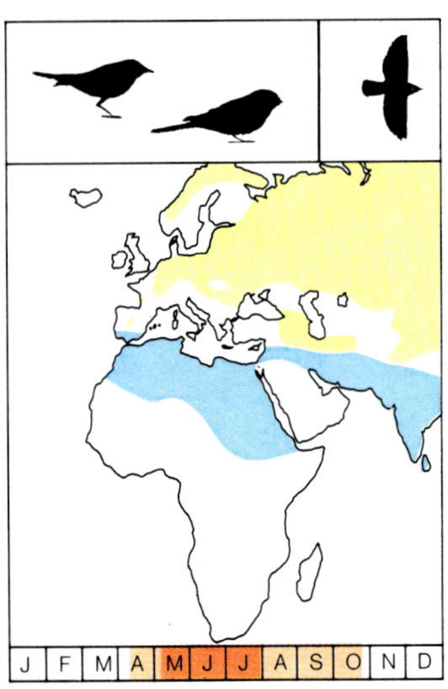

Sa gorge, d'un bleu saphir lumineux, et son chant magnifique caractérisent la Gorge-bleue. On l'ignore souvent, peut-être à cause de sa distribution capricieuse en Europe occidentale. Elle aime les terrains marécageux, à végétation touffue, que l'extension de l'agriculture tend à faire disparaître.

La sous-espèce se reproduisant en Europe occidentale est à miroir blanc. Celle à miroir roux est commune le long des lacs de Laponie.

Le chant ressemble à celui du Rossignol, qui est un parent. Moins puissant, plus varié, imitant souvent d'autres oiseaux, il est émis en vol ou d'un perchoir élevé.

On voit rarement les femelles, de même que les mâles après la reproduction, sauf lorsqu'ils volettent d'un buisson à l'autre. Le nid ressemble à celui du Rouge-gorge. Il est bâti dans un creux du sol, souvent sous un buisson. Les cinq à sept œufs varient du bleu au vert olive. La femelle seule couve, mais les parents nourrissent tous deux. Les Gorges-bleues à miroir blanc élèvent parfois deux nichées.

Les Gorges-bleues à miroir roux traversent l'Europe en migration, car elles hivernent au Proche-Orient et dans l'est de l'Afrique du Nord. Leur aire de reproduction s'étend jusqu'à l'autre bout de l'Asie.

Traquet motteux *(Œnanthe œnanthe)*

L'habitat est très dégagé, mais le nid est placé dans un trou où l'oiseau alarmé se cache.

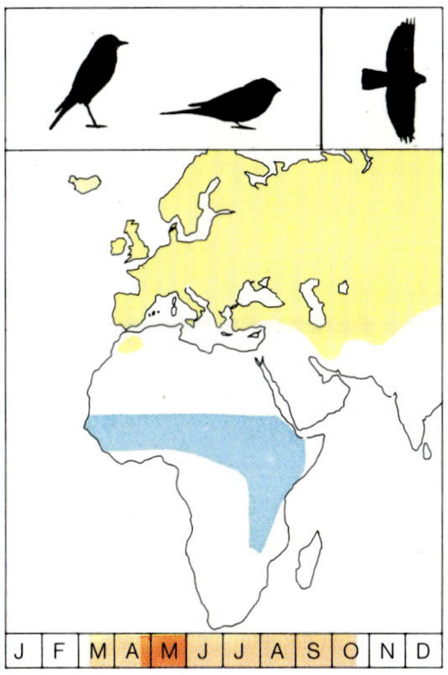

Cette espèce est largement répandue dans les espaces ouverts d'Europe, d'Asie et de l'Arctique américain. Elle aime la montagne, la toundra et les pierrailles, mais ce n'est pas un oiseau du désert. Les Traquets motteux nichent sous les rochers, mais peuvent s'accommoder de nichoirs, même de terriers de lapin ou d'abris similaires quand ils en trouvent. Un tunnel de 1 m parfois sert d'entrée au nid que les parents construisent à l'aide d'herbes, de racines et de mousse, le tapissant de duvet, de crin et de poil de lapin ou de laine de mouton glanés sur leur territoire. Cinq ou six œufs sont habituels en Europe, mais dans l'Arctique on en compte jusqu'à sept. Le mâle couve occasionnellement mais aide régulièrement la femelle à nourrir les jeunes pendant deux semaines. Une deuxième nichée peut réussir.

Ces oiseaux se nourrissent d'invertébrés terrestres. En automne, les baies arrivent à point pour les engraisser avant la migration. Ceux qui nichent au Groenland couvrent sans étape les 3 000 km les séparant du nord de l'Espagne, perdant un tiers de leur poids au cours de ce voyage.

Rouge-queue à front blanc *(Phoenicurus phoenicurus)*

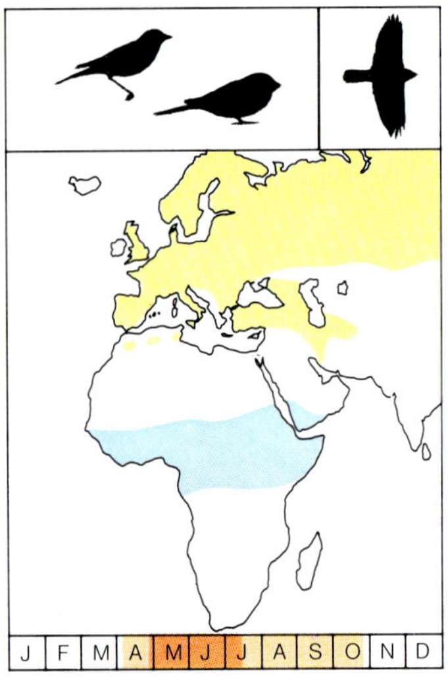

Cet oiseau doit son nom à la couleur de sa queue qui contraste, chez le mâle, avec la teinte grise du dos. Son chant bref et saccadé annonce sa présence dans la plupart des forêts européennes. Les deux sexes se servent d'un cri d'alarme en deux notes assez proche de celui du Rossignol, du Pinson des arbres ou du Pouillot fitis, dont profitent toutes ces espèces forestières.

Ce Rouge-queue aime les futaies claires coupées de clairières. Il préfère les bois de feuillus mais s'établit aussi parmi les résineux, dans les parcs et les jardins, les allées et les arbres.

Les mâles arrivent en avril ou en mai, peu avant les femelles. Dès que les couples sont formés, le mâle choisit l'endroit du nid : généralement un trou dans un tronc, mais parfois le creux d'un mur ou à terre sous un couvert épais. La femelle couve pendant quatorze jours six œufs bleu pâle. Les parents nourrissent tous deux les jeunes pendant deux semaines au nid, puis pendant deux ou trois semaines. Il peut y avoir deux nichées. Ils se nourrissent de petits insectes, moustiques, chenilles et autres bestioles.

Ils se cognent souvent sur les phares de la mer du Nord pendant leur migration. En diminution dans le sud de l'Angleterre, ils restent communs ailleurs.

Rouge-queue noir *(Phoenicurus ochruros)*

M_E S

Les Rouges-queues noirs nichent dans les creux des murs ou des rochers. Les jeunes ouvrent une large gorge jaune.

Femelle en vol. Les ailes sont plus grandes et plus larges que celles du Rouge-queue à front blanc. Le croupion est marqué de roux.

(× 3/5)

Plumage estival du mâle nourrissant un jeune. Comparé au Rouge-queue à front blanc, le jeune Rouge-queue noir parait noirâtre, sans coloration brune.

(× 3/10)

À gauche : queue rousse caractéristique.
À droite : les rouges-queues chassent les insectes, mais se posent rarement dans les branchages.

Les femelles et les jeunes (à droite et ci-dessous) ont un plumage uniformément sombre, d'aspect terne, jusqu'à ce que l'on remarque la queue rousse.

Plumage hivernal du mâle. On peut souvent observer les Rouges-queues noirs plongeant au sol, depuis leur observatoire, pour s'emparer de nourriture.

Les Rouges-queues noirs se nourrissent très discrètement en évitant de se faire remarquer.

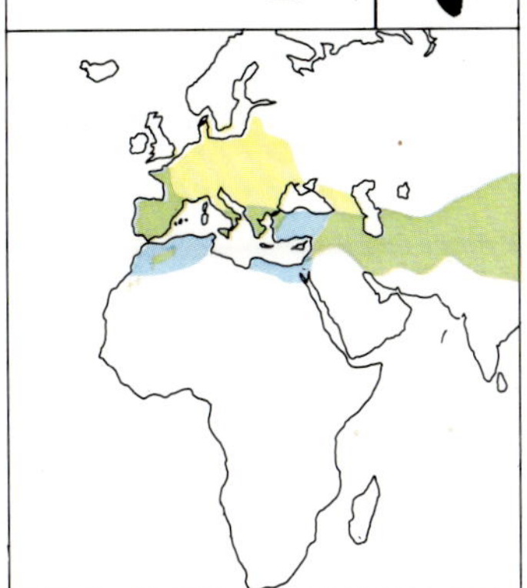

J	F	M	A	M	J	J	A	S	O	N	D

Le gazouillis bref, suivi d'un bruit imitant celui de billes d'acier entrechoquées, est commun dans nombre de zones urbaines européennes. Jadis plutôt montagnarde, l'espèce s'est adaptée à l'industrialisation et aux centres urbains : elle aime les docks ou les gazomètres et paraît avoir pris une extension importante dans les villes bombardées, dont le délabrement reproduit l'habitat ancestral. Les bâtiments de ferme sont aussi un site très favorable.

Le nid est généralement placé sur une corniche, soit à l'intérieur soit à l'extérieur de ces bâtiments : c'est une construction grossière faite de végétaux et tapissée de crin ou de plumes. La femelle couve quatre ou cinq œufs blancs. Les parents nourrissent tous deux les jeunes pendant seize à vingt-et-un jours. Il peut y avoir deux ou trois nichées par an.

Ces oiseaux se nourrissent d'insectes, petits coléoptères ou moustiques, et on les a vus avaler des quantités de moucherons au-dessus d'eaux polluées. Dès l'automne, les baies entrent dans leur régime.

Leurs voies de migration varient, certaines populations n'entreprenant pas de grands mouvements. Des oiseaux originaires d'Allemagne et de Pologne ont été retrouvés à Chypre.

Gobe-mouches noir *(Ficedula hypoleuca)*

Le plumage élégant du Gobe-mouches noir perd de sa beauté quand l'usure le ternit. (× 3/5)

Gobe-mouches noir en vol : le marquage des ailes est caractéristique.

Le Gobe-mouches à collier est rare en Grande-Bretagne, mais répandu par endroits sur le continent, principalement en Europe centrale.

Vus en vol, la femelle et le jeune Gobe-mouches noir se ressemblent. (× 3/10)

Le jeune Gobe-mouches noir ressemble à la femelle si l'on excepte ses lisérés chamois. Il porte aussi moins de blanc sur les ailes et la queue. Son œil et ses lunettes pâles sont importants par rapport à sa taille.

Le plumage du Gobe-mouches noir femelle est brun avec des marques blanches sur les ailes et la queue.

Femelle (Gobe-mouches noir) vue de dos.

Le jeune Gobe-mouches noir porte des « croissants ».

Le Gobe-mouches à collier mâle porte un col blanc et plus de rémiges blanches que le Gobe-mouches noir, bien que l'importance de ces dernières varie d'un oiseau à l'autre. (× 3/5)

Queue de Gobe-mouches à collier (à droite) : femelle. Queue de Gobe-mouches noir (à gauche) : femelle.

Le collier clair et le dos sombre des Gobe-mouches noirs femelles peuvent être confondus avec ceux des Gobe-mouches à collier femelles.

Attitude typique du Gobe-mouches noir mâle.

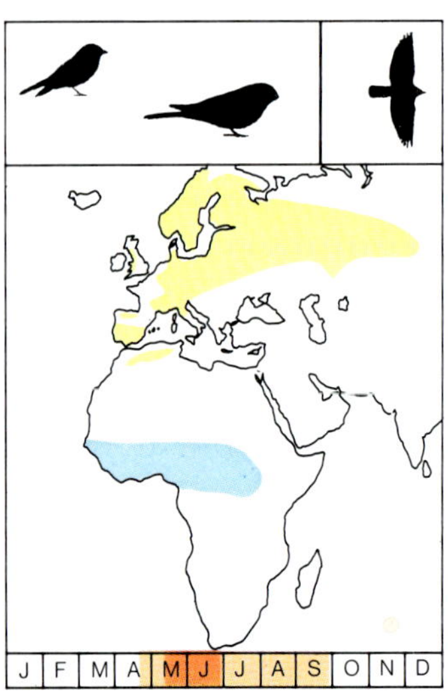

Malgré son nom, ce Gobe-mouches se nourrit principalement de chenilles et autres insectes récoltés dans le feuillage. Oiseau des forêts à feuilles caduques, il s'adapte aux conifères s'il trouve des nichoirs. Il niche normalement dans la cavité abandonnée par un Pic, dans laquelle il construit un nid d'écorce (de préférence de chèvrefeuille) tendu d'herbes fines. La femelle couve seule six ou sept œufs. Elle est alimentée par le mâle. Les couvées tardives sont moins importantes.

Éclos après douze jours, les jeunes sont nourris par les parents pendant une quinzaine de jours. Quand ils quittent le nid, à la fin juin ou au début juillet, adultes et jeunes disparaissent pendant un mois avant la migration : ils muent à ce moment et reconstituent leurs forces dans la verdure des futaies.

L'hivernage se fait en Afrique tropicale, mais avant de traverser le Sahara ils font escale en Espagne : tous les Gobe-mouches d'Europe, même ceux venant d'U.R.S.S., s'y rassemblent.

La population européenne de Gobe-mouches, contrariée par les déboisements, n'est plus que locale en France, Belgique, Hollande et Grande-Bretagne. Les nichoirs pourraient compenser la rareté des sites naturels favorables.

Rossignol philomèle *(Luscinia megarhynchos)*

M E

Attitude habituelle, queue dressée.

Le Rossignol défend son nid en battant des ailes. Il crie alors de façon menaçante, s'approchant jusqu'à un mètre de l'observateur intrus.

Élégant, se tenant bien droit, le Rossignol pourrait être confondu avec la Fauvette des jardins, mais son dos est plus roux. Son œil est très grand.

(× 3/10)

On voit rarement cet oiseau timide en terrain découvert, sauf volant bas, et à courte distance, d'un couvert à l'autre.

Adulte dans un site de nidification typique : une végétation épaisse. Le mouchetage blanc qui entoure la gorge des jeunes facilite leur détection dans la pénombre.

(× 3/5)

La parade du mâle comprend des battements répétés des ailes et de la queue ; il montre son gosier jaune. Les rectrices sont rousses, le ventre et la gorge presque blancs et les aisselles légèrement orange.

Les jeunes ont un plumage « écaillé ». Ailes et queue sont pratiquement de la même couleur que celles des adultes.

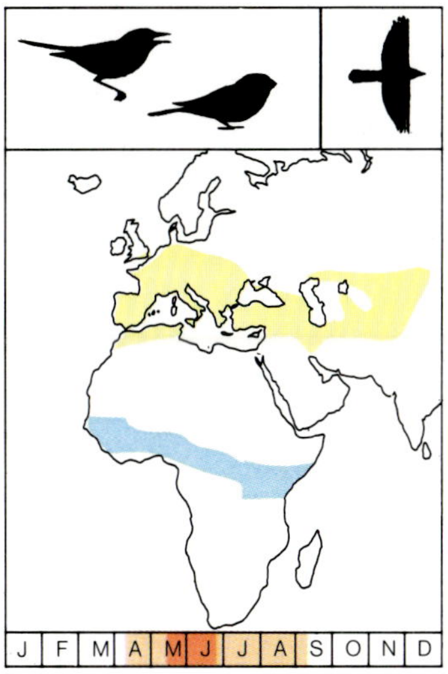

De toute évidence, le chant du Rossignol est sans rival en ce qui concerne la force, la variété et la chaleur. Les Rossignols chantent la nuit et le jour. On peut les entendre dans les taillis de la savane africaine en hiver.

Les Rossignols arrivent vers la fin du printemps et se fixent dans les bosquets, les broussailles, les bois, de préférence du côté du midi. Les sites sombres et denses, tapissés d'orties, conviennent particulièrement. Le mâle a plusieurs postes de chant, certains en vue mais pour la plupart bien cachés. L'un peut se trouver tout près du nid. Celui-ci est plutôt grossier, comme celui du Rouge-gorge, avec la même base de feuilles mortes dans un creux parmi les orties ou très bas dans une végétation très serrée. La femelle couve les quatre ou cinq œufs brun olivâtre. Elle peut simuler une blessure si elle est dérangée. Les parents nourrissent tous deux les jeunes pendant onze ou douze jours. Il n'y a qu'une seule nichée. En passant près du nid, on entend le cri d'alarme en deux notes ressemblant un peu à celui du Rouge-queue à front blanc ou du Pouillot fitis.

L'espèce diminue un peu partout en Europe, ce qui peut être attribué au changement des spéculations forestières et à l'usage de certains pesticides.

Gobe-mouches gris *(Muscicapa striata)*

C'est un oiseau très discret au chant calme et insistant.

Perché dans un arbre, cet oiseau en émerge soudain.

Il a la taille du Moineau avec des ailes plus longues et une queue moyenne. Volant sans effort, il est très adroit pour s'emparer d'insectes.

(× 3/10)

Gobe-mouches gris sur le point de se saisir d'un insecte : il bat des ailes avant de fondre sur sa proie.

Les adultes sont striés, pas tachetés. L'œil noir est grand, le bec plat. Les courtes pattes paraissent faibles. Quelconque, cet oiseau ne ressemble pourtant à aucun autre.

Sous certaines lumières, il paraît réellement gris.

Il niche normalement dans le creux d'un tronc, mais peut choisir les endroits les plus étranges.

(× 3/5)

En vol, à la poursuite d'un insecte.

Il tient souvent les ailes basses, les battant de temps à autre.

Le jeune est tacheté. Attitude typique.

Bec pointu à large base.

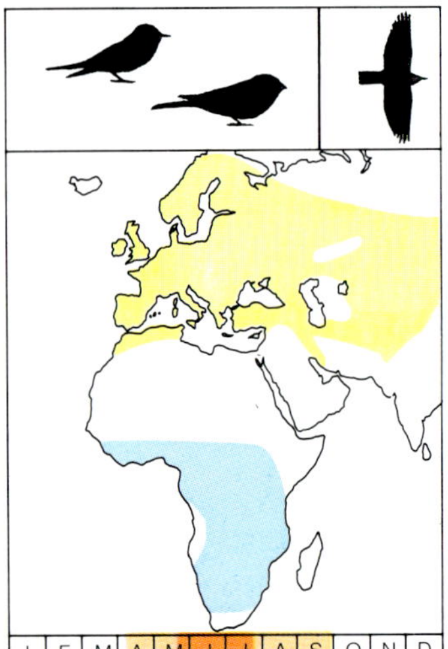

On peut l'observer un peu partout en Europe, jaillissant des arbres des parcs et jardins pour s'emparer adroitement d'insectes. Cet oiseau des clairières forestières s'est adapté à l'environnement urbanisé, mais préfère quand même les arbres élevés. Sa tactique de chasse n'est efficace que si les insectes sont très nombreux, ce qui n'est généralement guère le cas avant la fin de juin. Arrivant dès avril ou mai, il commence par se nourrir de larves ou, comme les Martinets et les Hirondelles, poursuit inlassablement les quelques insectes volant déjà. Nichant tard, il est l'un des derniers à nous quitter : la plupart des Gobe-mouches gris ne pondent pas avant le milieu de juin.

Le nid est généralement situé dans le creux d'un tronc, mais parfois aussi dans les façades de bâtiments où il s'empare de nids de Merles abandonnés ou de nichoirs largement ouverts. Le même nid, fait de brindilles, d'herbe et de mousse, peut servir plusieurs années de suite. Il est retapissé de toiles d'araignées, de duvet et de végétation très délicate.

Les couvées précoces comptent quatre ou cinq œufs, les tardives moins ; la seconde nichée, occasionnelle en juillet, ne compte que deux œufs. Les parents couvent et nourrissent tous deux.

Grimpereau des bois *(Certhia familiaris)*

S

Bec fin pour extraire les insectes.

Le nid est placé dans la cavité d'un arbre, soit dans un trou, soit derrière un morceau d'écorce soulevée.

Mâle s'approchant du nid. Notez la coloration des ailes et le bec courbe. Le bec du jeune est plus court mais reste facile à identifier.

(× 3/10)

Vol ondulant, ne montrant que rarement le dessous des ailes.

Les rectrices très raides s'appuient sur l'écorce.

Les Grimpereaux passent la nuit dans les creux d'écorce, choisissant les séquoias ou les chênes.

(× 3/5)

Le plumage épais et vaporeux des flancs et du croupion peut se gonfler pour envelopper le corps et les ailes, modifiant le profil de l'oiseau et le protégeant du froid. Sa petite taille et son apparence de souris le rendent facile à identifier. Il n'est pas farouche, probablement plus indifférent que confiant.

Escaladant un tronc, ces oiseaux ressemblent étrangement à des souris. Ils ne se pressent pas mais ne restent pas inactifs.

Itinéraire habituel de chasse aux insectes.

Son ventre blanc tranche sur les troncs sombres.

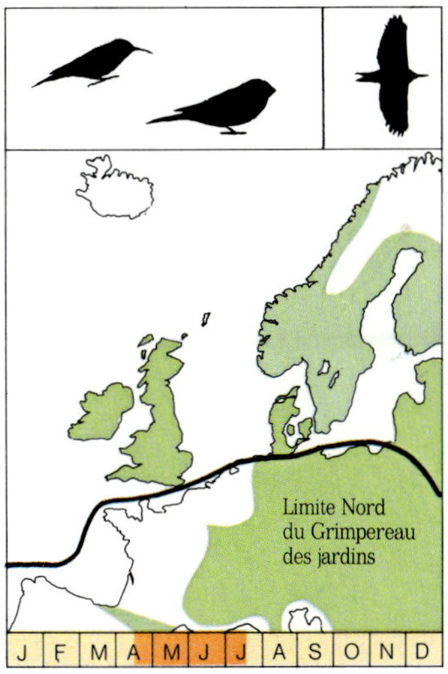

Tels de petits morceaux d'écorce animés, les Grimpereaux fourragent sur les troncs d'arbres avec lesquels ils se confondent. Tous les bois, les parcs et les jardins contenant de vieux arbres leur conviennent. Leur aire d'extension dépasse celle du Grimpereau des jardins, qui préfère les forêts à feuilles caduques.

Le nid est placé derrière une écorce soulevée ou dans un tas de bois, parfois dans une cabane ou un hangar proche des bois. Une base grossière de brindilles est fixée dans la position choisie, puis surmontée d'écorces et d'herbes et tapissée de duvet ou de crin. Les parents se partagent cette construction, mais la femelle couve principalement les cinq ou six œufs pendant quinze jours, puis nourrit les jeunes avec l'aide du mâle pendant la même période. Une deuxième couvée peut réutiliser ce nid.

Les Grimpereaux ne supportent pas les hivers rudes, malgré leur aptitude à se protéger du froid en choisissant soigneusement les écorces profondes comme celle du séquoia. C'est une espèce sédentaire, ne parcourant pas plus de quelques kilomètres.

Torcol fourmilier *(Jynx torquilla)*

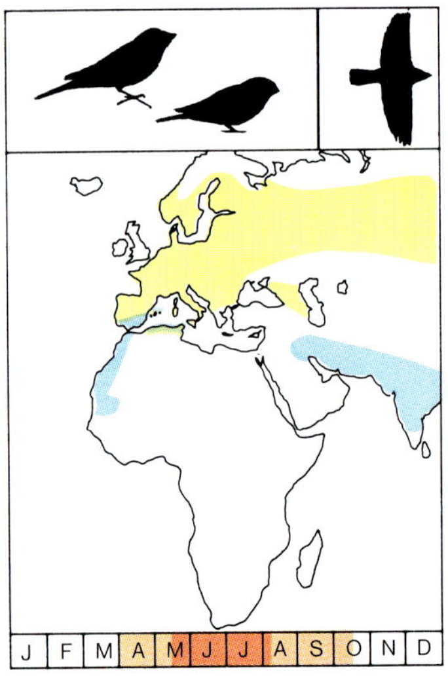

Le plumage particulier, les habitudes et la façon d'être du Torcol fourmilier présentent un grand intérêt, mais l'espèce est en déclin dans toute l'Europe. Elle ne niche plus dans les îles Britanniques. Cette régression résulte de causes mal connues, parmi lesquelles les changements climatiques ne sont pas à écarter.

Cet oiseau est classé parmi les Pics, mais ne peut ni grimper ni creuser aussi bien qu'eux. Il a pourtant leur longue langue préhensile : celle-ci n'est pas rugueuse comme celle du Pic, mais l'enduit collant dont elle est recouverte facilite la capture des proies, en particulier des fourmis, dont il est très friand.

Son nom vient de son extraordinaire habileté à tordre son cou pendant les jeux nuptiaux ou quand il est effrayé. On peut le remarquer quand un oiseau est dérangé sur son nid : le cou se tord, la langue est projetée sans cesse et l'oiseau siffle à la manière d'un serpent.

Le nid est placé dans un tronc creux, mais, contrairement au Pic, le Torcol est incapable de creuser son trou ; il s'installe souvent dans de vieux vergers. Les sept à dix œufs sont pondus à une cadence dépassant un par jour, puis couvés pendant douze ou treize jours avec l'aide occasionnelle du mâle.

Sittelle torchepot *(Sitta europaea)*

S 60

(× 3/10)

La Sittelle torchepot niche dans le creux d'un tronc. Si l'entrée, trop large, permet l'accès d'oiseaux plus importants, elle la réduira en la garnissant de boue.

Le vol hésitant et saccadé ressemble à celui d'un Pic, de même que la silhouette, mais le dessus gris ne permet pas de confusion.

Les taches du dessous de la queue et les tectrices rousses sont bien visibles. La Sittelle peut voler rapidement.

La Sittelle adapte merveilleusement les nichoirs à son usage : elle en réduit l'entrée à l'aide de boue, puis tapisse l'intérieur avec des écailles d'écorce ou des morceaux de feuilles sèches.

L'identification est aisée : dos gris, sourcil noir, dessous variant du roux clair (poitrine) au blanc (gorge).

La Sittelle escalade les troncs dans n'importe quelle position sans la moindre hésitation.

(× 3/5)

La Sittelle descend aussi facilement le long des troncs qu'elle les escalade.

La Sittelle prend parfois sa nourriture au sol sur lequel elle progresse alors par bonds saccadés.

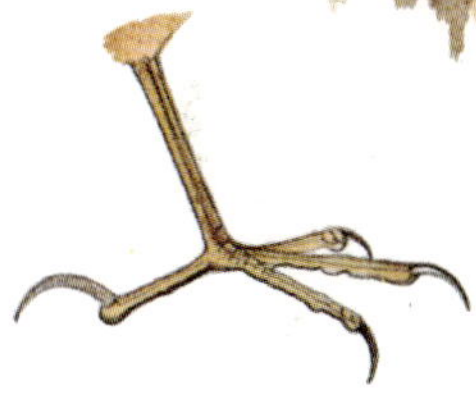

Patte servant à grimper à la manière des Pics, mais ayant une forme différente.

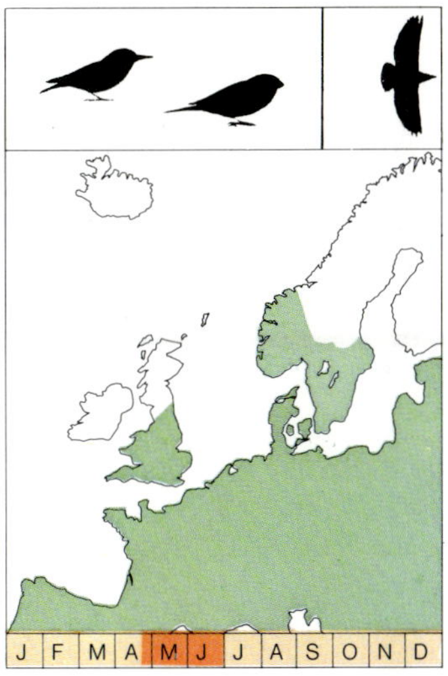

Le sifflement gai et clair, servant de signal de contact aux Sittelles, est habituel dans beaucoup de parcs et de bois, mais il est souvent ignoré. Son chant, sifflement répété, est aussi clair : il prépare souvent le vol nuptial au cours duquel le mâle descend en planant vers la femelle, ailes et queue en éventail.

La Sittelle révèle souvent sa présence en martelant des noisettes qu'elle bloque adroitement dans le creux d'un tronc qui sert également de garde-manger. Les Sittelles qui prennent l'habitude des mangeoires vont et viennent très fréquemment : elles engrangent !

Le plâtrage de l'entrée du nid, destiné à décourager les intrus, est continué à l'intérieur, où il comble les fissures et les angles.

Le nid lui-même n'est qu'un amas de feuilles mortes et de débris d'écorce ; les œufs sont couverts quand la femelle quitte le nid. Ces six à neuf œufs éclosent au bout de quatorze ou quinze jours et les oisillons sont émancipés vingt-trois à vingt-cinq jours plus tard, ce qui est long pour des oiseaux de cette taille. Les Sittelles quittent rarement leur territoire.

Bruant zizi *(Emberiza cirlus)*

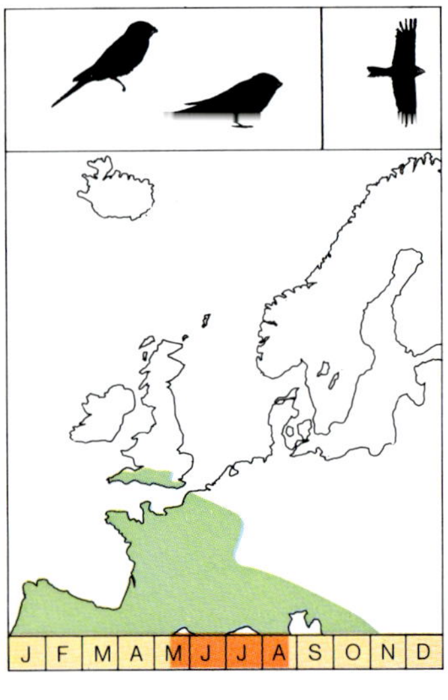

Le plumage estival du Bruant zizi mâle est remarquable, mais ceux de la femelle et du jeune peuvent être confondus avec d'autres Bruants. C'est une espèce discrète, souvent négligée. On la repère le plus facilement au printemps, quand le mâle, d'un poste élevé, chante inlassablement sa tirade monotone. Cette répétition d'une seule note aiguë ressemble un peu au refrain de la Fauvette babillarde.

Le Bruant zizi choisit des lieux plus abrités que ses congénères : les parcs, les bordures forestières et les rangs d'arbres dans les cultures. La femelle bâtit son nid dans un roncier, un buisson ou un creux du sol. Le mâle la ravitaille pendant qu'elle couve ses trois ou quatre œufs, soit onze à treize jours. Par la suite, le mâle continue d'apporter de la nourriture à la femelle qui la redistribue aux jeunes. L'élevage dure onze à treize jours. Deux ou trois nichées sont élevées chaque année. Le Bruant zizi dérangé au nid feindra une blessure pour écarter l'intrus.

Les familles restent souvent réunies tout l'hiver, fréquentant les chaumes, les jardins et les mangeoires. Largement sédentaire, le Bruant zizi s'est répandu en Europe septentrionale au cours du XIXe siècle, mais paraît régresser actuellement.

Bruant jaune *(Emberiza citrinella)*

S 60

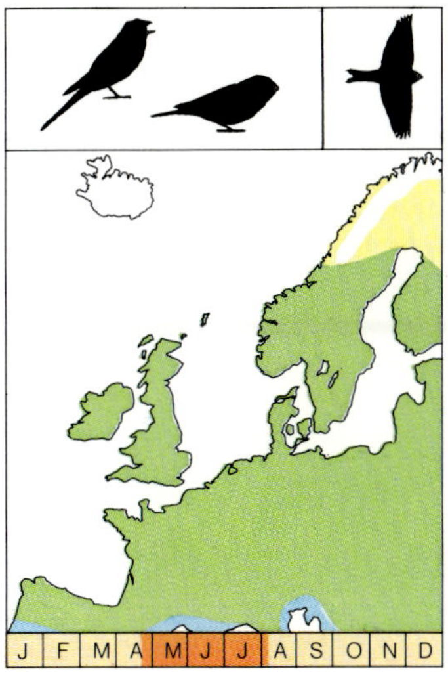

Le chant du Bruant jaune est monotone : il est commun en été dans toute l'Europe, sauf près de la Méditerranée. Cet oiseau s'adapte partout pourvu qu'il y ait quelques buissons ou arbres dans les plaines. Les jeunes plantations de conifères encombrées de ronces lui conviennent : on a noté, en Angleterre, des densités de l'ordre de 100 couples au kilomètre carré.

Le nid est posé près du sol dans un massif de ronces ou sur une élévation (diguette, monticule, bord de sillon). Il est fait d'herbes grossièrement assemblées et tapissé de radicelles. La femelle, parfois aidée par le mâle, couve les trois ou quatre œufs pendant douze à quatorze jours, la même période étant requise pour l'élevage des jeunes, qui sont nourris d'invertébrés, de chenilles, de larves et de vers. On compte deux ou trois couvées chaque été.

Les Bruants jaunes se rassemblent dès la mue, qui a lieu au début de l'automne ; ils se nourrissent sur les chaumes et passent la nuit dans les roseaux ou les buissons.

Bruant ortolan *(Emberiza hortulana)*

La tête de la femelle est moins colorée que celle du mâle.

Femelle adulte

(× 3/10)

La queue à bout carré de l'Ortolan le distingue du Bruant jaune (queue fourchue), bien que le jeune Ortolan puisse présenter une queue légèrement fourchue. Les ailes sont longues et étroites.

Mâle adulte

La longue queue et le corps mince sont remarquables en vol.

Mâle adulte : la coloration faciale est caractéristique. Les deux sexes ont le bec rose.

(× 3/5)

À droite : notez la zone blanche des rectrices. Chez certains sujets elle est plus grande.

Le jeune Ortolan a l'attitude des parents : il est caractérisé par son cercle oculaire blanc et son dessous jaunâtre.

Mâle adulte : le dessous est jaune, vert olive et roux cannelle.

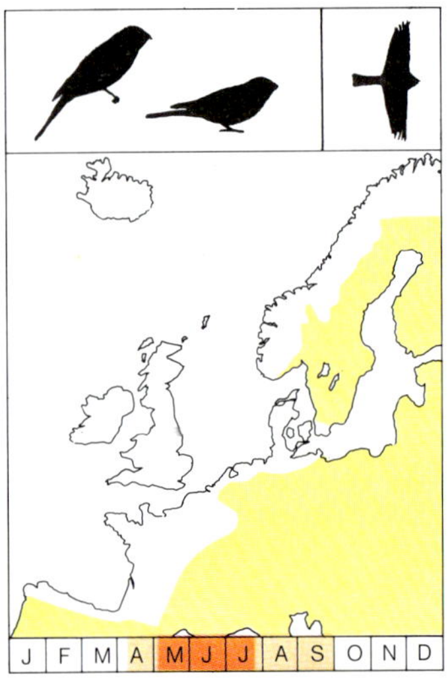

Les Bruants ortolans sont répartis, très largement, mais sans uniformité, dans toute l'Europe sauf dans le nord-ouest de la France et les îles Britanniques. Ils ne demandent qu'un peu de végétation élevée dans les plaines. On les rencontre sur les contreforts des collines méditerranéennes et dans les plaines cultivées du nord. Ils se nourrissent de grains, de graminées et d'insectes, tels que coléoptères, grillons et sauterelles.

Le mâle chante du haut d'un buisson ou d'un poteau télégraphique : son refrain de six ou sept notes est monotone.

Placé dans un creux au sol, le nid est bien caché par la végétation ou des rochers. La femelle le construit avec des herbes, des racines et des feuilles, puis le tapisse de crin et d'herbes fines. Elle couve ensuite ses quatre à six œufs striés pendant douze ou treize jours, se chargeant principalement de la subsistance des jeunes. Ceux-ci abandonnent parfois le nid dès le neuvième jour, même s'ils n'ont pas toutes leurs plumes.

Bruant fou *(Emberiza cia)*

S

Les rémiges secondaires, les tectrices sus-caudales et le croupion du jeune sont roux.

(× 3/10)

En vol, il présente des ailes larges et une longue queue. La double barre alaire est visible, comme les rectrices externes blanches. Le croupion est totalement roux.

(× 3/5)

Sa tête grise marquée de noir et ses sourcils blancs le distinguent des autres Bruants européens. La femelle est plus terne que le mâle, mais le plumage des deux sexes se ternit après la mue. Le dessus du bec est foncé, le dessous clair.

Le jeune n'est pas facile à reconnaître, mais, vu de près, sa silhouette, son bec et sa queue le distinguent des autres Bruants.

De face, on le reconnait à son dessous brun roux et à ses rectrices externes blanches.

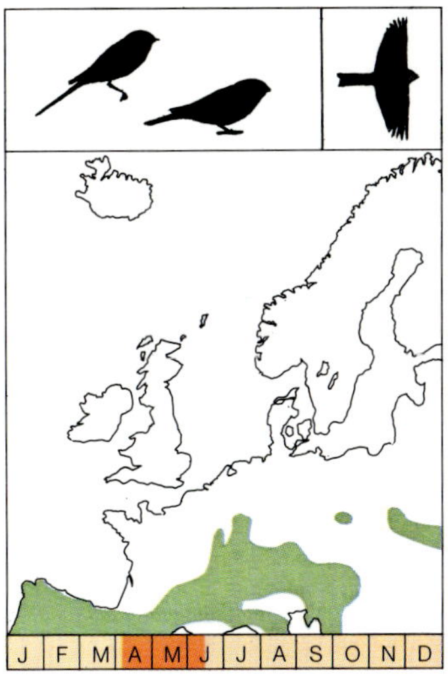

Il aime les pentes rocheuses mais peut se contenter d'alpages ou de vignes. Le mâle annonce les limites de son territoire en chantant comme le Bruant jaune, mais de manière plus forte et en répétant la dernière note. Son chant rappelle celui du Serin cini.

La femelle bâtit le nid à la manière des Bruants en se servant d'herbe, d'un peu de mousse, puis en le tapissant de crin et de végétaux fins. Ce nid, souvent placé à terre, peut être situé dans un buisson ou un arbre jusqu'à 2 m du sol. Elle couve seule ses quatre à six œufs marqués de lignes noires et de taches pendant treize ou quatorze jours, après quoi les jeunes sont élevés par les parents pendant une période assez variable. Après cette couvée unique, les oiseaux descendent dans les vallées. Les populations septentrionales migrent vers le sud, atteignant la limite méridionale de l'aire de reproduction des populations méridionales en Afrique du Nord, où l'on rencontre ces Bruants associés à d'autres oiseaux en grandes bandes. Leur appel en vol ressemble fortement à celui du Bruant zizi.

Bruant des roseaux *(Emberiza schoeniclus)*

Mâle au poste de chant.

Plumage printanier du mâle : tête noire, cou et moustaches blanches.

Épaules rousses de la femelle bien visibles en vol.

(× 3/10)

Il peut y avoir une double striation sur le dos.

Ci-dessus : tête du mâle ayant mué en automne, laissant à peine paraitre le noir. Au-dessous : en février, le plumage hivernal clair est usé, laissant reparaitre le noir.

La striation du plumage d'un mâle ayant mué est plus ou moins prononcée. Son aspect change en fonction de ses mouvements.

(× 3/5)

Les rectrices externes blanches sont bien visibles.

La tête et la gorge distinguent mâle et femelle adultes. Le bord de l'épaule roux est visible quand l'aile est repliée.

Le plumage des jeunes a une teinte roussâtre, surtout sur la poitrine. Les Bruants des roseaux agitent continuellement la queue, montrant les rectrices externes blanches.

Jeune mâle en plumage d'automne.

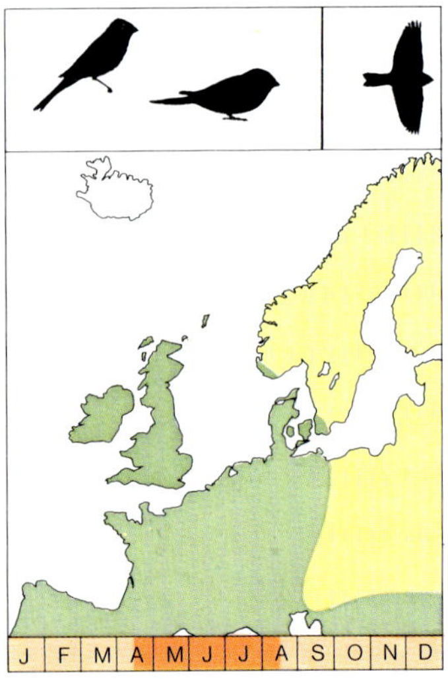

Certains oiseaux supportent mal les activités humaines, d'autres s'y adaptent ou en profitent : le Bruant des roseaux est un de ces derniers. Son habitat naturel (buissons des marécages, joncs et herbages humides) se réduit progressivement, mais il s'adapte aux cultures, nichant souvent dans les champs d'orge où il concurrence sérieusement d'autres Bruants, notamment le jaune.

Son chant le dénonce sans risque d'erreur : c'est un sifflement nasal et monotone répétant trois à six notes, la dernière reprenant le cri d'alarme émis dès qu'un intrus pénètre sur son territoire.

Le nid, fait d'herbes, est placé très bas dans un buisson, des ronces ou des joncs : il contient cinq œufs marron tachés de noir. Dérangés au nid, les parents feignent une blessure. Éclos au bout de treize ou quatorze jours, les jeunes restent dix à treize jours au nid, nourris par les deux parents. Deux nichées sont habituelles, trois occasionnelles.

Bruant des neiges *(Plectrophenax nivalis)*

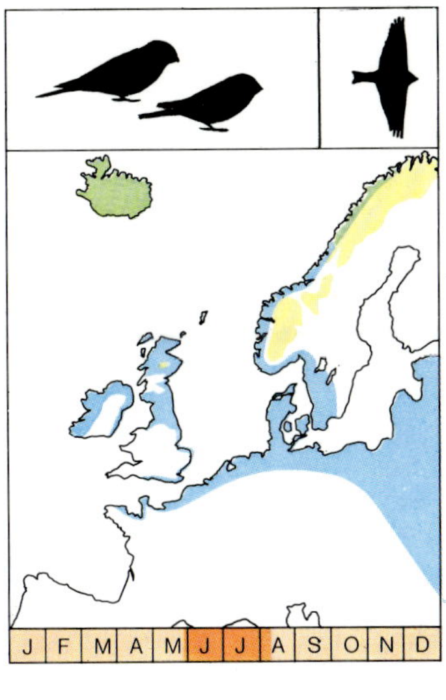

Des bandes de Bruants des neiges animent parfois le littoral occidental de l'Europe en hiver. Elles s'élèvent fréquemment en criant, puis retombent au sol comme des flocons de neige. L'espèce est principalement arctique : elle ne niche qu'aux extrémités de l'Europe occidentale, dans les montagnes écossaises par exemple. Elle se nourrit de graines qu'elle glane avec succès même sur la neige.

Les mâles arrivent les premiers sur les lieux de nidification : dès mars ils sont au Groenland. Ils délimitent immédiatement leur territoire et l'interdisent aux autres. Le mauvais temps peut pourtant les rassembler en bandes pendant quelques jours. Les femelles n'arrivent qu'un mois plus tard, reçues avec fort peu d'égards par les mâles. Si la réaction n'est pas vive, les mâles changent d'attitude et commencent les jeux nuptiaux.

Le nid est grossièrement bâti dans un creux de roche ou, si possible, dans un bâtiment. Il comprend trois épaisseurs : de la mousse à l'extérieur, puis de l'herbe et enfin du duvet à l'intérieur. La femelle couve les quatre à sept œufs pendant douze ou treize jours, puis les parents nourrissent tous deux les jeunes pendant dix à douze jours. Ces oiseaux sont incapables de voler pendant la mue d'automne.

Alouette lulu *(Lullula arborea)*

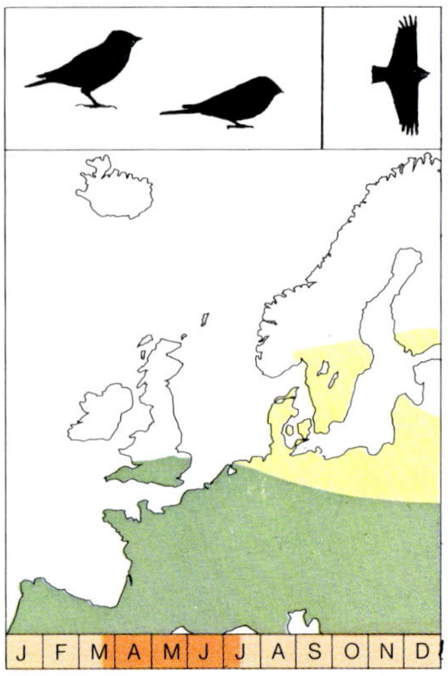

Le chant de l'Alouette lulu est moins soutenu que celui de l'Alouette des champs, mais il est assez obsédant : ses courtes phrases d'intonation triste sont débitées en vol circulaire. Nulle part en aussi grand nombre que l'Alouette des champs, elle aime les bruyères et les espaces découverts tels que des tourbières avec quelques arbres isolés qui peuvent servir de perchoir et même de poste de chant. Sauf au nord de leur aire d'extension, les Alouettes lulus sont sédentaires, passant la majeure partie de l'année groupées par famille.

Elles nichent dès le mois de mars, même s'il neige encore. Le mâle construit, au sol, la base du nid avec des herbes grossières, la femelle l'achève en le tapissant d'herbes fines et de crin. La femelle couve trois ou quatre œufs tachetés de brun par périodes de trois quarts d'heure, avec de brèves interruptions pour se nourrir. Elle quitte le nid et y retourne à pattes, mais vole avec le mâle jusqu'au gagnage parfois distant de 1 km. Le mâle chante peu pendant les deux semaines de l'incubation. Il aide la femelle à nourrir les jeunes pendant onze à treize jours. Dès qu'ils le peuvent, les jeunes quittent le nid et se cachent dans des trous vers lesquels ils tracent un petit sentier.

Bruant proyer *(Emberiza calandra)*

C'est le plus grand Bruant : sa forme massive est caractéristique quand il vole. Ses ailes sont amples, sa queue moyenne, sa tête et son corps massifs. C'est un oiseau solidement bâti.

(× 3/10)

La forme du bec permet une très large ouverture pour cisailler les graines dans le creux de l'angle.

Vu de près, volant au ras du sol, il paraît encore plus gros.

Les taches pectorales brun noir, ressemblant à un collier, sont visibles de près. Les adultes seuls les portent : elles varient d'un oiseau à l'autre.

Mâle chantant de son poste favori : attitude typique.

Le plumage n'est pas original, mais les courtes rayures sont caractéristiques.

(× 3/5)

Pendant la période de reproduction, il laisse pendre ses pattes.

Gros plan de la coloration de la poitrine : ce Bruant est un immature ne portant pas encore le collier.

Quand il se nourrit au sol, le Bruant proyer paraît plus mince et ressemble à l'Alouette des champs.

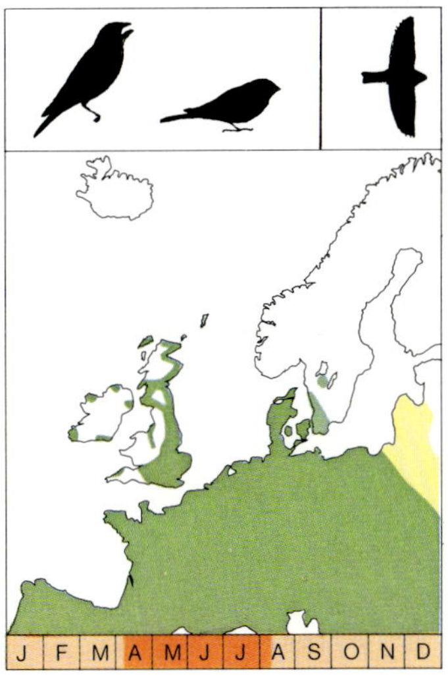

C'est l'un des oiseaux le plus modestement colorés d'Europe. Sa distribution et ses habitudes sont assez particulières. Il aime les grandes plaines céréalières, de préférence sans haies. L'agriculture moderne l'avantagerait donc, mais il reste localisé dans certains secteurs et a disparu d'Irlande où il était commun pendant le siècle dernier.

Ses mœurs sont également curieuses. Contrairement aux autres Bruants et granivores, le mâle ne porte pas d'intérêt au nid. Il accompagne parfois la femelle quand celle-ci le bâtit, mais la couvaison et l'élevage des jeunes ne sont pas son affaire. On le croyait polygame, mais ce n'est pas toujours le cas. Il a plusieurs postes de chant, parfois distants de 150 m du nid le plus proche. Son chant ressemble au bruit d'un trousseau de clefs agitées. Pendant toute la période de reproduction, il vole fréquemment en laissant pendre les pattes, ce qu'il fait également pendant ses rares vols nuptiaux.

La femelle quitte le nid pour se nourrir avec le mâle jusqu'à 400 m du nid, ce qui a lieu environ toutes les deux heures. Le nid bien caché dans un champ de blé ou aux alentours compte trois à cinq œufs. Il y a parfois trois couvées.

Cochevis huppé *(Galerida cristata)*

S

Battement d'ailes principalement effectué au-dessous de l'horizontale.

Cet oiseau est souvent perché sur les arbres de basse tige.

Vu d'en bas, le Cochevis huppé montre un dessous d'ailes fauve, différent du brun de l'Alouette des champs. Les rectrices externes sont roussâtres.

(× 3/10)

Silhouette en vol : ailes larges et courte queue. Cette allure lourde ne l'empêche pas de voler allégrement.

Les rectrices externes du jeune sont roussâtres.

L'oiseau se gonfle par temps froid. Le Cochevis de Thékla paraît plus mince en Espagne où il fait chaud.

Plus importante que chez les autres Alouettes, la crête du Cochevis est souvent dressée. Le bec est robuste chez cette espèce qui porte également une tache noire de chaque côté au sommet de la poitrine.

(× 3/5)

Vue arrière montrant bien les rectrices externes roussâtres le distinguant de l'Alouette des champs chez qui elles sont blanches.

Les postes de chant sont situés assez haut.

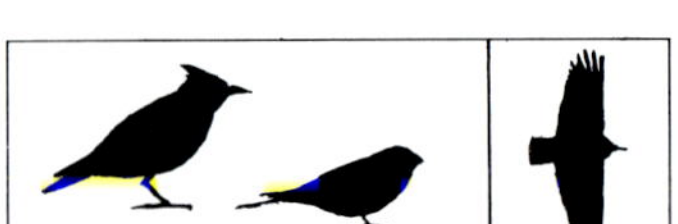

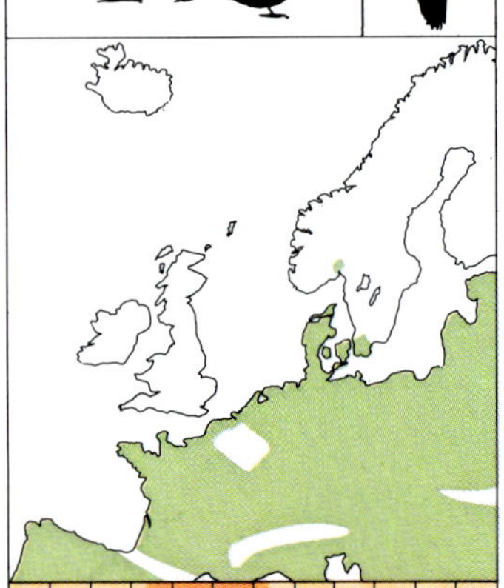

L'appel plaisant du Cochevis comprend quatre notes s'élevant au milieu d'une phrase. Le ton très clair vaut celui de l'Alouette des champs, mais le chant est plus bref : il vient du sol ou d'un poste élevé. Le vol nuptial, fait d'élévations et de descentes, est silencieux au départ, l'oiseau ne chantant en vol qu'après être monté à plus de 60 m dans le ciel.

Le Cochevis recherche des espaces plus arides que l'Alouette des champs : dans l'environnement des hommes, on le rencontre sur les routes, les talus de chemin de fer. Il niche dans un creux à terre, généralement à l'abri d'un buisson ou d'une touffe d'herbe. La femelle couve les quatre œufs pendant onze ou douze jours, puis le mâle l'aide à nourrir les jeunes d'insectes alors que les adultes mangent des graines et des semences d'herbes. Les jeunes quittent le nid de bonne heure, parfois dès le huitième jour, soit plus d'une semaine avant l'envol.

On compte deux ou trois nichées.

L'aire d'extension importante de cette espèce provoque des différences de taille et de couleur : ce dernier caractère varie en fonction de l'humidité et de la couleur du sol. Les quatre sous-espèces européennes de cette espèce largement sédentaire se ressemblent beaucoup.

Alouette des champs *(Alauda arvensis)*

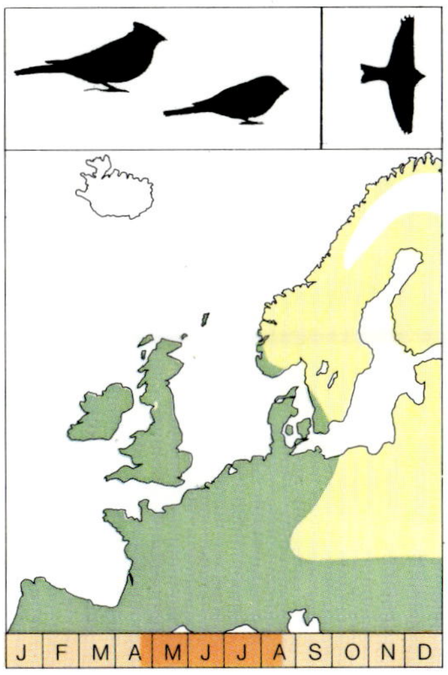

Bien que fréquemment louée dans la littérature, l'Alouette des champs est fort poursuivie. On en prenait quotidiennement des milliers au filet en Grande-Bretagne au cours du siècle dernier et on les chasse encore sur le continent. Le chant est remarquable par sa qualité et sa durée. Chaque chant peut durer plusieurs minutes, pendant une saison couvrant plus de la moitié de l'année. Elle chante en vol ou posée, soit à terre soit sur un piquet.

Ce sont des oiseaux de plaine se nourrissant au sol de végétaux ou de petits invertébrés. La neige provoque de larges mouvements migratoires et les hivers trop rudes malmènent leur population. Les oiseaux scandinaves hivernent en France et en Espagne, les méridionaux sont plutôt sédentaires.

Placé dans un creux du sol, le nid est protégé par la végétation (herbes, betteraves). La femelle couve les trois ou quatre œufs pendant onze jours. Les jeunes quittent le nid dès le neuvième jour, mais y reviennent encore pour une dizaine de nuits. Leur plumage « écaillé » les protège bien pendant cette période dangereuse. Les parents montent une garde sévère, ne s'approchant du nid qu'à pattes.

Pipit des arbres *(Anthus trivialis)*

M E

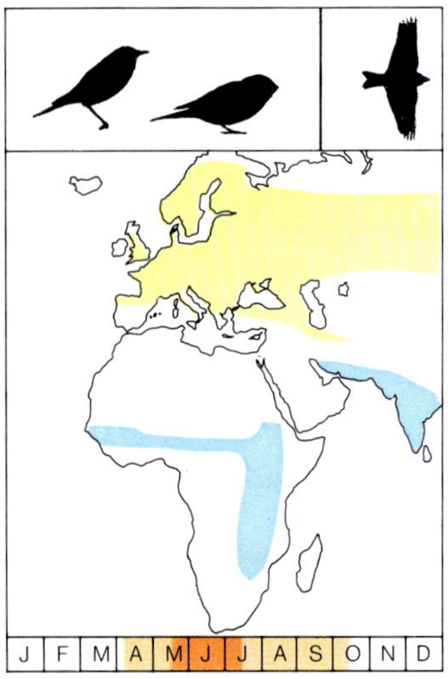

Moins nombreux et moins répandus que les Pipits farlouses, les Pipits des arbres ont un habitat moins varié : bruyère coupée de végétation et d'arbres isolés, lisières des forêts ou bouleaux et chênes, futaies claires, friches. Les plantations de conifères procurent, dans leur première phase, un terrain assez favorable. Les mâles arrivent vers la fin d'avril et se choisissent un territoire. Ils sont suivis de près par les femelles.

La femelle construit le nid avec l'aide du mâle : c'est une coupe d'herbes bien cachée dans la végétation. Le mâle chante peu pendant les quatre ou cinq jours achevant la période de ponte : il se nourrit intensivement avec la femelle dans les environs immédiats du nid. Dès que la femelle commence à couver ses quatre à six œufs, le mâle entame ses vols de chant qui l'éloignent beaucoup du nid. Ces chants cessent quand les œufs sont éclos au bout de treize ou quatorze jours, car il doit aider la femelle à nourrir les jeunes pendant une douzaine de jours. Les adultes muent (queue et ailes) avant leur départ en automne. Ces oiseaux se tiennent isolés ou par couples, mais se rassemblent parfois la nuit. Ils se nourrissent d'insectes terrestres, chenilles, sauterelles, araignées, larves et, à l'occasion, de graines.

Pipit farlouse *(Anthus pratensis)*

Attitude au gagnage : calme et près du sol.

Les rectrices externes blanches sont visibles de près.

En vol, le Pipit farlouse paraît massif, avec une tête rentrée et une courte queue. Les deux barres alaires jaunes varient d'un oiseau à l'autre.

Bien que vivant dans des landes rases, il se branche volontiers.

Les Pipits farlouses s'élèvent individuellement pour former une bande ensuite. Leur essor est timide, fait de hauts et de bas, comme s'ils prenaient difficilement de la hauteur. Les battements des ailes se font principalement au-dessous de l'horizontale.

(× 3/10)

L'œil est cerclé de clair. Les taches de la poitrine ne sont pas régulières mais restent bien visibles.

Oiseau à dos brun.

Le plumage varie pour le dos qui peut être brun, brun roussâtre ou vert olive. Les jeunes sont plus foncés dessus.

Le Pipit des arbres n'a pas cette longue griffe postérieure.

Les taches de la poitrine varient d'un oiseau à l'autre.

(× 3/5)

Le Pipit farlouse hoche la queue en marchant comme le Pipit des arbres, mais ce mouvement est moins apparent.

Dos olivâtre.

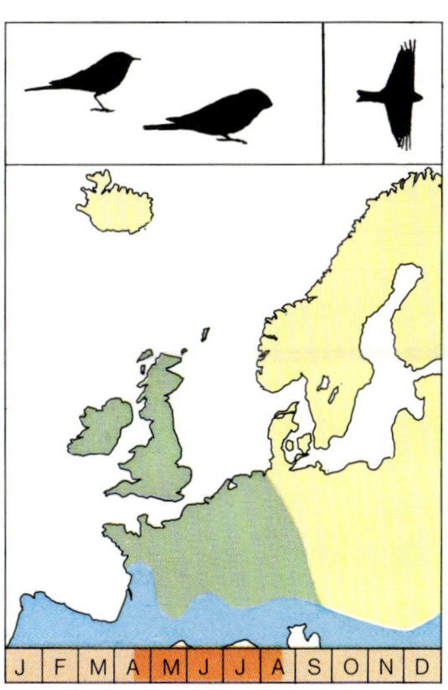

Son appel sifflé est souvent le seul signe de vie dans les landes désertiques et brumeuses. Omniprésent dans ce genre d'environnement, il aime pourtant aussi les dunes de sable, les marais et même les percées de routes ou de chemin de fer. Il niche tôt, plaçant son nid d'herbes dans un creux abrité par la végétation ou le creux d'un mur. Les couvées sont légèrement plus nombreuses au niveau de la mer qu'en montagne, la moyenne étant de quatre œufs, mais d'un peu plus au nord. La femelle couve seule pendant treize jours, mais le mâle l'aide à nourrir les jeunes pendant douze jours. On compte habituellement deux couvées.

Des 54 % des œufs ayant éclos, la moyenne de vie tombe à 30 % à l'émancipation, ce qui constitue probablement un rapport fréquent chez les petits oiseaux. À ce stade, l'espérance de vie n'est que de dix mois, mais un oiseau d'un an peut vivre encore quinze mois. Cet oiseau est une victime habituelle du Coucou.

Les Pipits farlouses se nourrissent d'invertébrés terrestres et, dans les marais, de tipules ou de larves. L'espèce n'est que partiellement migratrice dans le sud de son aire d'extension, hivernant alors le long de la Méditerranée.

Pipit spioncelle *(Anthus spinoletta spinoletta)*
Pipit maritime *(Anthus spinoletta petrosus)*

S M H

Pipit maritime. Ce grand Pipit est particulièrement discret quand il marche sur les rochers couverts de goémon. Ses rectrices externes sont bistre et non blanches comme celles des autres Pipits. Il se distingue aussi par son plumage grisâtre, sa poitrine sombre et ses sourcils pâles.

(× 3/5)

(× 3/10)

Pipit maritime. En vol, il se distingue par sa taille, sa coloration grisâtre et ses rectrices externes plus foncées.

Tous deux ont les pattes foncées (brunes, grises ou noirâtres), ce qui les distingue des autres Pipits européens.

Maritime scandinave. On le distingue, au printemps, grâce à ses sourcils, son menton teinté de rose et sa poitrine légèrement striée ; mais, en hiver, il ne peut être distingué des sous-espèces méridionales.

Ci-dessus, à gauche : rectrices externes du Pipit spioncelle à pointes blanches. À droite : celles du Pipit maritime sont grisâtres.

Pipit spioncelle mâle en plumage printanier. Le sourcil est important, le dessous est pâle, sans marques, teinté de rose, les rectrices externes sont blanches.

(× 3/5)

Pipit spioncelle en hiver.

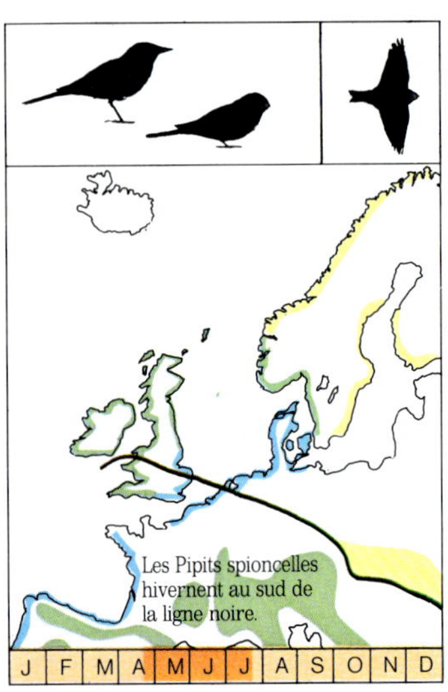

Ces deux membres d'une même espèce, dans laquelle deux groupes assez distincts sont établis, ont des habitudes différentes : le Spioncelle niche et trouve sa subsistance dans les montagnes alors que le Maritime ne s'éloigne guère des côtes. Le premier a été sérieusement étudié dans le sud-ouest de l'Angleterre. Cet oiseau consomme un peu plus que son propre poids chaque jour sous la forme de limaçons et de larves de moucherons glanées dans la végétation. Le second recherche des petits crustacés et des araignées ainsi que des petits escargots. Tous deux bâtissent un nid rudimentaire d'herbes, le premier dans une crevasse, le second sur une berge. La femelle couve les quatre ou cinq œufs pendant quatorze jours, puis élève les jeunes pendant seize jours.

Ces oiseaux se servent de crevasses comme dortoirs communautaires après la reproduction. En hiver, on ne les rencontre que rarement isolés ou par couples. À la mi-saison, les deux sous-espèces ont été observées, en Angleterre, aux alentours des champs d'épandage, des cressonnières et des endroits humides.

Pipit rousseline *(Anthus campestris)*

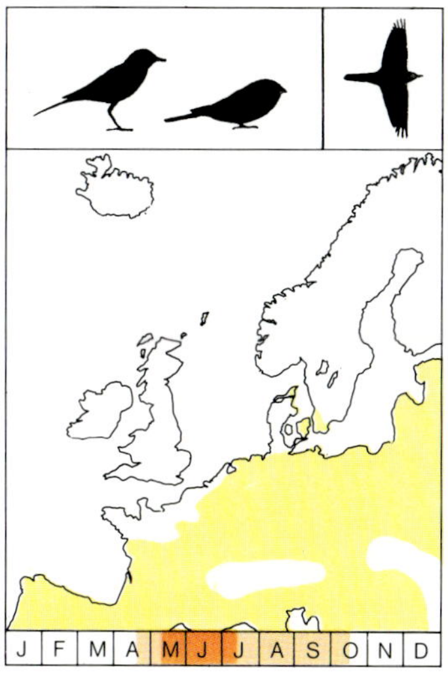

De tous les Pipits d'Europe, le Rousseline choisit les sites les plus ouverts : bruyères, dunes, coteaux et plateaux secs. Certains de ces sites, plantés de conifères, le font fuir. L'espèce est néanmoins largement répandue en Europe et en Asie, mais ne niche pas en Grande-Bretagne ni au Danemark.

Il regagne son aire de reproduction dès la fin de mars ou avril, les mâles proclamant immédiatement leur territoire. Leur chant n'est cependant pas éclatant.

Le nid est posé à terre à l'abri de ronces, de bruyères ou d'une touffe d'herbe : il est fait de radicelles, d'herbes, de mousse et est tapissé de crin. Les parents paraissent couver tous deux leurs quatre ou cinq œufs pendant treize ou quatorze jours, puis nourrissent les jeunes pendant une douzaine de jours. Une deuxième nichée est élevée dans les secteurs méridionaux.

Les populations européennes et asiatiques hivernent principalement au Soudan où elles vivent isolément ou par couples. Fin février, ces oiseaux se rassemblent pour les jeux nuptiaux qui préparent le voyage vers l'aire de nidification.

Bergeronnette des ruisseaux *(Motacilla cinerea)*

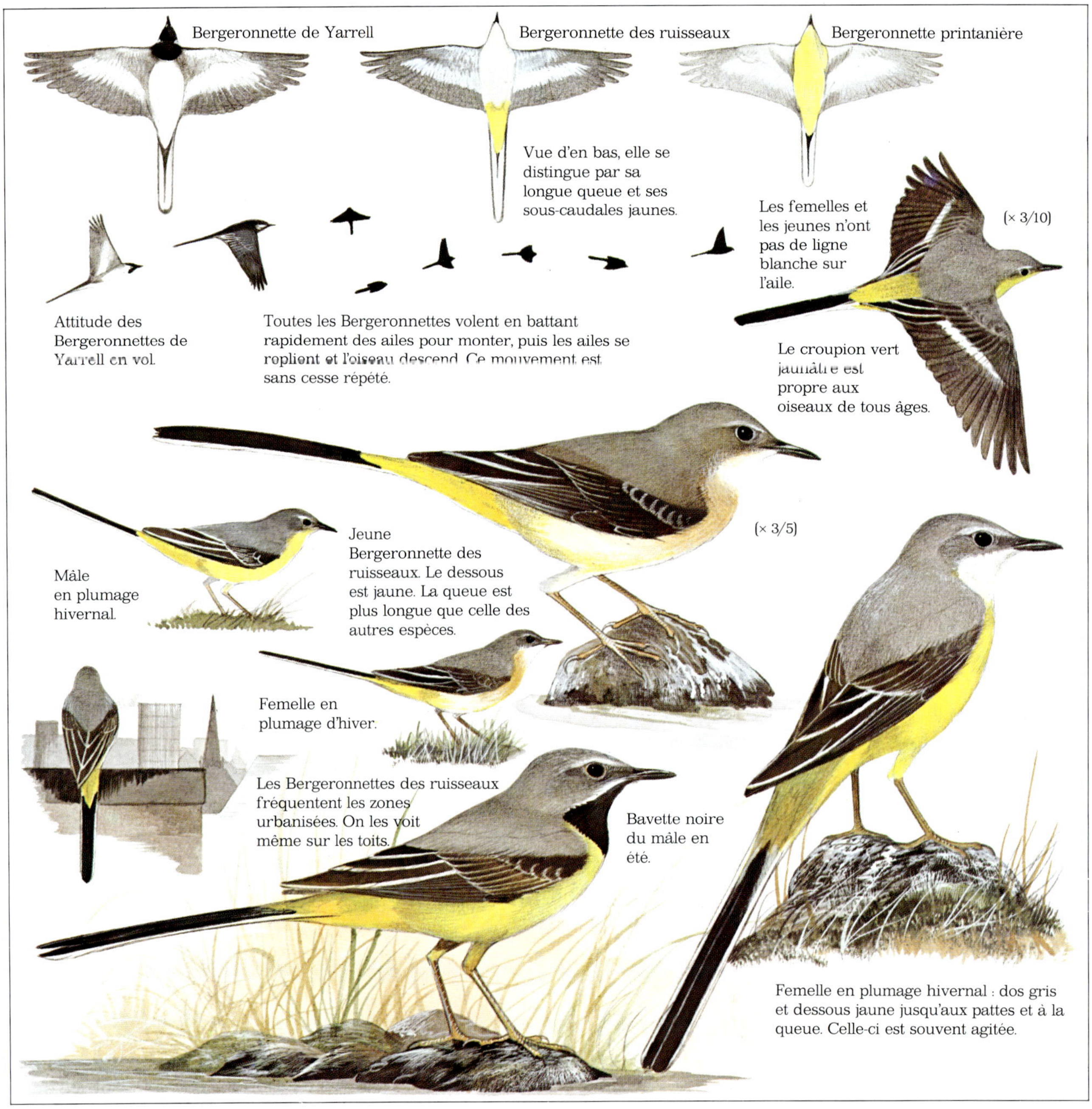

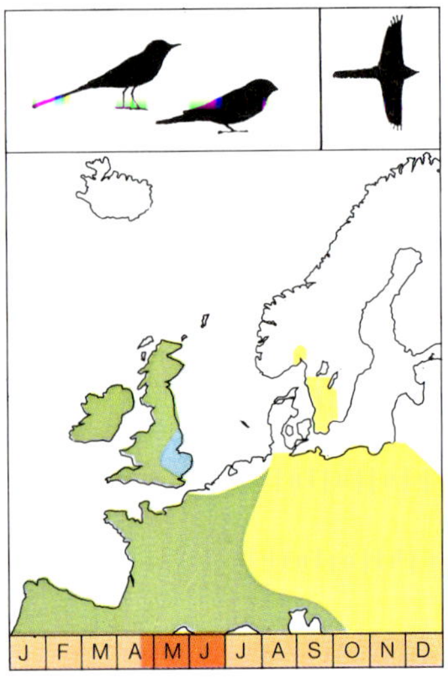

On remarque souvent cet oiseau sympathique et élégant le long des torrents rapides des Alpes, jusqu'à 2 500 m d'altitude. On le rencontre aussi en plaine, même loin de l'eau. Cela indique une propension à nicher dans des endroits écartés (carrières par exemple). Les creux de digues, cachés par la végétation, semblent convenir particulièrement, mais un trou de mur ou le creux d'un pilier de pont peuvent faire l'affaire. La femelle bâtit son nid à l'aide de végétaux et de crin. Elle se charge principalement de la couvaison des quatre à six œufs pendant treize ou quatorze jours, puis elle est aidée par le mâle pour élever les jeunes pendant une douzaine de jours. Une deuxième couvée suit en général très rapidement.

Les Bergeronnettes des ruisseaux se nourrissent d'insectes trouvés sur les berges, notamment d'éphémères, de moucherons, de petits coléoptères, de mollusques et de crustacés. Elles se perchent souvent, contrairement aux autres Bergeronnettes, et capturent un certain nombre d'insectes aériens.

Leur appel est haut et souvent répété.

Les Bergeronnettes des ruisseaux européennes sont sédentaires ou effectuent uniquement de courts déplacements.

Bergeronnette printanière *(Motacilla flava)*

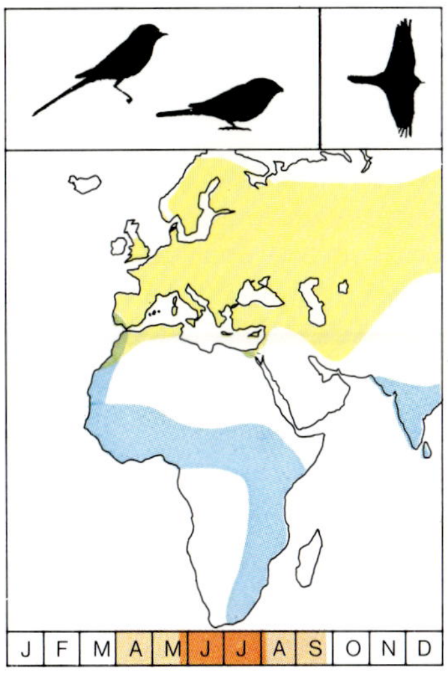

La variabilité de la couleur de la tête des mâles — dans les différentes sous-espèces de Bergeronnettes printanières — intéresse très vivement les ornithologistes, d'autant plus que des sujets d'une sous-espèce lointaine se fixent parfois et nichent parmi d'autres. Ainsi, celle à tête jaune est la plus commune en Grande-Bretagne, mais il y existe des îlots de Bergeronnettes printanières à tête grise ressemblant à celles qui nichent en Sibérie occidentale. C'est peut-être le résultat de croisements entre sous-espèces. Quelle que soit la couleur de la tête du mâle, toutes ces Bergeronnettes printanières ont les mêmes mœurs. Ce sont des oiseaux aimant les pâturages humides, de préférence ceux que le bétail occupe.

Les mâles arrivent quinze jours avant les femelles. Le nid est bâti au sol, sous la végétation, et garni de crin. La femelle couve cinq ou six œufs tachetés de brun jaunâtre. Les parents nourrissent tous deux les jeunes.

Ce sont des oiseaux craintifs : le mâle appelle parfois la femelle quand un promeneur est à 100 m du nid. Cette attitude et la similitude du cri d'alerte (« tswiip ») les rapprochent plus des Pipits que des autres Bergeronnettes. Il y a deux nichées avant le retour vers les quartiers d'hiver. L'espèce décline en Europe.

Bergeronnette de Yarrell *(Motacilla alba yarrelli)*
Bergeronnette grise *(Motacilla alba alba)*

S60

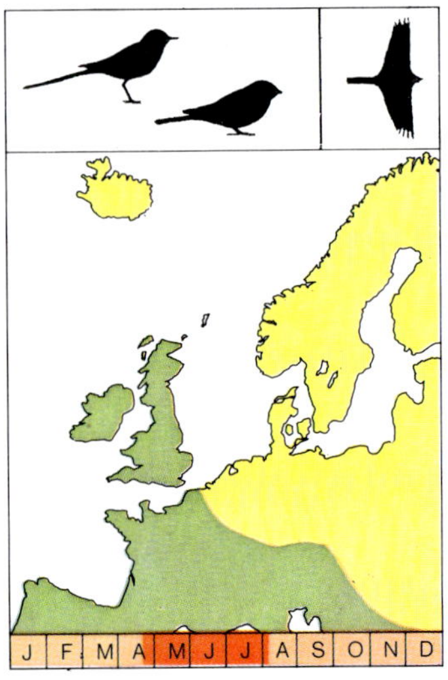

La Bergeronnette grise est commune en zone urbaine presque partout en Europe. Elle s'accommode de la plupart des sites, pourvu qu'il y ait de l'espace où trouver des insectes et un creux où cacher son nid. Elle aime la proximité des ruisseaux avec des bancs de galets, des berges herbeuses pour se nourrir et des digues pour y nicher, mais peut se satisfaire des pelouses d'une ville et de ses bâtiments pour nicher. Elle attrape les insectes au sol par une attaque rapide. En juin, les Bergeronnettes sont attirées par les bois où les chenilles tombent des branches basses.

Le nid est assez grossier, fait d'herbes et tapissé de crin ou de duvet. Près des bâtiments, ce nid est souvent étrangement placé (sur les machines agricoles, etc.). La femelle couve quatre à six œufs gris tachetés. Le mâle est le principal nourricier, car la femelle se prépare immédiatement à une seconde couvée. Après la reproduction, les Bergeronnettes grises se rassemblent fréquemment pour dormir dans des buissons et sur des bâtiments ou sur des serres.

Hirondelle de cheminée *(Hirundo rustica)*

E 60

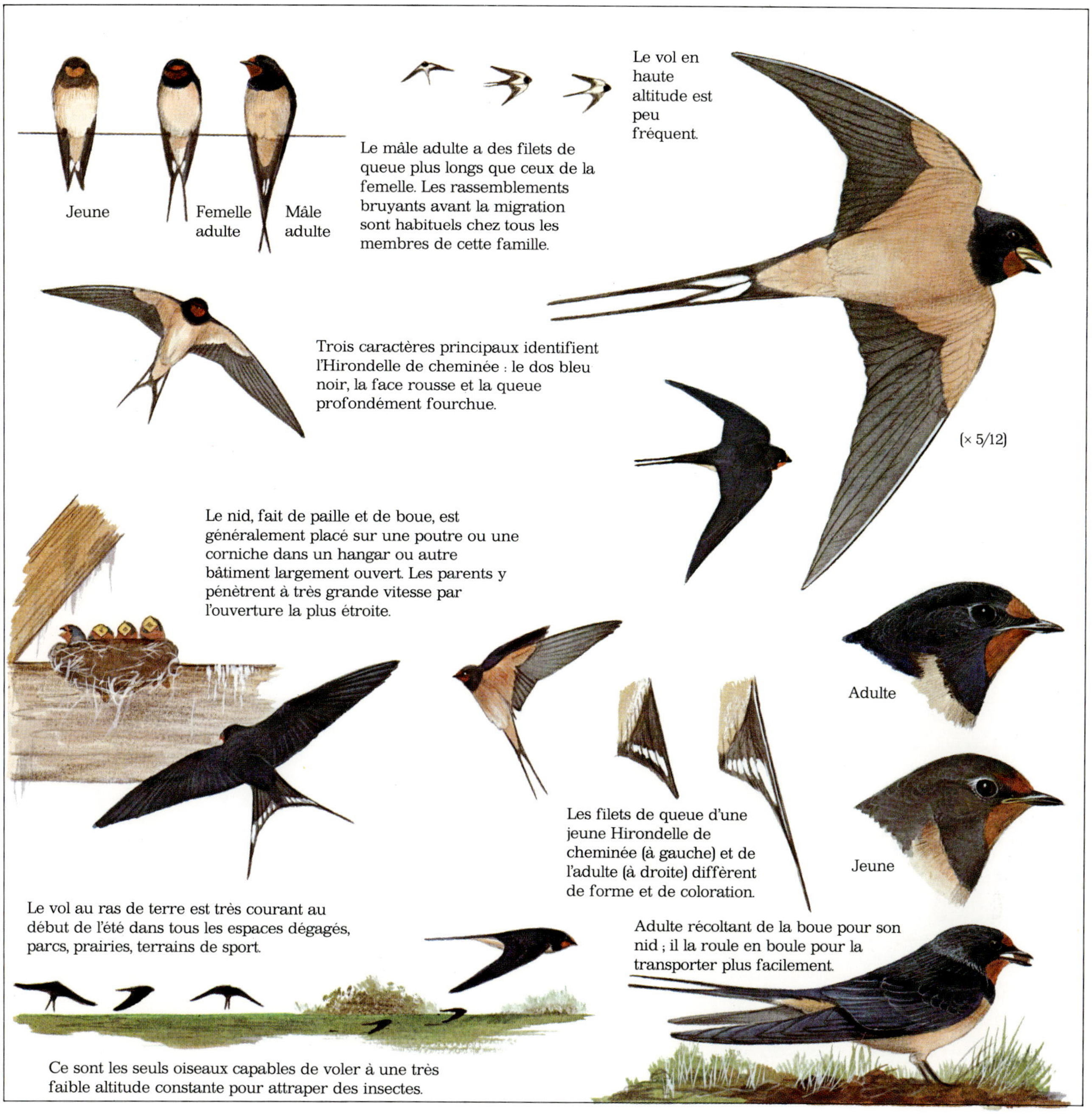

Le vol en haute altitude est peu fréquent.

Le mâle adulte a des filets de queue plus longs que ceux de la femelle. Les rassemblements bruyants avant la migration sont habituels chez tous les membres de cette famille.

Trois caractères principaux identifient l'Hirondelle de cheminée : le dos bleu noir, la face rousse et la queue profondément fourchue.

Le nid, fait de paille et de boue, est généralement placé sur une poutre ou une corniche dans un hangar ou autre bâtiment largement ouvert. Les parents y pénètrent à très grande vitesse par l'ouverture la plus étroite.

Les filets de queue d'une jeune Hirondelle de cheminée (à gauche) et de l'adulte (à droite) diffèrent de forme et de coloration.

Le vol au ras de terre est très courant au début de l'été dans tous les espaces dégagés, parcs, prairies, terrains de sport.

Adulte récoltant de la boue pour son nid ; il la roule en boule pour la transporter plus facilement.

Ce sont les seuls oiseaux capables de voler à une très faible altitude constante pour attraper des insectes.

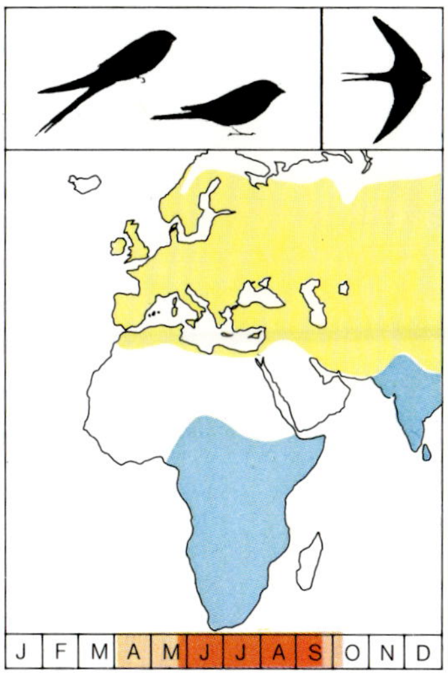

L'Hirondelle de cheminée, contrairement à l'Hirondelle de fenêtre, niche dans les bâtiments, de préférence les hangars. Elle arrive en Europe entre mars et juin par vagues successives. Certains couples reviennent au même endroit, réutilisant parfois le même nid, mais les chances de survie des deux partenaires n'excèdent guère 20 % compte tenu des aléas de la migration. Même s'ils reviennent tous deux, les couples sont souvent remaniés.

Les deux ou trois couvées comprennent chacune quatre à six œufs. L'incubation et l'élevage étant longs, on trouve des oisillons jusqu'en septembre. Les Hirondelles de cheminée chassent à plus basse altitude que les Martinets et Hirondelles de fenêtre. Capables de se nourrir en cours de migration, elles souffrent néanmoins beaucoup du voyage qui leur fait franchir le Sahara. Celles qui viennent d'Angleterre hivernent en Afrique du Sud et du Sud-Est, celles qui viennent de Hollande et d'Allemagne plus au centre de l'Afrique, celles qui viennent de Russie au nord et à l'ouest. Le voyage, lent, d'automne dure deux mois, celui du printemps un seul. Quelques Hirondelles ont récemment niché en Afrique du Sud, mais la concurrence des espèces locales les contrarie trop pour qu'elles persistent.

Hirondelle de fenêtre *(Delichon urbica)*

E 60

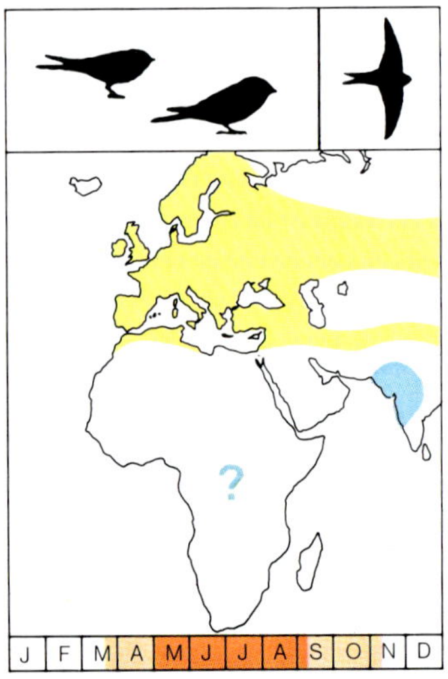

Les Hirondelles de fenêtre vivent près des hommes depuis très longtemps, bien que les montagnes et les falaises aient constitué leur habitat originel. On rencontre leurs colonies, variant d'un ou deux nids à une centaine, dans toutes les agglomérations européennes. Si la pollution aérienne est faible, les populations d'insectes se développent et les Hirondelles de fenêtre réapparaissent, nichant même le long des façades nues des immeubles modernes. Il existe encore quelques colonies montagnardes, parfois jusqu'à 2 400 m d'altitude, au-dessus des zones boisées. Les Hirondelles de fenêtre peuvent s'installer dans un nichoir sous un avant-toit, et un couple en attire souvent d'autres ; mais les Moineaux s'emparent volontiers de ces nids. Une couvée de quatre ou cinq œufs est habituelle. Les parents couvent tous deux et les jeunes de la nichée précédente peuvent aider au nourrissage, qui dure trois semaines. Une troisième nichée peut être élevée jusqu'en octobre.

Les Hirondelles de fenêtre arrivent d'Afrique au mois d'avril, se concentrant au-dessus des plans d'eau avant de se disperser vers les colonies. Leur retour peut être retardé jusqu'en novembre ; les dernières à partir sont parfois victimes des intempéries.

Hirondelle de rivage *(Riparia riparia)*

Cette espèce est grégaire en toute saison. Quittant la colonie, elle se rend en groupe au gagnage. Le vol de l'Hirondelle de rivage est moins régulier que celui des autres Hirondelles.

(× 5/12)

Vue typique des Hirondelles de rivage : une bande quitte un fil téléphonique.

Les principaux caractères distinctifs de l'Hirondelle de rivage sont sa taille réduite, son dos brun, son ventre blanc et son collier brun. La queue n'est que légèrement fourchue.

Un vol d'Hirondelles de rivage au-dessus d'un plan d'eau est un des présages du printemps. Ci-dessus : oiseaux se rassemblant avant de regagner leur dortoir dans les roseaux.

Ci-dessous : attitudes au dortoir dans les roseaux.

Ci-dessous : les colonies s'établissent dans des falaises de sable naturelles ou artificielles ; les trous sont toujours disposés selon une ligne horizontale.

Adulte au nid. La tache blanche, vue dans l'ombre, présente peu de variations.

Tête d'adulte montrant le collier.

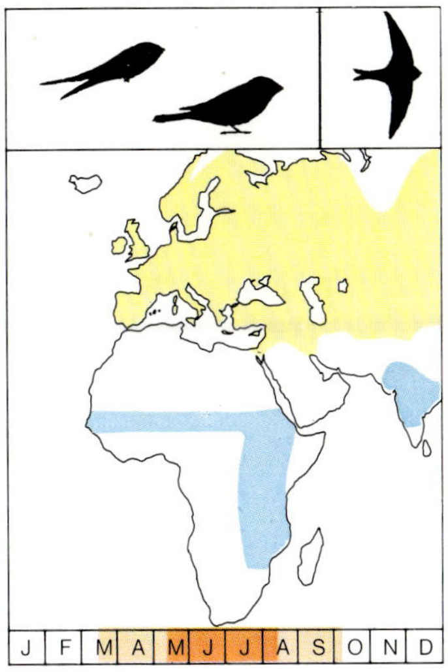

L'ère du béton réduit les sites naturels, mais l'Hirondelle de rivage y trouve son compte : les gravières et carrières de sable lui procurent de plus en plus de possibilités de nidification ; elles remplacent aujourd'hui les falaises de sable ou les berges des rivières. Les Hirondelles de rivage arrivent tôt et un coup de froid peut les forcer à s'abriter dans les terriers en attendant des jours meilleurs.

Elles creusent ces terriers, longs de 1 m environ, avec leurs courtes pattes, ce qui provoque beaucoup d'activité dans la colonie. Le tunnel débouche sur une chambre tapissée d'herbes et de duvet. Si celui qui a servi l'année précédente s'est effondré, un autre est alors creusé très rapidement.

La femelle couve presque exclusivement les quatre ou cinq œufs blancs pendant une quinzaine de jours ; l'élevage dure trois semaines. Les jeunes émancipés ne quittent pas immédiatement la colonie, mais jouent parfois avec les adultes à se poursuivre, l'un d'eux portant une plume comme flambeau. Ils s'écartent, parfois même de quelques centaines de kilomètres, dès qu'une seconde nichée est en cours. Ces oiseaux forment d'immenses troupes rassemblées dans les dortoirs situés dans les roselières en automne.

Martinet noir *(Apus apus)*

E 60

En été, les Martinets noirs se rassemblent en bandes bruyantes avant la migration. La silhouette en vol montre clairement les ailes étroites et pointues, recourbées vers l'arrière, et le corps en fuseau.

Ces oiseaux se distinguent facilement des Martinets alpins, des Hirondelles de fenêtre ou de cheminée : ce sont les seuls à présenter ces longues ailes pointues, tout en étant entièrement noirs.

Ses pattes courtes et faibles ne le rendent pas adroit sur le nid.

Il boit en vol.

Ses quatre petites griffes, dirigées vers l'avant, l'aident à se maintenir le long des façades. À gauche : les oiseaux quittant le nid plongent pour prendre de la vitesse. Ils reviennent au nid par le bas, entrant sous les corniches.

Le bec grand ouvert est un bon piège à insectes. Parvenus dans le gosier, les insectes y sont agglutinés par la salive, puis redistribués un à un aux jeunes. Les yeux du Martinet sont très enfoncés et protégés par des plumes raides.

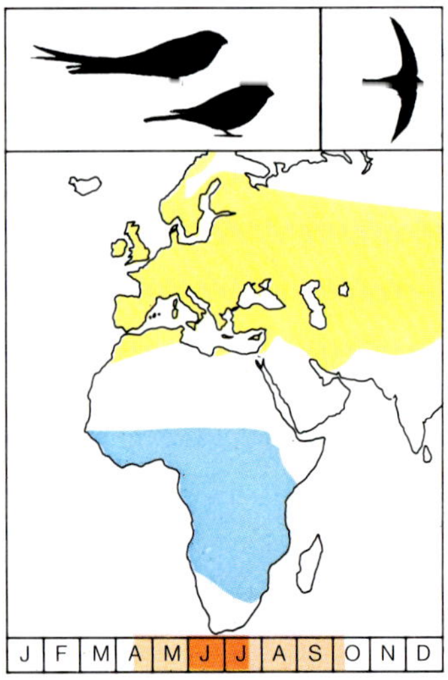

Le vol bruyant des Martinets annonce l'été. Leur arrivée achève une période de neuf mois de vie aérienne comprenant l'alimentation, la reproduction et même le sommeil. Ils se nourrissent d'insectes attrapés avec leur large bec. Leurs pattes réduites à quatre doigts frontaux ne servent qu'à les maintenir le long des façades : ces ongles aigus peuvent surprendre un manipulateur non averti.

Les nids sont bâtis dans un trou de mur, sous un toit. Les matériaux, saisis en vol, sont agglutinés à l'aide de salive, qu'il s'agisse de paille ou de plume. Les deux ou trois œufs allongés sont pondus dans un réduit sombre où ils peuvent résister à l'absence prolongée des parents qui parcourent jusqu'à 800 km par jour pour se nourrir, rassemblant, ultérieurement, la provende des jeunes. Ces absences sont fréquentes quand le temps est humide : elles amènent les jeunes à résister à une baisse de température corporelle descendant jusqu'à une vingtaine de degrés centigrades. Les jeunes ne quittent pas le nid avant cinq à huit semaines, car ils entreprennent immédiatement le long voyage d'Afrique qui exige une grande dépense d'énergie.

Martinet alpin ou à ventre blanc *(Apus melba)*

Le Martinet alpin a la silhouette et les mœurs du Martinet noir. Il en diffère par la gorge et le ventre blancs, un collier brun et, surtout, une taille plus importante.

Des groupes d'oiseaux vont et viennent au-dessus des villes.

L'échancrure caudale des Martinets alpins est moins importante que celle des Martinets noirs.

(× 5/12)

Le Martinet alpin bâtit parfois un nid en console, dans une cavité de mur. Il est fait de touffes d'herbe collées par sa salive.

Le profil bossu des Martinets alpins est caractéristique.

Ses yeux sont profondément enfoncés dans son plumage afin de le protéger contre les poussières et de parfaire son aérodynamisme.

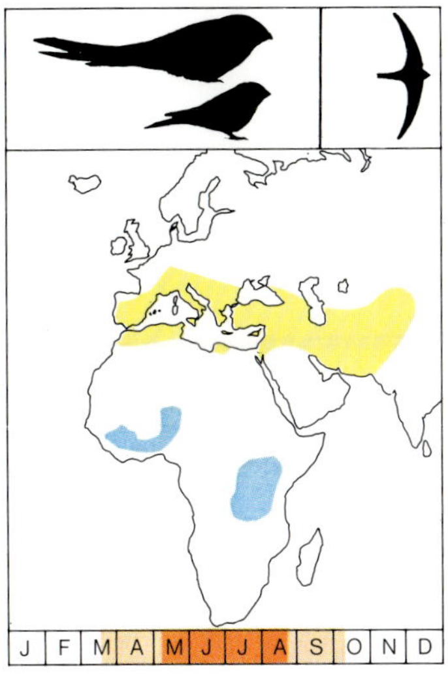

Dépassant tous ses cousins européens en taille, le Martinet alpin peut atteindre une envergure de 50 cm et peser le double du poids d'un Martinet noir.

Il a les mœurs aériennes de ses parents plus petits, mais est vraisemblablement plus rapide. Il se nourrit également d'insectes plus gros, notamment d'abeilles et de bourdons.

Le Martinet alpin niche en montagne, dans des grottes ou les lézardes de bâtiments anciens, telles les maisons et les églises médiévales de Suisse. Hors d'Europe, il ne reste pas confiné en montagne, nichant souvent dans des ruines au Proche-Orient, où ses cris stridents se mêlent au vacarme de la circulation.

Des bandes déployées volent silencieusement puis, soudain, leurs cris éclatent en chœur.

L'entrée du nid permet de plonger pour prendre de la vitesse en le quittant mais, à l'intérieur, l'oiseau doit marcher ou se glisser. Le nid comprend des débris végétaux liés avec de la salive. Il contient deux ou trois œufs.

Le Martinet alpin européen hiverne en Afrique équatoriale avec les sous-espèces locales de la même espèce. Les intempéries peuvent provoquer des déplacements en été : en 1917, une forte dépression fit fuir une centaine de Martinets alpins qui atteignirent les côtes anglaises.

Cincle plongeur *(Cinclus cinclus)*

S

La population continentale a le ventre noir.

Sa poitrine blanche est bien visible pendant ses allers et retours rapides au ras de l'eau.

(× 3/10)

Quand l'œil est fermé, le Cincle paraît cligner de l'œil à cause de sa paupière supérieure blanche. Il possède une membrane nictitante, sorte de troisième paupière transparente très utile en plongée.

Le dos du jeune est gris. Son dessous porte plus de blanc que l'adulte.

Sous l'eau, le Cincle paraît plus élancé et plus gris. Il s'ancre à un caillou du lit de la rivière au moyen de ses griffes.

(× 3/5)

Le Cincle bâtit un nid globuleux à l'abri d'une cascade. Il y parvient en vol, au travers du torrent.

Nageant au moyen de ses ailes (ci-dessous, à droite), le Cincle ressemble à un oiseau terrestre tombé par mégarde à l'eau. Il marche dans l'eau (ci-dessous, à gauche) plus qu'il ne nage pour se nourrir.

Les Cincles des îles Britanniques ont le ventre roux. L'usure fait virer ce plumage au brun. Les oiseaux fraîchement mués (en haut, à gauche) ont le dos gris.

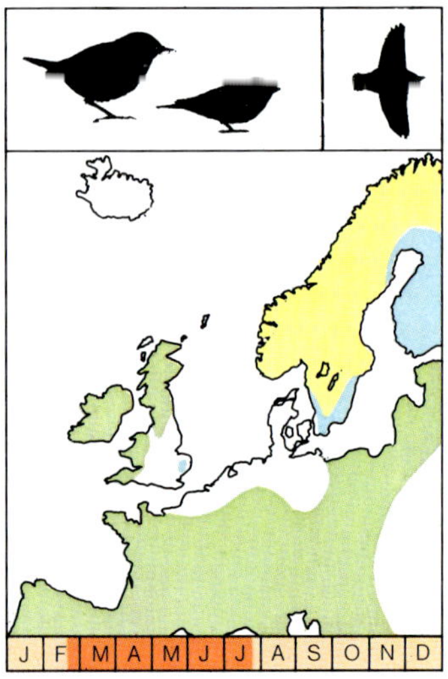

Étrange et fascinant, le Cincle n'est jamais loin d'un cours d'eau. Il ne peut être confondu malgré son plumage bicolore bien adapté à un fond de rocaille et d'eau courante. Il se nourrit d'insectes aquatiques : coléoptères, notonectes, libellules et larves pêchées sous l'eau, dans laquelle il pénètre en marchant et s'immerge pour achever sa recherche. Cela requiert un mouvement d'ailes continuel vers le bas pour se maintenir sous l'eau malgré l'air accumulé dans le plumage. Le Cincle nage également très adroitement, bien qu'il n'ait pas les pattes palmées.

Le territoire d'un couple de Cincles peut comprendre 700 à 800 m du cours d'une rivière. Ce territoire est défendu à vive voix par les deux sexes. Ils bâtissent leur nid dans une crevasse, un pont ou un barrage, le plus souvent à l'abri d'une chute d'eau. Le nid en boule est fait de mousse et de feuilles mortes. La femelle couve les quatre à six œufs pendant seize jours. Les jeunes ne quittent le nid que dix-neuf à vingt-cinq jours plus tard. Normalement une deuxième nichée est élevée.

Merle de roche *(Monticola saxatilis)*
Merle bleu *(Monticola solitarius)*

M E | S

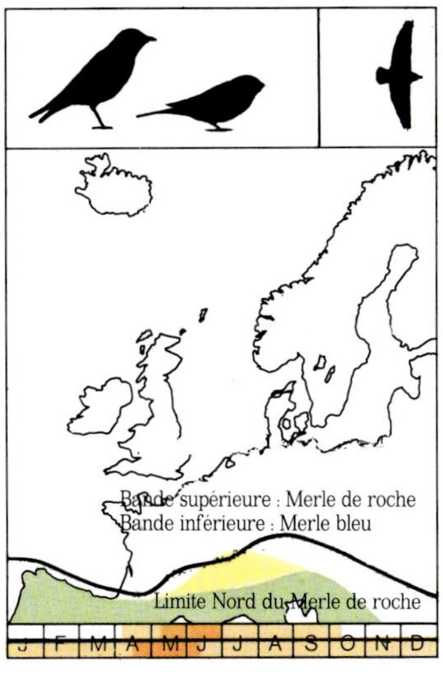

Le Merle de roche est timide : il est difficile de le repérer parmi les rochers malgré son plumage coloré. Très agile, il se nourrit principalement d'insectes pris au sol et parfois de lézards et de grenouilles. Son chant mélodieux ressemble à celui du Merle noir : il est émis d'un rocher proéminent, mais également en vol. La parade comprend des vols spectaculaires pendant lesquels l'oiseau plane en effectuant des cercles depuis une grande hauteur.

Le nid est bâti dans une crevasse entre les rochers à l'aide d'herbes, de racines et de mousse. La femelle, qui l'a construit, couve quatre à six œufs pendant une quinzaine de jours. Le mâle l'aide à nourrir les jeunes pendant la quinzaine suivante.

Les Merles de roche sont migrateurs.

Le Merle bleu recherche les mêmes sites, en préférant cependant de plus dénudés. Les roches et les ruines des environs de Delphes constituent un habitat typique. Ressemblant par ses mœurs au Merle de roche, le Merle bleu en diffère parce qu'il est sédentaire et par la manière de bâtir son nid. Ce nid, moins profond, est souvent plus négligé.

Grive musicienne *(Turdus philomelos)*

S 60

La Grive musicienne est parfois confondue par les amateurs avec la Grive mauvis, à cause de son aisselle orange pâle.

Le poste de chant est presque toujours élevé.

Alerte et vive, tête oblique, la Grive musicienne semble « écouter » les vers de terre ; elle examine en effet très minutieusement les traces de vers sur le sol.

Le vol est rectiligne et légèrement ondulant, ce qui rend l'identification difficile. Ses ailes battent plus rapidement que celles de la Grive draine, mais il faut être expert pour les différencier.

(× 3/10)

D'expression différente des Grives draines, les Grives musiciennes sont d'un naturel accommodant, cédant par exemple le terrain aux Étourneaux lorsque ceux-ci paraissent batailleurs.

Peu grégaires, les Grives musiciennes se tiennent habituellement par couples. Si l'on aperçoit dix oiseaux sur une pelouse, il s'agit probablement de cinq couples assez distants. Elles sautent ou courent au sol, marchant très rarement.

(× 3/5)

Le nid garni de bois pourri ou de boue contient des œufs bleu ciel, alors que ceux du Merle noir sont verts, tachés de roux.

Elles cassent les coquilles des escargots sur une pierre.

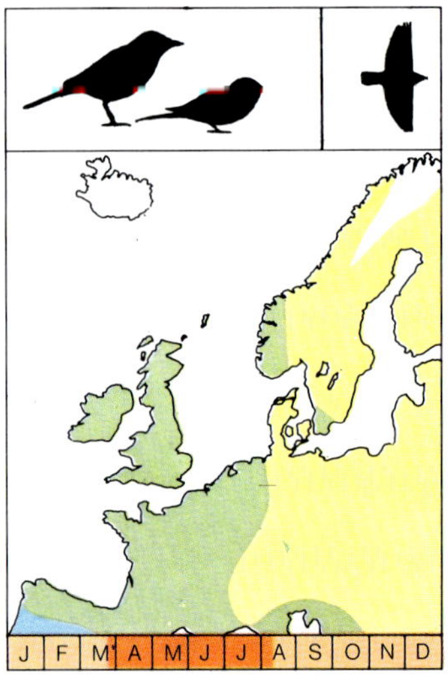

C'est dans les premiers beaux jours de mars que l'on peut entendre le chant de cette Grive, facile à reconnaître parmi ceux des autres oiseaux des jardins, parce que chaque phrase est répétée plusieurs fois. La Grive musicienne est familière des jardins comme le Merle noir, l'Étourneau et le Rouge-gorge : elle fouille les pelouses et les parterres, se nourrissant de vers pendant six mois, puis de chenilles en mai et juin, enfin de fruits en automne. Les escargots sont recherchés en été ou en hiver : ils sont frappés contre une pierre à plusieurs reprises, l'oiseau séparant chaque fois la chair des esquilles de coquille.

Quatre œufs bleus tachetés de noir sont pondus dans un nid garni de boue séchée. Ces nids, faciles à repérer, sont victimes de déprédations tout comme ceux des Merles noirs.

Pour nicher, la Grive musicienne choisit de préférence les arbres et les buissons ; le Merle noir niche plus près du sol, dans les buissons et parfois les bâtiments.

La femelle construit le nid, dont elle moule délicatement le creux à l'aide de sa poitrine ; elle seule couve, mais le mâle l'aide à nourrir les jeunes. Deux ou trois nichées peuvent être élevées. La Grive musicienne est partiellement migratrice.

Grive draine *(Turdus viscivorus)*

S 60

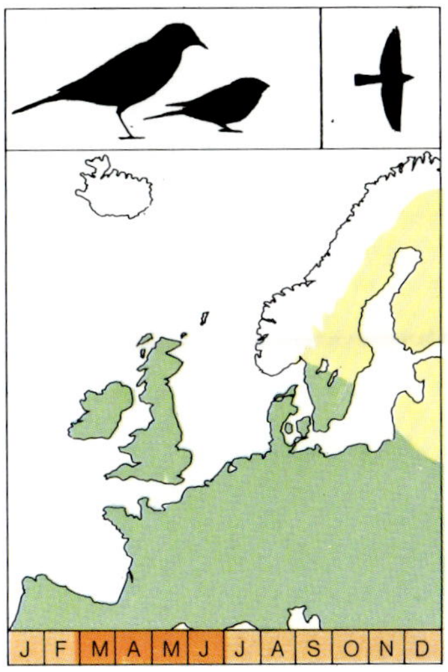

On la nomme parfois « oiseau des tempêtes ». Elle chante bruyamment d'un arbre élevé dès les premiers beaux jours du printemps. Se nourrissant abondamment de baies de gui pendant l'hiver, la Grive draine colporte cette plante parasite.

Plus prudente que la Grive musicienne, elle évite les jardins de banlieue, préférant les plantes bien dégagées pour y chercher des invertébrés.

Elle niche pourtant dans les parcs et les espaces boisés de grands arbres en zone urbaine, mais peut s'accommoder de vergers de haute tige. Placé plus haut que celui des autres Grives, son nid repose souvent sur une grosse branche proche du tronc. La femelle en choisit attentivement le site, puis y couve pendant treize ou quatorze jours trois à cinq œufs. Le mâle l'assiste pour nourrir les jeunes pendant quatorze à seize jours. Deux nichées sont normalement élevées chaque année ; 62 % des jeunes meurent au cours de la première année, mais ce pourcentage tombe ensuite à 48 %.

Grive litorne *(Turdus pilaris)*

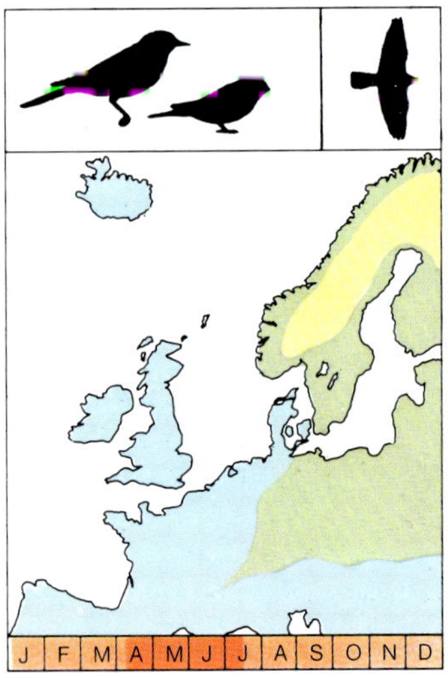

L'appel rauque des Litornes de passage est commun dans les campagnes en hiver, mais il devient également de plus en plus courant l'été, car l'espèce a largement étendu son aire de nidification en Europe depuis le début du XIXe siècle. Cette extension est peut-être due à un changement de climat, mais est sûrement favorisée par le fait que les Litornes ne sont plus capturées, ce qui était courant au siècle dernier.

En Scandinavie elles nichent dans les forêts de bouleaux, mais d'autres situations peuvent être choisies, par exemple les parcs et les jardins urbains. Elles s'installent en colonies dans des arbres voisins, parfois à quatre ou cinq couples dans le même arbre. Les intrus s'exposent à des cris féroces, des attaques en piqué et d'abondants jets d'excréments.

Le nid est fait de brindilles, d'herbes et de boue tapissée d'herbes fines. La femelle couve les quatre à six œufs pendant treize ou quatorze jours. Le mâle l'aide à nourrir les jeunes pendant deux semaines.

Leur nourriture de base se compose de limaces, d'insectes et de vers de terre avec un supplément de baies en hiver. Des bandes de Litornes mangent souvent les pommes tombées dans les vergers. Les Litornes dorment à terre ou dans les arbres.

Grive mauvis *(Turdus iliacus)*

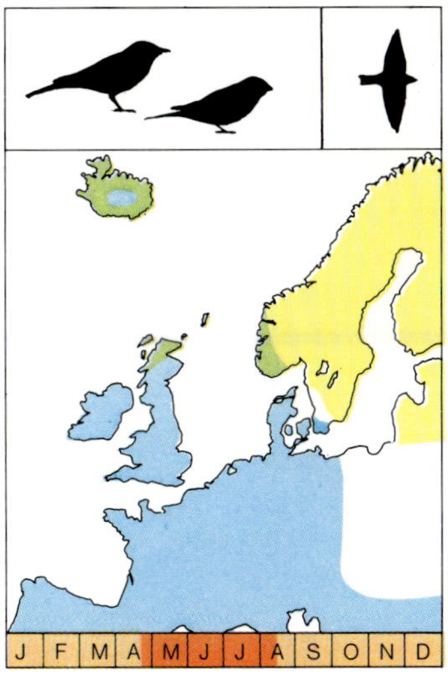

La neige et les gelées amènent des Grives mauvis jusque dans les jardins de banlieue : en Angleterre, on les rencontre partout, même à Londres. Elles évitent pourtant le voisinage des habitations, préférant la compagnie des Litornes dans les plaines, parfois même celle des Vanneaux et des Pluviers dorés. Elles mangent de grandes quantités de baies d'aubépine et de houx, demeurant ainsi dans les haies et les bosquets.

Elles se rassemblent, le soir, dans des bouquets de laurier, d'aubépine ou de rhododendrons, arrivant de très haut par petits groupes, puis piquant verticalement pour se poser sur le sommet des buissons. Les prises massives réalisées dans ces circonstances ont permis, grâce au baguage, de constater que les Grives mauvis effectuent des déplacements importants l'hiver, évitant les intempéries, puis revenant sur les lieux favoris dès que le temps s'améliore.

Leur aire de nidification recoupe celle des Litornes. La Mauvis ne niche pas en colonies. Le nid, situé assez bas dans la végétation, est fait de brindilles et d'herbes formant une cuvette tapissée de boue et d'herbes fines. Il contient cinq ou six œufs que les parents couvent tous deux pendant treize jours. L'élevage des oisillons dure douze à quatorze jours.

Merle noir *(Turdus merula)*

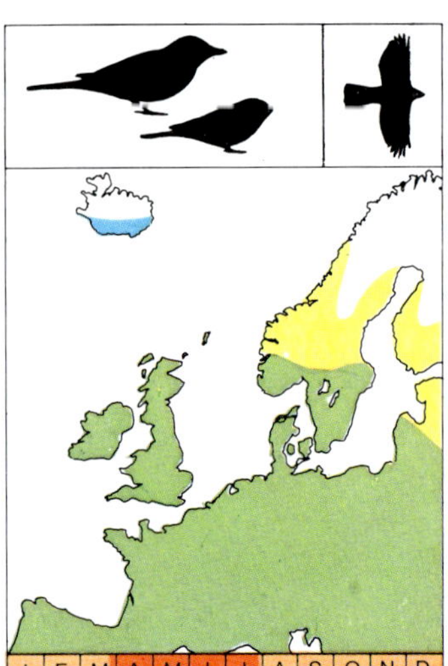

Très visibles et d'un accès facile, les nids de Merles noirs sont fréquemment pillés par des enfants. L'espèce est néanmoins en extension dans la plus grande partie de l'Europe, car elle s'adapte bien au voisinage de l'homme. Primitivement oiseau forestier, le Merle noir tend à devenir familier des plaines cultivées et des jardins urbains, atteignant une densité maximale dans les banlieues. Il se nourrit de vers, d'invertébrés, de fruits et de déchets ménagers.

Le nid fait d'herbes renforcées de boue, et tapissé d'herbes fines, est placé dans les buissons ou les arbustes, mais il peut être situé à terre ou dans un bâtiment. Faciles à découvrir, ces nids ont permis de rassembler un grand nombre d'informations. Les Merles noirs nichent depuis le début de mars jusqu'en juillet et même en août, avec plus de chances de réussite pour les nichées précoces et tardives, les prédateurs étant moins actifs en début de saison et le feuillage plus épais en été. La couvée comprend trois à cinq œufs, ce nombre étant le plus important en mai et dans les zones rurales. La femelle couve seule, mais le mâle l'aide à nourrir les jeunes. Le même nid sert parfois aux trois ou quatre nichées de l'année.

Merle à plastron *(Turdus torquatus)*

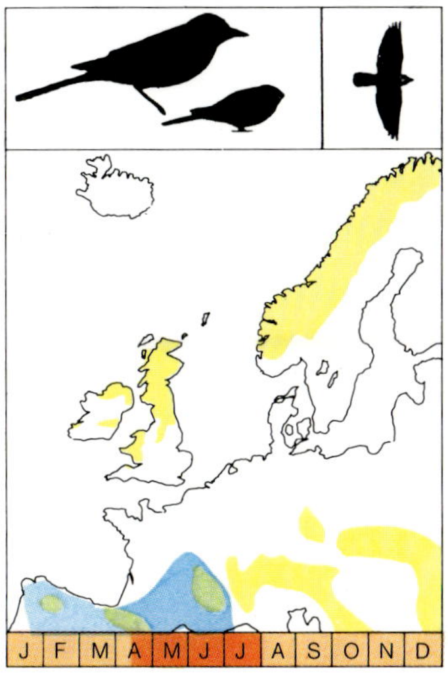

Le Merle à plastron remplace le Merle noir en montagne et sur les plateaux marécageux. Cet oiseau timide, fuyant le voisinage de l'homme, aime les endroits abrités des vallons et des gorges. En automne, il se hasarde, tôt le matin, à visiter les jardins pour s'y gaver de baies. Les invertébrés forment la base de sa nourriture.

Le chant simple des Merles à plastron est composé d'une ou deux notes répétées à trois ou quatre reprises. Le nid ressemble à celui du Merle noir, mais en diffère par les matériaux utilisés : bruyère et herbes de marécages. Le site favori est un buisson dominant un rocher ou un banc de tourbe, mais la sous-espèce alpine niche souvent assez haut dans les arbres. Ces nids sont plus difficiles à repérer que ceux des Merles noirs. On peut se servir d'un chien pour les découvrir, car ils répandent une forte odeur. Les deux nichées de quatre œufs occupent les parents pendant une quinzaine de jours pour la couvaison, puis pendant la même période pour l'élevage des oisillons.

Loriot jaune *(Oriolus oriolus)*

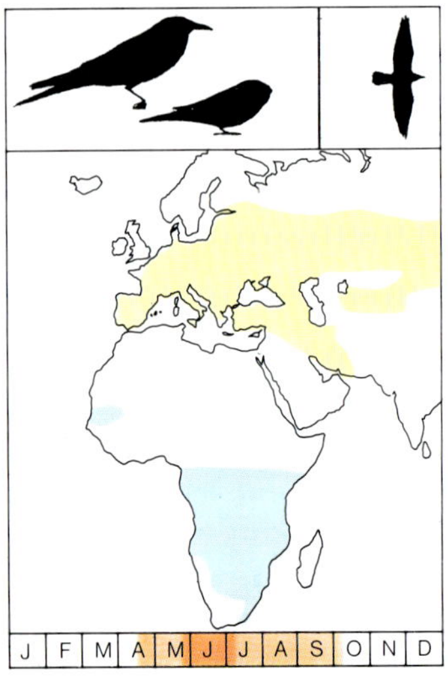

Le Loriot aime l'alternance « ombre et soleil » des futaies. Les jeunes femelles, encore verdâtres, sont plus difficiles à localiser que celles, plus âgées, qui portent parfois l'or du mâle. Leur appel flûté à quatre notes les trahit néanmoins. Le Loriot aime les arbres des bois et des parcs (feuillus). En y fourrageant, il se nourrit d'une grande variété d'insectes de bonne taille : des hannetons, des chenilles velues, des bourdons et d'autres coléoptères. Il parvient parfois à s'en saisir en vol stationnaire. En fin de saison, il consomme beaucoup de fruits, notamment des figues.

Suspendu à une branche horizontale, son nid remarquable est construit exclusivement par la femelle : il est assez profond pour protéger les œufs ou les oisillons des rafales du vent. Il est tissé de longs brins d'herbe et de bouts de feuilles et d'écorces. Deux à quatre œufs sont couvés par les parents pendant deux semaines, ce qui est également la durée de l'élevage.

Étourneau sansonnet *(Sturnus vulgaris)*

S60

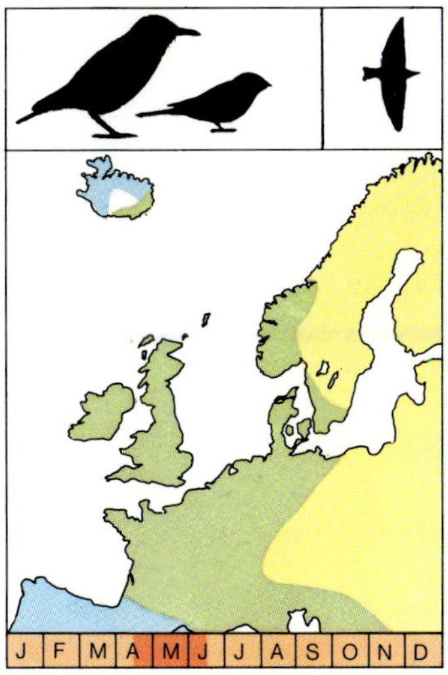

Bruyants, les Étourneaux restent impressionnants par leur nombre et leurs mouvements quand ils se rassemblent par milliers pour aller au dortoir. Jadis, ils se contentaient, moins nombreux, de trous dans les troncs pour nicher, de taillis ou de roseaux comme dortoir. Ils créent actuellement un problème dans les villes d'Europe et d'Amérique où ils se sont établis. S'installant n'importe où, ces oiseaux préfèrent pourtant le voisinage des pâturages. Bien que, dans ce cas, ils se nourrissent de vers et de larves, les Étourneaux opèrent différemment des Grives : celles-ci se dispersent pour chercher des proies assez apparentes, alors que les Étourneaux fouillent systématiquement le sol en formation serrée.

Malgré leur forte densité, les Étourneaux ne nichent qu'une seule fois par an. Le mâle commence un nid grossier fait de paille et d'herbes que la femelle complète avec lui. Les quatre à sept œufs éclosent au bout de douze ou treize jours, après quoi les jeunes sont élevés pendant trois semaines.

Jaseur boréal *(Bombycilla garrulus)*

Ce sont des grappilleurs adroits.

Les ailes pointues et le vol aussi rapide que bondissant font penser à l'Étourneau, dont il diffère par l'appel roulé, le corps massif et la queue à bout carré.

(× 3/10)

Dessous des ailes clair visible en vol.

Évidents sous cet angle : la gorge noire, les sous-caudales rousses et le bout des rectrices jaune.

(× 3/5)

Les jeux nuptiaux des Jaseurs boréaux sont très variés : ici le mâle offre, ailes ouvertes, de la nourriture à la femelle.

Les femelles et les premiers mâles qui arrivent n'ont pas de jaune sur les ailes.

À droite : attitude de l'oiseau se nourrissant. Les modifications d'apparence sont très fréquentes, la plus ramassée signifiant l'alerte.

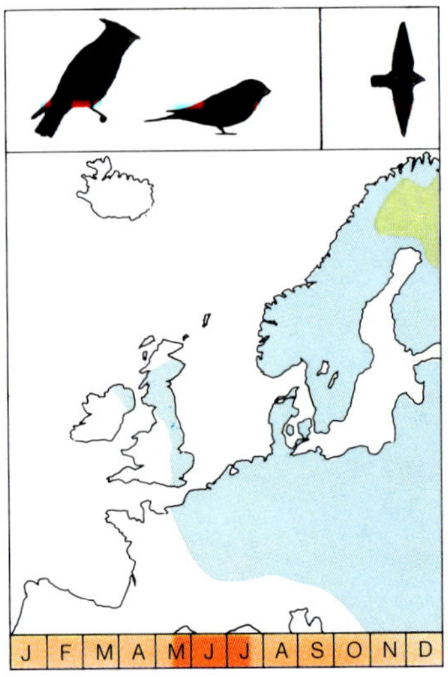

Étranges d'apparence, les Jaseurs boréaux sont très beaux grâce à leur huppe, leur face noire et leurs ailes bigarrées. Leurs apparitions périodiques en grand nombre ont suscité des légendes. Comme les Becs-croisés, ils font des déplacements imprévus. Nichant en Scandinavie et en U.R.S.S., ils ne quittent pas ces régions en grand nombre, bien que quelques groupes migrent en Europe centrale. Tous les dix ans environ, devenant probablement trop nombreux, ils migrent en masse de Scandinavie et d'U.R.S.S., envahissant l'Europe jusqu'en Angleterre et dans les régions méditerranéennes, où ils sont ordinairement rares. Ils disputent alors les baies de sorbier aux Grives draines et mauvis. Le pyracantha et le cotoneaster les attirent en ville.

Habituellement, ils se nourrissent de moustiques dans leur aire de reproduction. Leur nid, situé dans la forêt de bouleaux ou de conifères, est souvent proche d'un lac ou d'une rivière. Il est fait de lichen, de brindilles et d'herbes, puis tapissé de duvet et de crin.

Pie-grièche grise *(Lanius excubitor)*
Pie-grièche à poitrine rose *(Lanius minor)*

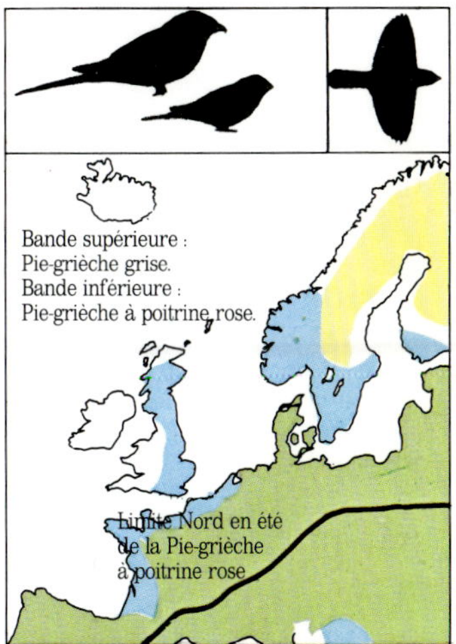

Les Pies-grièches se conduisent comme de petits rapaces. La Grise est la plus grande de cette famille ; elle se nourrit d'oisillons et de petits mammifères (grenouilles et lézards dans le Midi) ainsi que de quelques grands insectes. L'espèce à poitrine rose capture des coléoptères, des courtilières, des sauterelles et d'autres insectes. Les Pies-grièches créent des garde-manger en empalant leurs prises sur des épines ou des fils de fer barbelés ; l'espèce à poitrine rose semble avoir abandonné cette méthode.

Les populations septentrionales de Pies-grièches grises migrent, revenant souvent pendant plusieurs années sur les mêmes territoires. Elles s'accommodent d'une grande variété de sites : prairies, lisières forestières et marais. Les Pies-grièches à poitrine rose préfèrent les vergers, les vignes et les arbres bordant les routes. Toutes deux bâtissent des nids grossiers dans des arbres ou des buissons. La Pie-grièche à poitrine rose place le sien plus haut, parfois en colonie clairsemée. Cinq ou six œufs sont habituels, mais plus au nord, où la seconde couvée n'est pas possible, il arrive que la couvée en compte huit ou neuf. Les jeunes Pies-grièches grises quittent le nid au bout de trois semaines, celles à poitrine rose une semaine plus tôt, à peine capables de voler.

Pie-grièche écorcheur *(Lanius collurio)*

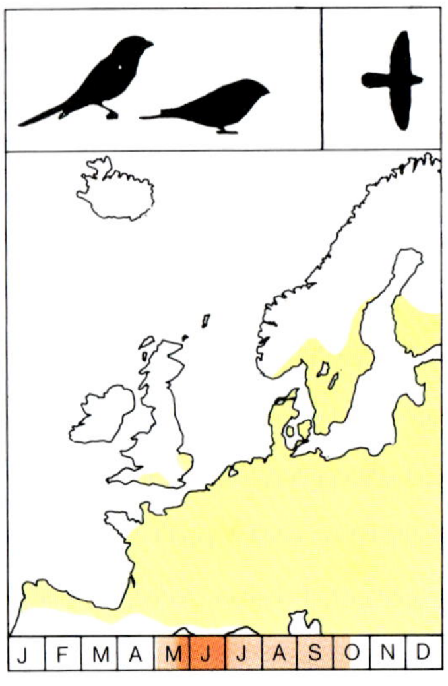

La population des Pies-grièches écorcheurs diminue sérieusement dans le nord-ouest de leur aire d'extension, notamment en Grande-Bretagne où elles ne nichent pratiquement plus. Les sites favorables ne manquent pourtant pas, les coléoptères et bourdons dont elles se nourrissent restent abondants, mais la variabilité de couleur de leurs œufs attire peut-être trop les collectionneurs.

Chassant comme ses congénères, la Pie-grièche écorcheur repère ses proies depuis un observatoire situé au sommet de buissons dispersés. L'oiseau s'élève parfois pour situer une proie ou découvrir des insectes, des oisillons ou de petits mammifères et des lézards. Tués d'un coup de bec, ils sont transportés entre les pattes à la manière du Faucon, puis entreposés.

Situé dans un buisson épineux, le nid est construit par le mâle, de mousse, d'herbes, de laine et de poils. Il est généralement placé assez bas.

La couvée varie de trois à six œufs. Les parents nourrissent tous deux les jeunes qui abandonnent le nid au bout de deux semaines.

Pie-grièche à tête rousse *(Lanius senator)*

Le mâle se reconnaît, surtout en vol, à l'abondance de ses taches blanches. La femelle est plus terne.

Fréquemment perchées sur des fils électriques, les Pies-grièches à tête rousse sont facilement identifiées par le V marquant leurs épaules et leur dessous d'un blanc éblouissant visible de devant comme de derrière.

Le front noir du mâle est plus marqué que celui de la femelle.

Femelle adulte : vue de près, sa tête diffère notablement de celle du mâle (ci-dessus).

Les jeunes (à droite et ci-dessous) ont un plumage très différent de celui des parents, formant un bon camouflage. Leur silhouette ne trompe pas, comme leur bec, leur tête et leur queue ! Le dessin du plumage est celui des parents en clair.

La coloration de ces oiseaux peut varier. Les jeunes et les oiseaux âgés ont le dos plus gris et les ailes plus claires que les adultes. Quelques oiseaux (mâle ci-dessus à droite) ont la bordure des rémiges secondaires plus claire.

Vue arrière des taches blanches sur les ailes et le croupion.

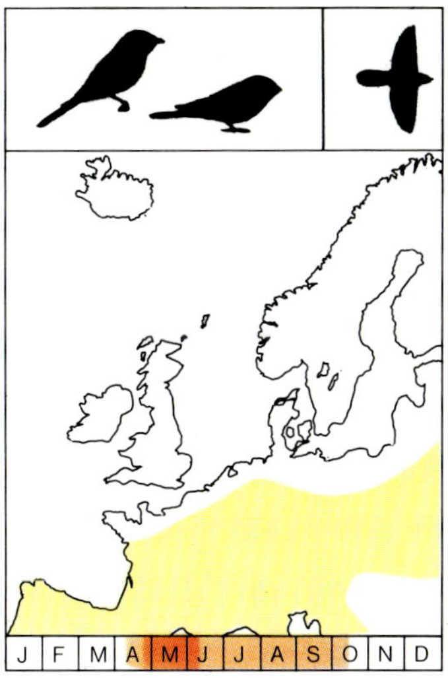

Elle aime les vergers et les forêts de chênes-lièges du Midi. Plus au nord, elle se tient dans les vergers et, comme sa cousine à poitrine rose, se pose volontiers sur les fils électriques, le long des routes. Elle chasse et entrepose ses prises à la manière de la Pie-grièche écorcheur dont elle partage souvent l'habitat. Elle chante mieux que ses parentes, variant ses mélodies et imitant parfois d'autres oiseaux.

Le nid est placé assez haut sur une branche extérieure d'un arbre ou d'un grand buisson ; il est aussi mieux fini, la cuvette profonde, faite de racines et de feuilles, étant tapissée de duvet, de laine et de crin. La femelle couve cinq ou six œufs dont la couleur varie. Le mâle la nourrit au nid pendant seize jours, puis l'aide à élever les jeunes pendant dix-neuf ou vingt jours. Il peut y avoir éventuellement une seconde couvée. Dépassant leur aire de nidification méridionale, quelques couples de Pies-grièches à tête rousse s'établissent en Europe orientale. On les observe parfois au printemps dans les îles Britanniques.

Rollier d'Europe *(Coracias garrulus)*

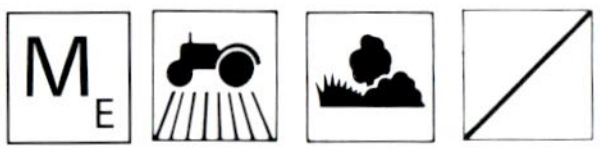

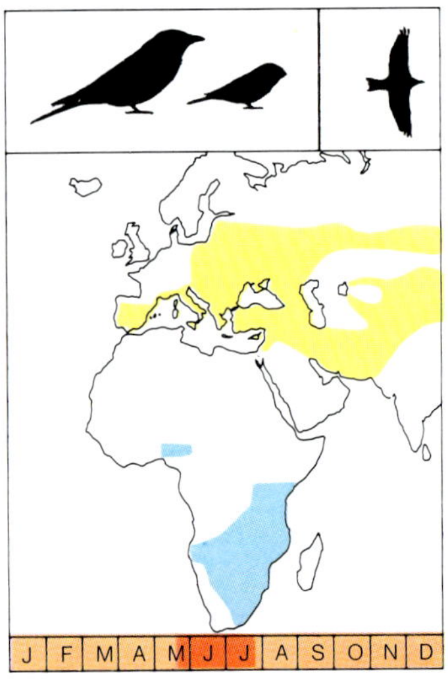

L'aire européenne de ce magnifique oiseau est en régression, ce qui pourrait résulter d'évolutions climatiques. Le Rollier niche dans les parcs et bois dégagés, où il trouve des troncs creux et des observatoires pour repérer les insectes à terre ou, occasionnellement, des lézards, de petits mammifères et même des oisillons.

« Rollier » viendrait de « rouler », à cause du vol nuptial qui est une suite d'acrobaties partant d'une hauteur de 50 à 60 m. C'est un oiseau très bruyant, dont le cri discordant est souvent émis en vol.

Les Rolliers choisissent volontiers un ancien nid de Pic. Ils s'établissent parfois dans une cavité rocheuse ou le creux d'un bâtiment. Ils ne bâtissent pas de nid. Les parents couvent tous deux les quatre ou cinq œufs blancs, posés sur une litière de plumes et de débris divers, pendant dix-huit ou dix-neuf jours. Les jeunes se disputent vigoureusement la nourriture apportée par les parents ; ils quittent le nid au bout de quatre semaines.

Martin-pêcheur *(Alcedo atthis)*

S

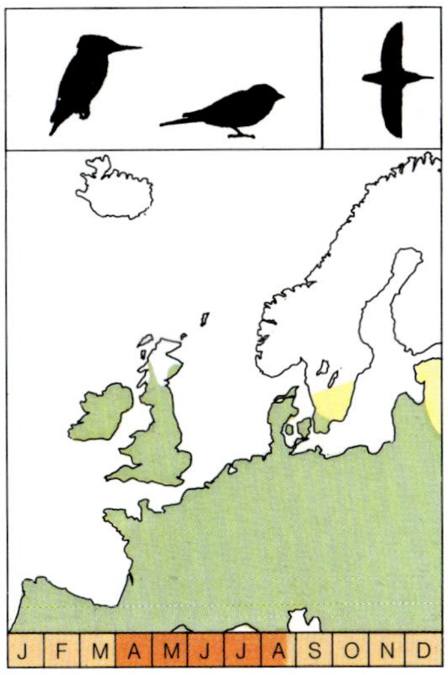

Le plumage magnifique du Martin-pêcheur rappelle qu'il appartient à une famille essentiellement exotique. Bien qu'assez commun le long de plans d'eau non pollués, il est surtout connu par les livres tant il est timide, ne se montrant qu'en vol.

Il prend le poisson en plongeant d'un perchoir ou d'un point fixe en vol. Il l'avale la tête la première, après l'avoir assommé contre une branche s'il est encore vivant. La formation des couples débute tôt dans la saison par des vols de poursuite. Le couple creuse son nid, commençant par foncer, dans un talus, bec en avant, pour amorcer le trou. Pendant que l'un travaille, l'autre veille. Ils se partagent la couvaison des septs œufs blancs posés à même le sol du terrier. Les jeunes restent vingt-cinq jours au nid. Les restes de poissons créent une telle saleté que les parents se baignent à chaque visite. Les jeunes essaient de pêcher dès qu'ils quittent le nid, mais les parents les nourrissent jusqu'à ce que cette pêche soit productive. Beaucoup de jeunes se noient, mouillant exagérément leur plumage.

Les jeunes se dispersent en hiver, certains allant vers les côtes. Les parents restent sur place, mais les vagues de froid les obligent à bouger.

Guêpier d'Europe *(Merops apiaster)*

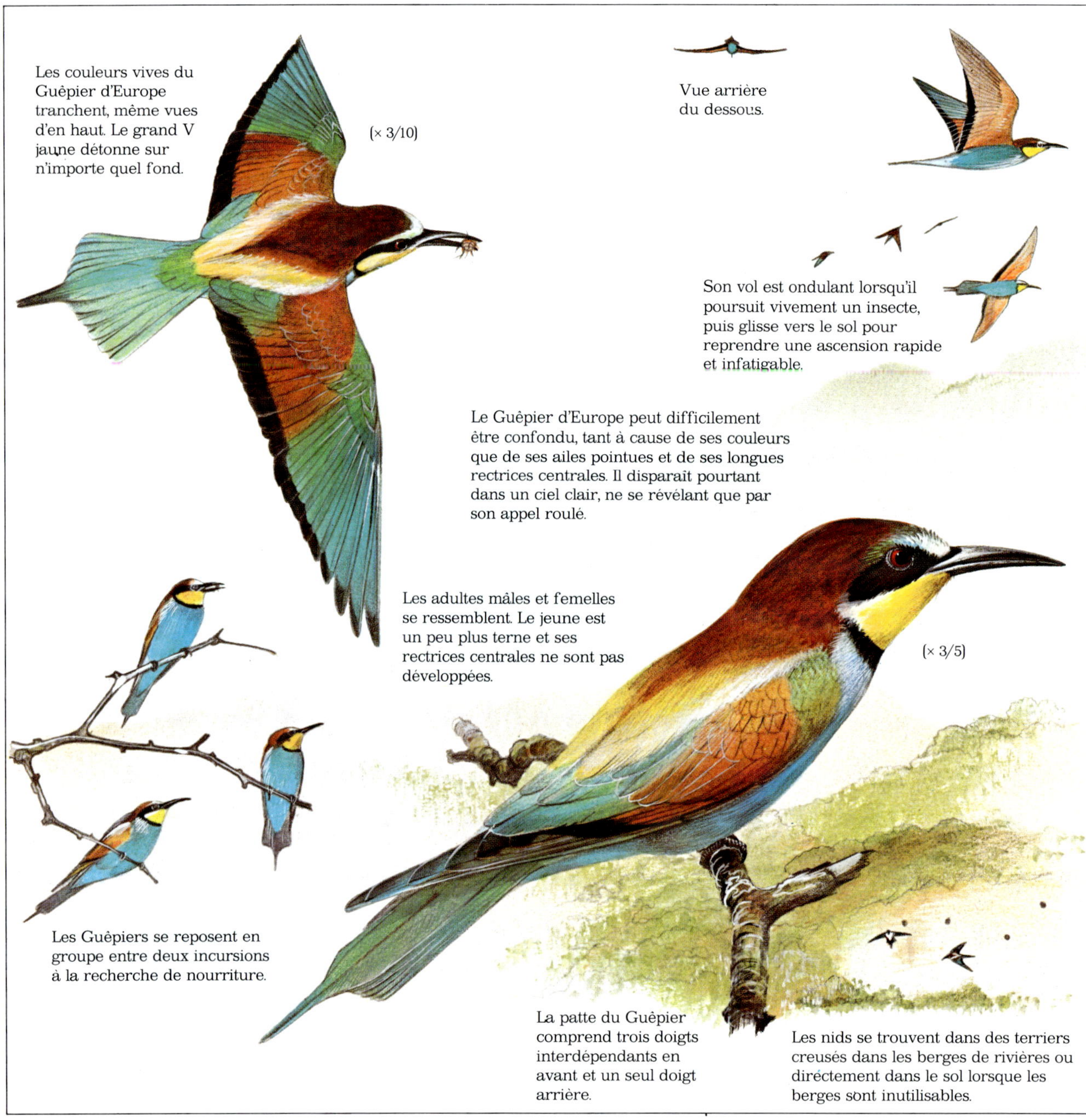

Les couleurs vives du Guêpier d'Europe tranchent, même vues d'en haut. Le grand V jaune détonne sur n'importe quel fond.

(× 3/10)

Vue arrière du dessous.

Son vol est ondulant lorsqu'il poursuit vivement un insecte, puis glisse vers le sol pour reprendre une ascension rapide et infatigable.

Le Guêpier d'Europe peut difficilement être confondu, tant à cause de ses couleurs que de ses ailes pointues et de ses longues rectrices centrales. Il disparaît pourtant dans un ciel clair, ne se révélant que par son appel roulé.

Les adultes mâles et femelles se ressemblent. Le jeune est un peu plus terne et ses rectrices centrales ne sont pas développées.

(× 3/5)

Les Guêpiers se reposent en groupe entre deux incursions à la recherche de nourriture.

La patte du Guêpier comprend trois doigts interdépendants en avant et un seul doigt arrière.

Les nids se trouvent dans des terriers creusés dans les berges de rivières ou diréctement dans le sol lorsque les berges sont inutilisables.

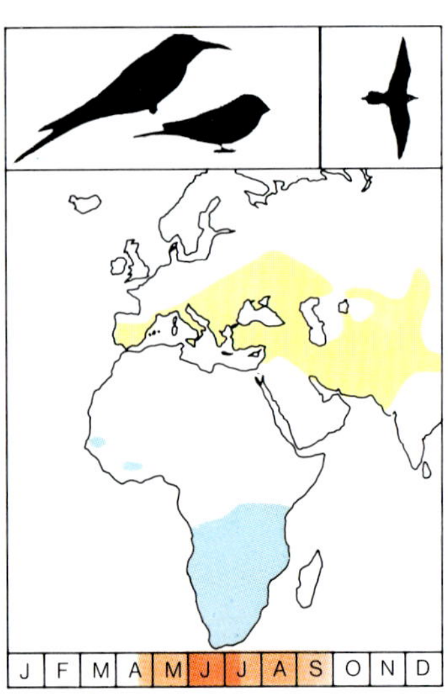

Cette espèce est bien nommée : elle se nourrit principalement d'abeilles, de guêpes et d'autres insectes aériens. Une seule piqûre d'abeille peut être fatale à beaucoup de petits oiseaux. Les Guêpiers sont immunisés contre le venin des guêpes et des abeilles, mais, surtout, ils extraient adroitement le dard de ces insectes en les frottant contre une branche. Ils distinguent facilement les insectes non venimeux qu'ils choisissent de préférence en vol, car, pour les autres, ils doivent regagner un perchoir.

Le Guêpier d'Europe est un visiteur d'été hivernant en Afrique du Sud et en Inde. Ils ont récemment niché en Afrique du Sud pendant l'hiver de notre hémisphère. Venant en Europe avec les autres, ces oiseaux ne s'y reproduisent probablement pas.

Les colonies sont établies dans des falaises friables ou les berges de rivières. Le mâle et la femelle creusent avec leurs pattes un tunnel atteignant 1 m de longueur. Les parents couvent tous deux les quatre à sept œufs blancs presque ronds, puis nourrissent tous deux les jeunes. La cavité du nid est tapissée de débris d'insectes.

Pigeon biset *(Columba livia)*

Pose

Les Bisets volent vite et plongent en planant des falaises. Observés du sommet, ils n'apparaissent bientôt que comme des points brillants au-dessus de la mer. Le blanc sous l'aile prouve qu'il s'agit de Bisets sauvages, mais certains individus semi-sauvages portent également du blanc.

Aucun autre Pigeon sauvage n'a deux barres noires à la base de l'aile ni le croupion blanc.

Ses rémiges primaires sont pointues, mais on ne le distingue que de très près.

Les Pigeons semi-sauvages, descendants domestiqués du Biset, présentent une grande variété de plumage, allant du blanc au noir. Leur bec est plus court et plus fort que celui du Biset. Ils se nourrissent souvent dans les champs en compagnie de Pigeons domestiques.

Les Pigeons domestiques retournés à l'état sauvage se reproduisent avec les Bisets dans leur habitat naturel. Les souches absolument sauvages n'existent probablement plus que dans les secteurs très écartés.

Pigeon semi-sauvage au plumage très semblable à celui du Pigeon biset.

Pigeon biset

Le Biset se pose volontiers sur les falaises de la côte ou des îles, parfois sur un bâtiment, mais rarement sur un arbre.

Les Pigeons domestiques retournés à l'état sauvage sont très répandus dans les villes et villages d'Europe. On les trouve aussi au voisinage des complexes industriels et dans une grande variété d'habitats, y compris le littoral marin.

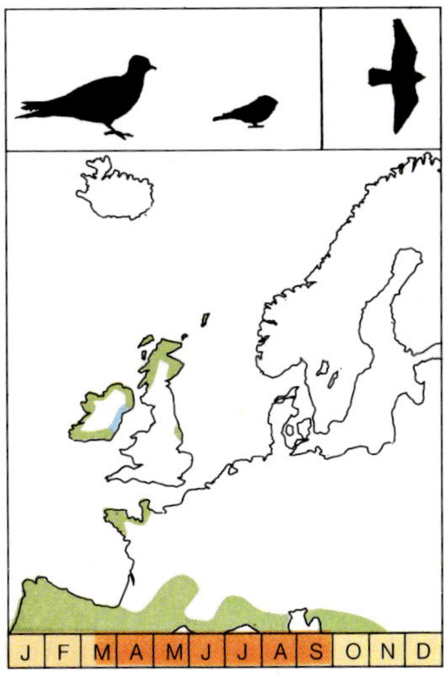

Trafalgar Square, à Londres, et la place Saint-Marc, à Venise, ne seraient plus les mêmes sans leurs Pigeons. Ces oiseaux, communs dans un grand nombre de villes, descendent des Bisets, que l'on ne rencontre guère que dans les falaises désertiques des côtes sauvages ou des montagnes.

Ils recherchent des cavernes pour y nicher et des espaces ouverts pour s'y nourrir. Les bâtiments, d'une part, et les déboisements, d'autre part, ont développé ces sites favorables. Les Pigeons domestiques et semi-sauvages descendent probablement de Bisets ayant autrefois niché dans les villes.

À l'état sauvage, ils se nourrissent volontiers de vesces, mais les cultures de céréales leur fournissent une substance abondante.

Ces oiseaux ont des ailes longues et un vol rapide : deux qualités qui, alliées à la faculté de retrouver le nid, ont permis d'obtenir les différentes souches de Pigeons voyageurs. Ces qualités sont nées probablement de la nécessité d'échapper au Faucon pèlerin, qui partage le même habitat et prélève un grand nombre d'individus.

Les Bisets nichent en colonie. Les mâles apportent des brindilles que les femelles utilisent pour le nid. Ils nichent presque tout au long de l'année, produisant trois ou quatre couvées.

Pigeon ramier, Palombe *(Columba palumbus)*

Tous les chasseurs savent qu'ils volent vite et adroitement. Les Ramiers sont souvent très prudents, mais, si on ne les dérange pas, ils deviennent parfois très familiers. Alertés, ils quittent les arbres ou le sol en grand tumulte.

Vol nuptial. Le Ramier s'élève, décrit une courbe en battant des ailes et descend, ailes arquées. Le son ne provient pas du choc des ailes, mais du « coup de fouet » produit dans l'air.

Notez la tête réduite par rapport au corps.

Ci-dessus : vu de derrière en vol nuptial, le croupion clair est bien en évidence, comme les barres alaires blanches.

(× 1/5)

Silhouette caractéristique : petite tête bien dressée.

Les jeunes paraissent étranges à cause de leur large bec parfaitement adapté pour recueillir le « lait de pigeon » que donnent les parents.

La barre alaire blanche sépare les scapulaires gris bleu des rémiges presque noires.

C'est le plus gros de sa famille en Europe. Posé, il paraît lourd à cause de l'importance relative du corps par rapport à la tête.

Ci-dessous : envol en claquant les ailes. Celles-ci se touchent presque au-dessus du dos. La queue est en éventail.

Les couleurs contrastées de la queue se distinguent bien, vues du dessous.

(× 1/3)

Au décollage, les ailes se rapprochent au-dessus du dos, la queue est en éventail.

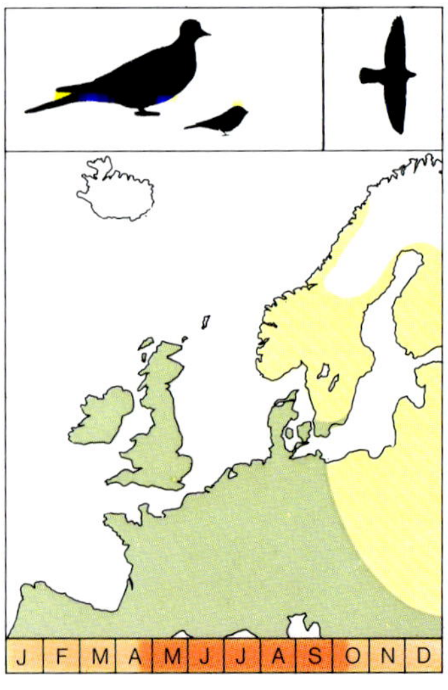

Les Pigeons ont la spécialité de produire un liquide aidant à nourrir les jeunes. Produit par le jabot, ce liquide active la croissance des jeunes nourris de grains. La plupart des oiseaux nourrissent leurs jeunes d'insectes, leur assurant ainsi les protéines nécessaires à leur croissance ; le « lait de pigeon » remplace parfaitement cet apport en insectes et permet aux Ramiers de prolonger leur période de reproduction bien au-delà des mois au cours desquels les insectes sont très nombreux.

La pleine saison de reproduction des Ramiers se situe, dans la plupart des cas, vers l'époque des récoltes de céréales. Les cultures de trèfle peuvent prolonger cette saison. En hiver, les Pigeons ramiers s'attaquent à d'autres cultures, notamment aux choux et aux semis : ils occasionnent ainsi parfois d'importants dégâts.

Pigeon colombin *(Columba oenas)*

Les Pigeons colombins ont du blanc sur la partie externe des plumes de la queue.

Contrairement au Pigeon ramier, le Pigeon colombin a les ailes bordées de noir, avec une tache claire au centre.

Planer avec les ailes légèrement relevées est une des attitudes du Colombin pendant la parade nuptiale.

À gauche : plus caractéristiques que le croupion gris très clair, les ailes sont bleu gris et bordées de noir. À droite : le vol du Colombin est particulier, l'attitude étant plus typique que les mouvements très rapides.

Parmi les Pigeons d'Europe, les Colombins sont les seuls à nicher dans les cavités des arbres. Ils utilisent aussi les terriers de lapin, les falaises ou les vieux bâtiments.

(× 1/5)

Les ailes et la queue du Colombin sont plus courtes et plus étroites que celles des Ramiers.

(× 1/3)

Courbettes du mâle adulte pendant la parade.

Contrairement au Ramier adulte, le Colombin n'a pas de taches blanches sur le cou et les ailes. Sa poitrine est rougeâtre avec des reflets verts. L'aile porte deux marques noires.

Le plumage des jeunes est plus terne.

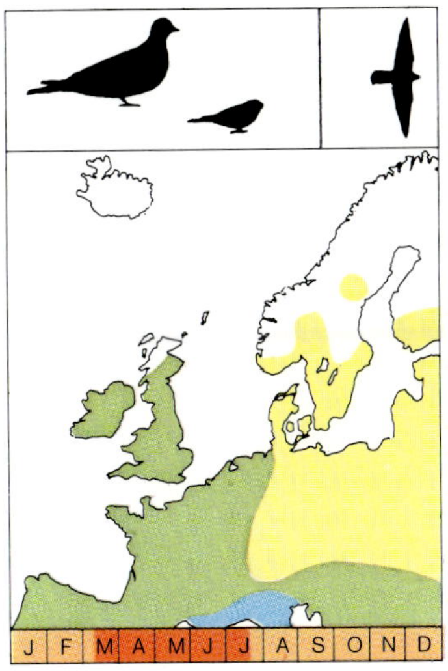

Le Pigeon colombin aime les parcs et les futaies élevées. Il y trouve des trous pour nicher, mais peut aussi s'installer dans les falaises du bord de mer ou dans des bâtiments. À l'inverse des autres Pigeons, il ne recherche pas l'environnement modifié par l'homme. Bien que se nourrissant parfois de grains dans les plaines cultivées, il ne dépend pas des mêmes sources de nourriture que le Ramier.

On le remarque peu, car il ressemble superficiellement au Ramier et à certains Pigeons domestiques, mais au moment de la reproduction il se trahit par son roucoulement particulier. Les arbres creux étant parfois très proches les uns des autres, il en résulte des batailles entre couples voisins. Le nid lui-même est un amas de brindilles, plus ou moins volumineux.

Aussi prolifique que ses cousins, le Colombin pond deux œufs, couvés pendant seize à dix-huit jours. Les jeunes sont indépendants après trois semaines et demie, mais retournent souvent au nid pour la nuit. On compte deux ou trois nichées par an.

Tourterelle des bois *(Streptopelia turtur)*

E 60

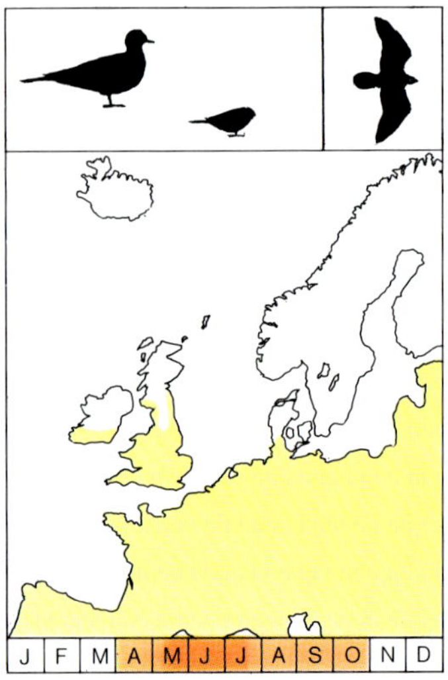

Contrairement aux autres Pigeons, la Tourterelle des bois est exclusivement un visiteur d'été, dont le chant s'associe poétiquement à la douceur des soirées. Se nourrissant en partie de graines de fumeterre, elle est commune autour des bâtiments de ferme négligés, comme la Tourterelle turque, bien que ces deux espèces occupent rarement le même habitat. Étendue comme celle des autres Pigeons, la saison de reproduction est néanmoins écourtée par la nécessité de muer et d'accumuler des réserves avant la migration de retour. Elle niche donc peu en août, bien que les conditions soient encore très favorables, les nichées tardives étant parfois abandonnées. Le nid est bâti très bas (parfois à moins de 1 m) dans les taillis touffus, dans les ronces ou les aubépines. Ce n'est qu'une plate-forme fragile faite de brindilles et de radicelles ; on a trouvé un nid uniquement constitué de déchets de fils électriques. Le mâle apporte les matériaux que la femelle utilise pour bâtir le nid. Tous deux couvent deux œufs pendant deux semaines, puis nourrissent les jeunes pendant trois semaines.

Tourterelle turque *(Streptopelia decaocto)*

S 60

Les marques varient d'un oiseau à l'autre.

(× 1/5)

Les Tourterelles turques paraissent assez grandes en vol. Ce vol ressemble à celui de la Tourterelle des bois ; c'est une suite de battements des larges ailes étirées vers l'arrière. Sa longue queue la distingue des autres Colombidés.

On notera la queue noir et blanc en la voyant d'en bas.

Ci-dessous : le jeune est plus gris que l'adulte. Il n'a pas de collier. Cet oiseau, familier des hommes, se pose volontiers sur les antennes de télévision.

Vol nuptial : l'oiseau s'élève (à gauche), puis vole (extrême gauche) tenant les ailes et la queue en éventail.

Ci-dessous : la descente avant la pose est une suite d'hésitations et feintes de reprises du vol.

Les couleurs peu accentuées de son dos n'en sont pas moins caractéristiques.

(× 1/3)

Ci-dessous : l'aspect à l'atterrissage est comparable à celui de la Tourterelle des bois.

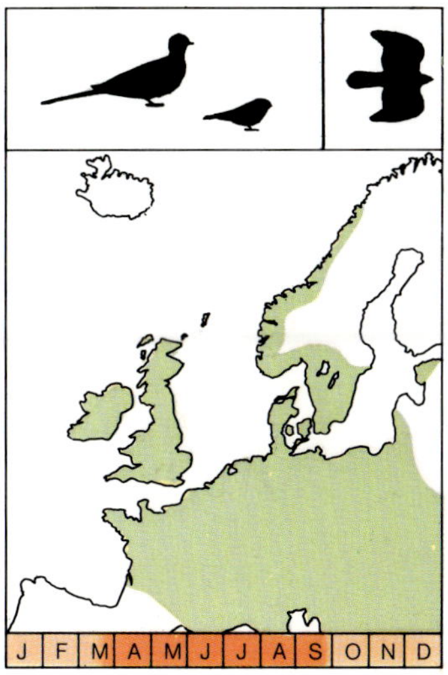

Cette espèce s'est considérablement développée depuis 1930. Partie des Balkans, elle s'est installée jusqu'en Écosse et dans le sud de la Scandinavie. On ne connaît pas la cause précise de cette expansion, mais elle semble liée aux activités humaines.

Les Tourterelles turques s'établissent volontiers dans les jardins de banlieue où elles trouvent un grand nombre de jeunes conifères. Elles se rassemblent parfois près des bâtiments de ferme au moment des récoltes, ou sur des chaumes récents. Moins farouches que les Ramiers et les Colombins, elles s'attaquent aussi moins fréquemment aux cultures potagères et aux semis.

Un des facteurs d'expansion de cette espèce est son taux de reproduction très élevé : elle niche à peu près tout au long de l'année dans certaines régions, élevant quatre, cinq ou six couvées. Un couple nourrit encore parfois des jeunes tout en commençant à couver.

Le nid n'est qu'une plate-forme de brindilles souvent placée dans un conifère. L'if et les feuillus couverts de lierre lui plaisent également, car ce nid est toujours bien caché, et l'oiseau est difficile à découvrir quand il couve.

Pic vert *(Picus viridis)*
Pic cendré *(Picus canus)*

Pic vert mâle adulte : le seul autre Pic européen portant du vert est le Pic cendré, mais sa calotte est moins rouge et sa face moins noire.

(× 3/5)

Ci-dessous : Pic cendré mâle adulte. Plus craintif que le Pic vert, il tâche toujours de se dissimuler derrière un tronc.

Le jeune Pic cendré est plus brun que l'adulte. Il n'est pas tacheté.

(× 3/5)

Pic cendré femelle

(× 1/7)

Les deux espèces ont un vol ondulant.

On remarque souvent le Pic vert picorant sur une pelouse, progressant par bonds maladroits. Il surveille continuellement les alentours en tournant la tête de part et d'autre entre deux fouilles du sol. Ci-dessous : un jeune.

(× 1/7)

Pic vert femelle

Le croupion jaune du Pic vert est caractéristique. Sa queue est striée.

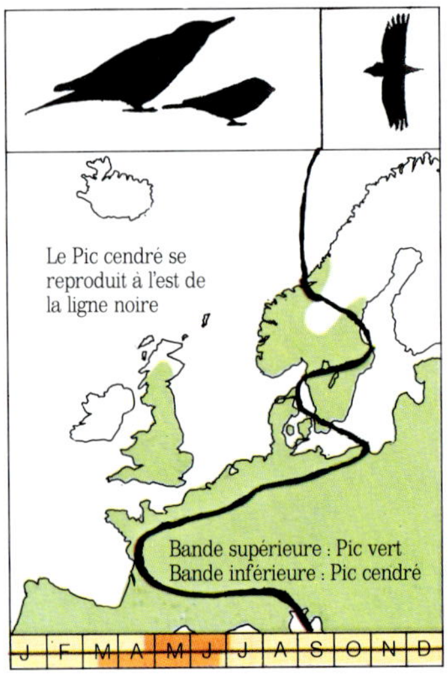

Les Pics ont une longue langue qui sert à extraire les fourmis des troncs pourris et des fourmilières. Les Pics verts ont la langue plus longue que les autres. Ils sont tellement friands de fourmis qu'ils se nourrissent plus souvent que les autres au sol. Ils aiment les sites boisés coupés d'espaces dégagés, mais toutes les forêts à feuilles caduques peuvent leur convenir. Ils martèlent moins que les autres Pics, mais ont un registre vocal plus étendu. Les parents creusent tous deux le nid dans un tronc extérieurement sain mais intérieurement pourri : l'entrée est horizontale, mais une cheminée verticale lui fait suite, descendant vers la cavité du nid. Le mâle comme la femelle couvent les cinq à sept œufs posés sur des copeaux de bois, pendant dix-huit ou dix-neuf jours, puis se partagent la tâche de nourrir les jeunes.

Le Pic cendré est un proche parent du Pic vert : ses mœurs sont presque similaires. Moins répandu en Europe, il a une aire d'extension nettement plus importante, qui s'étend progressivement vers l'ouest. On le rencontre parfois en montagne, contrairement au Pic vert, et il s'adapte aux forêts de conifères.

Pic noir *(Dryocopus martius)*

S

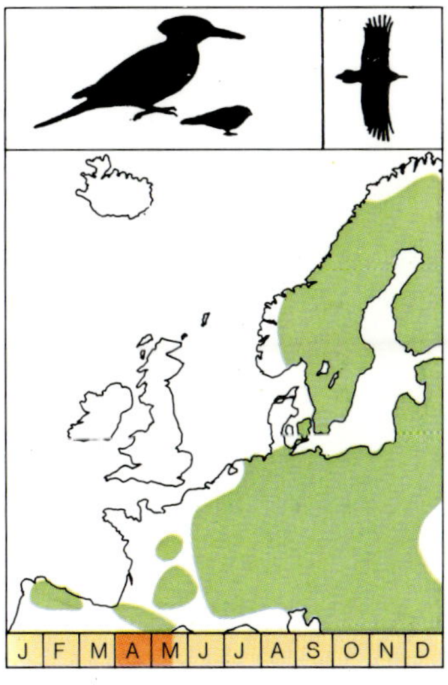

Son majestueux plumage noir et rouge et sa grande taille en font un oiseau imposant. Il aime les grands arbres, préférant les hêtres et les conifères. Originaire des forêts montagneuses, il s'étend dans les plaines d'Europe centrale et occidentale. Les fourmis et d'autres insectes forment la base de son régime.

Les Pics noirs sont, comme les autres, très jaloux de leur territoire, dont ils indiquent les limites par des tambourinages. Ce bruit, perceptible à très grande distance, est produit par une série de coups de bec très rapides. Il ne doit pas être confondu avec le martèlement exécuté lorsqu'ils chassent des insectes, ou pour creuser le nid. Ce martèlement caractéristique peut être émis à l'intérieur même de la cavité du nid. Les Pics noirs choisissent parfois un tronc parfaitement sain pour ce nid, rarement situé à moins de 6 m du sol. Les parents creusent tous deux la cavité qui peut atteindre 60 cm de profondeur. Ils couvent également tous deux les trois à six œufs pendant douze à quatorze jours et se partagent l'élevage des jeunes pendant vingt-quatre à vingt-huit jours. Les Choucas les délogent parfois, chose étonnante, compte tenu de la taille respective de ces oiseaux.

Pic épeiche *(Dendrocopos major)*

Taches dorsales blanches évidentes de l'arrière.

Vol ondulant fait de battements rapides puis de plongeons, ailes fermées, jusqu'au creux du mouvement. Les ailes dépassent rarement l'horizontale en hauteur.

(× 3/10)

À gauche : mâle adulte. La femelle n'a pas cette nuque rouge.

(× 3/5)

Le Pic épeiche est facile à distinguer du Pic épeichette par ses taches d'épaule blanches et le rouge de ses sous-caudales. C'est un oiseau aux mouvements brusques. Il est exclusivement arboricole.

Un mouvement ascendant place le Pic épeiche bien droit contre le tronc d'un arbre.

Jeune mâle : la nuque rouge est visible, mais les sous-caudales ne sont pas très colorées.

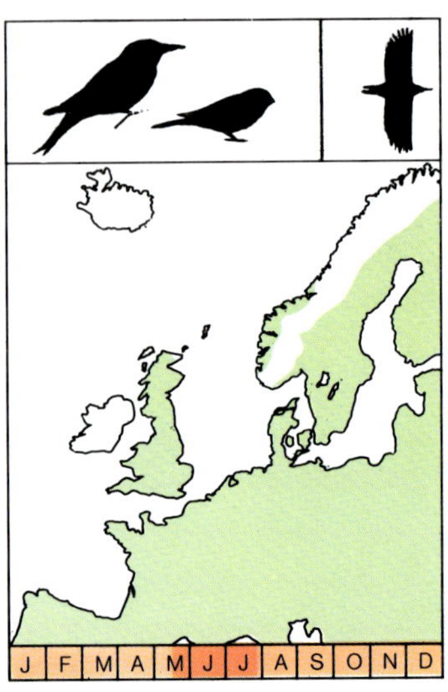

Quand il se nourrit, le Pic épeiche ne paraît que frapper : il martèle effectivement les troncs très vigoureusement. Ce travail suppose une très grande force physique. Des études anatomiques ont montré que le choc des coups de bec est amorti de façon efficace.

Le Pic épeiche creuse le bois pour y découvrir des larves, mais en hiver il décortique également des pommes de pin après les avoir calées dans le creux d'un tronc. Il travaille les galles de la même manière.

Les protecteurs d'oiseaux qui placent des nichoirs en forêt regrettent souvent de voir un Pic épeiche les démolir pour en extraire des œufs ou des oisillons. Néanmoins, cet oiseau est bienvenu sur les mangeoires de banlieue. Le nid est placé dans un tronc pourri de feuillu ou de conifère. Les parents couvent tous deux les quatre à sept œufs pendant seize jours. Trois semaines plus tard, les jeunes sont indépendants.

Pic épeichette *(Dendrocopos minor)*

S

Le vol nuptial du mâle ressemble au vol d'un papillon : il va d'un arbre à l'autre, planant sur ses ailes tendues. Il peut aussi se laisser choir de la cime d'un arbre, faisant admirer son plumage.

Mâle adulte. Son vol est ondulant comme celui du Pic épeiche.

Il se distingue du Pic épeiche par l'absence de larges taches blanches sur les épaules.

(× 3/10)

Ce petit Pic a environ la taille d'un Moineau. Il diffère du Pic épeiche par son plumage, ses attitudes et la proportion du bec. Son caractère follet n'a pas l'agressivité du Pic épeiche.

Ci-dessous : la femelle porte une calotte blanche et noire.

(× 3/5)

Le jeune ne porte pas de rouge. Sa face est brunâtre, le reste de son plumage ressemble à celui du mâle.

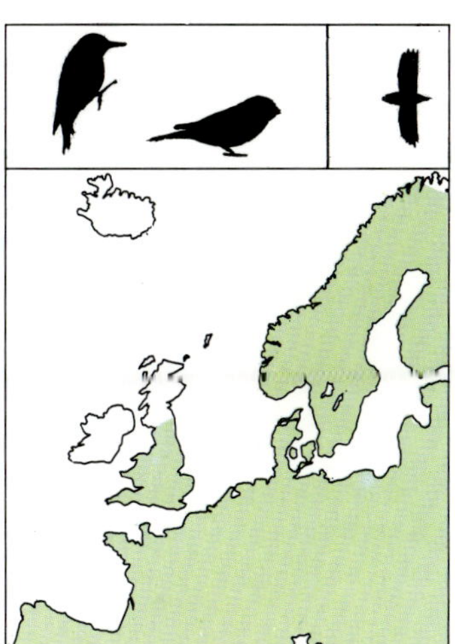

Il recherche plutôt les branches mortes que les troncs dans les parcs et les vergers, se nourrissant essentiellement d'insectes, notamment de larves de coléoptères et de guêpes. Se tenant souvent dans les branchages, cet oiseau échappe fréquemment à l'attention mais se trahit quand même. Son cri aigu et répété ressemble à celui du Torcol fourmilier. Malgré sa petite taille, le Pic épeichette tambourine rapidement et bruyamment : sa cadence est de quatorze ou quinze coups par seconde, alors que le Pic épeiche ne dépasse pas huit à dix coups par seconde. Comme les autres Pics, le Pic épeichette mâle exécute un vol nuptial au printemps, allant d'un arbre à l'autre en battant mollement des ailes puis en planant vers le sol pour en montrer le coloris.

Le nid est creusé à n'importe quelle hauteur, du sol à 25 m de haut, dans une branche ou sous une fourche, là où le bois est mou. L'entrée étroite peut être confondue avec celle d'un nid de Mésange boréale. Les parents couvent tous deux, pendant deux semaines, les quatre à six œufs, puis se partagent le nourrissage des jeunes, très bruyants dès qu'ils sont capables de se disputer la nourriture à l'entrée du nid.

Huppe fasciée *(Upupa epops)*

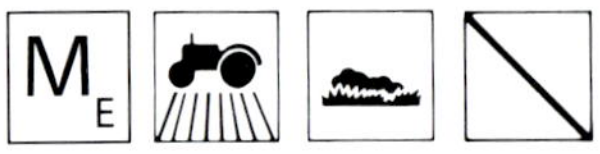

Le plumage du mâle, de la femelle et du jeune est identique.

Les plumes rousses sont mêlées de plumes grises chez beaucoup d'oiseaux. Les plumes noires virent au marron foncé en automne.

Extravagante dans ses manières d'être comme par son plumage, la Huppe vole par saccades, n'élevant pas les ailes au-dessus de l'horizontale. Son vol bondissant peut changer brusquement de cap.

L'éblouissement provoqué par ces mouvements étranges et ce plumage strié de blanc sur le dos peuvent tromper certains rapaces.

La crête est dressée quand l'oiseau se pose mais également en beaucoup d'autres occasions, même en vol.

(× 3/10)

(× 3/5)

Se nourrissant paisiblement dans les prés, la Huppe passe inaperçue, ne se trahissant qu'à l'envol.

La queue de la Huppe paraît longue, mais en vol elle semble courte comparée aux ailes exceptionnellement longues.

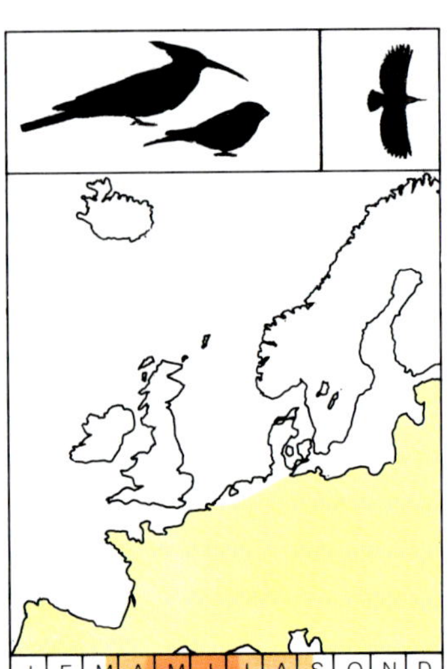

Beaucoup d'oiseaux ont été brièvement décrits puisque impossibles à confondre. Peu d'entre eux méritent mieux cette qualification que la Huppe avec sa crête dressée, ses ailes striées de noir et de blanc, enfin son long bec courbé.

Ce bec est une indication concernant sa subsistance : la Huppe prend des insectes de la taille d'un scorpion ou d'une courtilière au sol, mais se nourrit beaucoup en fouillant la terre. Le bec, grâce à la puissante musculature du crâne et des mâchoires, est capable de briser la résistance du terrain pour saisir les larves qui forment la base du régime alimentaire. Le chant bien connu et portant loin est émis au sol, tête baissée et cou tendu.

Les jeux nuptiaux comprennent des simulacres d'offres de nourriture. Le nid est placé dans un tronc creux ou une cavité rocheuse, généralement sans beaucoup de garnissage ; il est également très sale, mêlant l'odeur caractéristique de ces oiseaux à celle de leurs fientes. La femelle couve les cinq à huit œufs. Le mâle la nourrit au nid pendant seize à dix-neuf jours. Au début, les jeunes ne sont nourris que par le mâle tandis que la femelle les abrite encore, puis ils le sont par les deux parents.

Pie bavarde *(Pica pica)*

S 60

Les Pies ont le bec caractéristique des Corvidés. Le noir velouté de leur tête n'est pas luisant comme celui des Corbeaux.

Silhouette en vol plané.

Le jeune oiseau (en bas à droite) quitte le nid alors que sa queue n'est qu'à moitié poussée.

(× 1/10)

La longue queue verte paraît souvent presque noire dans la nature.

Le plumage multicolore, les ailes courtes et rondes ainsi que la queue cunéiforme facilitent l'identification de la Pie. Le dessus de l'aile, avec ses plumes noires moirées de bleu, diffère du dessous.

(× 1/5)

La queue est parfois partiellement ouverte en vol.

Quand en plein hiver la plupart des nids sont détruits, celui de la Pie reste entier, gardant sa forme sphérique. L'ensemble, tissé de branchettes épineuses, comprend une cuvette couverte d'un dôme. Sa taille est celle d'un ballon de football.

Les Pies font ventre de tout : des insectes, des graines trouvées à terre, des charognes et des oisillons pris au nid.

Ci-dessus, à droite : les Pies sont expertes en matière de dénichage.

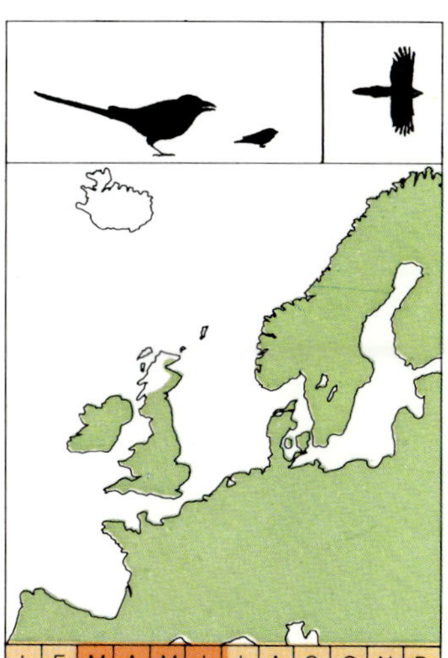

On reconnaît cet oiseau familier à son plumage, à sa longue queue et à ses courtes ailes rondes battant brièvement entre ses vols planés. Socialement ou sexuellement excitée, la Pie gonfle son plumage, montrant beaucoup de blanc. Effrayé, l'oiseau se mue en noir en serrant son plumage. Toujours méfiantes, les Pies se laissent observer d'une voiture en marche mais s'écartent dès que celle-ci s'arrête.

Prédateurs connus d'œufs et d'oisillons, les Pies chassent souvent en couple le long des haies ou en bordure des bois, harcelées par les cris des petits oiseaux. Omnivores comme les Corbeaux, elles se nourrissent principalement à terre. Elles sont attirées par les objets brillants, d'où leur surnom de « Pie voleuse ».

Les deux sexes bâtissent le nid qui contient quatre à huit œufs couvés par la femelle, nourrie par son compagnon. Presque inexpugnable, le nid est parfois attaqué par des Corneilles. Les Pies sont parasitées par le Coucou-geai.

Les Pies marchent résolument, queue dressée, en sautillant pour aller plus vite. En hiver, elles se groupent, pouvant créer de grandes troupes. Au printemps, elles forment des sociétés permettant aux célibataires de trouver un partenaire : c'est alors que l'on voit les isolés gonfler leurs plumes.

Casse-noix moucheté *(Nucifraga caryocatactes)*

S

La silhouette, vue d'en bas, est caractérisée par les ailes larges et la courte queue. Cette queue comporte un triangle blanc en dessous et une bande blanche au bout.

Le Casse-noix moucheté, qui se pose volontiers sur le perchoir le plus élevé, plonge, ailes fermées pour augmenter sa vitesse, puis les étend lentement et vole en ondulations comme un Geai.

Son grand bec (il tue des oisillons) le fait ressembler au Corbeau.

Le Casse-noix est fortement tacheté devant et derrière. Le bandeau caudal est visible par-dessus et par-dessous.

Nichant dans les régions nordiques et en montagne dès le mois de mars, le Casse-noix couve souvent sous la neige.

Le bec comporte une poche à nourriture dans sa partie inférieure : elle sert en automne pour rassembler des provisions.

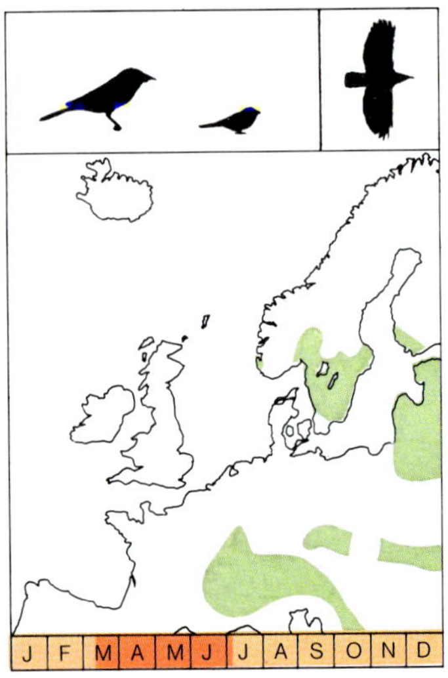

Il se nourrit plus de graines de pins que de noix, ce qui le fait comparer au Bec-croisé, autre spécialiste des cônes de pins. Ces deux espèces nichent de bonne heure, laissant tout le temps aux jeunes pour s'initier à l'extraction des graines de pins avant l'hiver. Elles s'accommodent des disettes, mais elles agissent de manière différente. Les Becs-croisés ouvrent une grande quantité de cônes en peu de temps et subviennent aisément aux besoins de leurs jeunes au moment où ceux-ci acquièrent leurs plumes. Les Casse-noix emmagasinent de la nourriture un an auparavant dans ce but précis, alors que les autres oiseaux constituant des provisions les consomment au cours de l'hiver. Les Casse-noix possèdent, à cet effet, une grande poche à nourriture sous le bec qui garde sa liberté de mouvement pour creuser les cônes. Les Casse-noix d'Europe centrale ont un bec plus épais que les scandinaves. Comme les Becs-croisés, les Casse-noix ont de fortes variations de population et effectuent des « invasions » en Europe occidentale quand la nourriture se raréfie à l'est.

Le nid de brindilles et de terre est placé sur une branche de pin. La femelle couve les trois œufs pendant dix-huit jours. Les jeunes ont toutes leurs plumes en trois ou quatre semaines.

Geai des chênes *(Garrulus glandarius)*

S 60

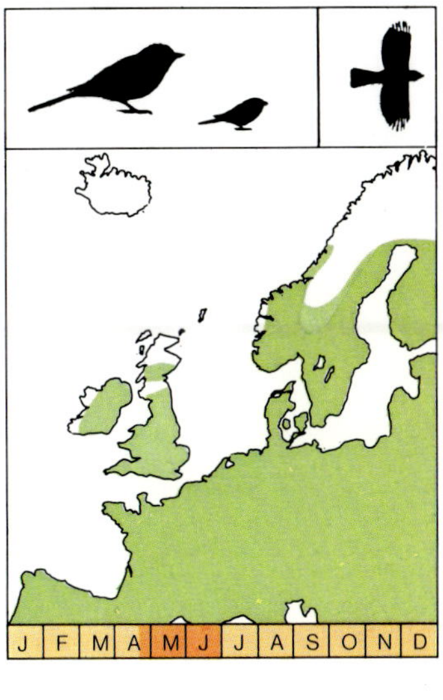

Les Geais ont contribué au développement des chênes dans les forêts européennes, car ils enterrent des quantités de glands en automne. Malgré leur excellente mémoire des lieux, ils en oublient quelques-uns, d'où naissent des chênes à des endroits qu'aucun gland n'aurait pu atteindre naturellement. Ils creusent un trou à l'aide du bec, crachent le gland et le recouvrent. Hormis les glands, les Geais se nourrissent d'une grande variété de matières animales et végétales, montrant une prédilection pour les œufs de Merle noir et de Grives.

L'appel des Geais est assourdissant à courte distance. La gamme de leurs cris est variée, indiquant leurs états émotionnels. Au printemps, ils imitent volontiers d'autres oiseaux ou même la parole humaine. À cette saison, ils se rassemblent pour les jeux nuptiaux pendant lesquels les mâles se montrent de profil, gonflant leur crête et leurs plumes multicolores.

Le nid, fait de brindilles tapissées de radicelles, est placé très bas dans les buissons ou les arbustes. La femelle couve seule ses cinq œufs qui ressemblent à ceux du Merle.

Corbeau freux *(Corvus frugilegus)*

Silhouette en vol battu : tête ressortant bien en avant, ailes plus étroites que la Corneille.

En examinant des oiseaux morts, on différencie le Freux de la Corneille noire par la forme des rémiges primaires de l'aile fermée. En vol, le Freux se reconnaît à sa queue arrondie. Ci-dessous : une bande s'amuse à des acrobaties près d'une corbeautière. Ce spectacle bruyant est fréquent en mars et en automne.

À droite : profil typique d'oiseaux perchés.

Ci-dessus : attitude habituelle du Freux en vol. Au-dessous : notez le contour plus carré de la Corneille noire.

L'appel en vol est accompagné de battements d'ailes.

Face blanchâtre d'un Freux adulte (au centre) : on ne peut la confondre avec celle de la Corneille (au-dessus) ou du jeune Freux (au-dessous).

Ailes arquées de l'oiseau en approche.

Vue arrière de la descente.

Les Freux portent des « culottes » là où les pattes touchent le corps. À droite : mâle en parade. Il se penche vers la femelle et l'appelle fortement.

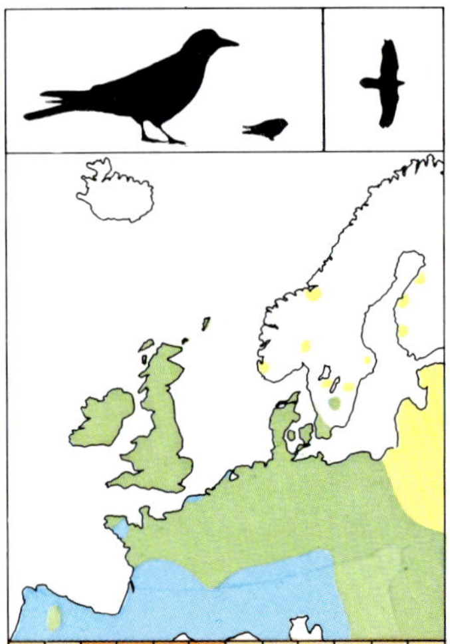

Le vacarme d'une colonie de Freux est aussi caractéristique que la vue de leurs nids grossiers, groupés dans les grands arbres. Ils se reproduisent à partir de février ou de mars, dès qu'ils trouvent suffisamment de vers de terre. Les querelles de familles et les larcins se renouvellent constamment dans ces colonies groupant plusieurs centaines d'oiseaux. En Écosse, elles atteignent parfois 2 000 nids. Il arrive qu'en octobre les Freux, pris d'une nouvelle ardeur sexuelle, se regroupent. Les jours courts la limitent rapidement.

Répandus dans toute l'Europe septentrionale et centrale, les Freux (*Gratch* en russe, nom donné à plusieurs kolkhozes dont ils colonisent les plaines) évitent les endroits où les arbres sont rares. Leur nombre a augmenté en Angleterre entre les deux guerres. Un comptage, datant d'une trentaine d'années, indique une moyenne de quinze Freux par kilomètre carré. Cette population diminue fortement aujourd'hui.

Toujours grégaires, les Freux nichent même en ville s'ils y trouvent de grands arbres. Ils se mêlent volontiers aux Choucas et aux Étourneaux, dont ils partagent parfois les dortoirs en hiver.

Les Freux se nourrissent de graines, de végétaux, de vers de terre et de charognes.

Choucas des tours *(Corvus monedula)*

S60

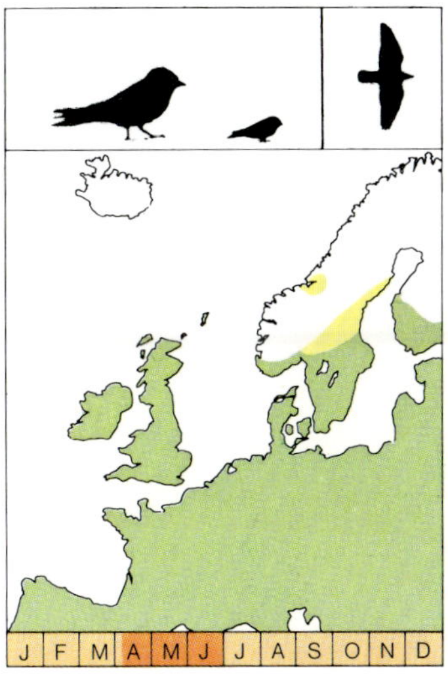

Le Choucas est bien introduit dans la littérature et le folklore européens. Il niche dans de nombreux bâtiments, peut devenir un compagnon divertissant et partage avec d'autres Corvidés une prédilection pour les objets brillants. Comme tous les oiseaux vivant en colonie, il se sert d'un excellent système de communication comprenant des sons et des attitudes : des études ont révélé que ces signaux sont appris et non innés.

Les nids sont situés dans des groupes d'arbres ayant des trous ou dans les failles des falaises. Établis assez fréquemment dans les bâtiments, ils obstruent souvent les cheminées. Ce nid est une pile de brindilles mélangées d'herbes et de déchets dont l'oiseau entasse de grandes quantités dans ses sites favoris. Les quatre à six œufs de la couvée sont plus clairs que ceux des autres Corvidés, probablement pour permettre de les distinguer dans l'obscurité. Les parents nourrissent tous deux les jeunes, apportant la nourriture dans leur poche gulaire ; la femelle est plus active. Cet élevage dure trente à trente-cinq jours. Après la reproduction, ils s'assemblent souvent avec des Freux, dont on les distingue facilement grâce à leur voix aiguë.

Grand corbeau *(Corvus corax)*

S

(× 1/10)

Profil en ascension montrant les ailes légèrement incurvées.

Les oiseaux se rassemblent parfois pour des jeux acrobatiques avant et après la période de reproduction.

Le Grand corbeau est identifié par sa forme massive, ses ailes digitées, sa grosse tête et, plus particulièrement, sa queue cunéiforme.

L'aile du Grand corbeau est plus pointue que celle de la Corneille. Sa tête est également plus étirée.

Profil en vol montrant l'angle d'attaque puissant de l'aile.

Les Grands corbeaux maîtrisent aisément les courants ascendants à proximité des nids dans les falaises.

Promenade tranquille : attitude habituelle au sol. Notez la prise puissante de la patte.

(× 1/5)

Tête lourde, bec massif et plumes de la gorge hérissées comme une barbe, distinguent le Grand corbeau.

Cette attitude (aile pendante) est souvent adoptée en sautillant.

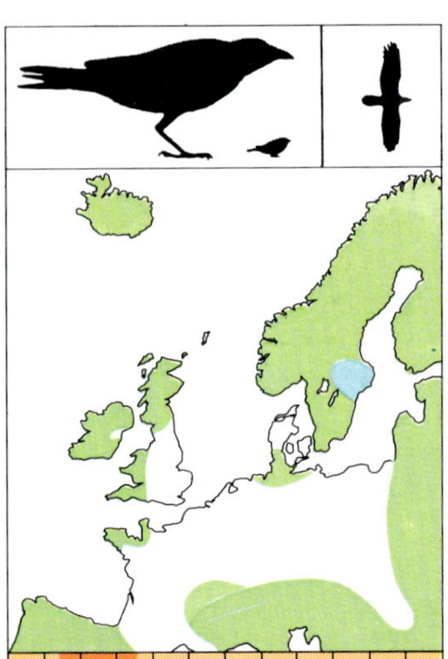

Impressionnant dans son environnement habituel de montagnes et de cavernes, intelligent et amusant en captivité, le Grand corbeau s'est fait une légende. Son cri guttural le distingue de la Corneille et du Freux.

Les Vikings prétendaient que les Grands corbeaux s'assemblaient en attendant la fin des batailles. Ils se concentrent généralement sur les dépôts d'ordures. Pour le reste, ils se nourrissent de petits mammifères, d'insectes, de grenouilles, d'œufs et de végétaux.

Le nid est commencé au milieu de l'hiver. La couvée de quatre à six œufs a lieu au milieu de février. Les œufs vert-de-gris, tachés de marron, ressemblent à ceux des Corneilles noires et mantelées. Les parents nourrissent tous deux les jeunes d'insectes puis de viande. Cette nourriture est souvent modifiée. Les jeunes ne quittent pas le nid avant cinq ou six semaines.

La docilité du Grand corbeau en captivité a permis une étude détaillée de ses attitudes : les états amoureux ou d'angoisse se traduisent par le hérissement de la nuque, les ailes tenues écartées du corps. Ces attitudes sont cependant moins marquées que chez d'autres espèces, tant la gamme de signaux est importante. Il en est de même pour le vocabulaire. Les Grands corbeaux sont grégaires et peuvent former d'importantes colonies.

Corneille noire *(Corvus corone corone)*
Corneille mantelée *(Corvus corone cornix)*

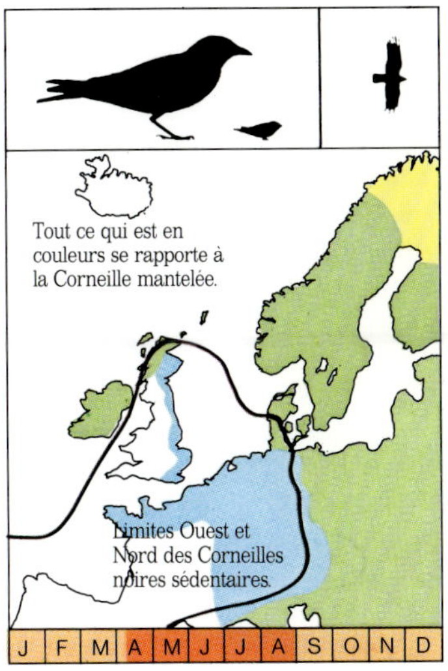

Les Corneilles opèrent seules ou par couples, s'arrangeant souvent pour voler les proies d'autres prédateurs, même le poisson des Hérons : l'une d'elles sautille devant le Héron pour le distraire, pendant que l'autre subtilise le poisson !

Leur menu ressemble à celui des Freux : vers de terre, insectes rampants et graines. Au printemps et surtout en été, elles y ajoutent des œufs, des jeunes oiseaux et des petits mammifères. Les gardes-chasse leur reprochent de détruire le gibier, mais ne parviennent pas à en réduire le nombre, car, éboueurs habiles, elles envahissent les zones urbaines.

Moins dépendantes des vers de terre que les Freux, les Corneilles noires se reproduisent quinze jours plus tard. Le nid ressemble à celui du Freux mais peut être construit plus bas, même au sol. Il contient trois ou quatre œufs.

La plupart des Corneilles sont sédentaires. Beaucoup de Mantelées, originaires du nord ou de l'est de l'Europe, hivernent dans l'est de l'Angleterre, ou dans le nord du Proche-Orient. La Corneille noire se croise avec la Corneille mantelée dans les zones où elles cohabitent en Europe centrale.

Caille des blés *(Coturnix coturnix)*
Râle de genêts *(Crex crex)*

Attitude typique du Râle de genêts : corps parallèle au sol.

Les poussins du Râle de genêts sont noirs.

(× 1/3)

(× 1/6)

Les Râles de genêts, qui ne volent pas très vigoureusement, heurtent fréquemment les lignes électriques pendant la nuit.

Le Râle de genêts est très timide et souvent difficile à débusquer. Il s'évanouit avec aisance dans le couvert le plus léger.

Attitude du mâle (ci-dessus et ci-dessous) : appel ailes ouvertes ou tombantes.

Le Râle de genêts s'élève en voletant, pattes pendantes.

Femelle adulte

Mâle adulte

(× 1/3)

La Caille paraît avoir un vol vrombissant très rapide alors que la plupart des autres Gallinacés alternent les battements d'ailes et le vol plané. Ses ailes longues et plutôt étroites ressemblent à celles d'un limicole. Les Cailles volent de nuit en migration.

(× 1/6)

Tête de Caille mâle de face et de profil (ci-dessous) montrant la coloration particulière du plumage.

La Caille (ci-dessus) est un petit oiseau à plumage tacheté de brun ressemblant à une Perdrix.

Pendant la migration, les Cailles peuvent émerger des terrains les plus découverts qu'elles arpentent à la manière des Perdrix. Il est difficile de les lever sans chien là où elles nichent.

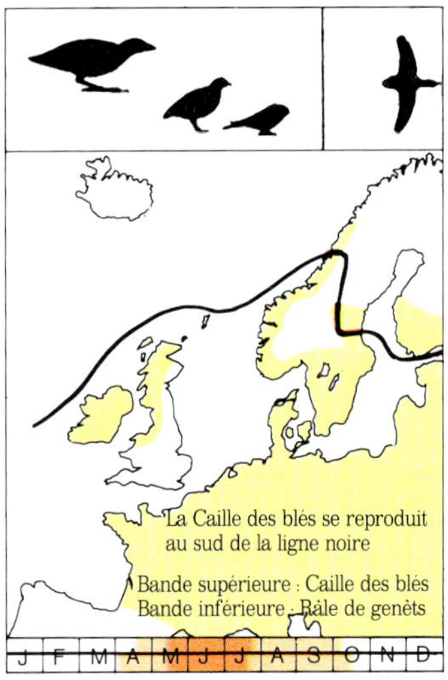

Se défilant adroitement à pattes, la Caille ne se laisse guère observer. Son appel (« paie tes dettes ») est bien connu dans une grande partie de l'Europe. Il est repris parmi les imitations d'oiseaux dans la *Symphonie Pastorale* de Beethoven.

Les Cailles sont devenues rares en mainte région. Au Japon et ailleurs, domestiquées, on s'en sert comme cobayes.

Le nid est très difficile à trouver. C'est, dans le sol, un simple trou tapissé de végétaux, perdu dans l'herbe, les céréales et les légumineuses. La femelle couve ses douze œufs pendant seize à vingt-et-un jours. Les jeunes volent dix-neuf jours plus tard. Une deuxième couvée peut suivre la première.

Le Râle de genêts n'est pas un parent de la Caille, mais il lui ressemble. C'est un oiseau timide, généralement très bien connu par son cri. Les méthodes modernes de fenaison l'ont pratiquement exterminé.

Le cri émis pendant la nidification ressemble au bruit produit par un peigne que l'on raclerait contre une baguette. Le nid, garni d'herbe, est placé contre une touffe d'herbe servant d'abri. La femelle couve ses huit à douze œufs pendant quatorze à vingt-et-un jours. Les jeunes Râles n'auront pas toutes leurs plumes avant sept ou huit semaines.

Lagopède d'Écosse *(Lagopus lapogus scoticus)*
Lagopède des saules *(Lagopus lagopus lagopus)*

S

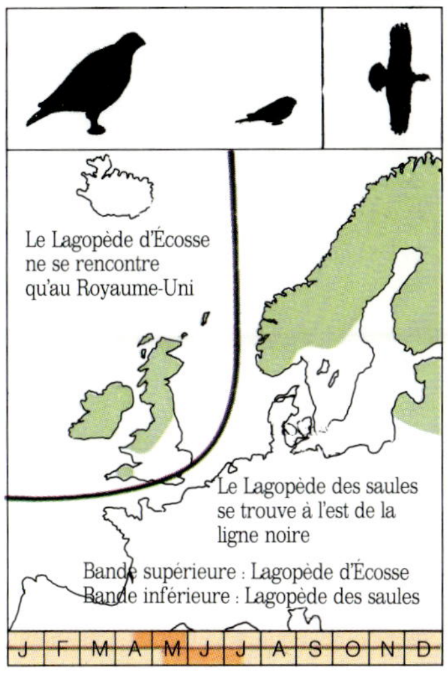

Ces deux Lagopèdes appartiennent à la même espèce qui habite l'Ancien et le Nouveau Monde. Le Lagopède d'Écosse, dont on distingue principalement deux variétés, habite le Royaume-Uni et quelques points en Irlande : il reste brun roux en hiver. Une autre espèce, presque toute blanche en hiver et aux ailes blanches en été, vit dans les Alpes, les Pyrénées et surtout en Scandinavie. L'organisation très poussée de la chasse à la Grouse en Grande-Bretagne donne des indications précises. Ces oiseaux se nourrissent principalement de bruyère, dont les propriétaires brûlent régulièrement une partie afin d'assurer le renouvellement des pousses. Le Lagopède des saules, moins exigeant pour son environnement, se nourrit aussi de bruyère mais surtout de bourgeons de saules et de bouleaux.

Ces deux sous-espèces sont monogames. Les mâles choisissent un territoire dès le début de l'automne et le défendent bruyamment. Les couples restent unis jusqu'à l'été. Les coqs n'ayant pu s'assurer un territoire et les poules isolées s'égaillent dans des territoires défavorables et meurent au cours de l'hiver. Quand on constata que ces oiseaux étaient dévorés par les parasites, on crut qu'ils mouraient de maladie. En fait ils étaient écartés par les autres qui ne toléraient aucun excédent de population.

Tétras lyre *(Lyrurus tetrix)*

S

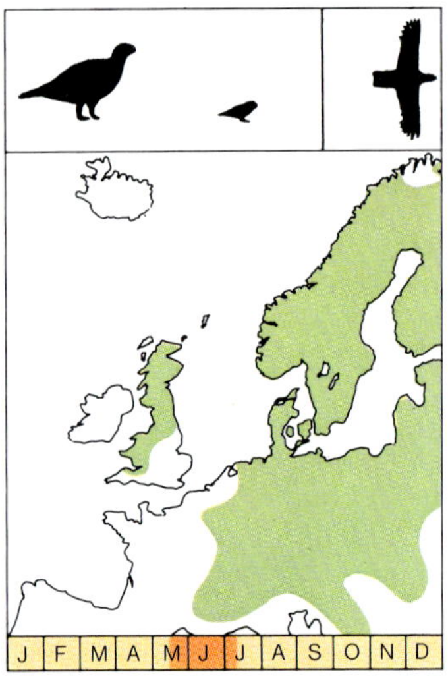

Le Tétras lyre diffère des Lagopèdes par ses mœurs. Comme le Grand Tétras et les Lagopèdes américains, il ne rencontre la femelle que pour la reproduction, lui laissant le soin de couver les œufs et d'élever les jeunes.

Les jeux nuptiaux et la parade se font en un endroit précis servant à la collectivité : vingt mâles peuvent prétendre posséder un petit territoire à cet endroit. Ils le défendent au moyen de cris aigus qui s'entendent à plusieurs kilomètres de distance. Cela se passe très tôt le matin mais, selon les régions, à diverses saisons.

Les oiseaux âgés occupent le centre de ces réunions ; les poules y reviennent parfois, mais en général elles s'en vont presque immédiatement pour s'établir.

Les lisières des bois proches des marais et des cultures, en montagne la limite supérieure de la forêt, conviennent pour le nid, qui n'est qu'un creux dans la bruyère, les joncs ou des buissons épais. La femelle couve seule ses six à dix œufs pendant vingt-quatre à vingt-neuf jours, puis élève les jeunes qui volent bien avant d'achever leur croissance.

Grand tétras *(Tetrao urogallus)*

S

Femelle

Le Grand tétras est très bruyant à l'envol d'un arbre mais très silencieux en vol. Ci-dessous : les mâles tiennent la tête en avant en volant, montrant bien leur « barbe ».

Ci-dessus : les deux sexes se nourrissent dans les pins en hiver. La femelle (à droite) se perche pour la nuit à 3 m du sol environ.

Ci-dessus et ci-dessous : la queue rousse, la poitrine orange et le dessous de l'aile taché de blanc de la femelle sont visibles à distance ; son dos paraît gris.

À gauche : les femelles adultes et jeunes se ressemblent. Ces oiseaux, de la taille d'une dinde, paraissent énormes de près. Ci-dessous : inquiété, le Grand tétras dresse sa crête et gonfle sa gorge. Cette espèce tient la tête haute.

(× 1/7)

À gauche : chant de parade du mâle. Il se gonfle, gorge enflée et, périodiquement, sautille de 1 m à peu près en battant des ailes. Ci-dessous : les deux taches blanches sont bien visibles.

(× 1/7)

(× 1/7)

En toute saison on voit les Grands tétras à terre, en forêt ou en terrain découvert. Ils ne s'envolent souvent qu'à une dizaine de mètres de l'intrus.

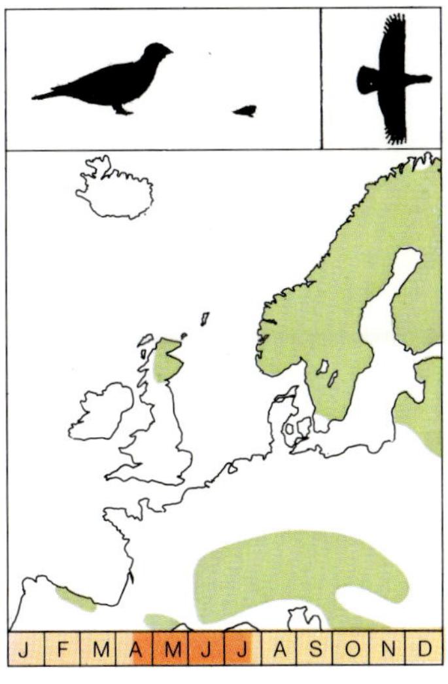

Le Grand tétras partage avec quelques autres grands oiseaux le pouvoir d'intimider les humains. Le coq en colère, défendant son territoire, s'attaque aux intrus de n'importe quelle taille : on connaît des cas où le Grand tétras s'en est pris à une voiture. La queue en éventail et la gorge gonflée lui donnent un aspect impressionnant qu'il augmente de sons bizarres se terminant par le bruit d'une bouteille qu'on débouche. Habitant exclusivement les forêts de conifères, cette espèce est établie en Scandinavie, en Europe centrale, dans les Alpes et les Pyrénées. Exterminée en Écosse par les coupes forestières intensives et une chasse trop active, elle y a été réintroduite d'abord en 1837 puis à d'autres occasions au moyen d'oiseaux provenant de Scandinavie. Elle y prospère, comme ailleurs, malgré un régime en partie constitué d'aiguilles de conifères. Cela donne un goût résineux à la chair mais n'empêche pas qu'on chasse le Grand tétras sur l'ensemble de son aire de répartition. Les femelles sont merveilleusement camouflées pour pouvoir nicher à terre en forêt. Bien que les nids soient espacés, plusieurs peuvent entourer le territoire d'un coq.

Les jeunes volettent à l'âge de trois semaines, soit très longtemps avant d'atteindre leur taille d'adulte.

Faisan de Colchide *(Phasianus colchicus)*

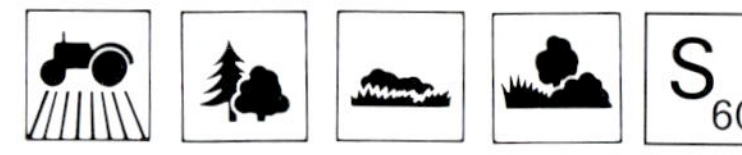

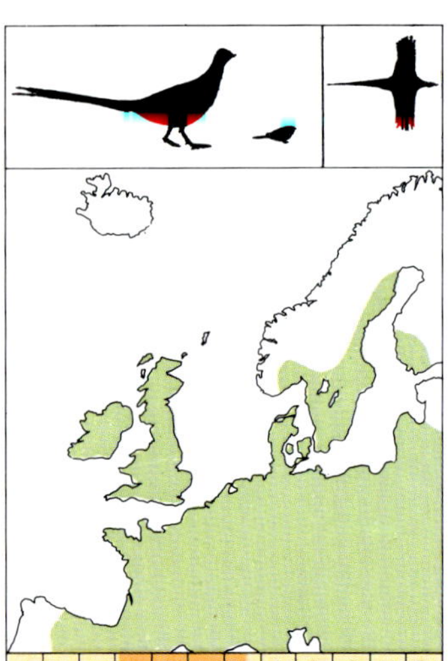

Ce gibier est capable d'accélérations remarquables, s'élevant presque verticalement pour se dégager des arbres et des buissons, mais il ne soutient pas longtemps le vol horizontal. La musculature faite pour ces vols brefs et rapides procure une chair délicate et sa rapidité en fait une cible difficile à atteindre. L'introduction du Faisan en Europe occidentale est ancienne. Venant d'Europe orientale, ces oiseaux ont été amenés jusqu'en Angleterre sous la domination romaine. Depuis, les Faisans ont été introduits sur d'autres continents, notamment en Amérique du Nord et en Nouvelle-Zélande.

Au printemps, les Faisans recherchent les jeunes pousses d'herbe et de céréales, mais pendant l'été ils se nourrissent de grains et de semences ainsi que de quelques matières animales. En hiver, ils mangent des baies, des glands, des faînes et d'autres végétaux.

Souvent élevé en captivité pour le repeuplement, le Faisan niche facilement en liberté si le terrain est favorable. Le nid n'est d'ailleurs qu'un simple creux tapissé de végétation sèche et de quelques plumes.

Les jeunes âgés d'une quinzaine de jours volent faiblement. Ils n'atteindront leur taille et leur force d'adulte qu'à l'âge de trente semaines.

Perdrix grise *(Perdix perdix)*
Perdrix rouge *(Alectoris rufa)*

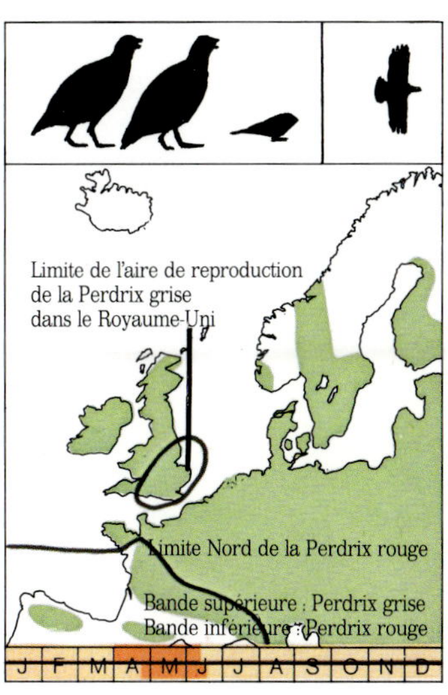

Les Perdrix grises préfèrent les cultures, mais peuvent se contenter de bruyères et de landes. Elles nichent volontiers dans les haies que les cultures modernes éliminent. Même quand le site est idéal, le nombre des Perdrix grises oscille en fonction des hivers trop rudes et des étés humides.

Les Perdrix rouges paraissent s'adapter à des sites plus variés mais réclament plus d'espace. Elles volent moins rapidement que les Grises et ont tendance à piéter avant de se décider à s'envoler.

Ces deux espèces nichent à terre, sous le couvert d'une haie ou de ronciers. Les Perdrix rouges pondent parfois dans deux nids distincts dont l'un sera couvé par le mâle. L'un de ces nids est parfois abandonné : des Perdrix grises ou des Faisans peuvent y pondre.

Les Perdrix grises n'élèvent qu'une seule couvée.

Les deux espèces pondent beaucoup (jusqu'à une vingtaine d'œufs). Les « pouillards » volent tôt mais n'atteignent pas leur taille adulte avant six semaines.

Coucou gris *(Cuculus canorus)*

E 60

Le jeune Coucou, d'un brun roux, rappelle un peu le Faucon crécerelle.

Des deux silhouettes ci-dessus, celle de droite avec la longue queue tombante est celle que l'on observe de loin le plus souvent.

De longues ailes pointues et minces avec une grande queue donnent cette silhouette bien particulière.

Des taches blanches ressortent sur le gris bleu de la queue foncée de l'adulte. Le vol semble hésitant avec des battements d'ailes peu amples ; la tête est petite par rapport au corps.

(× 1/5)

Ci-dessous : la femelle adulte (premier été) porte une bande chamois sur la poitrine.

Ci-dessous : le jeune Coucou nouveau-né escalade la paroi intérieure du nid pour éjecter un œuf de ses hôtes. Se servant de ses griffes et de sa tête, il hisse les œufs les uns après les autres entre ses épaules nues. À l'âge de vingt-cinq jours, les parents adoptifs (un Accenteur mouchet dans ce cas) paraissent nains par rapport au jeune Coucou.

La tête est renversée ; les yeux sont encore fermés.

À gauche : ayant déposé son œuf dans un nid, ce Coucou se débarrasse de l'un des œufs des hôtes.

Tête de jeune Coucou au nid (3/4 de la taille réelle). La tache blanche sur la nuque ne disparaîtra qu'avec le plumage adulte.

Le mâle dresse sa queue et baisse les ailes à chaque appel. Il observe attentivement l'environnement.

(× 1/3)

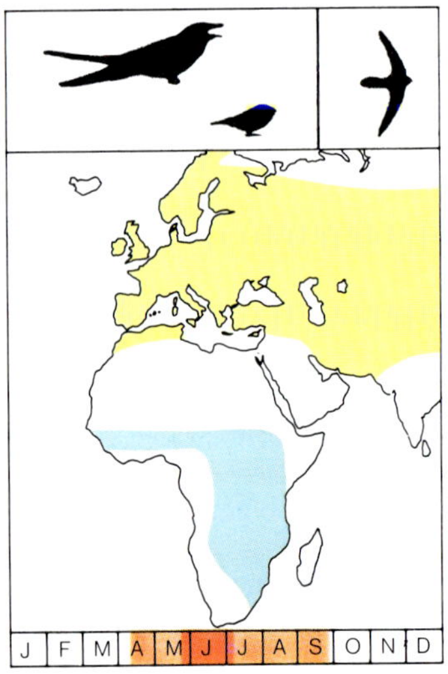

Un certain nombre de petits oiseaux sont exploités par les Coucous pour l'élevage de leurs jeunes : les Rousserolles effarvattes, les Pipits farlouses et les Accenteurs mouchets sont les victimes les plus fréquentes. La femelle du Coucou choisit généralement des parents nourriciers de la même espèce, probablement celle qui l'a élevée elle-même. L'œuf du Coucou ressemble d'ailleurs souvent à ceux de cette espèce. Les œufs de Coucou sont plus grands que ceux des parents nourriciers mais remarquablement petits pour un oiseau de cette taille. La femelle du Coucou choisit les nids qu'elle parasitera peu après l'aube : il s'agit de trouver des couvées incomplètes dont l'incubation n'a pas commencé. Restant dans les environs, elle attend le début de l'après-midi et approche un nid en vol plané pour y poser son œuf. Elle choisit un moment d'absence des parents adoptifs, mais ceux-ci peuvent surgir et l'attaquer violemment. Les nids contenant un œuf de Coucou peuvent souvent être repérés grâce à une plume de Coucou perdue dans ces bagarres.

Le jeune Coucou éclôt au bout de douze jours et demi de couvaison, soit bien avant les autres œufs du nid. Ses parents adoptifs entreprennent alors trois semaines de travail harassant pour nourrir l'oisillon jamais repu.

Engoulevent d'Europe *(Caprimulgus europaeus)*

Perché, un Engoulevent se tient toujours dans le sens de la longueur de la branche ; il est alors bien camouflé par son plumage.

Son vol souple, tournoyant et tourbillonnant à la poursuite d'insectes, est caractéristique. Ses battements d'ailes sont coupés de vols planés, ailes tendues en V ouvert.

(× 1/3)

(× 3/4)

Tête et bouche d'Engoulevent.

Le bec de l'Engoulevent s'ouvre largement verticalement et horizontalement. La frange de poils raides protège ses yeux des pattes ou ailes d'insectes tout en augmentant la surface de prise.

Le mâle a trois (parfois deux) taches blanches sur les ailes et deux sur la queue.

Engoulevent mâle

Le doigt médian est pourvu, sur sa face inférieure, de dentelures profondes permettant d'enlever la poussière et les débris d'insectes logés dans les poils raides qui entourent le bec.

Les femelles et les jeunes n'ont pas de marques blanches.

Les Engoulevents nichent toujours à terre, même sur un ballast de chemin de fer. Leurs yeux sont très gros. Ces oiseaux sont presque invisibles au sol.

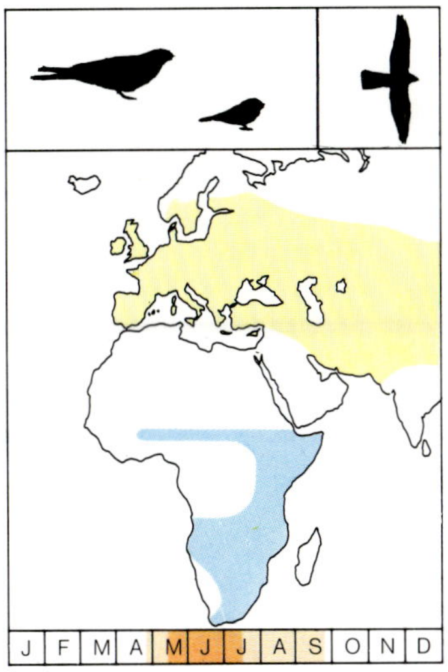

Les oiseaux s'intéressent peu aux insectes nocturnes. Les chauves-souris en profitent grâce à leur système ultra-sensible d'écholocation. Un groupe d'oiseaux exploite ces insectes : les Engoulevents, oiseaux étranges au large bec et au plumage particulier. Une seule espèce est largement répandue en Europe, où elle s'établit en été dans les clairières, les coupes forestières et les landes.

Leur présence est révélée, dès le crépuscule (moment d'activité intense), par le chant étrange du mâle, qui se prolonge en changeant de ton. Il claque aussi des ailes pendant la nidification. Les deux sexes exécutent d'ailleurs des jeux nuptiaux aériens faits de vols planés. Ils ne font pas de nid. Les deux œufs sont pondus à même le sol dans la bruyère ou les fougères. Le mâle aide occasionnellement la femelle à couver pendant dix-huit jours. Dérangés, ils feignent une blessure. Les parents nourrissent pendant deux semaines et demie les jeunes qui ne les quittent guère avant quatre autres semaines. Une deuxième nichée peut être élevée, le mâle achevant de nourrir la première pendant que la femelle couve l'autre. L'espèce est en régression, particulièrement dans les îles Britanniques.

Faucon crécerelle *(Falco tinnunculus)*

Un oiseau tournant en rond, ailes basses, peut fort bien être un Faucon crécerelle.

(× 1/7)

Certaines attitudes en vol montrent la longue queue.

Ci-dessous : s'élevant, ailes en avant. Seule la Crécerelle a cette bande noire sur la queue.

La queue du mâle sub-adulte est grise et barrée. Le dessus ressemble à celui de la femelle.

La femelle et le jeune se distinguent à leur dessus brun roux barré.

Sa très longue queue est un point d'identification important. Celle du mâle adulte (à gauche) est grise.

Ci-dessous : un fil électrique est un bon poste pour scruter le sol.

Les Crécerelles nichant en ville choisissent des bâtiments élevés.

(× 1/3)

Façon caractéristique de monter avant de voler sur place.

Ci-dessus et à gauche : attitudes de vol sur place. Les Crécerelles sont les seuls prédateurs à se servir habituellement de cette technique entre 10 et 100 m de hauteur. L'angle formé par la queue varie selon la vitesse du vent. La proie, une fois prise, est emportée sur un perchoir.

Mâle adulte. Ces oiseaux sont de curieux chasseurs, parfois indolents, parfois capables de s'emparer de proies aussi grosses qu'un Étourneau.

Vue de près, la femelle est très différente du mâle. Elle a pourtant la même silhouette et la barre noire sur la queue.

Vol plané en altitude.

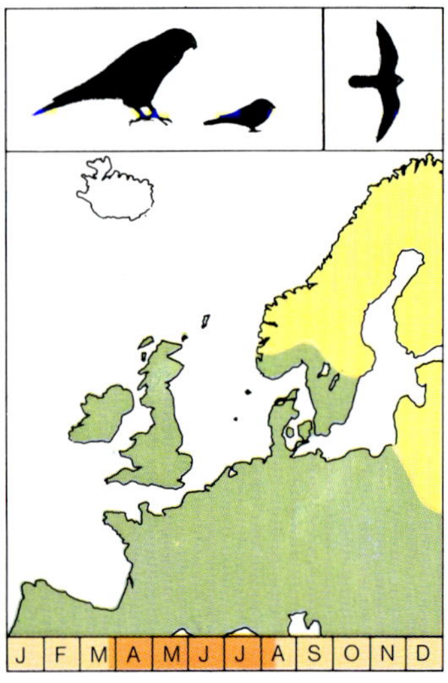

Les ailes pointues distinguent les Faucons qui, avec les Éperviers, forment les deux familles les plus importantes de rapaces diurnes. La Crécerelle est le Faucon le plus répandu en Europe. Les autres, décrits dans ce livre, sont le Hobereau, l'Émerillon et le Pèlerin. En plus des formes, diverses habitudes et façons d'être distinguent les Faucons des Éperviers : ils ne font pas de nid eux-mêmes, ils muent différemment et leurs excréments tombent directement sous le perchoir au lieu d'être projetés plus loin.

La Crécerelle a les mêmes caractères, mais elle chasse de manière particulière. Se nourrissant de petits rongeurs, d'insectes, de grenouilles, de quelques petits oiseaux, elle vole sur place au-dessus d'espaces découverts pour les repérer.

Elle niche volontiers dans les nids abandonnés par les Pigeons et les Corbeaux. Quand elle s'établit en ville, elle niche dans des creux de murs et se nourrit de Moineaux. Des nichoirs spéciaux ont été employés avec succès aux Pays-Bas.

Les parents couvent tous deux les quatre ou cinq œufs pendant quatre semaines, puis nourrissent les jeunes pendant vingt-huit à trente jours, car ils revêtent plusieurs couches de duvet avant d'avoir leurs plumes définitives.

Épervier d'Europe *(Accipiter nisus)*

S

Femelle adulte (× 1/5)

L'Épervier est commun en Europe (l'Autour des palombes est rare) ; on peut l'identifier par sa seule forme : ailes larges et rondes, petite tête et queue carrée.

(× 1/7) La jeune femelle est plus claire que l'adulte.

Ci-dessus : allure de déplacement (deux battements puis un vol plané). À droite : piqué vers un terrain de chasse après une surveillance en altitude.

(× 1/7) Le mâle adulte est plus petit que la femelle. Son dessous est roux.

Le dos du mâle adulte peut paraître bleuâtre.

Apparence en vol horizontal à une quinzaine de mètres de l'observateur. Quand il ne plane pas, l'Épervier ferme ses rémiges primaires et plie légèrement ses ailes, ce qui modifie son allure.

(× 1/3)

L'Épervier survole les haies à basse altitude, prêt à plonger de n'importe quel côté.

À gauche : femelle adulte. À droite : l'oiseau se tient bien droit sur son perchoir.

Mâle perché : son poitrail roux contraste avec celui, blanc, de la femelle.

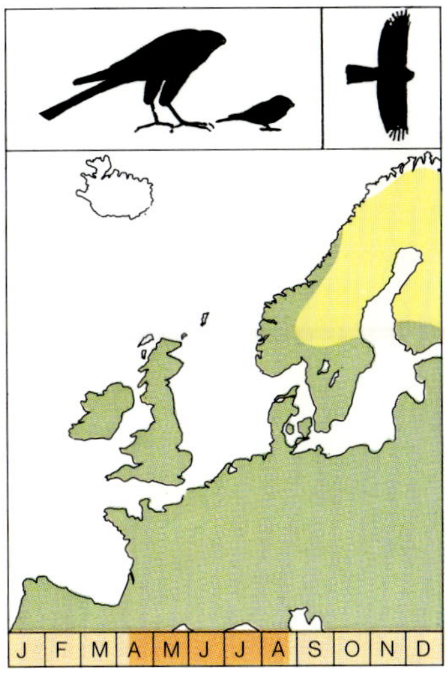

Agile et rapide, l'Épervier d'Europe est le prédateur type des petits oiseaux forestiers. Il les surprend en volant bas et vite le long des haies et des buissons. Tenace, il poursuit ses proies jusque dans les bâtiments, se tuant parfois en s'élançant au travers d'un carreau. Les Hollandais ont découvert que les mâles s'attaquent surtout aux Moineaux, Pinsons et Mésanges, les femelles aux Grives et Étourneaux. Les proies sont emportées jusqu'à l'étal habituel, souvent situé au sol, mais parfois dans un nid abandonné.

Les vols nuptiaux planés peuvent révéler leur présence, mais, dès qu'ils nichent, ils deviennent extrêmement discrets. Le nid est un tas plat de brindilles de bouleau, de mélèze, etc., posé sur une branche près du tronc à 10 m du sol ou plus. Un peu de duvet le borde.

La femelle couve ses trois à six œufs, ne quittant que brièvement le nid pour manger la nourriture apportée par le mâle. Les couvées réussissent généralement bien ; l'espèce est en déclin à cause des insecticides (œufs fragiles, embryons morts), mais elle semble regagner le terrain perdu.

Faucon hobereau *(Falco subbuteo)*

M E

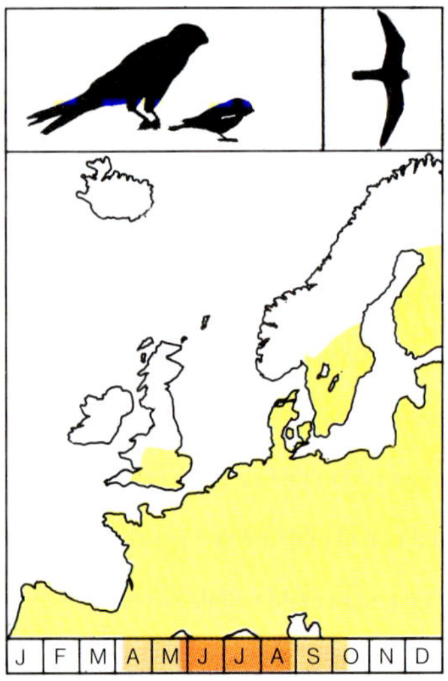

Le Hobereau est un exemple de prédateur européen, adroit en vol et de belle apparence. Son espèce est en déclin, peut-être moins prononcé que d'autres. La protection dont ces oiseaux jouissent paraît leur faire regagner un peu de terrain. Les Hobereaux nichent tard de manière à disposer d'un maximum d'insectes à l'éclosion des jeunes. Les adultes se nourrissent principalement de petits oiseaux capturés en vol, même s'ils sont rapides (Hirondelles, Martinets). Parmi les insectes capturés, on note des libellules, qui ne sont pas maladroites en vol.

Le Hobereau aime les espaces bien dégagés, coupés de quelques arbres. Les vols nuptiaux, entrepris de bonne heure, comprennent des acrobaties aériennes surprenantes, l'un des oiseaux piquant vers l'autre, puis les deux s'échangeant de la nourriture en vol. Les trois œufs sont pondus dans le nid abandonné d'un Corbeau, d'une Pie, d'un Épervier ou d'un Pigeon ramier, de préférence récemment employé et placé dans un conifère.

Autour des palombes *(Accipiter gentilis)*

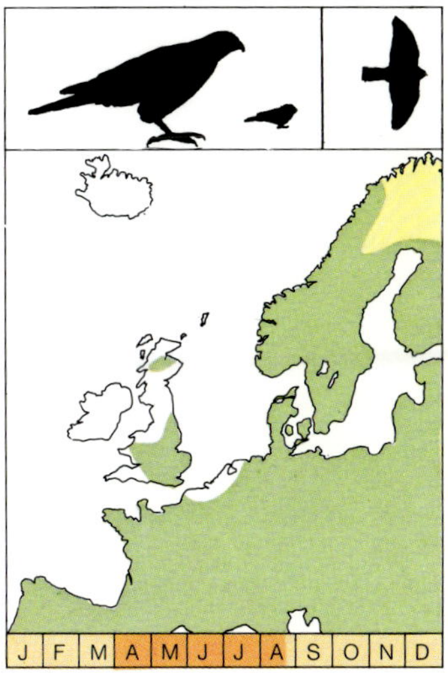

Ce beau rapace est, à plus d'un égard, une version plus puissante de l'Épervier d'Europe. Toutes les forêts lui conviennent et il y reste plus volontiers que l'Épervier. Il chasse à basse altitude comme ce dernier, mais fond aussi d'un perchoir. Comme il s'attaque beaucoup au gibier, il a été pourchassé et a pratiquement disparu de beaucoup de secteurs, notamment des îles Britanniques. En fait il s'en prend de préférence aux Pigeons et aux Geais, eux-mêmes souvent considérés comme nuisibles. Les Hollandais ont noté que les mâles prennent davantage de Geais, de Grives et de Pigeons domestiques alors que les femelles capturent des Pigeons ramiers. Les femelles prennent aussi des lapins en hiver alors que les mâles s'emparent de jeunes lapins pendant que la femelle couve. Un Autour peut, occasionnellement, tuer un Épervier. Le nid de l'Autour est plus important que celui de l'Épervier et presque toujours agrémenté d'une jonchée de feuillage vert. La femelle restaure des nids anciens, mais le mâle peut bâtir un nid neuf. Les parents apportent tous deux de la nourriture, mais la femelle seule nourrit directement les jeunes.

Faucon pèlerin *(Falco peregrinus)*

Aucun autre Faucon ne présente cette stature massive. La femelle (ci-dessus) est nettement plus grande que le mâle (ci-dessous).

L'importance des barres horizontales distingue la femelle des mâles et des jeunes.

Les dessins du dessous d'ailes sont nettement marqués.

Le Pèlerin dépasse la Crécerelle (ci-dessous) d'un tiers en taille mais du double en poids.

Le vol est celui des Faucons mais un peu différent, car les battements rapides d'ailes (semblant ramer dans l'air) sont suivis de longs vols planés. Aucun autre prédateur n'inspire plus de peur à ses victimes, n'est aussi prompt et ne tue aussi prestement. Un concert d'oiseaux dénonce généralement son approche.

Parmi les Faucons, le Pèlerin est seul à présenter ce croupion gris clair et une queue aussi large à la base du corps. Le dos des adultes a un reflet gris bleu particulier.

Jeune femelle. Cette espèce plane volontiers à grande altitude.

Ses moustaches arrondies très marquées tranchent sur sa gorge claire. Il passe des heures, tête enfoncée entre les épaules mais prêt à foncer, perché sur un observatoire.

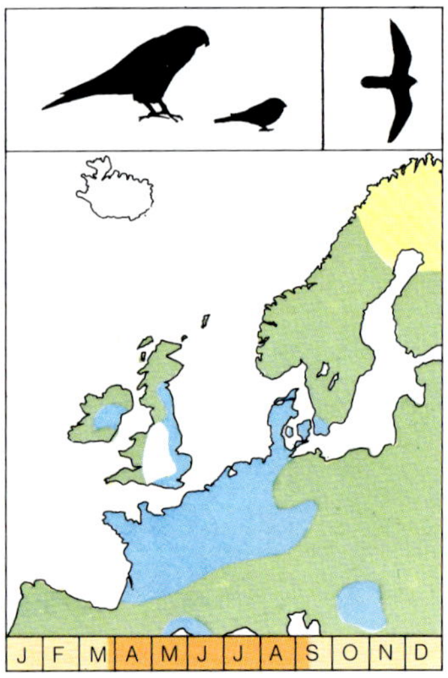

C'est l'oiseau de proie type, renommé pour ses piqués fantastiques, au cours desquels on estime approximativement qu'il atteint des vitesses de l'ordre de 200 à 270 km/h. Une étude cinématographique a pu établir qu'il se met à l'horizontale et ralentit un peu avant de piquer, et qu'en fin de piqué il réussit à freiner son élan, ne dépassant pas 60 km/h. Il tue à l'aide de la griffe de son doigt postérieur, la patte légèrement fléchie. Il laisse souvent choir sa victime. Cette méthode diffère de celle des Éperviers qui attaquent pattes tendues et tuent à l'aide des griffes antérieures, emmenant généralement leur victime serrée entre les griffes.

Les Faucons pèlerins s'attaquent surtout aux Pigeons domestiques et bisets. Le ministère de l'Air britannique fut obligé d'encourager la destruction de ces rapaces pendant la dernière guerre, craignant trop de pertes parmi les Pigeons voyageurs. Exterminés dans le sud de l'Angleterre, ils n'ont reformé une partie de leur population que pour affronter un danger plus grave : les pesticides. Transmis par les proies qui en sont imprégnées, ces produits chimiques les rendent stériles ou les tuent. L'interdiction de certains de ces produits chimiques a marqué une amélioration, mais la situation reste préoccupante.

Faucon émerillon *(Falco columbarius)*

S/M H

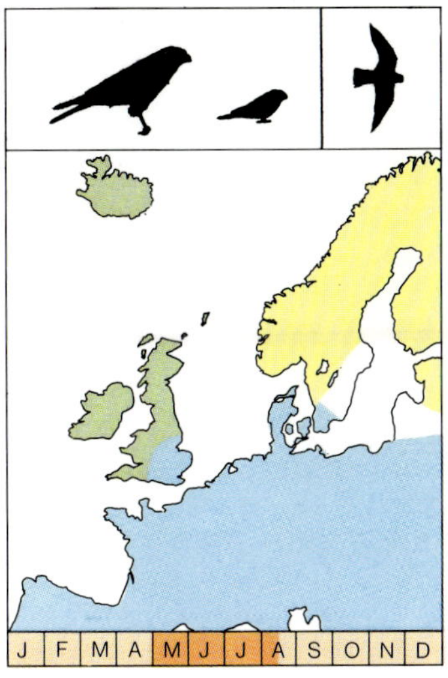

Le plus petit des Faucons européens n'est pas le moins féroce ni le moins rapide. Il se nourrit principalement de petits oiseaux, mais s'attaque parfois à des espèces plus importantes que lui comme le Vanneau, la Sarcelle ou le Lagopède alpin. Les proies sont saisies en vol horizontal, sans le piqué du Pèlerin, mais très rapidement et adroitement. En été, il s'empare du Pipit farlouse, de la Linotte à bec jaune et du Merle à plastron dont il partage les sites de nidification. En hiver, il chasse en plaine, surtout près des côtes.

Les mâles regagnent les premiers le site de nidification. Avant de former un couple, ils volettent d'un perchoir à l'autre en appelant fréquemment. Le nid est établi à terre ou dans un nid de Corbeau abandonné. Pondus à deux jours d'intervalle, les cinq ou six œufs éclosent quatre semaines plus tard, à quarante-huit heures l'un de l'autre : l'aîné des poussins est déjà assez grand quand le dernier paraît. Cela est fréquent chez les rapaces (même les Hiboux), probablement pour résister aux disettes : dans ce cas, le plus faible meurt, permettant aux autres de survivre. La femelle couve presque tout le temps. Les deux parents attaquent furieusement les intrus. La nourriture des jeunes est apportée par le mâle, ensuite également par la femelle.

Busard des roseaux (ou harpaye) *(Circus aeruginosus)*

M E | M H

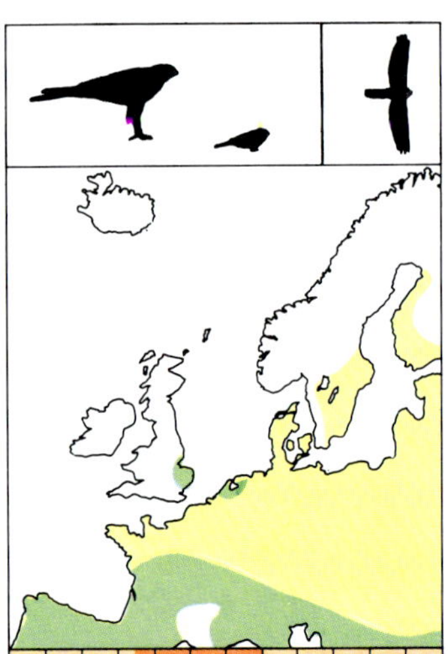

Certains rapaces sont rapides, fondant en pleine vitesse sur leur proie, mais d'autres chassent lentement. Les Busards possèdent parfaitement cette technique, étant capables de tenir l'air à moins de 30 km/h, même à 15 km/h quand le vent leur est contraire. À cette vitesse, ils peuvent examiner minutieusement le sol pour y localiser leurs proies, aidés en cela par une ouïe excellente. Le collier caractéristique des Busards cache de larges orifices auditifs semblables à ceux des Hiboux.

Les Busards des roseaux exploitent les rivages couverts de roseaux et les marécages. Ils volent légèrement plus rapidement que les Busards cendrés et Saint-Martin. Ils prennent beaucoup de grenouilles, mais aussi de petits mammifères, des reptiles, des insectes, des œufs et des oisillons. Le nid est fait de roseaux et de branches de saule, puis tapissé d'herbe. Il est caché dans les roseaux, plusieurs nids pouvant être proches. La femelle couve ses quatre ou cinq œufs pendant trente-six jours, puis elle nourrit les jeunes avec la nourriture qu'apporte le mâle. Ces jeunes quittent le nid après trente-cinq à quarante jours, ne pouvant encore voler. Quelques mâles sont polygames.

Les Busards des roseaux d'Europe du Nord sont plus migrateurs que ceux du Sud.

Busard Saint-Martin *(Circus cyaneus)*
Busard cendré *(Circus pygargus)*

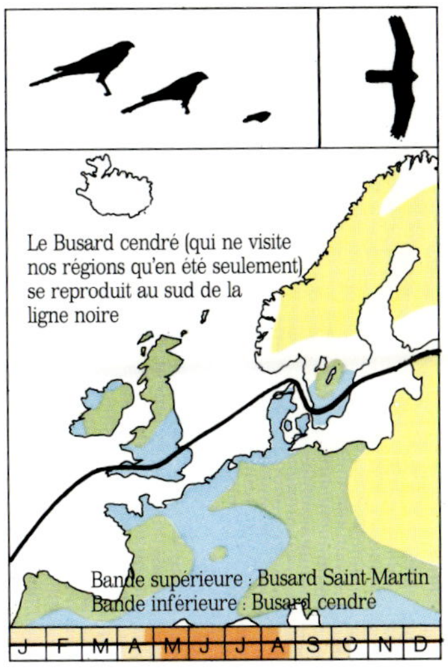

Ces deux Busards se ressemblent tant par l'apparence que par les habitudes, mais le Busard Saint-Martin préfère les sites ouverts et bien exposés. Son aire de nidification s'étend plus loin vers le nord et sa population occidentale n'hiverne guère au-delà de l'Afrique du Nord. Il aime nicher dans les friches, les bruyères et les jeunes plantations de conifères. Les deux espèces peuvent se partager le même terrain de chasse pendant plusieurs jours. Leurs prises consistent en petits mammifères, reptiles et oiseaux saisis au sol. Les Busards Saint-Martin passent 40 % de leur journée en vol : il leur arrive d'enlever du gibier blessé sous le nez des chiens de chasse. Le Busard cendré chasse volontiers les vipères. Ces deux espèces, et plus particulièrement le Busard cendré, ont l'habitude de se rassembler pour passer la nuit au sol. Les vols nuptiaux du mâle (ascensions et descentes) trahissent le nid, constitué de végétaux divers formant comme un matelas au sol.

Buse variable *(Buteo buteo)*

S/M$_H$

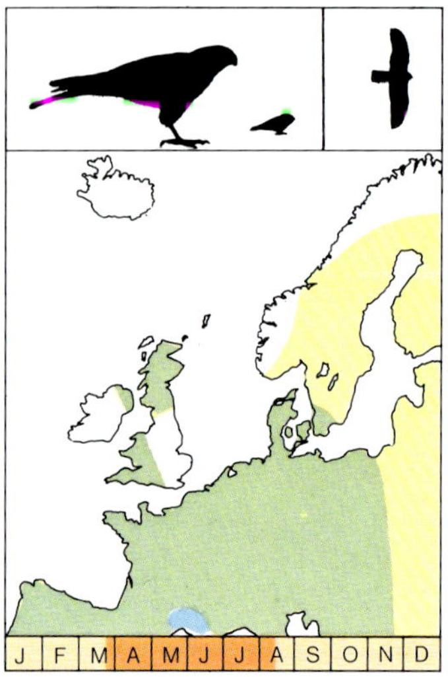

La Buse variable est le plus commun des rapaces européens. Pourchassée par les gardes-chasse, elle s'est fortement développée depuis qu'elle est protégée. Les Buses variables prennent, localement, beaucoup de lapins, et de ce fait elles ont subi les effets de la myxomatose. Elles se nourrissent surtout de campagnols, d'oiseaux se tenant au sol et de reptiles. Là où les proies sont abondantes, le territoire d'un couple peut ne pas dépasser 50 ha, alors qu'il est normalement de l'ordre de 200 ha. Les Buses variables aiment les forêts claires coupées d'espaces découverts. Le nid, fait de bruyère, d'algues, de petites branches garnies de leur feuillage et de bois sec, est placé dans un arbre rarement sur une falaise, approximativement entre 5 et 20 m au-dessus du sol. Les parents couvent tous les deux trois œufs pendant trente-trois à trente-cinq jours, puis élèvent les jeunes pendant quarante à quarante-cinq jours. Quittant le nid, les jeunes restent quelque temps dans les environs. Ils se reproduisent dès l'été suivant, mais les trois quarts d'entre eux périssent avant. Leurs chances de survie augmentent avec l'âge, un sujet ayant atteint vingt-cinq ans.

Bondrée apivore *(Pernis apivorus)*

Silhouette en vol plané.

Ci-dessus, à gauche : en vol, on la distingue de la Buse variable par sa queue plus longue et plus étroite. Quand l'oiseau s'élève, cette distinction n'apparaît pas, mais la tête plus étroite et plus pointue peut servir à l'identification.

Sauf s'il s'agit d'un oiseau au plumage très sombre, les barres des rectrices sont très visibles.

La femelle paraît très grande en vol plané.

En migration, les battements d'ailes sont continus.

Les Bondrées apivores présentent, en s'élevant dans les airs, une queue moins arrondie que celle de la Buse variable.

La Bondrée apivore adulte (ci-dessus) a les yeux jaune clair. Les jeunes les ont foncés comme les Buses variables.

Vue de près, la Bondrée apivore est élégante mais étonnamment paisible d'apparence pour un rapace.

Ci-dessus : Bondrée en migration. La coloration très variable du plumage conduit à des confusions, mais les barres ne varient pas (bas et bout de queue).

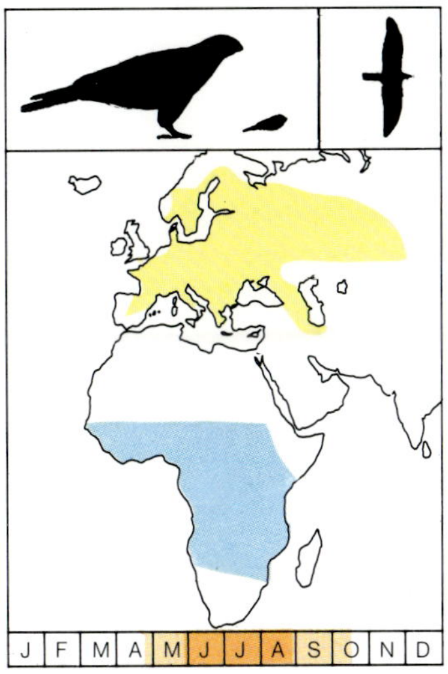

Bien qu'étrange pour un rapace, le régime des Bondrées apivores est constitué d'abeilles, de guêpes et de leurs larves. Elles y ajoutent parfois quelques petits mammifères et des reptiles, et ont besoin d'un territoire de l'ordre de 1 000 ha. Elles aiment les forêts de feuillus, particulièrement celles de hêtres, coupées de clairières.

Elles arrachent les dards des abeilles et guêpes adultes avant de les avaler, mais ce sont les larves et les nymphes que contiennent les nids de ces insectes qui les attirent principalement. Les nids situés au sol sont déterrés avec les pattes. Le nid de la Bondrée apivore est relativement petit et souvent établi dans un nid de Corbeau ou de rapace abandonné. Quelques rameaux de verdure de hêtre ou de chêne l'agrémentent. Les parents se partagent l'incubation des œufs (un à trois) pendant trente à trente-cinq jours, puis l'élevage de la couvée pendant quarante à quarante-quatre jours. Au début, ces jeunes sont nourris de couvain de guêpes, ensuite de larves et de petits vertébrés.

La migration d'automne rassemble parfois beaucoup d'oiseaux et suit régulièrement les mêmes itinéraires, par exemple de la Suède méridionale au Bosphore ou à Gibraltar.

Balbuzard pêcheur *(Pandion haliaetus)*

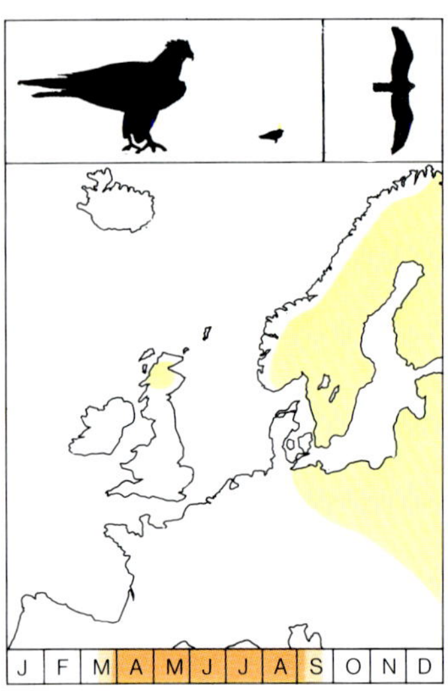

Plusieurs rapaces se nourrissent de poissons, mais le Balbuzard pêcheur est un spécialiste en la matière. Son anatomie indique qu'il s'est écarté depuis longtemps des autres rapaces pour former une famille différente.

Il plane entre 20 et 35 m quand il pêche ; volant brièvement sur place, il plonge pattes en avant. Des poissons pesant jusqu'à 2 kg ne l'effraient pas, mais il faut accueillir avec scepticisme les récits décrivant des prises plus importantes. Le Balbuzard est présent sur les cinq continents : sa population européenne et américaine diminue à cause des poursuites dont il est l'objet et de la pollution des eaux. Ces oiseaux, protégés en Europe, sont fréquemment tirés en Afrique lors de leur migration.

Ils aiment nicher dans des pins ou sapins présentant des branches mortes sur la partie supérieure du tronc. Le nid, qui sert plusieurs années de suite, est fait de bruyère et d'herbe. C'est la femelle qui couve principalement les trois œufs pendant trente-cinq jours ; le mâle la relaie pendant un tiers de la journée. Le mâle nourrit toute sa famille en apportant trois à cinq poissons de petite taille tous les jours.

Milan royal *(Milvus milvus)*
Milan noir *(Milvus migrans)*

Les Milans se distinguent des autres rapaces par l'angle des ailes et la queue fourchue.

Milan noir adulte (ci-dessous) : il paraît brun foncé. Les jeunes portent des marques blanchâtres sur les ailes, qui les font ressembler au Milan royal adulte. La queue du Milan noir est moins profondément fourchue que celle du Milan royal.

Milan royal adulte (ci-dessus) : tête grisâtre blanchissant avec l'âge. Les jeunes ont une queue moins fourchue et moins rousse. La taille des deux sexes est identique chez ces deux espèces.

Milan royal (ci-dessus) : les ailes sont pratiquement horizontales en vol plané. Ces ailes paraissent étroites à distance.

Vues de devant en vol plané, les ailes sont légèrement arquées. Le Milan noir chasse sur les étangs et les rivières.

Ci-dessous : attitude typique du Milan noir en vol.

Ci-dessus : vue d'en bas en vol plané, la fourche de la queue du Milan royal n'est plus très visible. À gauche : de dessous, les taches alaires sont nettes.

Le Milan noir monte et descend continuellement en vol. Il change souvent de direction, se servant de sa queue comme d'un gouvernail.

Ci-dessus : attitude typique du Milan noir en vol : battements d'ailes irréguliers suivis de vols planés.

Milan noir

Milan royal

Le Milan noir (à gauche) est plus foncé que le Royal. Il se tient également plus droit sur son perchoir.

Le jeune Milan noir porte des taches alaires plus claires que celles des adultes.

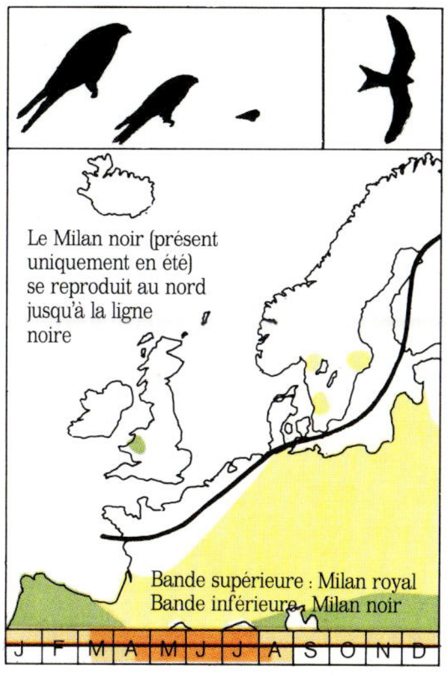

Proches parents, ces deux espèces ne se sont pas adaptées de la même façon au voisinage des hommes. Le Milan noir est opportuniste et hardi. En déclin dans certaines régions, il prospère ailleurs. Le Milan royal, plus élégant et plus timide, est en forte régression depuis le siècle dernier et même pratiquement absent du Danemark, de la Norvège, de la Belgique et de l'Autriche. Il devient rare dans plusieurs pays, notamment en Grande-Bretagne.

Les Milans noirs se nourrissent de petits vertébrés, d'insectes, de charognes et d'ordures. Les villes les alimentent largement dans ce domaine ; aussi les voit-on fréquemment dans le ciel des zones urbaines des pays chauds.

Ils sont assez hardis pour s'emparer de nourriture sur les marchés, parfois même de la main des gens. Les Milans royaux se chargeaient autrefois du nettoyage des rues de Londres : ils le font encore dans les îles du Cap-Vert, mais les détritus ne constituent pas une source de nourriture principale. Ils aiment les lisières forestières composées de feuillus.

Ces deux espèces bâtissent leur nid dans les arbres à l'aide de branches. Celui du Milan royal est plat et tapissé d'herbe ou de laine. Celui du Milan noir, plus profond, est tapissé de chiffons.

Aigle royal *(Aquila chrysaetos)*

S

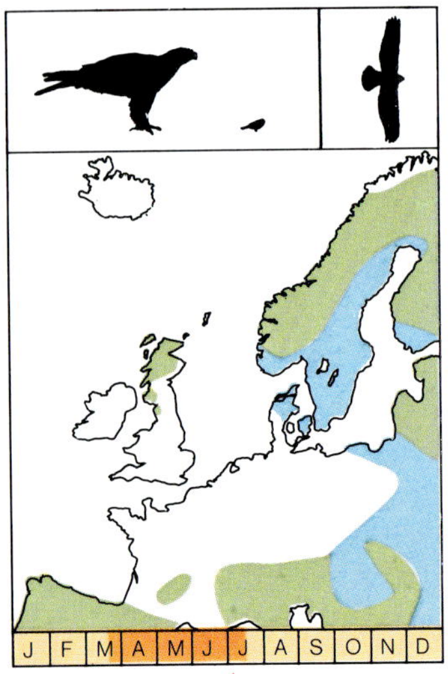

Le fait d'être le roi de l'avifaune ne l'a pas empêché d'être poursuivi par les gardes-chasse, les bergers et les collectionneurs d'œufs. Les insecticides ont récemment aggravé cette situation en augmentant le nombre d'œufs non fécondés ou trop fragiles.

Ses proies les plus importantes sont normalement les renards et les lièvres, car, plus lourdes, elles doivent être partiellement consommées pour pouvoir être emportées. Les Aigles s'attaquent parfois aux Cervidés affaiblis. Les Mongols les dressaient autrefois pour chasser le loup. Ils s'emparent parfois d'agneaux (probablement déjà morts), mais cela ne justifie pas la guerre ouverte déclarée par les bergers. Habitant les montagnes, l'Aigle niche sur une falaise ou un arbre. Le nid, utilisé plusieurs années de suite, est fait de branches, de bruyère, de fougère, de joncs et d'herbe. L'adjonction annuelle de matériaux peut lui donner une hauteur de 3 m et un diamètre de 1,50 m. Les deux œufs sont pondus à trois ou quatre jours d'intervalle, mais l'incubation débute dès le premier. Dans 80 % des cas, le benjamin ne survit pas, concurrencé par son aîné.

Chouette hulotte *(Strix aluco)*

S60

Ailes larges ; vol agile et rapide. Les battements d'ailes sont coupés de vols planés pendant que l'oiseau serpente entre les arbres.

Volant sur une longue distance, cet oiseau bat rapidement des ailes ; sa trajectoire est un peu ondulée. On le voit souvent à la pointe du jour.

À gauche : l'oiseau branché paraît lourdaud.

Chouette hulotte adulte au nid avec un jeune âgé d'un mois. La tête ronde très grosse porte de grands yeux noirs et brillants. La longueur de la queue n'apparaît pas clairement à cause de celle des ailes.

(× 1/3)

Vue en vol, à droite : ailes courtes et grosse tête.

Le plumage est brun tacheté de points blancs assez visibles sur les épaules.

(× 1/6)

À gauche, forme grise.

La face et le bec crochu de la Hulotte (à droite) pourraient être comparés à ceux de la Chouette effraie, dont le bec est long.

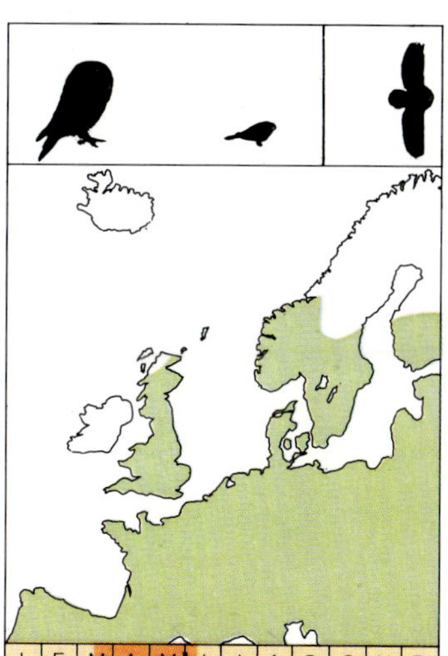

C'est le Strigidé le plus commun en Europe où son cri est familier. Cet appel contraste d'ailleurs avec son expression parfois presque humaine. Les yeux situés sur le devant de la large face facilitent la vue binoculaire nocturne nécessaire pour évaluer exactement les distances. Leur taille permet de profiter de la moindre luminosité. L'ouïe, servie par des orifices situés derrière les plumes entourant les yeux, est également excellente.

Les Hulottes commencent à nicher dès mars, pondant deux à cinq œufs sur les détritus jonchant le fond d'un trou. La femelle couve dès la ponte du premier œuf et chacun d'eux exige vingt-huit à trente jours d'incubation. Le mâle apporte des petits rongeurs, des musaraignes et des petits oiseaux au nid. Les jeunes sont indépendants à cinq semaines, mais le succès de la nichée dépend grandement de la nourriture disponible. Pendant trois mois, ces jeunes restent dépendants des parents, puis ils doivent se défendre seuls. En hiver, la mortalité est importante parmi les jeunes.

Hibou petit-duc *(Otus scops)*
Chouette chevêche *(Athene noctua)*

(× 1/3)

Ci-dessus : Hibou petit-duc ; il se pose volontiers sur les toits à la tombée du jour. Son cri monotone et persistant est audible dans certaines villes méditerranéennes.

On l'identifie à sa forme étroite, ses « oreilles » et son plumage délicatement vermiculé (à gauche). C'est un petit Hibou d'aspect sévère, dont les ailes sont plus longues et plus étroites que celles de la Chouette chevêche. Son vol est rapide et ne présente pas les ondulations de la Chevêche.

Hibou petit-duc

(× 1/6)

Chouette chevêche

(× 1/6)

Ci-dessus : forme ramassée d'une Chouette chevêche, fréquente au sommet d'un poteau télégraphique.

À droite : le dessous est fortement barré.

Le vol de la Chouette chevêche (ci-dessus) est une succession bien marquée d'ondulations.

Ci-dessus : queue courte tachetée bien visible à l'envol.

Chouette chevêche adulte à l'entrée du nid. La face est différente de celle du Hibou petit-duc.

Les hochements de tête sont fréquents.

(× 1/3)

Chouette chevêche : forme courte et ronde typique. Grands yeux jaunes au centre noir.

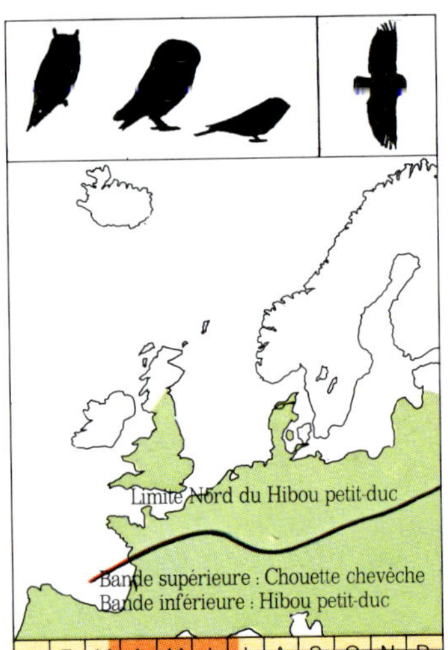

La Chouette chevêche, largement répandue en Europe, a été introduite dans les îles Britanniques vers la fin du siècle dernier. Elle s'est rapidement établie dans ce pays, mais semble accuser un déclin depuis quelques années. Principalement diurne, elle se perche souvent sur les poteaux télégraphiques et vole à la manière des Pics dont on la distingue facilement par la forme de la tête.

Les Chouettes chevêches émettent un cri de contact que les couples utilisent alternativement au printemps.

Elles chassent principalement au lever et au coucher du jour, des coléoptères (hannetons), des souris et des limaces. Elles sont donc aimées des jardiniers bien qu'elles s'emparent parfois de petits oiseaux.

Elles nichent dans des arbres creux, souvent près du sol, choisissant volontiers des saules têtards. Parfois, elles s'installent dans une grange isolée, mais ne s'établissent que s'il existe deux issues. L'incubation commence quand le dernier des trois à cinq œufs est pondu et dure vingt-quatre ou vingt-cinq jours, les jeunes n'étant indépendants que vingt-quatre jours plus tard. Les parents nourrissent les jeunes et les assistent encore après l'abandon du nid.

Hibou moyen-duc *(Asio otus)*

S

Les Hiboux jouissent d'une excellente vue frontale en vol.

Les ailes relevées découvrent la tache sombre du poignet.

En vol (ci-dessus et à droite), le Hibou moyen-duc se distingue facilement des autres espèces similaires : ses ailes sont plus courtes et sa queue plus longue.

(× 1/6)

Le Moyen-duc a des aigrettes caractéristiques, des yeux jaune orange et la poitrine rayée. L'expression faciale varie. L'espèce s'installe volontiers dans les nids abandonnés par les Corbeaux et les Écureuils.

(× 1/3)

Les barres très fines de ses rémiges primaires et secondaires, qui donnent un aspect grisâtre à leur partie arrière, sont un point d'identification important du Moyen-duc (à droite).

L'oiseau se tient droit au dortoir. Tranquille, il se tasse.

Excité par les jeux nuptiaux ou la colère, le Moyen-duc gonfle ses plumes et ses ailes afin de paraître plus important.

Les jeunes sont, comme ceux des autres rapaces nocturnes, couverts d'un duvet blanc, et très bruyants. Ils sont nourris de campagnols, de mulots et de très petits oiseaux.

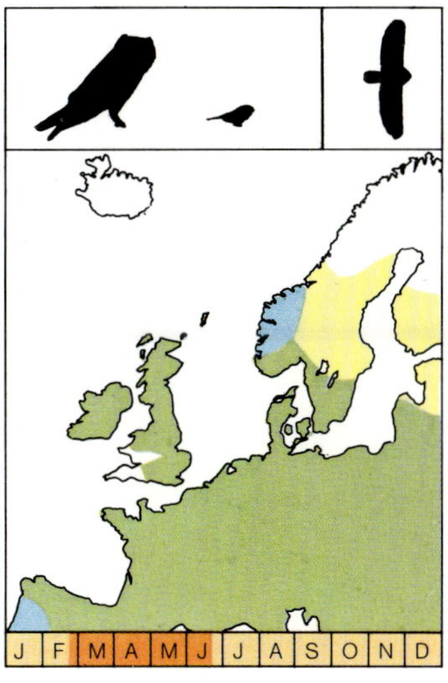

Le Moyen-duc est le vieux Hibou sage de tous les contes enfantins. Cela remonte à la mythologie grecque dont l'archétype de Hibou n'avait pourtant pas d'« oreilles ».

Strictement nocturne, sauf à la limite septentrionale de son aire, le Hibou moyen-duc est difficile à découvrir, car il se cache bien pour dormir, même quand son dortoir groupe une vingtaine d'individus. Ces oiseaux aiment les conifères, mais ne sont pas liés à ces arbres.

Leurs proies varient selon les lieux. Ils chassent parfois par couples, l'un poussant la proie vers l'autre. Les petits rongeurs forment la base de leurs prises et les années où ils abondent, les Hiboux se reproduisent en plus grand nombre.

Les trois à huit œufs sont souvent déposés dans un nid de Corbeau ou de Pigeon abandonné ou tout simplement à terre sous les branchages. Les parents les couvent tous deux pendant vingt-sept ou vingt-huit jours, puis nourrissent les jeunes pendant trois semaines et demie.

Ces oiseaux fuient généralement le voisinage des hommes auxquels ils ne s'adaptent pas comme la Chouette chevêche.

Chouette effraie *(Tyto alba)*

À droite : le vol crépusculaire de la Chouette effraie est fantomatique : lent et zigzaguant. La Chouette effraie vole plus haut que le Hibou des marais. On la voit en plein jour quand elle nourrit ses jeunes.

Sous-espèce britannique.

Sous-espèce de l'Europe continentale : la poitrine est plus sombre et le plumage fortement vermiculé.

La sous-espèce des îles Britanniques (à droite) est plus pâle que celle d'Europe continentale. Certains individus de cette dernière sont cependant très clairs.

La Chouette effraie est facilement identifiée grâce à sa grande tête, sa queue courte et carrée et ses ailes moyennes. Son plumage dorsal est orangé vermiculé de gris. Sa poitrine est totalement blanche ou légèrement teintée de chamois.

(× 1/3)

(× 1/6)

De près, sa tête paraît longue, avec un bec fin, très différent de celui de la Chouette chevêche. Ce bec pointe vers le bas quand l'oiseau est perché.

Ses pattes grêles lui donnent une apparence paisible, ne révélant en rien son ardeur en chasse.

Ci-dessus : le grand orifice externe de l'oreille qu'on voit ici est recouvert par les plumes.

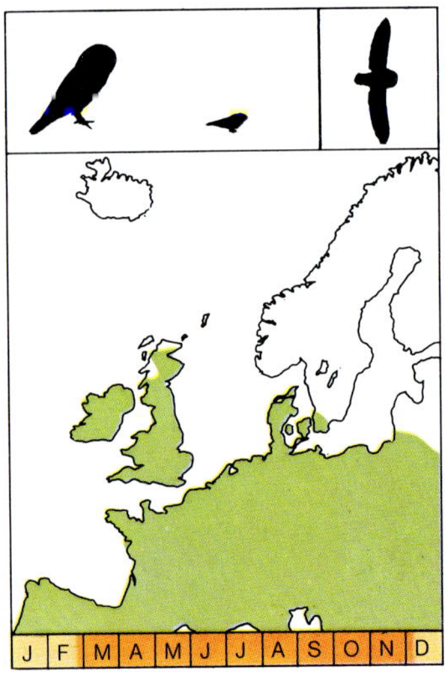

Il est surprenant de constater combien les protecteurs de la nature se préoccupent de cette espèce très répandue sur les cinq continents. Son déclin récent en Europe est largement dû à l'usage agricole de certains insecticides affectant directement les espèces chassant sur les cultures. On distingue deux colorations de plumage en Europe : les oiseaux à poitrine sombre au nord et à l'est, puis ceux à poitrine blanche au sud et à l'ouest.

Le biotope typique de l'espèce comprend des cultures coupées de haies et de bâtiments servant de lieu de repos et de site de nidification. L'agriculture moderne, qui élimine les haies et réduit les bâtiments d'exploitation à des éléments moins hospitaliers, la contrarie.

Les Chouettes effraies se nourrissent principalement de rongeurs, mais leur régime est plus varié dans les régions méridionales.

Le succès des couvées dépend largement du nombre des rongeurs. Le nid est établi dans une grange, un grenier ou un tronc d'arbre ; il contient trois à onze œufs que la femelle couve seule pendant trente-deux à trente-quatre jours. Les parents nourrissent les jeunes pendant neuf à douze semaines.

Hibou des marais *(Asio flammeus)*

Hibou des marais en vol (à gauche) : il vole bas, mais peut s'élever s'il est poursuivi. Le vol nuptial du printemps comprend des chutes verticales et des claquements d'ailes exécutés en plein jour.

Les Hiboux des marais sont très mobiles en terrain découvert. Leurs ailes sont plus longues que celles des autres Hiboux, mais leur queue est courte. La tête est également courte et ronde.

La tache noire du poignet (ci-dessous) est bien visible.

Technique de chasse (ci-dessus) : il vole lentement à basse altitude. Il plane, vole sur place, revient et vérifie puis tombe, ailes hautes, remontant rapidement si l'attaque est vaine. Il ressemble à un grand lépidoptère fantomatique dans un brouillard d'hiver.

Ses yeux sont jaunes et assez petits.

Le Hibou des marais se pose parfois sur un arbre, plus fréquemment sur un poteau, mais est généralement levé du couvert au sol. En vol, le corps est plus horizontal que celui des autres Hiboux.

Les ailes étendues montrent clairement la tache foncée du poignet. Celle-ci est cerclée d'orange, qui paraît chamois à distance.

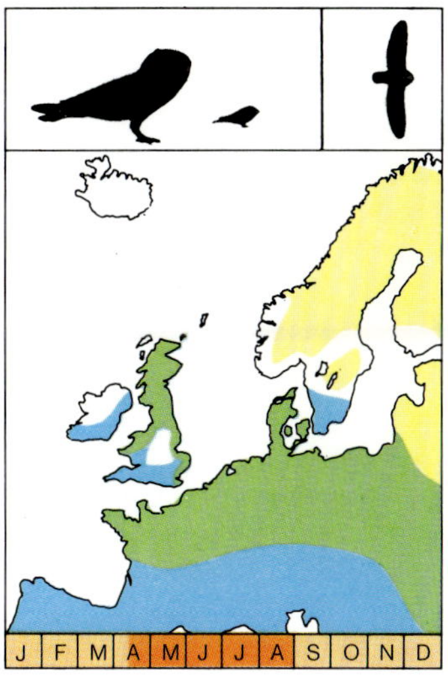

Le Hibou des marais est établi des deux côtés du pôle dans l'Ancien et le Nouveau Monde. Cette espèce exploite son environnement de manière particulière : les Hiboux des marais se rassemblent temporairement dans les régions où existe un surplus de rongeurs (campagnols), alors que les Chouettes chevêches, par exemple, exploitent un seul et même terrain. Plus diurnes que les autres Hiboux, ils survolent souvent les marais salants et les cultures en plein jour, chassant volontiers ensemble et s'attaquant à des oiseaux rapides tels que les Bécassines et les Bécasseaux variables ; malgré tout, les rongeurs forment la base de leur alimentation.

Le nid n'est qu'un creux à terre sous un buisson épais, des ronces ou des herbes folles. Il contient quatre à sept œufs (on en a compté quatorze au cours d'un été où les rongeurs abondaient) que la femelle couve pendant vingt-quatre à vingt-huit jours dès la ponte du premier œuf, mais avec peu de conviction au début. La femelle nourrit les jeunes avec ce qu'apporte le mâle. À l'âge de deux semaines, les jeunes commencent à s'écarter du nid, mais ils ne voleront qu'une dizaine de jours plus tard. Si les rongeurs abondent, ces Hiboux nichent une seconde fois.

Grand gravelot *(Charadrius hiaticula)*

S

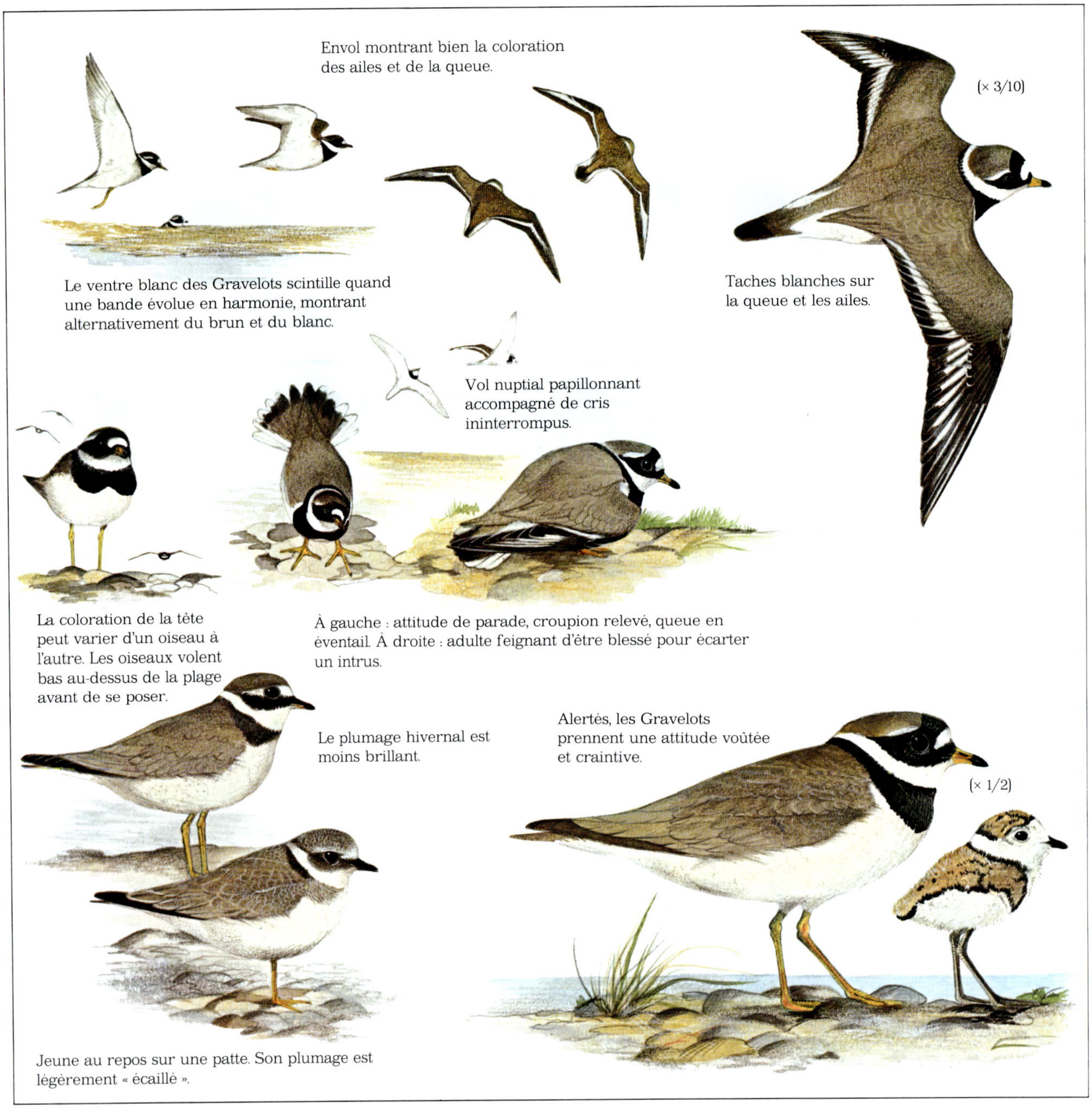

Envol montrant bien la coloration des ailes et de la queue.

(× 3/10)

Le ventre blanc des Gravelots scintille quand une bande évolue en harmonie, montrant alternativement du brun et du blanc.

Taches blanches sur la queue et les ailes.

Vol nuptial papillonnant accompagné de cris ininterrompus.

La coloration de la tête peut varier d'un oiseau à l'autre. Les oiseaux volent bas au-dessus de la plage avant de se poser.

À gauche : attitude de parade, croupion relevé, queue en éventail. À droite : adulte feignant d'être blessé pour écarter un intrus.

Le plumage hivernal est moins brillant.

Alertés, les Gravelots prennent une attitude voûtée et craintive.

(× 1/2)

Jeune au repos sur une patte. Son plumage est légèrement « écaillé ».

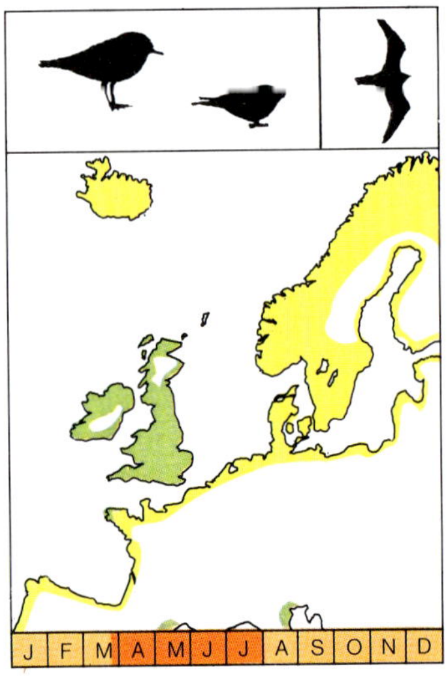

L'appel clair du Grand gravelot est habituel sur les plages de galets en été. Il s'agit le plus souvent du cri d'alarme d'un adulte protégeant ses œufs ou ses jeunes. Les œufs, bien camouflés dans le creux servant de nid, échappent aux Mouettes mais sont souvent écrasés par les hommes. Les Grands gravelots nichent parfois à l'intérieur des terres, dans les landes ou sur le gravier des ruisseaux. Ils évitent les sites industrialisés qui conviennent aux Petits gravelots, mais les deux espèces cohabitent parfois ; on a observé des Grands gravelots pondant dans les nids des Petits gravelots puis délogeant complètement ceux-ci.

La ponte intervient n'importe quand entre avril et août. Les deux nichées peuvent être remplacées par une couvée supplémentaire en cas d'inondation du nid. Les parents couvent tous deux pendant vingt-quatre ou vingt-cinq jours, et les jeunes volent trois semaines et demie plus tard.

Après la reproduction, on voit souvent les Grands gravelots sur le sable ou la vase des plages où ils se nourrissent en compagnie de Bécasseaux maubèches ou variables ; ils ont l'attitude typique des Pluviers, courant rapidement, puis s'arrêtant pour faire sortir leur proie en frappant d'une seule patte.

Petit gravelot *(Charadrius dubius)*

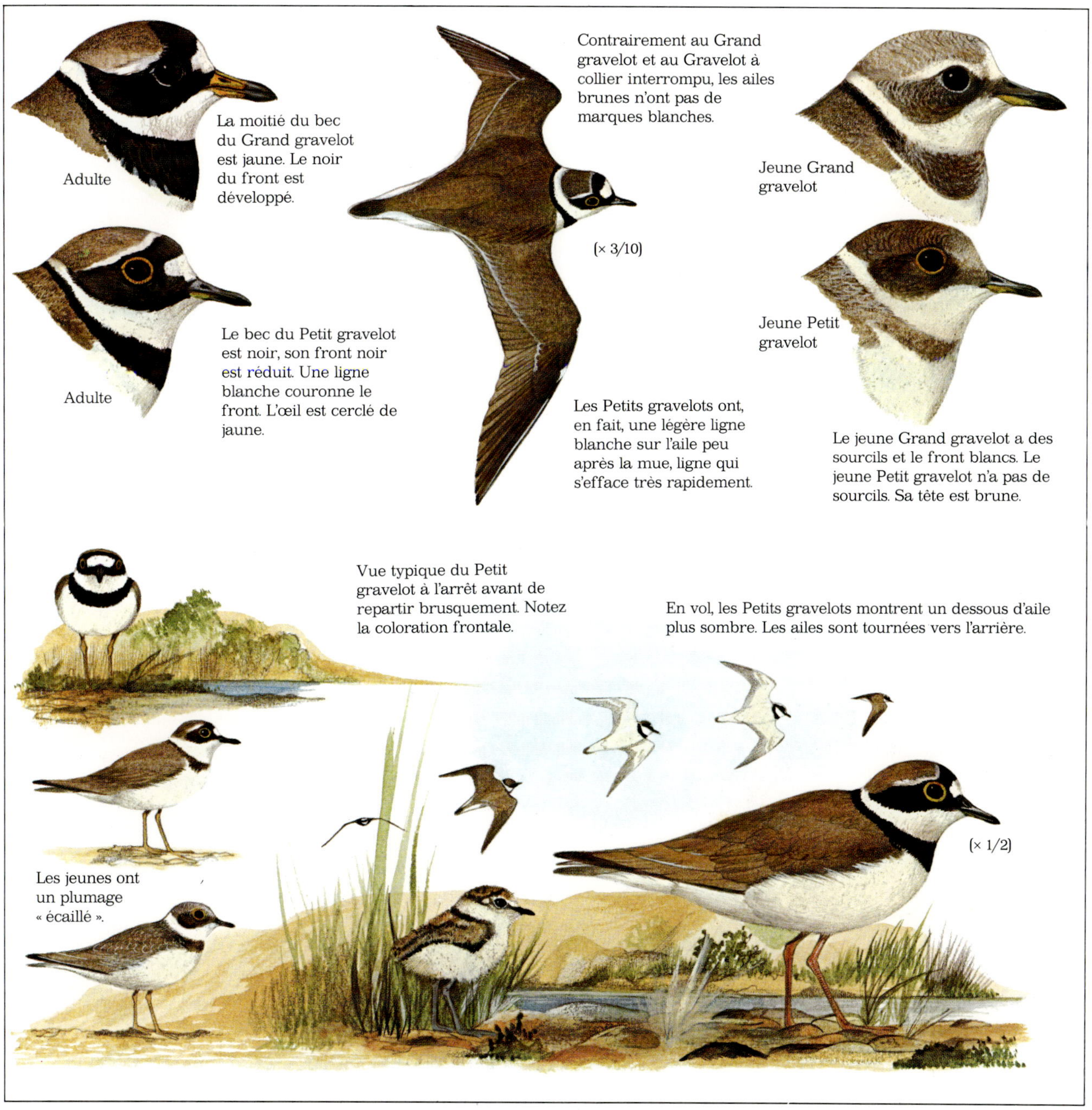

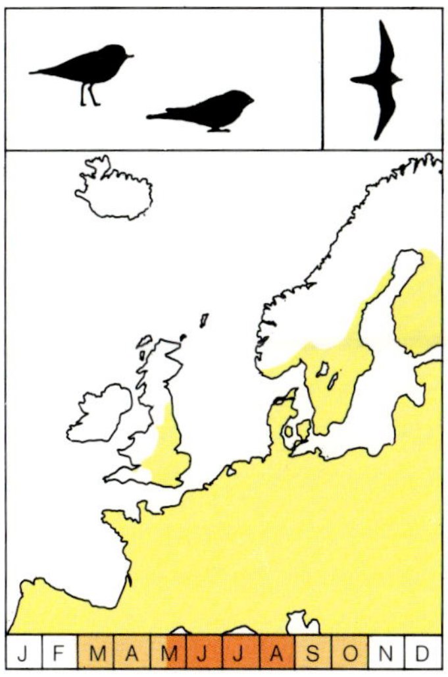

L'assèchement des zones humides réduit régulièrement l'aire d'extension des Échassiers en Europe. Celle du Petit gravelot est, bien au contraire, en développement spectaculaire depuis le début du siècle. Cela résulte de l'adaptation de cette espèce aux entreprises des hommes : gravières, lacs artificiels vidés, etc. Les étapes de cette expansion ont été bien étudiées en Belgique et en Hollande au cours des années 1930, puis en Grande-Bretagne depuis 1944, où l'établissement commença par deux couples. On en comptait 223 en 1967 et 467 en 1973. Les résultats des couvées sont pourtant décevants : les Corneilles détruisent beaucoup de nichées, les inondations et les promeneurs également. L'obstination compense ces dommages par d'autres couvées. Les parents couvent tous deux les quatre œufs posés dans une simple excavation, sifflant à la moindre alerte. Les œufs éclosent au bout de vingt-quatre ou vingt-cinq jours et les jeunes volent trois semaines plus tard.

Ils se nourrissent de toute une gamme de petits invertébrés, tapant la vase plus que les Grands gravelots.

Bécasseau sanderling *(Calidris alba)*

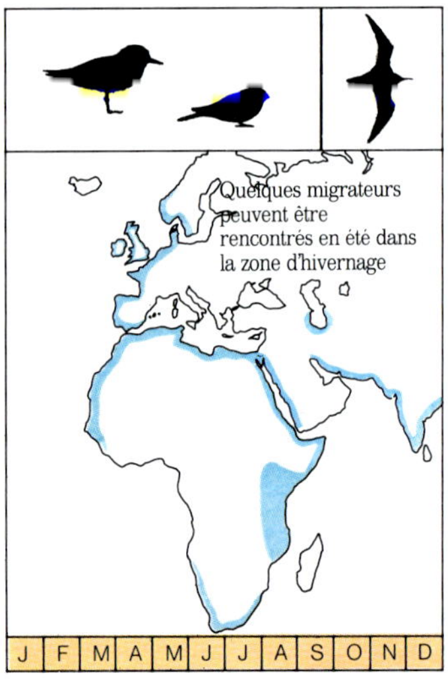

Gris et argenté, le Bécasseau sanderling est facile à reconnaître quand il arpente les plages européennes sur ses pattes noires et brillantes. C'est un visiteur printanier et automnal, hivernant rarement en Europe où quelques oiseaux âgés d'un an peuvent rester l'été. Vers la fin du printemps, le plumage des adultes vire au roux tacheté. Ces oiseaux se nourrissent de petits crustacés en suivant les marées.

En région arctique, la saison de reproduction est brève (six semaines). Dans certains cas, les femelles pondent dans deux nids, laissant au mâle le soin de couver le second. Les jeunes sont nourris d'insectes et de larves.

Les nicheurs de l'Arctique vont en Amérique du Sud, jusqu'aux Falkland, ou en Afrique, jusqu'au Cap, même jusqu'en Asie australe, recherchant toujours des plages de sable.

Ce sont des oiseaux confiants, s'écartant en marchant plutôt qu'en volant, se rassemblant rarement à plus de quelques douzaines. Les plages européennes les engraissent avant la migration : ils peuvent y doubler de poids en deux semaines. Le voyage jusqu'en Afrique du Sud peut alors être effectué en deux longues étapes. Ceux qui nichent au Groenland effectuent probablement ce voyage, alors que ceux qui se reproduisent en Sibérie ne dépassent pas les côtes européennes.

Gravelot à collier interrompu *(Charadrius alexandrinus)*

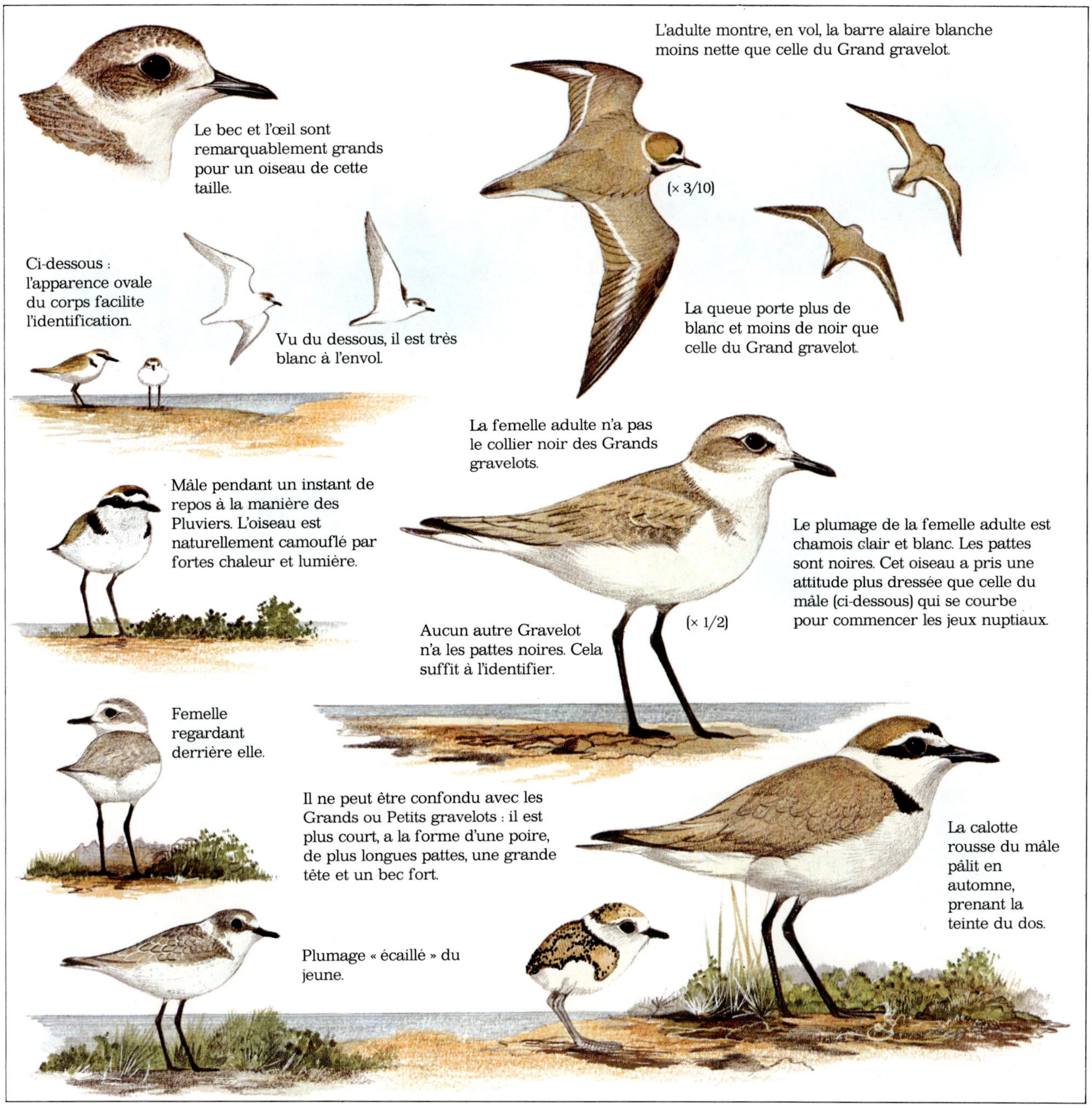

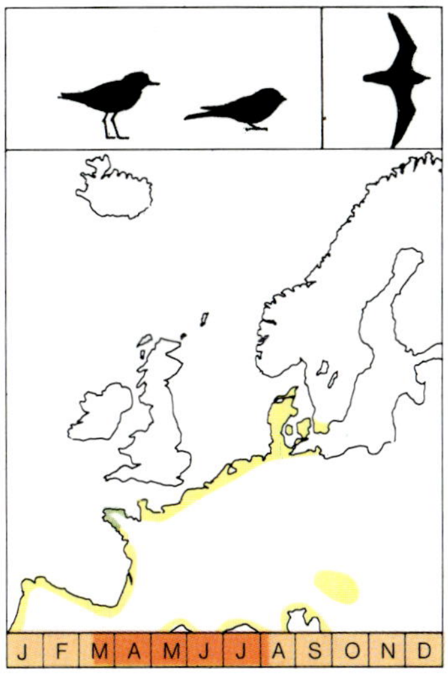

Cette espèce est répandue sur quatre continents mais ne niche plus dans les îles Britanniques depuis 1955. Il s'agit d'un oiseau agile et actif, courant plus rapidement et plus fréquemment que le Grand gravelot. Il ne craint pas l'homme, à moins que le nid ne soit trop près. Il protège ses jeunes en feignant une blessure comme les Grands et les Petits gravelots. Le nid est un simple creux tapissé de coquillages, de feuilles sèches ou d'algues. Les sites varient : boue sèche, algues sèches, herbages proches de la mer ou plage.

Le vol nuptial papillonnant ressemble à celui des autres Gravelots. Les parents couvent tous deux les trois ou quatre œufs pendant vingt-quatre jours.

Ces Gravelots se nourrissent sur les bancs de vase : ils s'écartent volontiers les uns des autres et frappent la vase pour obtenir leurs proies.

Principalement sédentaire, cette espèce compte des populations septentrionales qui hivernent en Méditerranée. En migration, ces oiseaux sont souvent observés dans des lieux invraisemblables.

Bécasseau variable *(Calidris alpina)*

S

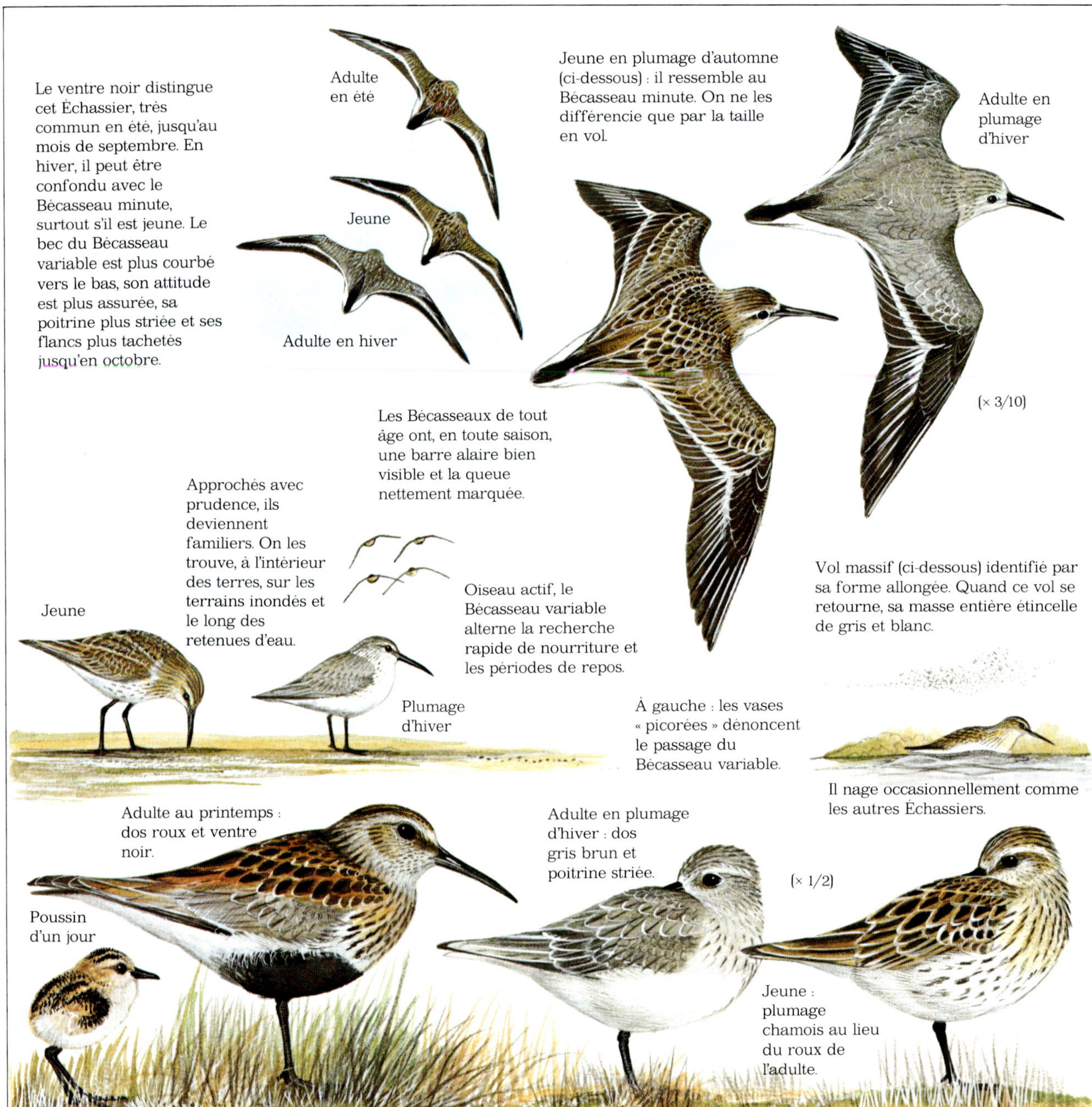

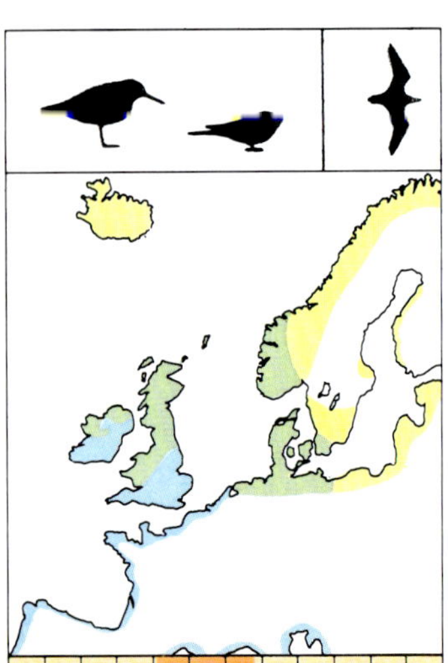

Montant et descendant comme un panache de fumée, le vol de Bécasseaux variables accomplit des acrobaties extraordinaires. On les remarque surtout à marée haute, quand les limicoles se rassemblent sur les grèves de galets ou dans les champs en attendant que la marée découvre leur gagnage habituel. Ils y retournent dès que possible et commencent immédiatement à chercher leur nourriture sans même lever la tête. Le mouvement mécanique et rapide du bec laisse des traces ressemblant aux piqûres d'une machine à coudre. Ils découvrent leurs proies au toucher, allant assez profondément pour trouver des crustacés. Ils capturent, en surface, un petit escargot nommé *Hydrobia* qui existe en quantités énormes sur les bancs de vase. Le Bécasseau variable niche dans les marais, la toundra et les salines côtières d'Europe, d'Asie et d'Amérique du Nord. Les jeux nuptiaux et l'établissement des couples sur un territoire se font au cours des deux semaines suivant le retour de migration. Les parents couvent tous deux pendant trois semaines les quatre œufs pondus dans un creux proche de l'eau. Les jeunes sont émancipés au cours de leur quatrième semaine ; ils se nourrissent principalement de larves de moucherons alors que les parents recherchent les larves de tipules.

Bécasseau minute *(Calidris minutus)*

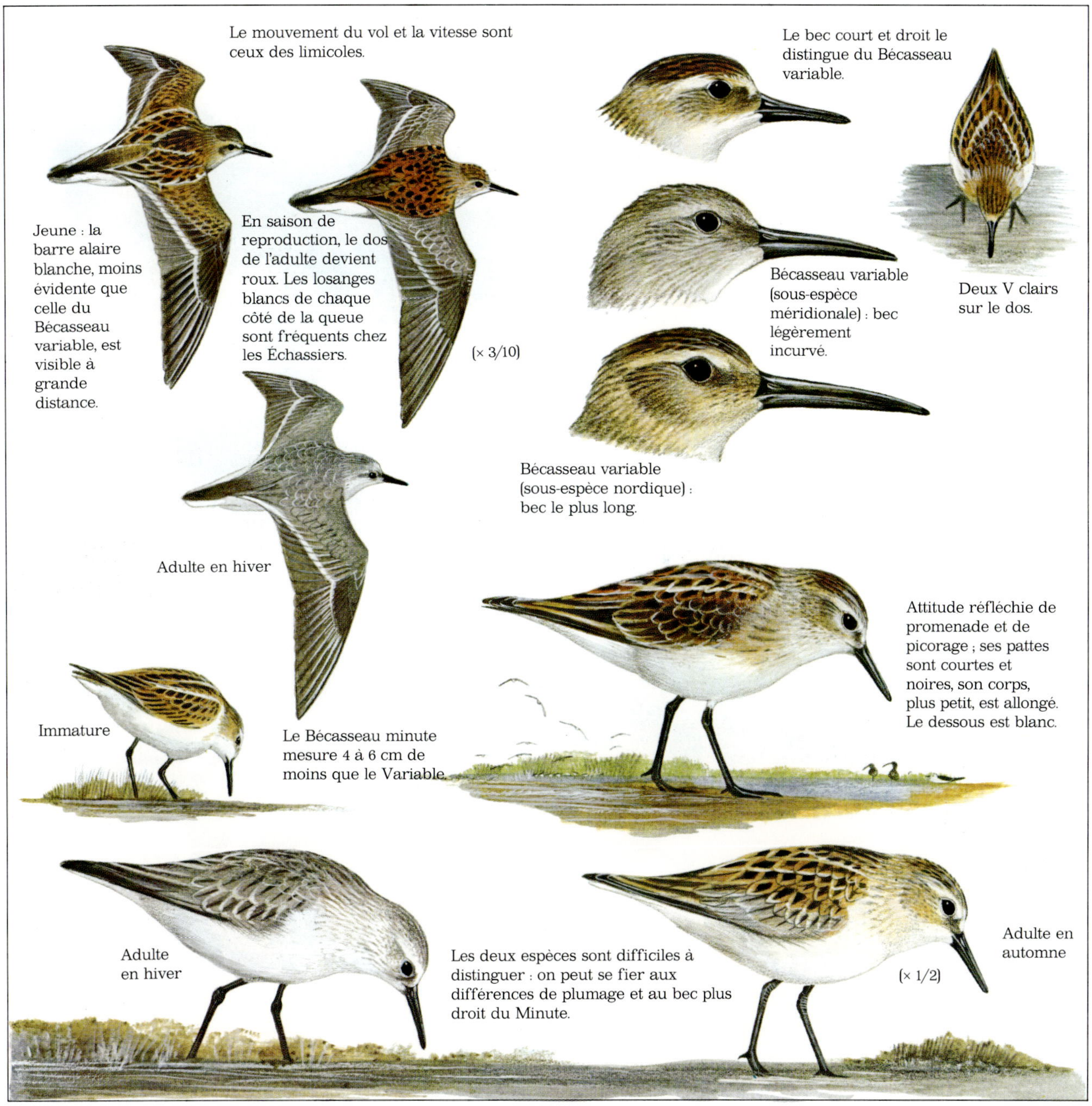

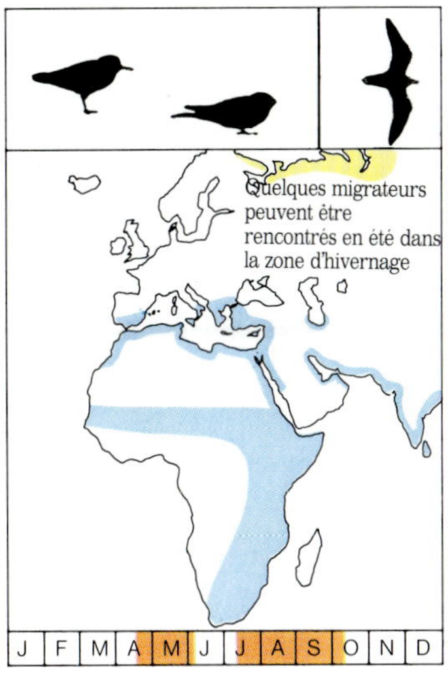

C'est l'un des plus petits limicoles, nettement plus menu que le Bécasseau variable. Néanmoins, ces deux espèces sont parentes et se nourrissent selon la même tactique de picotage répété suivi de courses brèves. Il est plus actif que le Bécasseau variable bien que plus petit ; il recherche davantage les mollusques et les crustacés trouvés sur la vase ou en eau peu profonde. Il diffère aussi du Bécasseau variable par le choix de l'habitat (bords des marais intérieurs) lors de son passage en été et en automne.

On le voit en bandes de plusieurs centaines, mais souvent moins nombreuses, quand il traverse l'Europe en automne et au printemps. Il niche dans l'Arctique bien au-delà du Bécasseau de Temminck, plus rare. Il choisit un site de toundra herbeuse. Il émet, à ce moment, un trille prolongé, le plus souvent en restant au sol. Des vols nuptiaux ont été observés.

C'est le mâle qui couve principalement la ponte de quatre œufs courante chez les limicoles. Les jeunes sont indépendants à l'âge de deux semaines à deux semaines et demie.

Tournepierre à collier *(Arenaria interpres)*

Il se penche pour retourner les galets et les algues afin de découvrir ses proies. On le rencontre également sur les plages de sable ou de vase et sur les îles en mai-juin et août-septembre.

Aucun autre limicole n'est aussi bigarré. Son vol est rapide et son appel mélodieux facile à reconnaître.

Le dessous des ailes est blanc alors que celui du Bécasseau violet est bicolore.

Ci-dessus, à gauche : il paraît courtaud de face. Ci-dessus, à droite : il tient un coquillage d'une patte pour en extraire sa proie. Le Tournepierre se nourrit à un rythme rapide.

L'oiseau adulte en plumage hivernal est difficile à localiser sur un fond de rochers couverts d'algues.

Le plumage d'été facilite cette identification sur un fond rocheux.

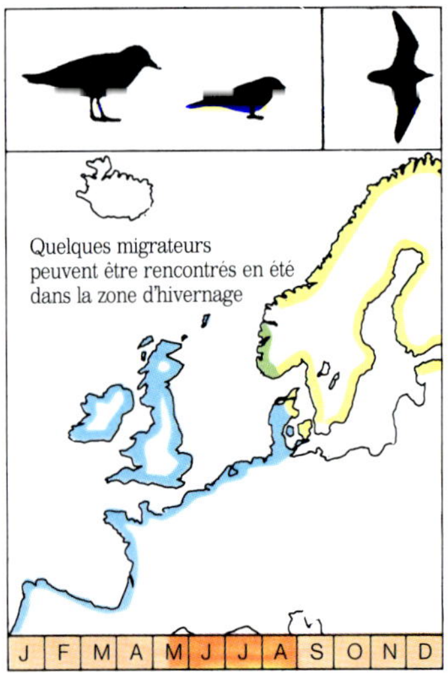

Le bec court et légèrement relevé de cet oiseau lui sert à dénicher ses proies ou à retourner leurs caches. Il arpente également la vase des estuaires en soulevant et en enroulant avec son bec la pellicule verte formée par les herbes marines ; il y découvre des puces de mer et d'autres crustacés ainsi que des mollusques et des vers dont il se nourrit ; il ne néglige pas les charognes sur les plages.

En Europe, il niche le long des côtes de Scandinavie où il trouve beaucoup d'îlots rocheux. On pense que les oiseaux d'un an ne nichent pas et que les adultes ne le font pas chaque année. Les jeux nuptiaux sont rares, mais les mâles écartent les intrus puis reviennent en papillonnant et ajoutent un trille à leur bavardage habituel.

Le mâle creuse plusieurs faux nids, puis la femelle en fait un à l'abri d'un rocher et y pond quatre œufs, commençant à couver dès la ponte du troisième : l'incubation de vingt-et-un à vingt-trois jours est donc prolongée de deux jours. Le mâle l'aide à couver le jour, puis à nourrir les jeunes et les assiste une dizaine de jours après l'envol.

Des baguages effectués sur des oiseaux nichant en Baltique démontrent qu'ils descendent les côtes de l'Atlantique pour hiverner dans l'Ouest africain et, éventuellement, jusqu'au Cap.

Bécasseau violet *(Calidris maritima)*

M E M H

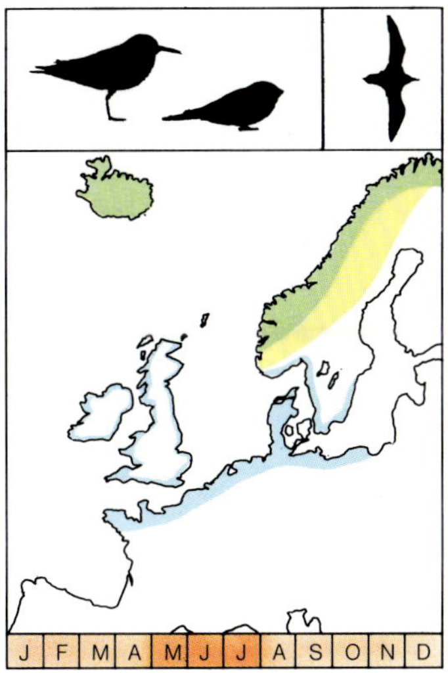

Familier et plaisant à observer, le Bécasseau violet est souvent négligé parce qu'on le remarque peu dans son habitat tourmenté de côtes rocheuses, et parce qu'il vole plus fréquemment que les autres limicoles.

Parent du Bécasseau variable dont il a la taille tout en étant plus lourdaud, il en diffère par les mœurs : il prospecte rarement les sables et les vases ; son bec n'est pas fait pour tâter et détecter par sensibilité. Il se nourrit essentiellement de bigorneaux et de buccins en hiver, en les glanant sur les zones que la marée vient de quitter. On a noté qu'il est capable de picorer dix fois en dix-sept secondes. Silencieux en hiver, il pousse de fréquents trilles dans l'Arctique où il niche. Les jeux nuptiaux, comprenant une élévation des ailes, ont lieu parfois dans la zone d'hivernage. Le mâle couve principalement les quatre œufs, pondus dans un creux de lichen, pendant vingt-et-un ou vingt-deux jours. Dérangés au nid, ces oiseaux s'en vont en tenant la tête basse, ce qui les fait étrangement ressembler à un campagnol ou un lemming.

Chevalier sylvain *(Tringa glareola)*

Il niche généralement à terre et peut s'emparer de nids abandonnés par d'autres oiseaux.

Le dessous de ses ailes est clair (noir chez le Cul-blanc) : cette différence essentielle entre les deux espèces est difficile à observer par mauvais temps.

(× 3/10)

Levé, il s'envole prestement, avec des battements d'ailes irréguliers, poussant un sifflement différent de celui du Cul-blanc.

Il paraît plus clair que le Cul-blanc, mais, en fait, il est tout aussi sombre dès que la lumière est mauvaise. Les pattes pendent davantage et ses ailes sont plus étroites que celles du Cul-blanc.

En vol, il se distingue par ses premières rémiges primaires blanches.

À gauche : attitude typique au moment de se poser sur un banc de vase. La queue blanche déployée et la ligne blanche des premières rémiges primaires sont bien visibles.

(× 1/2)

Il se perche rarement en dehors de la saison de reproduction. Cet adulte porte le plumage de printemps qui peut être fortement tacheté avec des taches plus blanches. Le plumage redevient uniformément foncé à la fin de septembre. Il est plus mince et plus élégant que le Cul-blanc.

Sa tête claire et ses sourcils blancs le caractérisent, mais ne suffisent pas à l'identifier ; le Cul-blanc adulte a la tête claire au printemps, puis sombre avec des cercles orbitaux blancs en automne.

Il niche dans les clairières marécageuses ou le long des lacs des forêts de bouleaux ou de conifères situés sous le cercle polaire, mais peut s'aventurer dans la toundra arctique où il ne trouve plus que des saules nains. Quelques couples nichent en Allemagne, au Danemark et en Écosse.

Les vols nuptiaux des deux sexes comprennent des glissades et des voltiges. On distingue deux chants dont l'un ressemble aux notes claires émises en cascade par l'Alouette lulu. Le nid est généralement un creux du sol garni d'herbes. Les parents couvent tous deux les quatre œufs pendant vingt-deux ou vingt-trois jours ; la femelle s'en charge principalement, mais dès que les jeunes éclosent elle en laisse le soin au mâle. Ces jeunes auront toutes leurs plumes quatre semaines plus tard.

Après la reproduction, on rencontre les Chevaliers sylvains près des mares d'eau douce et des retenues d'eau. Dérangés, ils s'envolent en criant de manière caractéristique. Ces oiseaux se nourrissent de crustacés, de larves de mouches, de dytiques et d'autres insectes similaires en tâtant le sol du bec. On les voit en petits groupes lors du passage en Europe occidentale. Ils peuvent, cependant, se grouper en Camargue où ils muent.

Chevalier cul-blanc *(Tringa ochropus)*

Les premières rémiges primaires ne sont pas blanches. Son aile est également plus large et plus sombre que celle du Chevalier sylvain. Il paraît noir et blanc par mauvais temps.

(× 3/10)

Attitude typique d'Échassier, très commune chez le Cul-blanc et le Sylvain ; la queue blanche, marquée de dessins irréguliers, est propre à l'espèce en toute saison.

Son plumage bicolore le fait parfois confondre avec une Hirondelle à l'envol.

C'est un oiseau inquiet montant en zigzag dans le ciel dès qu'il est dérangé, tout en criant de façon aiguë, ce qui le différencie du Sylvain.

Le Cul-blanc est moins tacheté que le Sylvain, mais cela n'est pas suffisant pour identifier l'espèce.

(× 1/2)

Le cercle orbital est blanc et son bec est plus long (détail peu apparent) que celui du Chevalier sylvain.

Le plumage hivernal des adultes comporte une calotte et une poitrine plus sombres que celles du Chevalier sylvain. Le Cul-blanc est plus épais et a les pattes plus courtes.

Quand il lève ses ailes pour améliorer son équilibre, il montre leur dessous noir.

Attitude typique de repos inquiet chez cette espèce agitée.

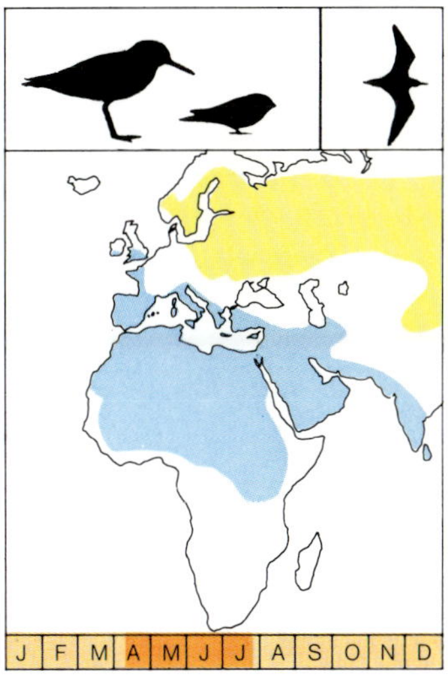

Plus forestier que le Chevalier sylvain, le Cul-blanc niche presque exclusivement dans les forêts de conifères ou à feuilles caduques (aunes et bouleaux). Exceptionnellement, on le rencontre dans un marais avec quelques pins isolés (ce fut le cas en Écosse en 1959).

Ses jeux nuptiaux au sol comprennent des attitudes avec les ailes dressées et la queue en éventail. En vol, il monte très rapidement puis redescend en planant. Le chant est saccadé. Cette espèce s'installe généralement dans un nid abandonné par une Litorne, un Geai ou un Pigeon jusqu'à une quinzaine de mètres de hauteur. Les parents couvent tous deux les quatre œufs pendant vingt ou vingt-trois jours. Les jeunes tombent du nid à l'éclosion : leur poids très faible les protège. Le mâle prend seul la charge des jeunes dès les premiers jours : ceux-ci auront toutes leurs plumes quatre semaines plus tard. Au passage, le Cul-blanc choisit des endroits bien abrités : on le lève donc plus difficilement et toujours de manière inattendue. Le Cul-blanc sonde moins la vase que le Chevalier sylvain ; il se nourrit de petits animaux aquatiques.

Les populations occidentales hivernent en Europe, des îles Britanniques au Portugal, bien que certains aillent en Afrique.

Chevalier guignette *(Tringa hypoleucos)*

On le voit souvent en automne quand il vole au ras de l'eau, se préparant à la migration.

Le dessous des ailes est très particulier pour un limicole, mais on le voit rarement en vol : cela peut servir à l'identification d'un oiseau mort.

On note, en vol, les barres alaires et les rectrices externes blanches. Le mouvement très rapide de l'aile, tenue en avant et très raide, est caractéristique.

(× 3/10)

Le poussin fouille le sol dès le deuxième jour.

(× 1/2)

L'adulte porte des stries noires en été.

À droite : de face, on voit bien le demi-collier blanc remontant sur les épaules.

Cette espèce hoche fréquemment la queue.

Le jeune est plus fortement marqué que l'adulte, mais cela ne se distingue que de très près.

S'il est dérangé pendant qu'il se nourrit sur la rive, le Chevalier guignette s'envole au-dessus de l'eau et décrit un large arc de cercle avant de regagner le sol quelques dizaines de mètres plus loin.

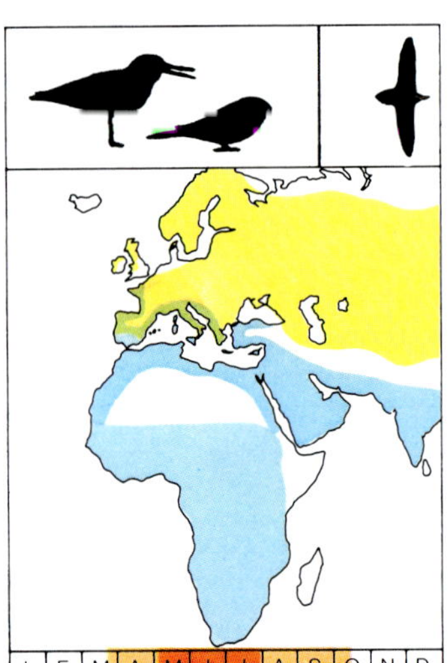

Il niche le long de cours d'eau rapides et rocailleux, mais peut se contenter d'eaux plus calmes si elles sont suffisamment limpides. Comme les Cincles et les Bergeronnettes, dont il partage l'habitat, ce petit Échassier a l'habitude de balancer la queue.

Les Chevaliers guignettes arrivent en avril. Les couples se forment après des jeux nuptiaux spectaculaires : le mâle vole en rond en chantant tout en montant continuellement. Il plonge ensuite vers d'autres mâles et se bat à terre. Les parents creusent tous deux des nids à terre : la femelle en choisit un qu'elle tapisse de débris de végétation. Ils couvent tous deux les quatre œufs pendant vingt-et-un à vingt-trois jours et les jeunes sont indépendants à l'âge de quatre semaines. Il n'y a qu'une seule nichée.

Les parents feignent une blessure pour éloigner les intrus, ou transportent les jeunes entre leurs pattes.

On les rencontre sur toutes sortes de plans d'eau douce ou salée lors du passage. Ils se nourrissent, en toute saison, de petits animaux aquatiques récoltés sur les rochers, la vase ou sous l'eau peu profonde.

Combattant *(Philomachus pugnax)*

Les parades nuptiales (ci-dessous) se déroulent en terrain découvert, qu'il s'agisse d'herbages ou de la toundra. Des périodes fiévreuses sont suivies de périodes soudainement calmes.

Femelle adulte

(× 1/6)

(× 1/6)

Mâle adulte

Les mâles locaux (à droite) se choisissent un territoire sur ce terrain (arène). Les battements d'ailes annoncent l'arrivée de « visiteurs » : mâles à plumage blanc sans territoire, mâles tâchant de s'établir et femelles.

Mâle et femelle en vol (plumage hivernal). Les jeunes ont le même aspect, mais le ton du plumage est plus chaud. Le vol est puissant, fait de mouvements d'ailes énergiques, puis l'oiseau plane pour se poser. On identifie le Combattant par son étroite barre alaire et les taches blanches de chaque côté de sa queue.

Les menaces et le combat effectif interviennent entre mâles locaux ou l'un d'eux et un mâle visiteur.

Mâle en parade, collier et oreillons dressés.

Le combat prend fin quand un des mâles cède, baissant la tête en la détournant. À ce moment, une femelle réceptive pénètre sur le territoire du vainqueur pour l'accouplement.

(× 1/4)

Le bec est moyennement long, légèrement incurvé. La couleur des pattes varie beaucoup. On voit les Combattants en migration en Grande-Bretagne et en Europe occidentale, de préférence dans les marais côtiers ou intérieurs ainsi que les terrains inondés.

Après le départ des visiteurs, les mâles résidents adoptent une attitude dressée, hérissant puis abaissant leur collier.

La couleur des pattes varie et ne peut aider à l'identification.

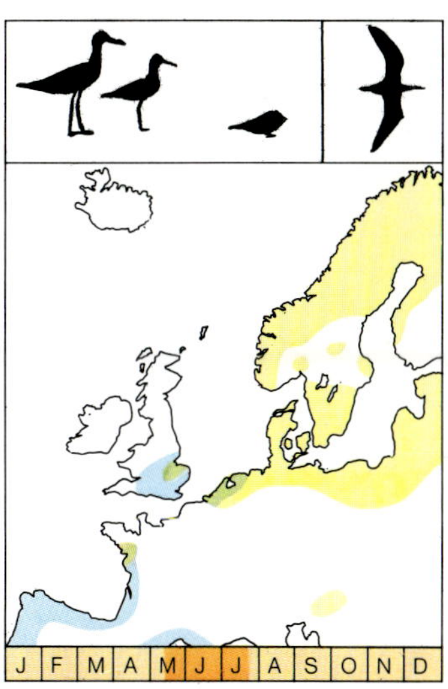

De mœurs curieuses au moment de la reproduction, d'une coloration surprenante, le Combattant est réellement un oiseau étonnant.

Les jeux nuptiaux ont lieu sur une « arène ». D'autres espèces d'oiseaux ont également cette façon de faire, notamment le Tétras lyre. Le Combattant s'en distingue par l'existence de mâles dominants et satellites portant un plumage différent. Les mâles dominants conquièrent un territoire sur l'arène et ils y combattent les autres mâles. Les satellites peuvent partager le territoire d'un mâle dominant, mais ne le défendent pas : ils sont d'ailleurs assez peu agressifs pour être tolérés et ne s'accouplent qu'occasionnellement quand l'arène est très grande. Si elle est petite, ils servent surtout à attirer des femelles. Seuls les mâles possédant un territoire seront choisis par les femelles visitant l'arène : les jeunes et les vieux se tiennent aux limites. Un jour, ces jeunes déposséderont un mâle dominant et s'établiront sur ce territoire. Le nid est bâti à proximité de l'arène : il est bien caché dans des joncs ou de la végétation épaisse. La femelle se charge seule de couver puis d'élever les jeunes.

Bécasseau maubèche *(Calidris canutus)*

ME M H

Adulte en plumage d'hiver ; les jeunes ont aussi le dessous blanc.

Adulte mâle au printemps : la femelle est plus terne.

Exemple extrême de plumage roux : certains le sont moins.

Ci-dessus : vol en hiver. Les ailes paraissent longues, même à distance.

De près, ce caractère est évident. Le plumage hivernal des adultes est gris, avec un croupion clair et des barres alaires moins marquées que celles du Bécasseau variable.

(× 3/10)

Les vols de Bécasseaux maubèches prennent des formes différentes. Un petit vol, comptant un millier d'oiseaux, est ovale. Un grand vol (en bas), comptant 10 000 oiseaux ou davantage, est effilé à l'arrière.

Ils se reposent à marée haute. De loin, rien de particulier ne les distingue, mais on peut les reconnaître à leur forme.

Le Bécasseau maubèche est l'un des grands limicoles européens ; il est trapu. On l'observe souvent en très grandes bandes quand il se nourrit. Les oiseaux se nourrissant individuellement tâtent le sol à trois ou quatre reprises avant de chercher ailleurs.

On reconnaît le jeune aux bordures noirâtres de son plumage dorsal.

(× 1/2)

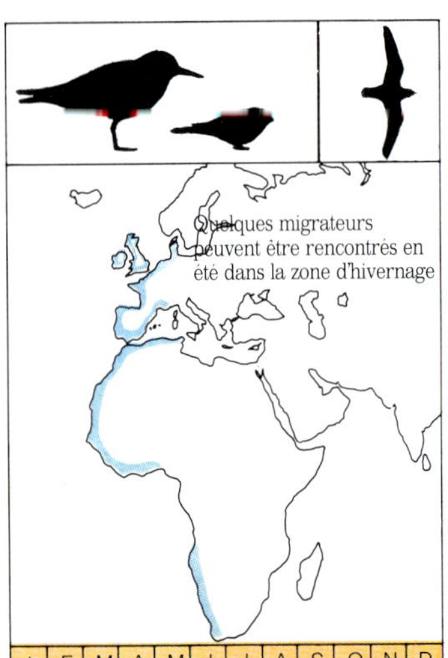

Les Bécasseaux maubèches sont plus grands que leurs cousins, les Bécasseaux variables. Ils se réunissent souvent pour se nourrir ; Ils sont plus grands et cherchent leur nourriture avec moins d'avidité. Les proies de surface (petits bigorneaux et autres mollusques) les intéressent davantage.

Les Bécasseaux maubèches nichent dans le Grand Nord, là où la toundra n'est couverte que de lichens épars. La neige n'y a pas disparu vers le milieu de juin quand les quatre œufs sont pondus. Les parents les couvent tous deux pendant vingt-et-un jours. Les jeunes sont conduits, dès l'éclosion, vers les marais où ils trouvent des larves d'insectes.

Cette espèce hiverne en Europe et en Afrique occidentale. Le littoral britannique en reçoit le plus grand nombre, soit environ 250 000 oiseaux. On recherche actuellement dans quelle mesure des aménagements des sites qui leur sont favorables (barrages pour maintenir un certain niveau d'eau, arrêt des assèchements) pourraient influencer les effectifs de cette espèce.

Vanneau huppé *(Vanellus vanellus)*

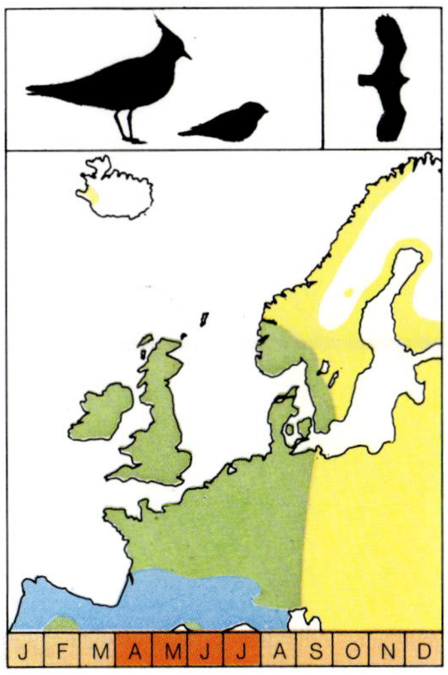

Les appels plaintifs et le vol acrobatique du mâle annoncent le printemps retrouvé. Ces attractions attirent une compagne, avec qui il choisit le site du nid. Le premier œuf peut être pondu dès mars (en Hollande, il est offert au souverain). Les parents couvent tous deux, la femelle principalement. Selon l'altitude à laquelle se trouve le nid, les œufs éclosent au bout de vingt-quatre à trente-et-un jours ; dès cet instant, les poussins sont conduits de cet endroit sec (champ labouré) à des zones humides où ils resteront pendant quatre ou cinq semaines sous la tutelle des parents.

Après cette saison, les Vanneaux se nourrissent dans les champs et les prés : comme la plupart des Pluviers, ils courent rapidement, s'arrêtent et picorent un ver, une larve ou un insecte mou. Ils se démènent vigoureusement pour les extirper des touffes d'herbe. Le gel provoque d'importants mouvements de population. Il arrive que des Vanneaux allant vers le sud-ouest s'égarent et aboutissent en Amérique.

Pluvier doré *(Pluvialis apricaria)*

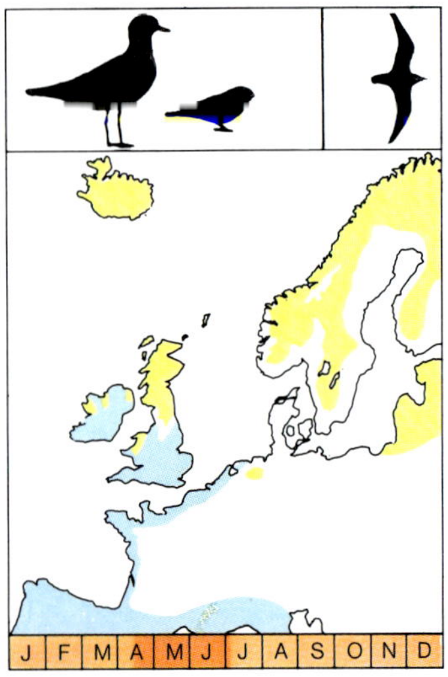

Le Pluvier doré aime se tenir dans les prairies et les pâturages en hiver ; il pénètre assez loin à l'intérieur des terres où son appel clair est fréquent comme celui, très rauque, des Litornes. Volant d'un champ à l'autre par groupes serrés qui se dispersent pour se nourrir au sol, les Pluviers dorés courent rapidement puis s'arrêtent un moment. La proie repérée est saisie d'un geste soudain, ce qui brise un grand nombre de vers de terre ; cette méthode provoque un gaspillage qu'évite le Courlis dont le long bec extrait les vers tout entiers. La technique des Pluviers dorés est en revanche excellente pour capturer les coléoptères, les limaçons et les larves cachées sous les herbes sèches. Les plages, où ils se nourrissent accessoirement de petits mollusques, constituent un gagnage de secours quand il gèle fortement. Elles sont également le dortoir favori des Pluviers dorés en zone côtière, bien que la pleine lune les maintienne aux champs.

Le printemps surprend les Pluviers dorés sur leurs lieux d'hivernage : beaucoup muent avant de partir vers les plateaux marécageux ou la toundra où ils nichent dans de petites dépressions au milieu des herbages ou dans les lichens. Le chant du Pluvier doré est composé d'un beau trille long, répété un ton plus bas.

Pluvier argenté *(Pluvialis squatarola)*

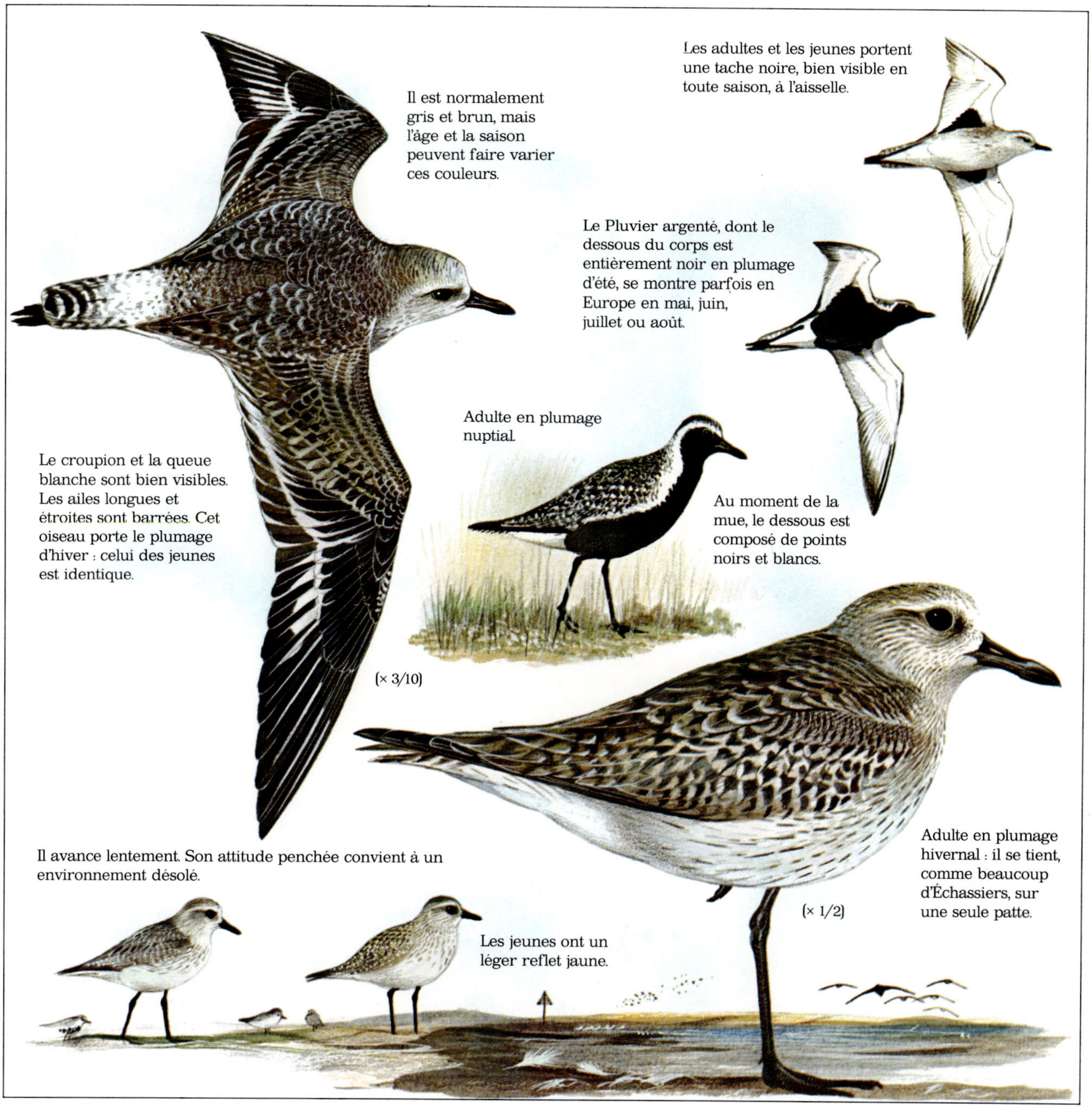

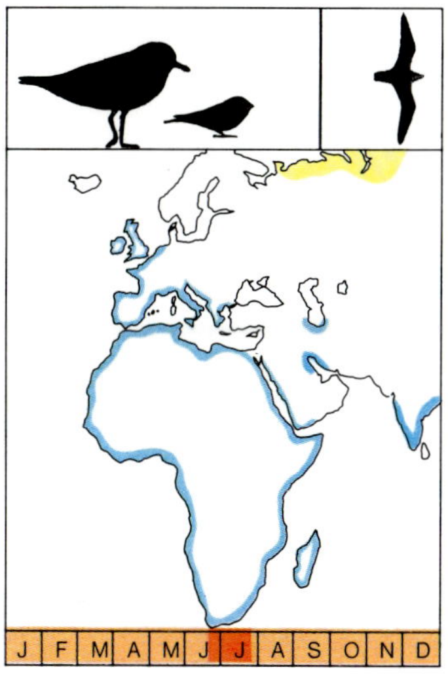

Le Pluvier argenté, sosie côtier du Pluvier doré, se tient sur les vases des estuaires. Il se distingue immédiatement par ses aisselles noires, visibles en vol, comme par son appel composé de trois notes, probablement l'un des plus caractéristiques de l'avifaune.

Il est plus massif que le Pluvier doré et se tient courbé, même quand il apparaît, occasionnellement, dans les champs qui sont le domaine du Pluvier doré. Son bec plus long et plus épais lui permet de se saisir de proies que le Pluvier doré ne peut prendre. Les crabes, par exemple, composent le principal de son menu jusqu'à ce qu'ils se retirent en eau profonde avec l'hiver.

Cette espèce niche dans l'Arctique et entreprend une migration plus importante que le Pluvier doré. Les oiseaux observés en Europe viennent de Russie et de Sibérie. Ils migrent, par la Baltique et l'Ouest européen, vers l'Afrique, atteignant le Cap.

Comme les Pluviers dorés, ces oiseaux exécutent des vols nuptiaux papillonnants. Le nid est un creux entre les cailloux et le lichen où quatre œufs sont pondus vers la fin de juin. Les parents défendent avec ardeur leurs jeunes qui sont indépendants vers la fin août.

Chevalier aboyeur *(Tringa nebularia)*

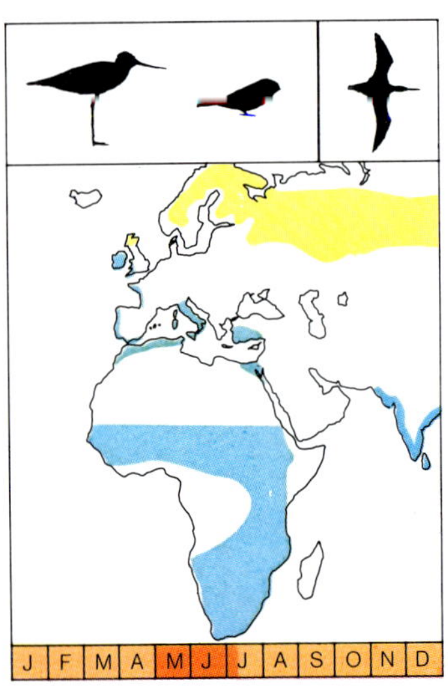

Modeste de mise, le chevalier aboyeur est probablement l'un des Échassiers les plus intéressants. Il se reproduit dans la toundra, les hauts plateaux marécageux et les clairières forestières du nord de l'Europe et de l'Asie. Sa migration le conduit de la Méditerranée au Cap, et, pour les populations orientales, du sud de l'Asie à l'Australasie. C'est donc un oiseau de passage en Europe occidentale où il se nourrit sur les bancs de sable, les marais salants et les mares intérieures. Vif et leste, il est habile à prendre crustacés et petits poissons en eau peu profonde. Ses mouvements rapides, coupés de sauts alertes, lui permettent de se saisir des proies que ces gestes effraient et révèlent. Les insectes aquatiques, tels les coléoptères et les notonectes, constituent sa nourriture principale, mais des poissons ou des tritons peuvent lui convenir.

Le nid se trouve dans des plaines humides. Le chant du Chevalier aboyeur est émis au cours d'un vol torsadé. Ses jeux nuptiaux sont variés. Cet oiseau est plus grand et plus clair que le Chevalier gambette.

Chevalier gambette *(Tringa totanus)*

Attaque d'un intrus.

Il est aisé d'identifier cet Échassier par son vol rapide et saccadé, coupé de glissades descendantes, l'oiseau oscillant alors d'une aile sur l'autre.

Les Chevaliers gambettes écartent les intrus par leurs cris d'alarme ; ils incitent parfois même d'autres espèces à déserter le marais.

Le triangle blanc du croupion est commun chez les limicoles, mais celui-ci porte les mêmes marques à l'arrière des ailes.

(× 3/10)

Vol de groupe montrant les deux faces des ailes. Habituellement, on rencontre ce Chevalier seul ou en grandes bandes.

À l'envol, un Chevalier gambette montre ses côtés blancs. On le voit rarement perché après la nidification.

Adulte en plumage printanier. En été, le dos est moucheté de noir et la poitrine est moins striée qu'en hiver. Les oiseaux adultes ont les pattes rouges, les jeunes des pattes jaune orange.

À gauche : vol nuptial lent, ailes arquées, fait de bonds descendants en criant bruyamment.

(× 1/2)

Le Chevalier gambette peut se nourrir en eau profonde et même se résigner à nager. Généralement, il prospecte les bancs de vase. Il est commun à l'intérieur des terres dans les marais où il niche.

Ci-dessus : débusqué, il s'envole (vue typique). On ne peut se tromper sur les trois triangles blancs.

Poussin d'un jour

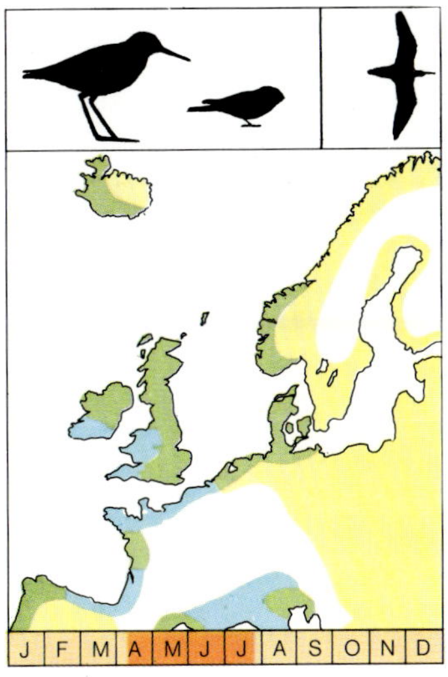

Sa fuite bruyante à l'approche de l'homme l'a fait nommer « sentinelle des marais ». Au printemps et en automne, il se nourrit principalement de corophies sur les bancs de vase. Les picorant rapidement en surface, il peut arriver à donner une centaine de coups de bec par minute.

Cet oiseau chasse principalement à vue, mais explore parfois la vase par sondages latéraux en quête nocturne. Quand la température des bancs de vase est inférieure à deux ou trois degrés, les corophies disparaissent et le Chevalier gambette se met à chercher mollusques et vers de vase ou va glaner des vers de terre dans les prairies. Les Chevaliers gambettes quittent les côtes pour l'intérieur et y nichent dans des prairies basses. Le vol nuptial est rapide, avec les ailes arquées ; plusieurs oiseaux peuvent y participer. Le nid est un creux tapissé bien caché dans la végétation ; il comporte généralement une sortie latérale. Les deux sexes couvent quatre œufs pendant vingt-et-un à vingt-cinq jours. Ils se tapissent sur le nid en cas de danger. Les jeunes sont indépendants à l'âge de quatre semaines.

Bécasse des bois *(Scolopax rusticola)*

S/H60

Ci-dessus : vue arrière de la tête montrant les yeux capables de voir en arrière. Cela est facilité par la forme légèrement concave du crâne (vue plongeante à gauche).

Silhouette du mâle pendant son vol nuptial, ailes en mouvement lent comme celles d'un Hibou.

À gauche : vue typique d'une Bécasse levée, partant en battant bruyamment des ailes. Plus grande qu'une Bécassine, avec les ailes plus rondes, elle se distingue également par son vol moins désordonné, tout en faisant des crochets entre les arbres.

Si elle n'est pas dérangée, la Bécasse vole lentement et de manière hésitante.

Transport d'un jeune entre les pattes.

À gauche : dessous de queue caractéristique bien visible pendant les jeux nuptiaux au sol.

Le poussin est immédiatement identifiable : le plumage et le profil sont identiques à ceux des adultes.

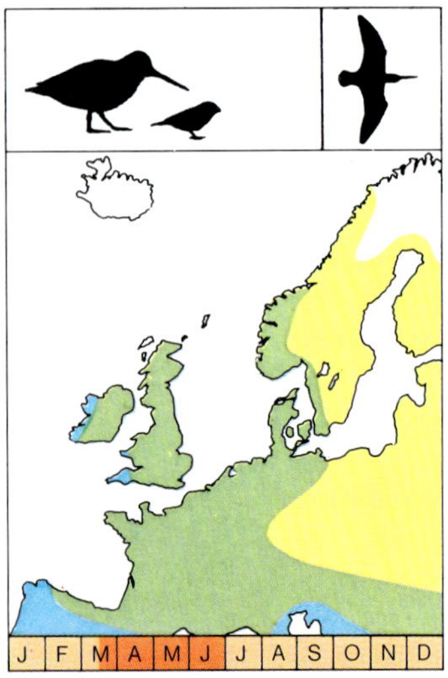

L'œil très gros de la Bécasse facilite la vision nocturne, mais lui permet également de se protéger, car son champ de vision est plus important vers l'arrière que vers l'avant.

La pointe très sensible de son bec et sa capacité d'ouverture sous terre (comme la Bécassine) lui permettent de se nourrir de vers de terre et de larves d'insectes. Le mâle effectue un vol nuptial particulier au printemps (croule) ; ces évolutions errantes, effectuées le soir, forment généralement une boucle pouvant comprendre plusieurs kilomètres. Le battement des ailes est très lent et coupé de pauses coïncidant avec son appel coassant.

Le nid n'est qu'un creux dans le sol, souvent au pied d'un arbre : il contient quatre œufs couvés par la femelle pendant vingt ou vingt-et-un jours. Les jeunes sont élevés par la femelle. Ils volent à l'âge de deux semaines et demie. La femelle transporte parfois ses jeunes en les tenant entre les pattes.

Bécassine des marais *(Gallinago gallinago)*
Bécassine sourde *(Lymnocryptes minimus)*

M_E M_H

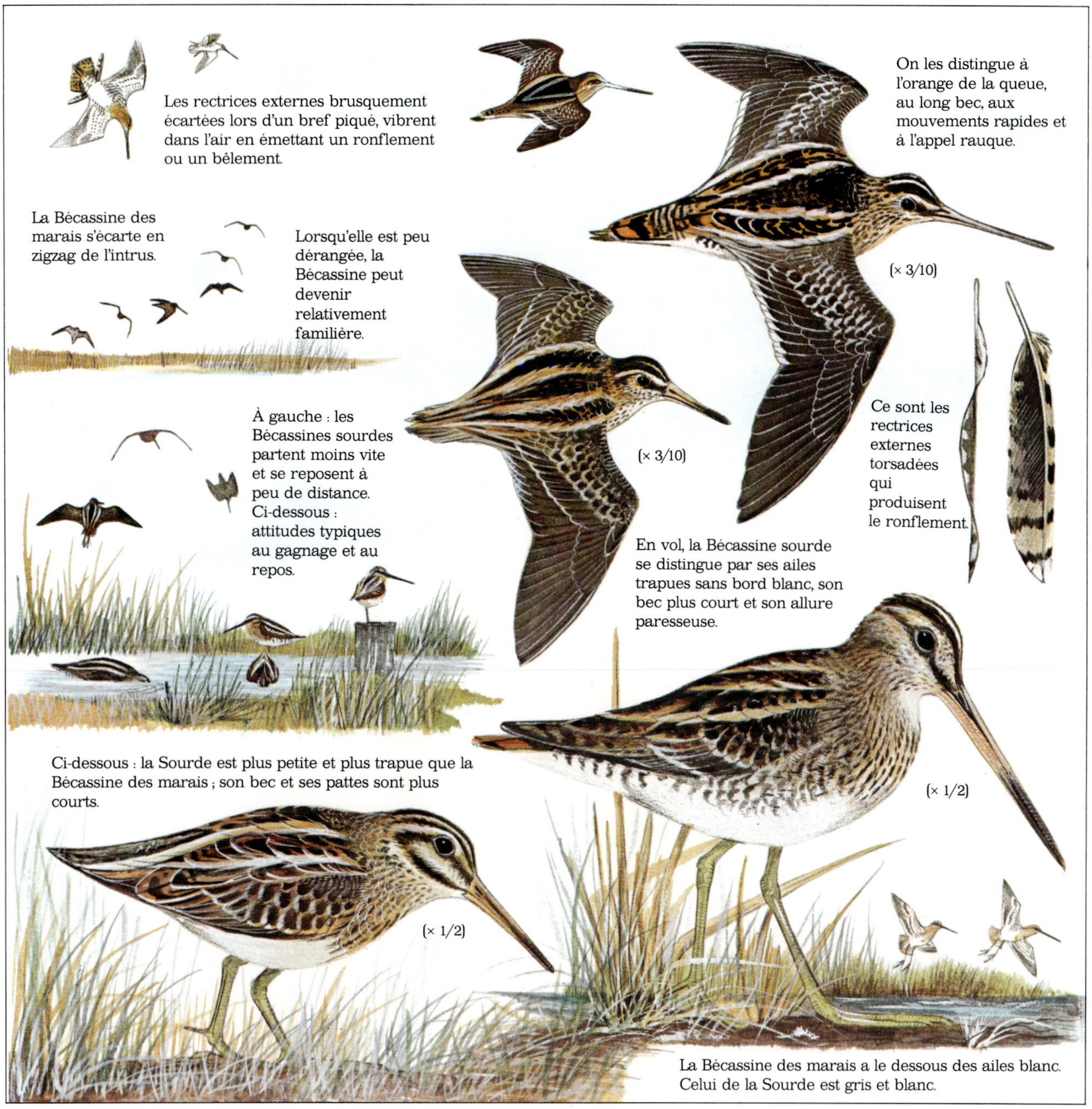

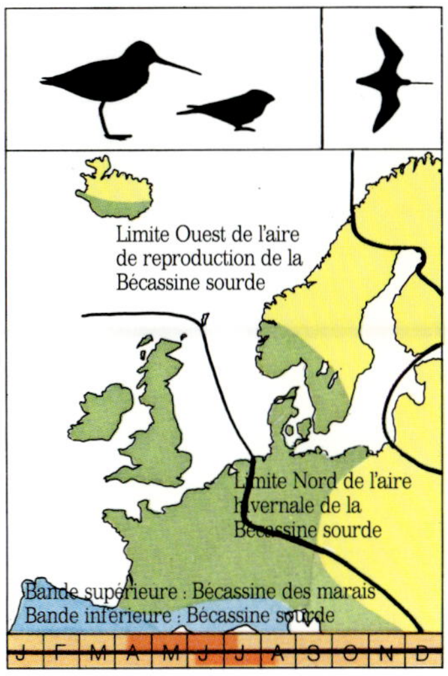

Leur vol en zigzag protège les Bécassines des marais des Faucons et autres rapaces. Les chasseurs recherchent cette cible difficile à atteindre.

Elles se nourrissent différemment des Courlis : elles choisissent des vases molles qu'elles sondent verticalement sans accomplir les contorsions du Courlis. Le bec offre la place nécessaire pour une longue langue qui sert à remonter les larves et insectes avant même que le bec ne quitte la vase. Les Bécassines se nourrissent surtout la nuit, allant au gagnage dès le crépuscule.

Le vol nuptial ronflant commence au début du printemps au-dessus des taillis et pâturages marécageux où niche la Bécassine. Le nid n'est qu'un creux dans une touffe d'herbe : il contient les quatre œufs de la couvée habituelle des limicoles. La femelle les couve seule pendant vingt jours, mais les parents accompagnent tous deux les jeunes pendant dix-huit ou dix-neuf jours. Il peut y avoir une seconde nichée.

La Bécassine sourde, plus petite, niche plus au nord. Bien que les deux espèces se rencontrent en dehors de la reproduction, les Sourdes restent toujours moins nombreuses. Elles se nourrissent comme les Bécassines des marais, mais ne ronflent pas en piquant. Elles sont plus migratrices.

Barge rousse *(Limosa lapponica)*

M E M H

Ci-dessous : les adultes ne peuvent être distingués des jeunes.

Petit groupe typique.

Ci-dessus et ci-dessous : adultes en plumage estival. Muant au printemps et en automne, ce plumage est tacheté de blanc.

La longueur du bec varie, celui de la femelle dépassant celui du mâle.

La Barge rousse est le seul Échassier brun à bec droit portant un V blanc sur le dos. Ses pattes dépassent légèrement la queue en vol.

Le vol est rapide et puissant. Elle va et vient pour prendre de l'altitude avant de s'engager dans une direction au moment de la migration. Ci-dessus à droite : la descente des Barges rousses est généralement plus fantaisiste que celle d'autres limicoles.

C'est un Échassier à longues pattes et long bec. Avant la mue printanière, le plumage est parfois tout brun ou blanc.

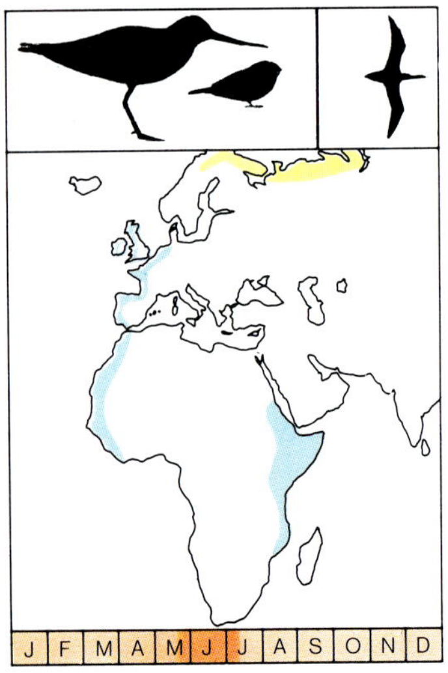

Amusantes à observer, les Barges rousses évoluent rapidement sur les bancs de vase, tâtant le sol. Quand leur bec sensible découvre une proie, elles ne s'arrêtent pas mais tournent autour du point choisi, imprimant à leur bec un mouvement de vrille qui leur permet d'extraire un ver ou un petit mollusque. Il arrive que la Barge rousse se précipite sur une proie visuellement localisée. Elle chasse de préférence sur le sable sec, se tenant à l'écart des marées, au contraire de la Barge à queue noire qui, avec ses longues pattes, préfère les eaux profondes. Chassant en ordre dispersé, ces oiseaux se rassemblent à marée haute.

Le plumage d'hiver des Barges rousses évoque celui des Courlis auxquels elles ressemblent en vol ; elles s'en distinguent par des mouvements d'ailes plus vifs quand le bec n'est pas visible. Bien qu'elles n'aient aucune parenté avec les Oies cendrées, elles plongent pourtant comme celles-ci d'une grande hauteur en faisant siffler l'air.

Les Barges rousses nichent dans la toundra marécageuse de l'Arctique, là où existe un taillis nain de bouleaux ou de saules. C'est surtout le mâle qui couve les quatre œufs déposés dans un nid placé sur une élévation.

Barge à queue noire *(Limosa limosa)*

Adulte en plumage hivernal ; le jeune n'en diffère que par la teinte roussâtre du cou et de la poitrine.

Signes distinctifs en vol : long bec, large bande blanche sur les ailes et longues pattes trainantes. La base blanche et le bout noir des rectrices sont caractéristiques.

À droite : un mâle proteste bruyamment contre l'intrusion d'un homme, d'un animal ou d'un autre oiseau. Les Mouettes, en particulier, sont violemment poursuivies au-dessus des nids.

Dessous des ailes blanc et noir, visible en vol.

Des oiseaux de passage se montrent isolément ou en petites bandes sur les retenues d'eau et les champs d'épandage. Cette espèce est moins côtière que la Barge rousse, mais peut être observée en grandes bandes sur le littoral.

Ces oiseaux peuvent facilement être observés pendant les jeux nuptiaux, surtout quand le mâle vole en papillonnant au-dessus de son territoire.

En plumage d'été, cet oiseau paraît long et maigre, dépassant la taille des Barges rousses. La poitrine et la nuque sont roux, mais le dessous de la queue reste blanc (il devient roux chez la Barge rousse).

Les marques des ailes et de la queue apparaissent clairement quand elle se pose en vol plané.

Ci-dessous, à gauche : le pas de parade du mâle montre la coloration de la queue et des plumes gonflées. Ci-dessous : la femelle s'avance vers le nid, dont le creux a été formé par le mâle, et s'accroupit pour une inspection méticuleuse.

Le plumage hivernal de l'adulte est essentiellement gris et blanc.

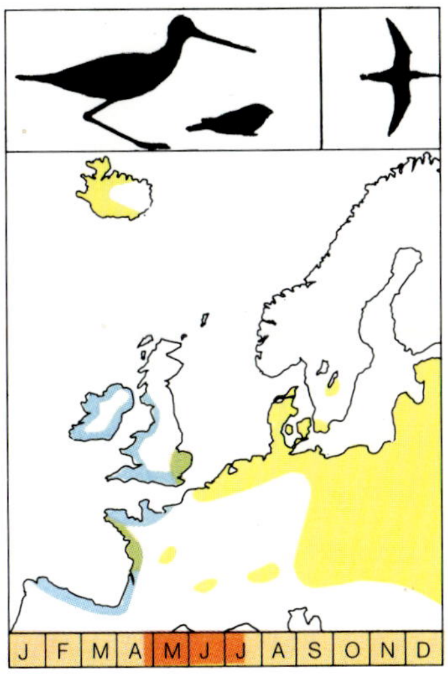

La Barge à queue noire se tient volontiers dans les marais côtiers. Ses pattes plus longues que celles de la Barge rousse lui permettent de se hasarder en eau plus profonde ; elle se déplace aussi avec moins de hâte, chassant davantage au toucher et perdant donc beaucoup de temps aux sondages de prospection. Elle prend des vers et des mollusques sur le littoral, des insectes, des larves, des sauterelles, des moustiques et des coléoptères à l'intérieur des terres. En migration, elle se nourrit parfois de graines ou de baies.

La Barge à queue noire est moins maritime que la Barge rousse : elle niche aussi plus au sud, dans la partie occidentale de l'Europe. Absente depuis un siècle en tant que reproductrice, elle est réapparue en Grande-Bretagne. Le nid est un amas épais d'herbes sèches posées dans un creux abrité, dans un pâturage marécageux. La femelle y pond, dès fin avril, trois ou quatre œufs que le mâle couve principalement pendant les vingt-quatre jours de l'incubation. Les jeunes sont indépendants au cours de la quatrième ou cinquième semaine. Les oiseaux d'Europe occidentale hivernent en Afrique centrale ; plus à l'est, ils vont au Moyen-Orient et en Inde. Certains hivernent en Angleterre, en Irlande et en France.

Courlis cendré *(Numenius arquata)*

Leur vol peut être lent. Ils se déplacent individuellement, en petits groupes ou en grandes bandes. En migration, ils évoluent souvent à 1 ou 2 km au large, distance qui crée une confusion avec les Canards.

(× 1/5)

Le dessous des ailes, la nuque et la poitrine sont striés.

Le cri puissant du Courlis cendré s'entend un peu partout et en toute saison, bien avant que l'oiseau ne soit visible. Sa taille, ses longues ailes et son bec courbé ne permettent la confusion qu'avec le Courlis corlieu : tous deux ont un V blanc sur le dos et une queue très claire, mais les Courlis cendrés ont une coloration de tête différente et, pour ce qui concerne les femelles, un bec plus long. Le bout des ailes très foncé est visible à l'atterrissage.

À droite : le bec de la femelle atteint 15 cm, soit un tiers de plus que le bec du mâle, qui varie de 10 à 12 cm.

Ci-dessous, de gauche à droite : attitudes du Courlis dormant, en alerte et au repos. Son plumage tacheté le camoufle bien dans les marais.

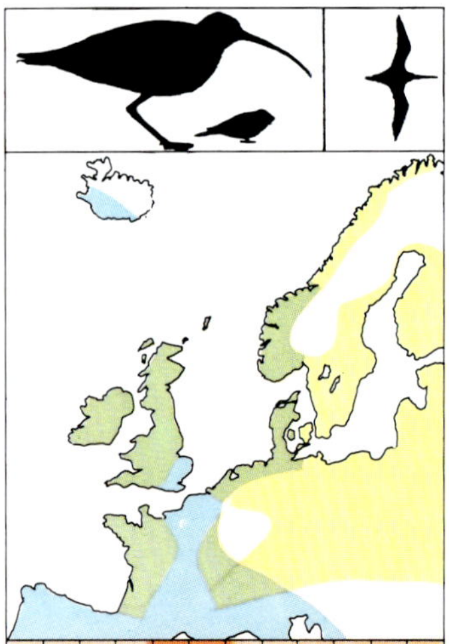

Le Courlis cendré exploite posément les bancs de vase d'un estuaire, au contraire des petits Échassiers infatigables ; il chasse à vue et au toucher, sondant fréquemment le sol de son bec sensible pour y découvrir des proies souterraines ou les localisant par leurs traces et les orifices des terriers. Extraits, au besoin par morceaux, grâce au long bec courbe, les mollusques, vers, petits crabes et tipules sont promptement avalés.

Le cri plaintif du Courlis cendré évoque la tristesse des landes, des marais et des estuaires où il hiverne.

La plupart des couples sont formés avant l'arrivée sur les lieux de nidification, qu'ils fréquentent probablement plusieurs années de suite. Le territoire est délimité par des vols de surveillance et d'éventuels combats. Le nid est choisi parmi ceux que le mâle ébauche dans l'herbe, puis est tapissé de tiges d'herbe. Se relayant deux fois par jour, les parents couvent les quatre œufs pendant quatre semaines. Indépendants six ou sept semaines après leur éclosion, les jeunes Courlis devront attendre une douzaine de semaines de plus avant que leur bec atteigne sa taille définitive.

Courlis corlieu *(Numenius phaeopus)*

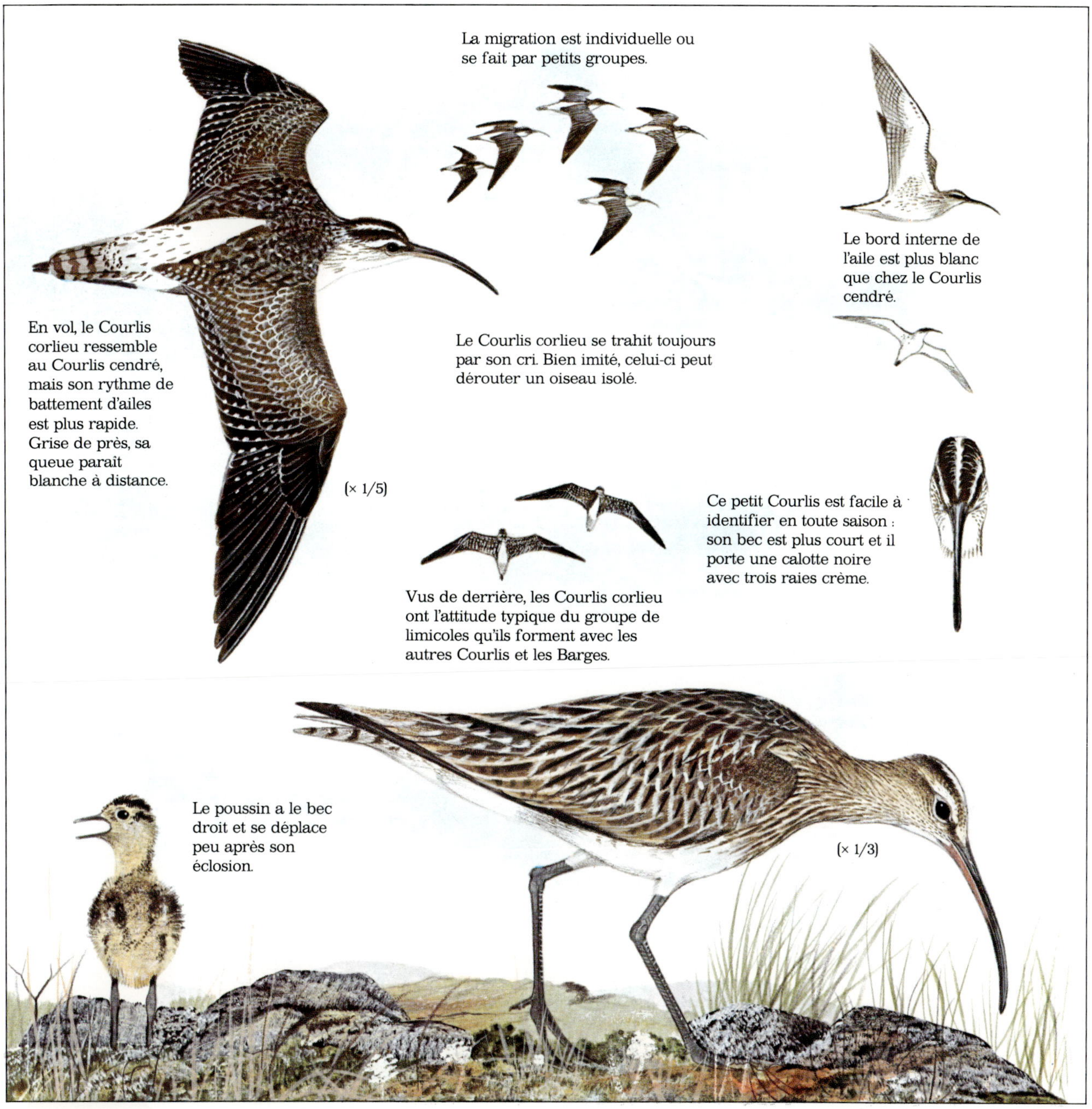

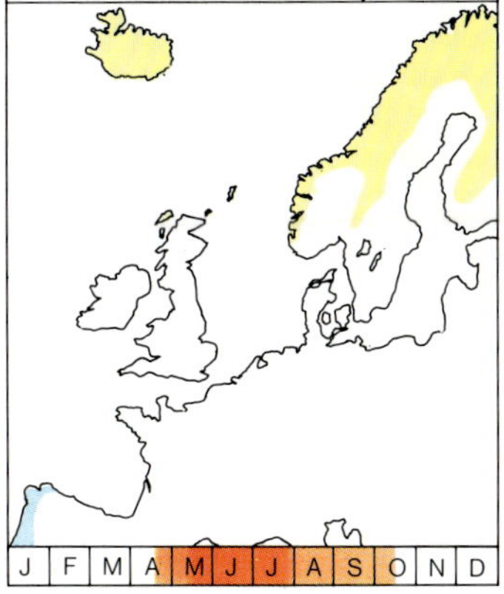

S'ils ne se dénonçaient par leur appel en suite rapide de sifflements, descendant d'un ton et répété sept fois, les vols de Courlis corlieu passeraient inaperçus.

Vu de près, cet oiseau est une reproduction en réduction du Courlis cendré, avec un bec plus court mais aussi incurvé. Sa technique de chasse est identique, mais les mouvements désinvoltes du Courlis cendré sont remplacés par une série rapprochée de sondages à la manière d'autres petits limicoles, comme le Bécasseau variable. Le choix de ses sites favoris est plus varié que celui du Courlis cendré et accuse une préférence pour les côtes rocheuses, notamment les récifs de corail qu'il aime occuper l'hiver, se nourrissant de mollusques, de vers et de crabes.

Les plateaux marécageux désolés et la toundra constituent ses sites de nidification. Les vols nuptiaux commencent dès son arrivée sur les lieux et consistent en longues spirales ascendantes suivies de descentes en vol plané, coupées d'acrobaties, et agrémentées d'un chant roulé qu'exécutent les deux partenaires.

Le nid, posé sur un mamelon, est protégé des intempéries. Les parents se partagent les vingt-sept ou vingt-huit jours de couvaison, puis les quatre semaines d'élevage des jeunes.

Échasse blanche *(Himantopus himantopus)*

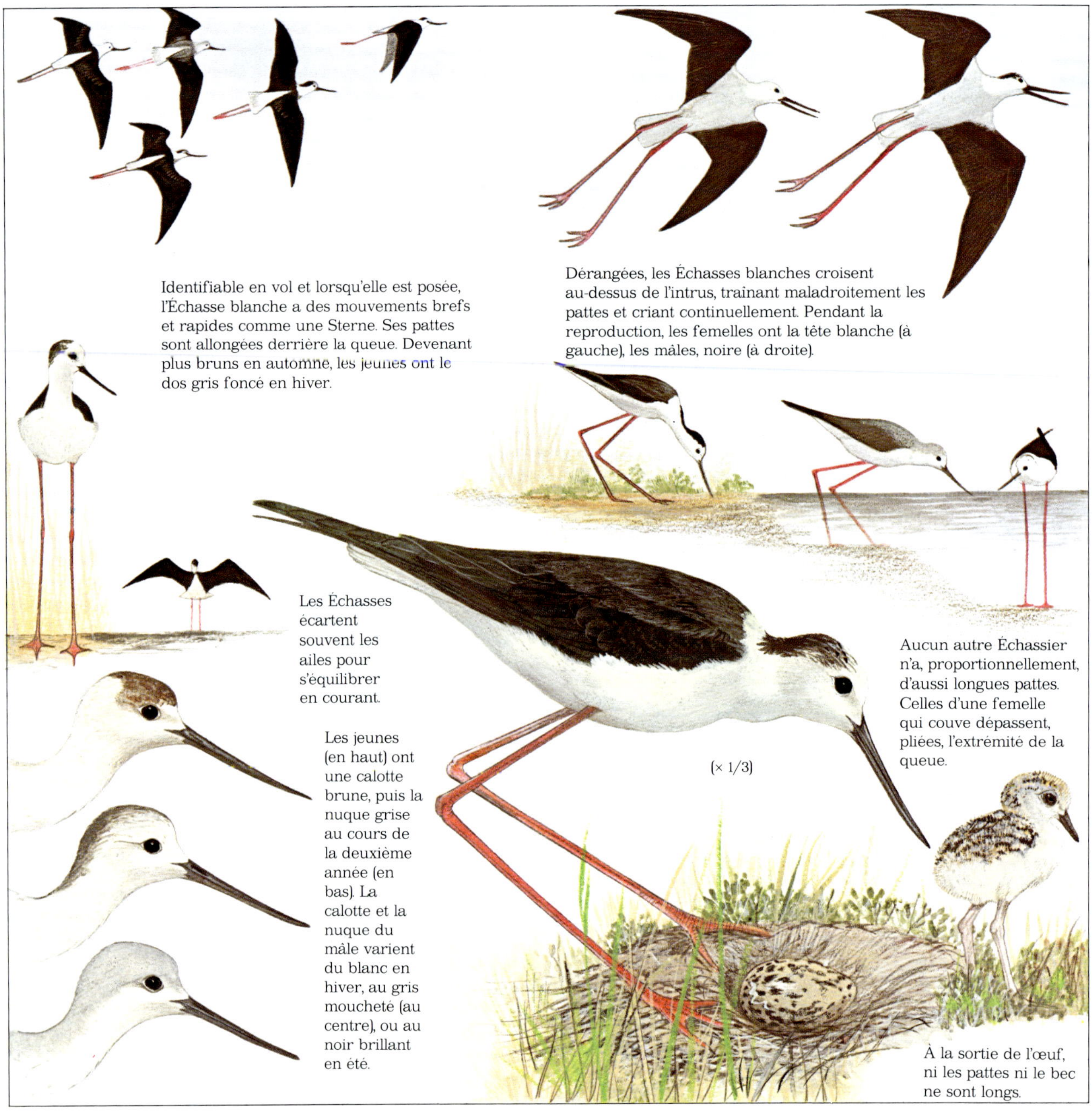

Identifiable en vol et lorsqu'elle est posée, l'Échasse blanche a des mouvements brefs et rapides comme une Sterne. Ses pattes sont allongées derrière la queue. Devenant plus bruns en automne, les jeunes ont le dos gris foncé en hiver.

Dérangées, les Échasses blanches croisent au-dessus de l'intrus, traînant maladroitement les pattes et criant continuellement. Pendant la reproduction, les femelles ont la tête blanche (à gauche), les mâles, noire (à droite).

Les Échasses écartent souvent les ailes pour s'équilibrer en courant.

Les jeunes (en haut) ont une calotte brune, puis la nuque grise au cours de la deuxième année (en bas). La calotte et la nuque du mâle varient du blanc en hiver, au gris moucheté (au centre), ou au noir brillant en été.

(× 1/3)

Aucun autre Échassier n'a, proportionnellement, d'aussi longues pattes. Celles d'une femelle qui couve dépassent, pliées, l'extrémité de la queue.

À la sortie de l'œuf, ni les pattes ni le bec ne sont longs.

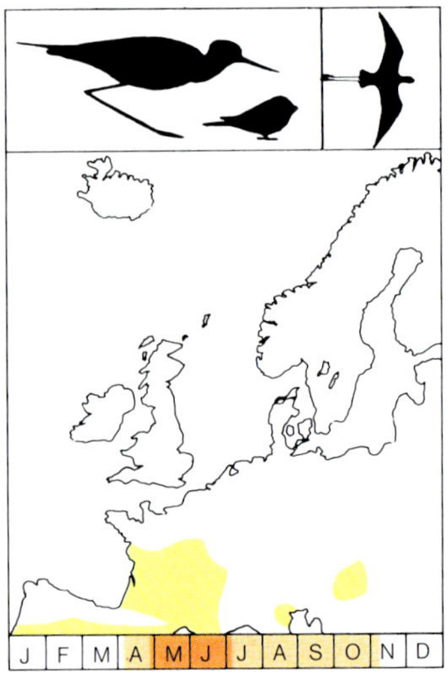

Rare en Europe septentrionale, l'Échasse blanche est commune autour de la Méditerranée, où elle aime les marais, les lagunes et les salines. De petites colonies nichent fréquemment sur des îlots ou sur les digues des salines. Les couples isolés sont très farouches et bruyants.

Ses très longues pattes et son plumage noir et blanc en toute saison, la rendent facile à identifier. Ces pattes peuvent paraître maladroites quand l'oiseau se penche pour saisir un insecte ou résiste au vent. Elles lui permettent de se nourrir en eau profonde, là où aucune Sterne ne peut aller. Marchant aisément avec de l'eau jusqu'au ventre, l'Échasse saisit immanquablement les insectes de son bec acéré. Ce bec sonde rarement la vase mais saisit de petits poissons sous l'eau.

L'œuf ressemble à celui des autres limicoles, mais il est évident que le poussin, une fois éclos, ne pourrait y tenir s'il avait, proportionnellement, le bec et les pattes de ses parents. Pendant la croissance du poussin, ce bec et ces pattes se développent extraordinairement vite.

Avocette *(Recurvirostra avosetta)*

En vol, les ailes de l'Avocette paraissent plus rondes que celles des autres limicoles. Vues d'en bas, elles sont blanches avec la pointe noire. Les marques noires du dos sont caractéristiques, même quand le bec recourbé ne peut être vu.

Les Avocettes nagent parfois (à l'extrême gauche). Un couple se lisse mutuellement les plumes avec le bec, prélude habituel des jeux nuptiaux. À droite : le mâle se prépare à couvrir la femelle, qui indique son acquiescement en étendant les ailes tout en se penchant.

(× 1/3)

Très agressives quand il s'agit de protéger leur nid ou leur territoire, les Avocettes adoptent une attitude de défense courbée et foncent sur l'intrus, ailes soulevées. Ci-dessous : femelle au nid, hérissant son plumage ventral pour couvrir les œufs.

Les poussins n'ont qu'une amorce de bec incurvé, mais présentent déjà la coloration alaire des parents ainsi que la curieuse palmure des pattes.

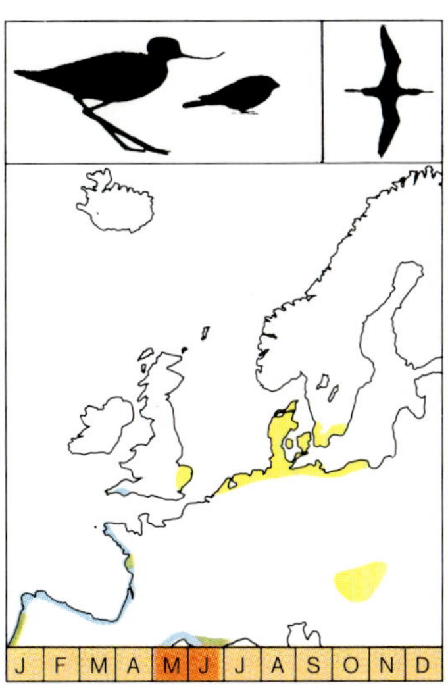

Chacun admire le vol gracieux de l'Avocette et aime entendre son appel mélodieux. Elle doit probablement son nom à son plumage semblable à une robe d'avocat. Cette espèce a des parents différemment colorés (plus roux) en Amérique et en Australie.

Le bec élégamment relevé est un outil précieux : il sert à capturer les petits invertébrés pendant que l'oiseau patauge en le balançant de droite à gauche. Il sert aussi à fouiller la vase quand l'oiseau nage comme un Canard. Les Avocettes nichent en colonies sur des bancs de sable ou les vasières proches de l'eau. La variété des moyens de dissuasion est intéressante, la technique la plus commune consistant à marcher parallèlement à l'intrus pour arriver sur lui ensuite. Un couple peut devoir défendre son territoire contre d'autres couples. Les jeux nuptiaux comprennent des courbettes et le croisement des becs.

Le nid peut être un simple creux ou une plate-forme capable de résister à l'eau ; il contient quatre œufs pondus fin avril ou début mai en Europe septentrionale. Les poussins se nourrissent eux-mêmes dès l'éclosion, en picorant au début, puis en balayant malgré leur bec encore court et droit. Disparues des îles Britanniques pendant un siècle, les Avocettes y prospèrent depuis 1947.

Huîtrier-pie *(Haematopus ostralegus)*

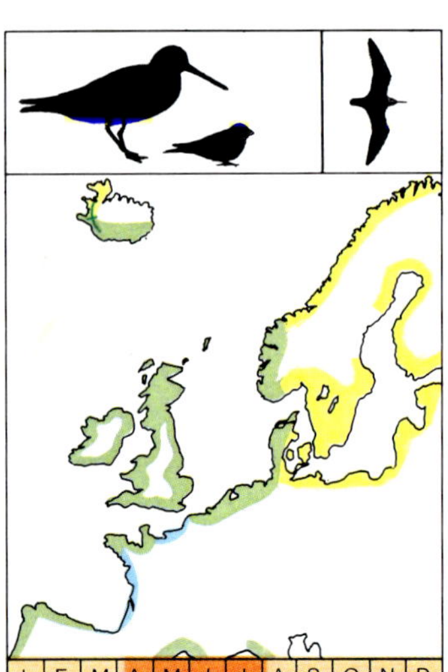

Les ailes bicolores et l'appel sifflé d'un groupe d'Huîtriers-pies émerveillent les habitants des côtes. Le bec orange de cet oiseau vient à bout des bivalves (moules, clovisses) en les frappant ou en forçant l'ouverture du coquillage. Les parents apprennent l'une ou l'autre de ces méthodes aux jeunes ; la première, le martelage, peut détériorer le bec et empêcher de picorer des insectes dans la vase, autre source de provende. Le nid n'est qu'une excavation à proximité d'un abri végétal. Le territoire environnant est défendu par des appels aigus lancés cou tendu et bec pointé.

Les parents couvent tous deux trois ou quatre œufs pendant vingt-quatre à vingt-sept jours. Les jeunes comptent parmi les rares limicoles nourris par les parents et qui ne peuvent se servir immédiatement de leur bec. Ils apprennent à se nourrir indépendamment au cours des cinq semaines suivant l'éclosion. Les Huîtriers-pies peuvent se reproduire à partir de cinq ans, les femelles à partir de quatre ans. Ces oiseaux atteignent une vingtaine d'années. Ils migrent vers le sud en hiver, mais les mouvements importants sont limités aux oiseaux septentrionaux.

Spatule blanche *(Platalea leucorodia)*

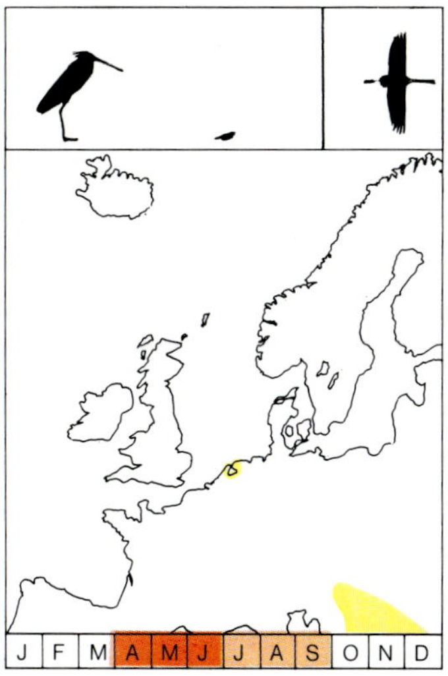

Élégantes mais curieuses, les Spatules utilisent adroitement leur bec : s'en servant sous l'eau, elles récoltent des quantités de crustacés, poissons, vers et mollusques. Un important réseau nerveux rend ce bec très sensible au moindre contact, ce qui permet de chasser au toucher plus qu'à vue.

L'assèchement des marais réduit les possibilités de nidification qui exigent la proximité d'eau peu profonde. Cette aire de nidification s'étend pourtant de telle façon qu'on peut espérer une installation dans l'est des îles Britanniques, où les Spatules nichaient régulièrement avant le milieu du XVIIe siècle.

Le nid est généralement bâti dans les roseaux, mais peut être placé, même assez haut, dans des buissons ou des arbres ; il s'agit d'une plate-forme de roseaux et de branches contenant quatre œufs pondus à intervalles de plusieurs jours. Couvés par les parents pendant trois semaines, ces œufs donnent des jeunes à bec court, pratiquement normal, couverts d'un duvet blanc épars. Ils quittent le nid au bout de quatre semaines, mais ne volent pas avant l'âge de sept semaines.

Héron cendré *(Ardea cinerea)*

S60

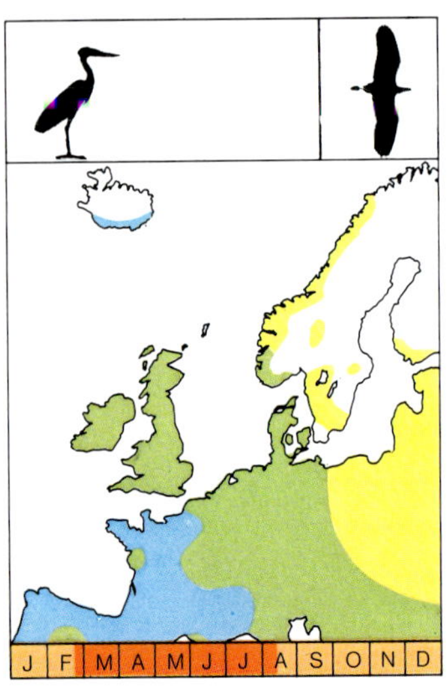

Dressé, immobile en eau peu profonde, un Héron cendré peut être confondu avec un poteau ou une branche morte. Quand il bouge, ses gestes sont assez lents et mesurés pour passer inaperçus. Il tend le cou puis le plonge très rapidement pour saisir les poissons. Bien qu'il se nourrisse également de grenouilles et de petits mammifères, les poissons constituent le principal de son ordinaire. Poursuivi à cause de cela, écarté par les assèchements, il maintient néanmoins sa population en Europe ; ses nids, faciles à dénombrer dans les arbres, aident à ce comptage ; il y a environ 5 000 couples en Grande-Bretagne et 10 000 couples en France. Ils reforment leur population en deux ou trois saisons quand des hivers trop rudes les déciment. Une héronnière moyenne compte 200 nids. Jadis, une héronnière hollandaise en a rassemblé 1 025. Les parents se partagent, pendant vingt-cinq jours, la couvaison des trois à cinq œufs, pondus dès mars, puis le nourrissage des jeunes.

Héron pourpré *(Ardea purpurea)*

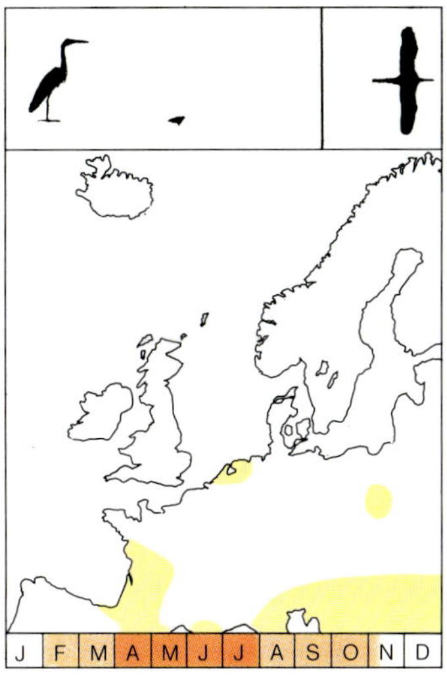

Maigre et anguleux, le Héron pourpré peut être distingué du Héron cendré par sa silhouette, quand la lumière ne permet pas de distinguer les couleurs. Il diffère également du Héron cendré par son biotope favori, constitué de roseaux serrés. Pendant la reproduction, les deux espèces se retrouvent sur les mêmes rives ou mares. Les activités humaines réduisant par assèchement les espaces de roseaux, l'espèce diminue, ne nichant plus que par endroits en Europe.

Le Héron pourpré est moins grégaire que le Cendré ; il est aussi plus silencieux bien qu'on puisse entendre son cri râpeux. Il reste actif bien après le coucher du soleil.

Le nid, fait de roseaux secs, est bâti près de l'eau mais parfois assez haut dans les buissons. Groupés en colonies comme ceux des autres Hérons, les nids sont plus espacés. Les parents couvent tous deux pendant vingt-quatre à vingt-huit jours les quatre ou cinq œufs pondus plus tard que ceux des autres Hérons. Les jeunes restent six semaines au nid mais ne sont pas indépendants avant deux mois. La couvée est unique.

Cigogne blanche *(Ciconia ciconia)*

Comme elles nichent généralement sur les bâtiments, l'arrivée des Cigognes est considérée comme un bon augure, d'où l'association d'idées créant la légende des Cigognes porteuses de nouveau-nés.

Leur nombre diminue en Europe. Comme ces oiseaux sont non seulement protégés dans la plupart des pays, mais que des plates-formes spéciales ont été installées à leur intention dans diverses villes, la persécution peut être écartée : l'usage d'insecticides dans les zones africaines d'hivernage, éliminant les sauterelles et les criquets dont les Cigognes se nourrissent abondamment, paraît être une raison plus sérieuse.

Dans leur aire de reproduction, elles se nourrissent dans les prairies humides, de grenouilles, de petits mammifères et de gros insectes.

Leurs grands nids de branchage sont réutilisés pendant des années. Les mâles arrivent les premiers et attirent leur compagne par des claquements de bec. Les parents couvent tous deux les trois à cinq œufs pendant vingt-neuf ou trente jours, puis nourrissent les jeunes.

Habituées à se servir des courants d'air ascendants, qu'on ne rencontre qu'au-dessus de la terre ferme, les Cigognes évitent autant que possible les traversées maritimes, passant par Gibraltar et le Bosphore.

Râle d'eau *(Rallus aquaticus)*

S/M_H

(× 3/4)

Tête d'adulte. Le long bec ne ressemble pas à celui des autres Râles.

En vol, le Râle d'eau montre des ailes grisâtres et un dos noir olive. Les pattes pendent toujours en vol.

(× 1/6)

Vue habituelle du Râle (ci-dessous) qui, poursuivi, s'envole. Il peut aussi piéter. Son vol, apparemment mou, est assez vif. Les Râles d'eau sont parfois accidentellement victimes de battues.

Le dessous des ailes et le ventre sont marqués de blanc, mais ces détails passent généralement inaperçus, car l'oiseau vole bas après avoir été levé.

Cou étiré de l'oiseau dressé.

Attitude au gagnage.

À gauche : le Râle, au milieu de la végétation, paraît mince. Cette conformation lui permet de s'y faufiler.

La queue dressée révèle des sous-caudales crème.

(× 1/3)

Aucune autre espèce de cette taille n'a ce long bec rouge. Ses flancs striés et son ventre gris le distinguent également. C'est un oiseau déconcertant, qui traverse inopinément des espaces dangereux comme les routes, fuyant d'autres fois à la moindre alerte.

Le jeune Râle d'eau a un bec jaune et le dessous strié de blanc plus clair.

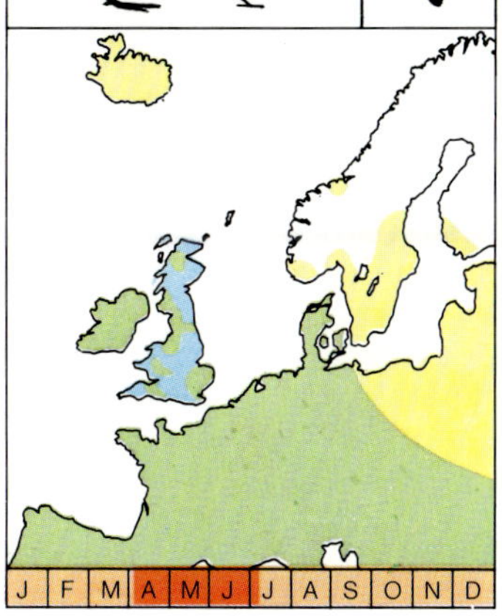

On les voit plus souvent morts que vifs ! Prudents et timides dans leur habitat marécageux, ils ont la triste particularité de s'écraser, en migration, sur les phares, les lignes électriques et autres obstacles artificiels. Le vol semble maladroit, pattes pendantes. Ils préfèrent souvent s'échapper à pattes. Ils accomplissent pourtant de grands voyages, de la Scandinavie et des Pays-Bas vers la Grande-Bretagne, de là vers le sud de l'Europe.

Ils nichent dès avril dans des oseraies et des bordures de roseaux où seul leur appel étrange les trahit : ces grognements et cris aigus sont comparés aux appels de détresse du cochon à l'abattoir. Le nid, fait de roseaux secs, est très bien caché dans la végétation. Les parents couvent, tous deux et pendant une vingtaine de jours, six à onze œufs. Les jeunes quittent le nid de bonne heure mais ne sont émancipés qu'au bout de sept ou huit semaines. On a observé des Râles emmenant leurs œufs ou leurs jeunes dans le bec, en cas de danger. Ils se nourrissent de graines, baies, insectes, mollusques, petits poissons et même de jeunes oiseaux.

Plongeon catmarin *(Gavia stellata)*

S/M_H

Le plumage hivernal du dos paraît gris quand l'oiseau est en mouvement. L'espèce est identifiée par sa taille, sa silhouette et son bec retroussé.

Les Plongeons ont une silhouette caractéristique résultant d'un cou souple, d'ailes étroites et très longues et d'un corps effilé. Les adultes et les jeunes se ressemblent.

Le passage des Plongeons se fait souvent à grande altitude (jusqu'à 200 m), ce qui rend leur identification difficile.

(× 1/7)

Plongeon arctique adulte en plumage hivernal : il est plus grand que le Catmarin. Les ailes et le bec sont plus grands.

Plongeons catmarins en plumage hivernal : le dos paraît foncé par temps couvert.

Plongeon catmarin révélant, en hiver, le dessous des ailes blanc.

Ci-dessus : le Plongeon vole généralement au ras de l'eau.

Ci-dessous : nageant, il paraît épais, n'émergeant qu'à peine.

Vu de près, le Plongeon catmarin en plumage hivernal a le dos légèrement tacheté de blanc et la gorge franchement blanche. Le bec relevé est caractéristique.

(× 1/5)

Les Plongeons se retournent parfois, montrant leur ventre blanc. En nageant, ils tiennent la tête haute, mais en pêchant elle reste sous l'eau. Une fois nourri, l'oiseau boit de petites gorgées d'eau.

La gorge rousse n'apparaît qu'entre avril et septembre.

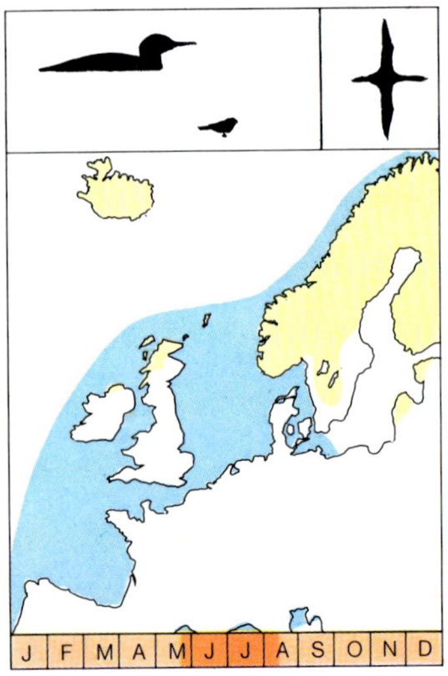

Parents éloignés, les Plongeons et les Grèbes présentent les mêmes aptitudes pour nager sur et sous l'eau. La position des pattes, très en arrière, est caractéristique de ces deux groupes. Cela les avantage sur l'eau, mais les rend maladroits à terre.

Les Catmarins sont les plus répandus et les plus petits des Plongeons. Ils nichent le long des lacs de la toundra ou des landes de bruyère ; bien qu'ils choisissent parfois de petits plans d'eau, ils ne s'éloignent guère de la mer ou des grands lacs pour y pêcher.

Ils sont bruyants au printemps : on dit, en Écosse, que leurs cris miaulants et grondants annoncent la pluie. Les jeux nuptiaux sont observés pendant tout l'été : ils comprennent des plongeons, des poursuites et des poses sur l'eau. Le vol nuptial, qui atteint une très grande hauteur et s'agrémente de cris crépitants, n'a lieu qu'avant la reproduction. Variant d'un simple creux au bord de l'eau à un gros tas de végétaux en eau peu profonde, le nid contient généralement deux œufs. Les parents se partagent la construction du nid, la couvaison pendant vingt-quatre à vingt-neuf jours, et enfin l'élevage des jeunes pendant huit semaines.

Plongeon imbrin *(Gavia immer)*
Plongeon arctique *(Gavia arctica)*

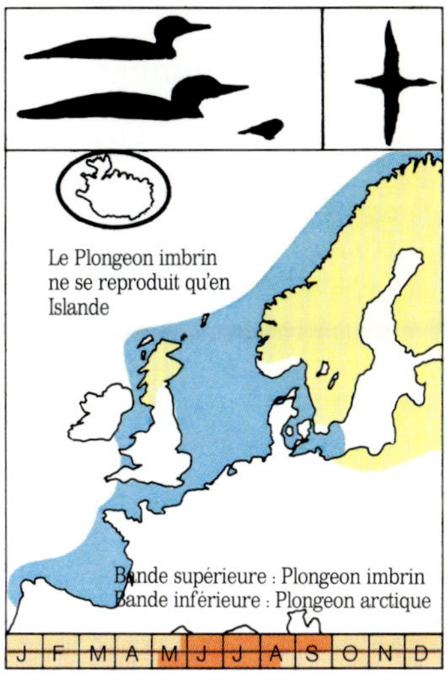

Les Plongeons arctiques ont toujours niché en Écosse et Scandinavie, mais jusqu'à présent les Plongeons imbrins n'avaient été observés qu'occasionnellement le long des côtes ou sur les plans d'eau d'Europe. Un couple de cette espèce, avec deux jeunes, a été signalé sur un lac écossais en 1970 et, l'année suivante, on a remarqué sur ce même lac un Plongeon arctique accompagné d'un hybride des deux espèces et d'un jeune déjà grand. Il n'y a pas eu d'autres observations, mais on peut espérer que l'espèce s'établira davantage. Cela serait bienvenu, car les Plongeons ont été sérieusement pourchassés par les hommes. Les Plongeons imbrins ont été poursuivis pour leur plumage en été tandis que les nids des Plongeons arctiques étaient dévastés par les pêcheurs voulant protéger leurs truites. Ces oiseaux souffrent, en outre, des « marées noires » pendant leur hivernage en mer. Ces deux espèces nichent à la manière des Plongeons catmarins, mais l'incubation et l'élevage des jeunes durent un peu plus longtemps. Ils choisissent aussi la proximité de plans d'eau plus importants. Ces oiseaux sont très bruyants en été : le gémissement puissant d'un Plongeon imbrin est le plus poignant des cris d'oiseaux.

Cygne sauvage *(Cygnus cygnus)*
Cygne de Bewick *(Cygnus bewickii)*

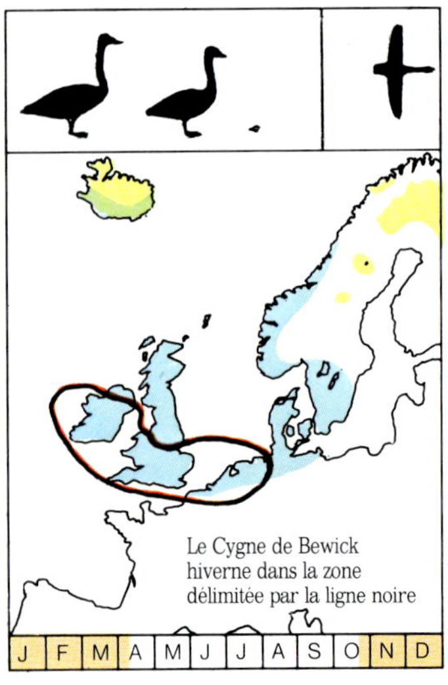

Ces deux espèces sont avant tout sauvages. Il n'a jamais été question de les domestiquer à la manière des Cygnes tuberculés. Leur appel, vibrant comme une trompette, proclame cette indépendance, bien que leurs battements d'ailes soient presque silencieux. Cet appel, produit dans une longue trachée, est perceptible à très grande distance.

Le Cygne sauvage niche en Laponie, en Islande et, sporadiquement, en Écosse. Il hiverne le long des côtes ou sur les lacs intérieurs de Scandinavie, de Grande-Bretagne et, pour quelques oiseaux, en Méditerranée. Le Cygne de Bewick niche plus au nord, dans l'extrême zone arctique de l'U.R.S.S., mais il est plus répandu en Europe en hiver ; on le voit en assez grand nombre en Allemagne et en Hollande, et, depuis l'hiver sévère de 1955-1956, en Angleterre.

Des observations récentes tendent à prouver que les couvées successives restent groupées, pouvant former des familles d'une quinzaine d'individus.

Ces deux espèces bâtissent un nid volumineux, comme le Cygne tuberculé, mais le tapissent d'une grande quantité de duvet.

Cygne tuberculé *(Cygnus olor)*

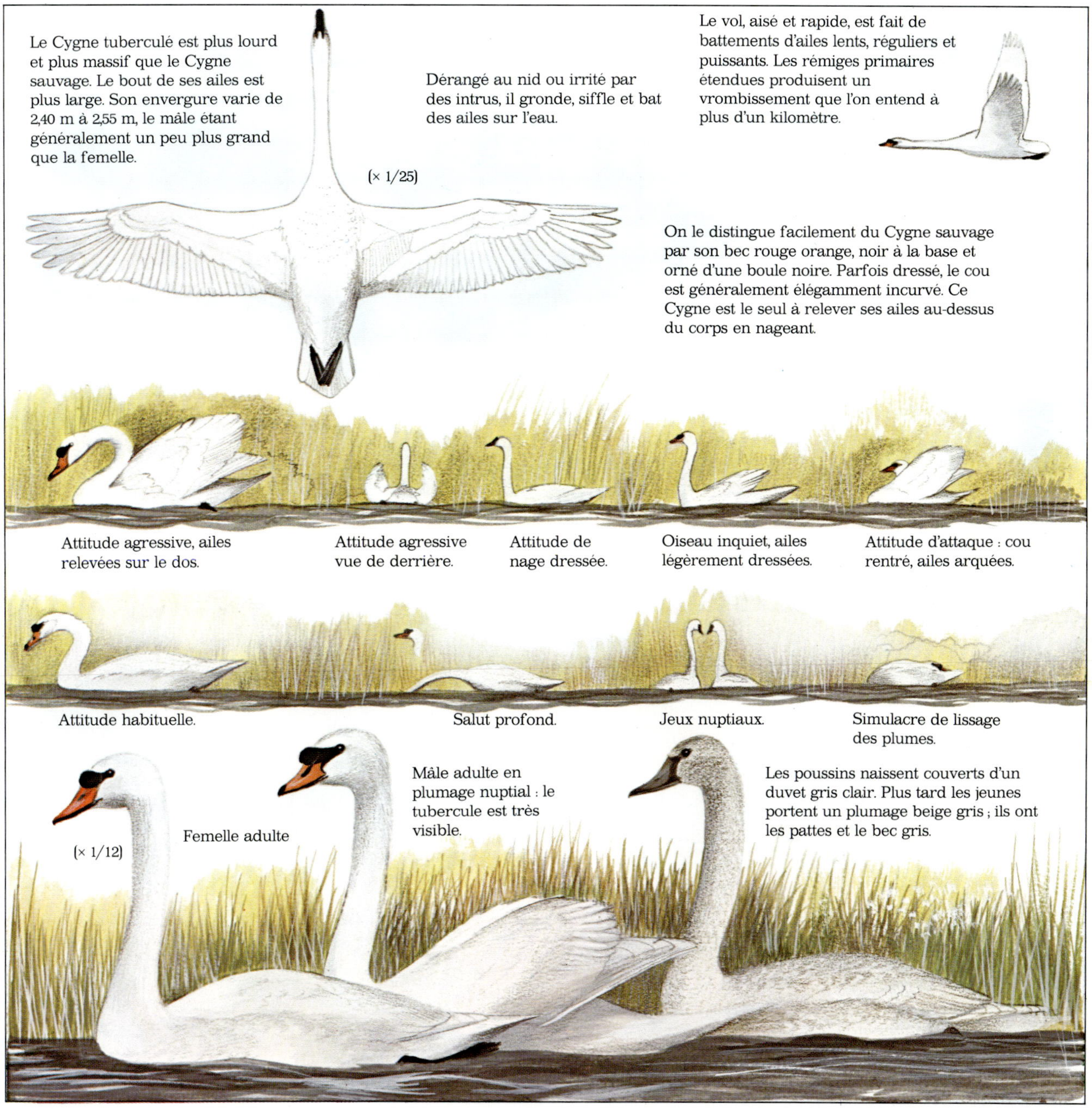

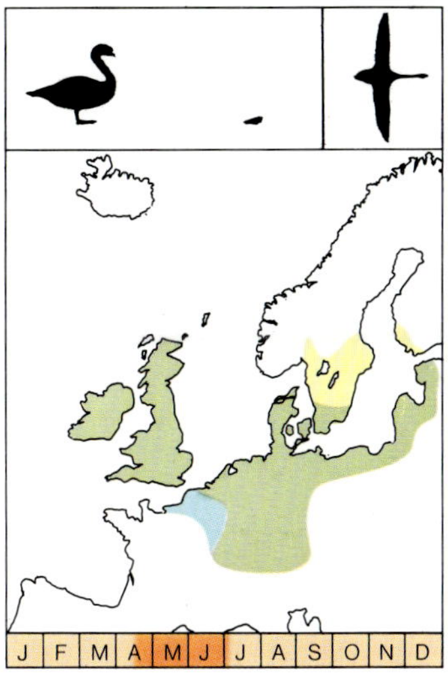

Comparée aux autres Cygnes, cette espèce n'est pas bavarde : son répertoire n'est fait que de chuintements et de grognements. En vol, au contraire, elle compense cette différence par des battements d'ailes vrombissants qui auraient, dit-on, inspiré Wagner pour la *Chevauchée des Walkyries.*

Ce Cygne, répandu en Europe, est le seul à nicher un peu partout. Sa distribution actuelle résulte d'ailleurs des diverses étapes de sa domestication. Le recensement des Cygnes est traditionnellement effectué chaque année sur la Tamise : les jeunes Cygnes sont cernés et marqués au bec. Ces Cygnes se nourrissent de diverses herbes aquatiques et de petits animaux, mais acceptent une grande variété d'aliments. Ils se rassemblent parfois en grandes bandes dans les estuaires et recherchent une plante assez rare : la zostère. Ils nichent le long des lacs et des rivières, bâtissant un grand nid près de l'eau. Le mâle participe à sa construction puis le défend ardemment. C'est surtout la femelle qui couve les trois à huit œufs pendant trente-cinq jours : le mâle la relaie parfois quand elle se nourrit la nuit. Les jeunes Cygnes ont toutes leurs plumes à treize semaines.

Bernache nonnette *(Branta leucopsis)*

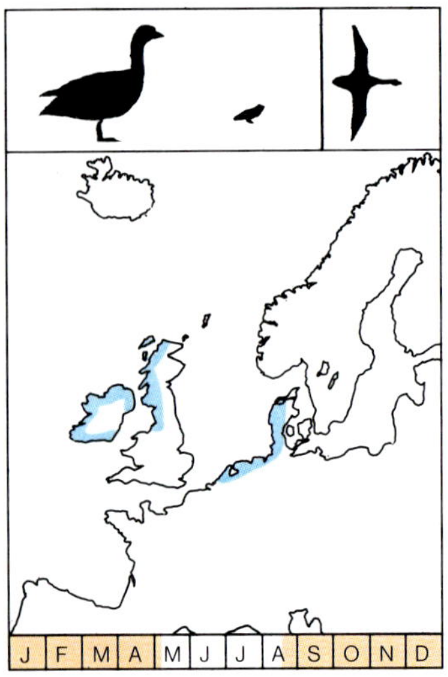

L'assèchement des bancs de vase côtiers n'est pas désastreux pour toutes les espèces d'oiseaux d'eau. Les grands travaux hydrauliques entrepris en Hollande ont écarté les Bernaches cravants, qui aiment les rivages, mais procuré d'immenses pâturages aux Nonnettes.

Ces oiseaux se nourrissent d'herbe rase sur les pâturages du littoral et de certains marais salants. Des recherches récentes ont démontré qu'ils consommaient également beaucoup de graines, ce qui est rare chez les Oies. Ils les arrachent probablement des têtes de joncs. Les Bernaches nonnettes se nourrissent au cours de la journée, allant aux champs et en revenant matin et soir. Elles passent la nuit sur les bancs de sable, mais se nourrissent dans les champs par pleine lune.

Les Bernaches nonnettes d'Irlande et des Hébrides nichent au Groenland, celles du Solway au Spitzberg, tandis que celles qui hivernent en Hollande et sur l'île de Gotland (Baltique) nichent dans le nord de la Russie.

Le nid est bâti sur un espace déneigé avant la fin du dégel arctique. Il est toujours placé dans une falaise ou sur un îlot pour éviter les renards polaires. Comme chez les autres espèces d'Oies, le mâle monte la garde près du nid et aide la femelle à élever les jeunes.

Bernache du Canada *(Branta canadensis)*

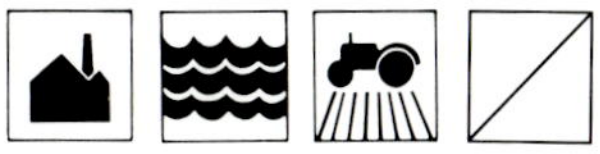

La marque en chevron est plus éloignée du bout de la queue que chez les autres Bernaches.

Plus grande que les autres Oies, la Bernache du Canada se distingue, vue d'en bas, par son cou noir, son menton blanc, son ventre clair et son dessous d'ailes sombre.

(× 1/10)

Après avoir écarté un intrus du nid, un couple de Bernache du Canada parade en agitant le cou dans tous les sens.

Introduite dans les îles Britanniques comme oiseau d'ornement, la Bernache du Canada s'est rapidement répandue dans toute une série d'habitats en eau douce.

Le nid est établi au sol, près de l'eau, parfois en colonie, mais généralement en petit groupe.

L'envol montre nettement le dos brun, la queue noire et la marque blanche en forme de chevron.

Mâle et femelle adultes : les sexes ne montrent pas de différence apparente dans le plumage.

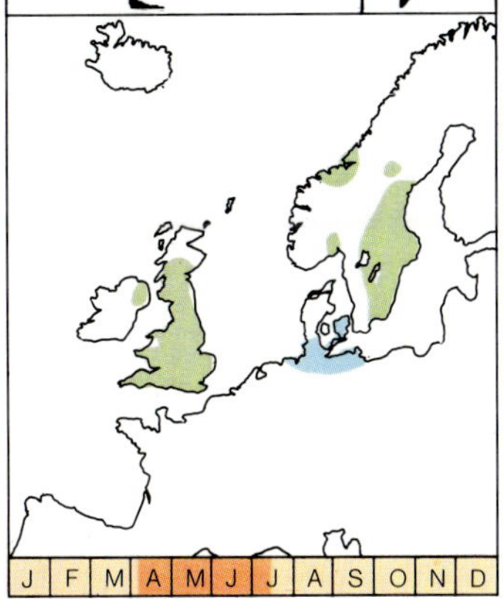

Cet oiseau est commun pour un ornithologiste américain. On le voit un peu partout en migration, au printemps et en automne, sur le continent nord-américain. Mais il s'est aussi facilement établi en Europe.

Les Bernaches du Canada comptent diverses sous-espèces très différentes en Amérique. Celles d'Europe appartiennent à la sous-espèce claire, de grande taille, établie sur les côtes atlantiques de l'Amérique. Quelques oiseaux des autres sous-espèces se sont mêlés aux troupeaux de Bernaches nonnettes ou d'Oies rieuses d'Écosse et d'Irlande. Un comptage réalisé en 1953 dénombra 1 500 couples dans les îles Britanniques et cette population s'est développée depuis ; on compte environ 2 300 couples en Suède. L'espèce niche depuis peu au Danemark et en Norvège. Ces Bernaches hivernent au sud de la Baltique, le long de la mer du Nord et, dans l'intérieur, jusqu'en Suisse.

Elles aiment les prairies et les landes proches de l'eau, choisissant des lacs, des gravières et des étangs de parcs pour nicher. Bâti près de l'eau, souvent sur un îlot, toujours à l'abri de végétation touffue, le nid d'herbes et de roseaux, tapissé de duvet, contient cinq ou six œufs. Les nids sont souvent proches.

Les oisons sont indépendants à l'âge de six semaines et demie.

Oie rieuse *(Anser albifrons)*

En vol, l'Oie rieuse adulte paraît plus pâle que l'Oie cendrée.

Vue d'en bas (à droite), elle est plus ou moins barrée. Les jeunes n'ont pas de barres inférieures ni la tache blanche sur le front.

Elle n'a pas l'aile contrastée (claire devant, sombre à l'arrière) des Oies cendrées et à bec court.

Son vol agile lui permet d'esquiver les coups de fusil plus rapidement que les autres Oies grises.

Les groupes familiaux broutent les prairies ou les espaces que la marée vient de laisser. Pris au filet pour être bagués, ces oiseaux sont relâchés en famille et non individuellement.

La sous-espèce groenlandaise s'identifie par son bec orange.

La sous-espèce russe, fréquente en Europe occidentale en hiver, a le bec rose rouge.

Les jeunes et les oiseaux passant leur premier hiver ont le bec gris jaune très pâle.

Les Oies rieuses adultes ont un front blanc bien visible et le dessous fortement marqué.

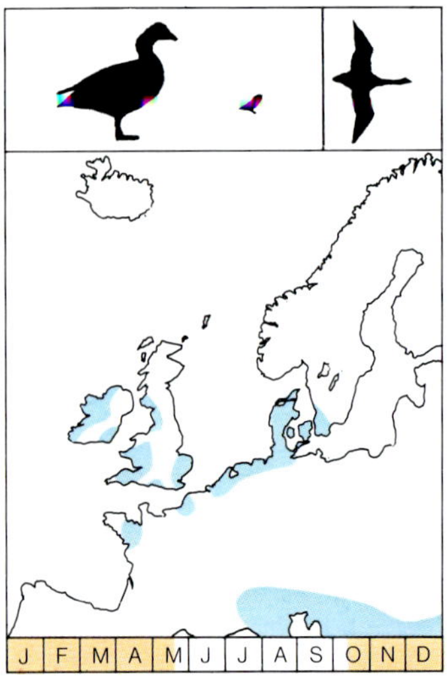

Les Oies sauvages se font remarquer par leurs cris en vol. Des oiseaux moins gros entreprennent de plus longs voyages mais passent inaperçus. Les Oies font toujours sensation lorsqu'elles passent en longue ligne ou en V étiré dans le ciel. Le chœur formé par une bande est bruyant, mais, de toutes les Oies, les Rieuses sont les plus mélodieuses.

On distingue deux sous-espèces en Europe : la plus nombreuse hiverne en Europe centrale et occidentale ainsi qu'en Angleterre et niche en Russie.

L'autre sous-espèce a le bec orange et est plus sombre ; elle niche au Groenland et hiverne en Écosse, en Irlande et au pays de Galles. Les quartiers d'hiver se sont déplacés, au cours de ces dernières années, d'Europe centrale vers les Pays-Bas, qui ont reçu jusqu'à plus de 70 000 oiseaux, soit la moitié de ceux qui hivernent en Europe.

Ces Oies se tiennent dans les prairies humides, où elles se nourrissent d'herbe. La sous-espèce groenlandaise paraît préférer les marais où elle trouve du carex dont elle mange les extrémités souterraines.

Ces Oies nichent dans la toundra ou sur les îles des rivières et élévations de marais. Elles se groupent en colonie, mais le jars se réserve un petit territoire. La famille reste groupée jusqu'à la saison suivante.

Bernache cravant *(Branta bernicla)*

Bernache cravant adulte (au premier plan) volant en compagnie d'un jeune.

(× 1/9)

Les familles restent groupées en bandes de la même sous-espèce ou mélangées.

Adulte : sous-espèce à ventre sombre.

Adulte : sous-espèce à ventre clair.

Lorsque la mer est étale, les Bernaches cravants barbotent, la tête sous l'eau, pour atteindre la végétation inondée.

Les Bernaches cravants volent bas sur l'eau en bandes lâches. Elles montent parfois jusqu'à une centaine de mètres.

Elles broutent le jour les zostères sur les bancs de vase. Petites, ressemblant superficiellement aux Canards, elles se distinguent par leur chevron blanc.

La Bernache cravant est parfaitement adaptée à la vie maritime et se repose souvent en mer.

Les jeunes sont plus fortement barrés que les adultes, mais n'ont pas la tache caractéristique au cou.

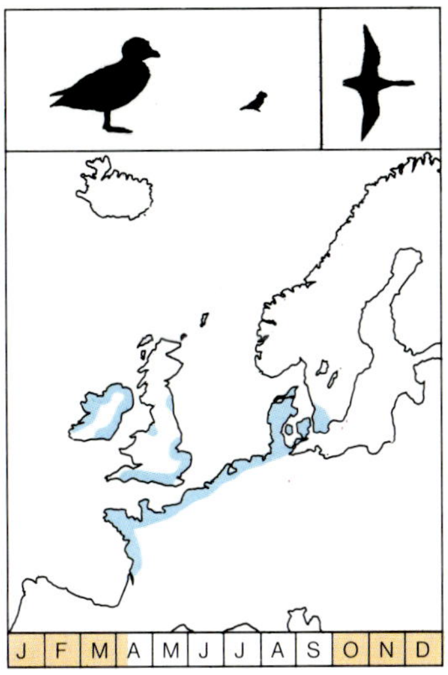

Les Bernaches cravants se tiennent exclusivement sur les grands bancs de vase des estuaires en hiver. Ce n'est qu'en cas de disette qu'elles franchissent les digues pour se nourrir dans les cultures comme les Oies cendrées. Sinon elles subsistent exclusivement de zostère et d'une algue nommée *Enteromorpha*, plantes qui couvrent les bancs de vase au-dessus du niveau atteint à mi-marée. Une autre zostère poussait autrefois plus bas que ce niveau, mais une maladie mystérieuse l'a pratiquement balayée sur les deux rives de l'Atlantique pendant les années 1930. La population des Bernaches cravants déclina alors de manière alarmante.

Ce gibier a toujours été recherché par les chasseurs. Les mesures de protection prises vers 1950 ont largement contribué à la reprise de l'espèce, mais l'aménagement des estuaires la menace. La sous-espèce à ventre clair, originaire du Canada, du Groenland et du Spitzberg, hiverne sur la côte Est des U.S.A., en Irlande et dans quelques localités bordant la mer du Nord. La sous-espèce à ventre sombre, qui hiverne plus fréquemment en Europe, niche en U.R.S.S. Le nid est placé dans la toundra, de préférence sur un îlot. La femelle couve ses trois à cinq œufs pendant quatre semaines.

Oie à bec court *(Anser brachyrhynchus)*
Oie des moissons *(Anser fabalis)*

Comme les autres Oies grises, les Oies à bec court volent en grandes bandes formées en long V.

Le bec de l'Oie des moissons (à droite) est variable : il est noir avec des taches jaunes ou orange propres à chaque oiseau.

Le bec de l'Oie à bec court est rose et noir chez les adultes, rose et ocre chez les jeunes.

Oie des moissons adulte

Oie à bec court adulte

Les Oies à bec court nichent sur des falaises ou des éperons rocheux pour éviter les renards polaires. Elles nichent cependant parfois dans la toundra.

(× 1/6)

Adultes des deux espèces : les Oies grises n'ont pas de traits sexuels distinctifs.

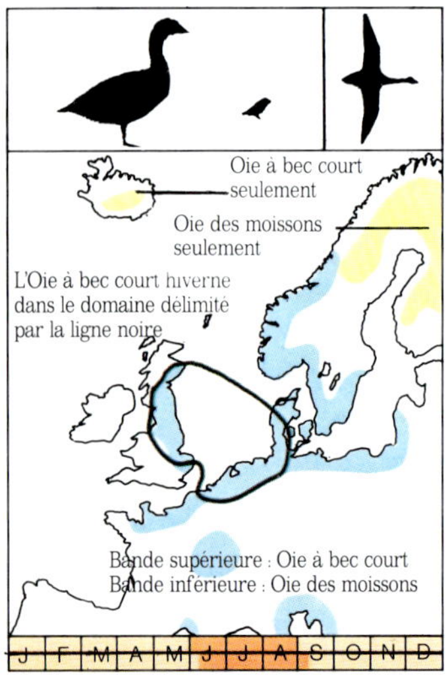

L'Oie des moissons fréquente les prairies et passe parfois la nuit à l'intérieur des terres : c'est la plus silencieuse des Oies grises. Les Oies à bec court préfèrent les chaumes, les champs de pommes de terre et autres cultures. Elles passent la nuit sur les vases des estuaires, allant aux champs et en revenant à l'aube et au crépuscule. Ces mouvements peuvent durer toute la nuit en période de pleine lune.

En vol, les Oies à bec court sont très bruyantes, la voix des mâles étant plus haute que celle, assez grave, des femelles. Les Oies des moissons sont plus largement distribuées que les Oies à bec court, mais leur nombre diminue à cause des pratiques agricoles modernes. Elles acceptent cependant de mieux en mieux les zones de culture intense. Les Oies à bec court ont été menacées par un programme hydro-électrique qui devait inonder la plus grande partie de leur aire de nidification islandaise.

Les Oies à bec court nichent sur les falaises et éperons rocheux en colonie ; les Oies des moissons isolément dans la toundra près des lacs, marais ou rivières. Les nichées de quatre à six œufs sont couvées pendant quatre semaines ; la manière de se reproduire est, de façon générale, identique chez les deux espèces.

Oie cendrée *(Anser anser)*

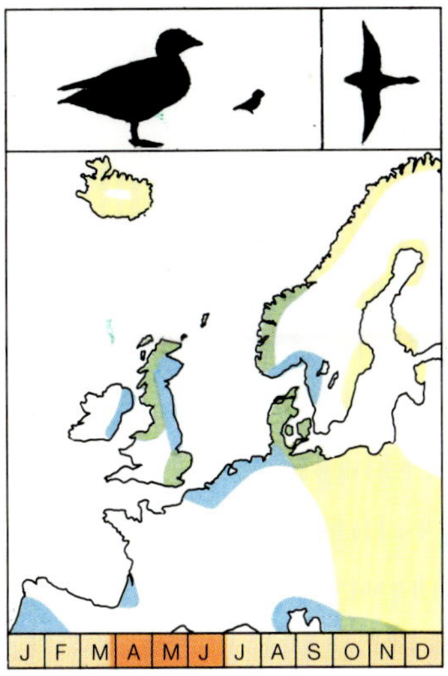

C'est l'ancêtre de toutes les Oies domestiques excepté l'Oie de Chine qui descend de l'Oie cygnoïde. Ces Oies sauvages ressemblent aux Oies domestiques par la voix et l'apparence générale. L'espèce est très répandue et niche dans des régions plus méridionales que n'importe quelle autre Oie grise. Elle a également été introduite dans des secteurs neufs, ce qui accroît encore son aire de répartition.

Les mœurs de l'Oie cendrée ont été étudiées avec plus de soin que celles des autres Oies ; l'organisation sociale complexe repose sur un système de communication par sons et attitudes. Les couples restent unis pour la vie et les familles ne se dissocient pas avant la fin de l'hiver, ce qui explique le groupement continu des vols. Comme la plupart des autres oiseaux d'eau, les Oies cendrées sont sujettes à un étrange phénomène : dès l'éclosion, elles s'attachent au premier être qu'elles voient. Il s'agit normalement de leur mère, mais ce peut être un Canard, une poule ou un être humain. Quel qu'il soit, les oisons bâtiront leur environnement social autour de cet être plutôt qu'autour d'autres Oies cendrées.

Foulque macroule *(Fulica atra)*

S60/MH

La Foulque vole rapidement, comme le Râle. Ses battements d'ailes sont brefs, atteignant très vite une bonne allure.

Pattes pendantes bien visibles sous cet angle.

Groupes se reposant ou se nourrissant sur l'herbe bordant l'eau.

La Foulque doit courir sur l'eau pendant quelques mètres avant de prendre son essor.

(× 1/5)

Ci-dessous : le bec et le front blancs sont visibles à n'importe quelle distance. Les Foulques plongent continuellement, faisant une cabriole avant de disparaître.

Les combats ou simulacres d'intimidation sont fréquents.

(× 3/10)

En broutant, la Foulque tourne la tête de droite à gauche pour saisir verticalement les tiges d'herbe.

Cet oiseau à plumage gris (il paraît noir de loin), front blanc et pattes démesurées est aussi facile à identifier qu'à repérer.

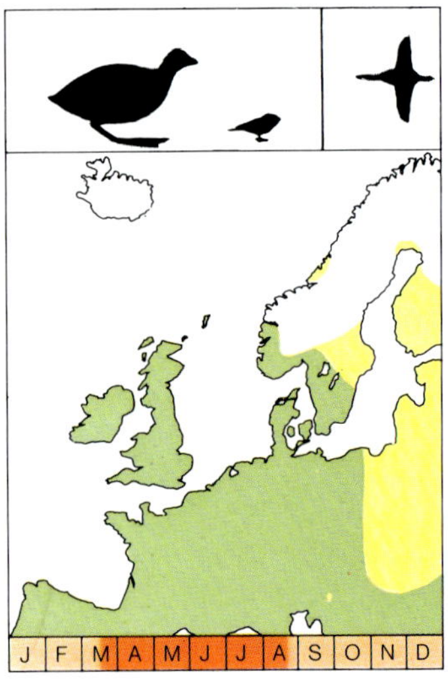

Les Foulques nagent beaucoup : elles commencent tôt grâce à leurs pattes lobées. Elles plongent fréquemment pour se saisir de végétaux mais aussi de petits poissons, de vers, de mollusques et même de canetons. Elles broutent sur les pelouses bordant l'eau sans s'en éloigner autant que les Poules d'eau. Elles protègent énergiquement leur territoire à l'aide de cris métalliques contre les intrus, n'hésitant pas à attaquer les Canards et les Grèbes.

Le nid, fait de roseaux et d'herbes, est plus épais que celui de la Poule d'eau. Il est bâti par la femelle dans les roseaux, assez loin du rivage. Le mâle apporte les matériaux nécessaires même quand les premiers œufs sont déjà pondus, et les enterre parfois par erreur. La femelle, nourrie par le mâle, couve les quatre à huit œufs pendant vingt-et-un à vingt-quatre jours. Dès le troisième ou quatrième jour, les jeunes quittent le nid qu'ils regagnent le soir pour être protégés. Ils ne sont indépendants qu'après huit semaines. Deux nichées sont habituelles. Les oiseaux d'Europe centrale et septentrionale migrent vers le sud-ouest en hiver.

Poule d'eau *(Gallinula chloropus)*

S60/MH

Les Poules d'eau survolent parfois les campagnes et même les agglomérations à très basse altitude, le soir ou tôt le matin.

Elles n'interrompent leur hochement de tête et de queue que pour se saisir d'une proie quand elles nagent.

À gauche : en vol, les pattes pendent. Ci-dessous : vue typique de la Poule d'eau battant rapidement et brièvement des ailes avant de se poser sur l'eau et de nager vers le couvert.

La Poule d'eau a l'allure des autres Râles en vol et au sol. Sa taille permet de l'identifier.

(× 1/5)

Le jeune est brun.

À gauche : attitude typique en picorant. En été, et sur des plans d'eau intérieurs, elles peuvent s'écarter de plus d'une centaine de mètres du couvert pour se nourrir près du rivage.

L'oiseau hoche la queue en avançant.

La plaque frontale rouge et le bec à pointe jaune la distinguent de tous les autres oiseaux d'Europe. Son dessus noir bronze, son dessous gris, son arrière-train blanc et ses pattes vertes sont faciles à reconnaître.

(× 3/10)

Le poussin a les pattes noires et une petite plaque frontale.

Ses longs doigts lui servent autant à nager qu'à marcher.

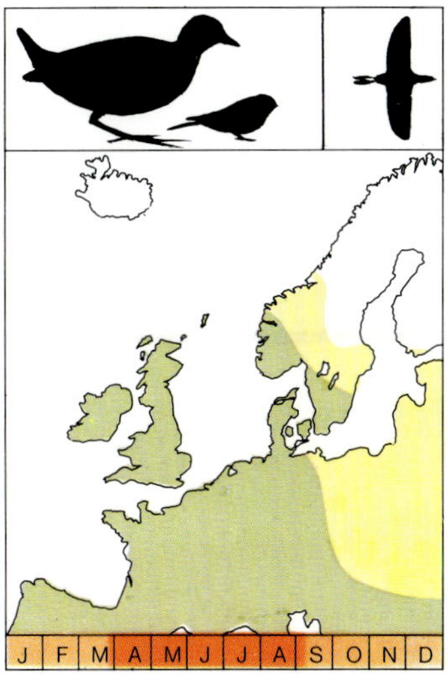

Contrairement aux autres Râles dont les espèces périclitent ou on't disparu, la Poule d'eau prospère dans toutes les régions du monde sauf les zones polaires. Cela est dû à sa faculté d'adaptation aux espaces transformés par les hommes : n'importe quel point d'eau entouré de végétation peut lui convenir, même au milieu des champs ou dans des parcs.

Bien que timide de nature, elle s'habitue aux hommes et ne craint pas de paraître sur une pelouse. À la première alerte, elle regagne rapidement le couvert dans lequel elle s'évanouit. Elle plonge aussi adroitement, n'émergeant que sous une berge creuse ou un rideau de végétation. Il arrive qu'elle reste longtemps sous l'eau, cachée sous une plante aquatique, sortant furtivement le bec de l'eau de temps à autre pour respirer.

Le nid est fait de roseaux secs ou d'iris. Il est placé sur un banc de vase juste au-dessus du niveau de l'eau. Une touffe d'herbe ou un buisson le protègent. Les poules d'eau se servent souvent de nids abandonnés par d'autres oiseaux. Les mâles défendent jalousement leur territoire par la menace ou une attaque réelle. Les parents couvent tous deux cinq à onze œufs qui éclosent au bout de dix-huit à vingt-deux jours. Les jeunes volent à l'âge de six ou sept semaines.

Grèbe à cou noir *(Podiceps nigricollis)*
Grèbe esclavon *(Podiceps auritus)*

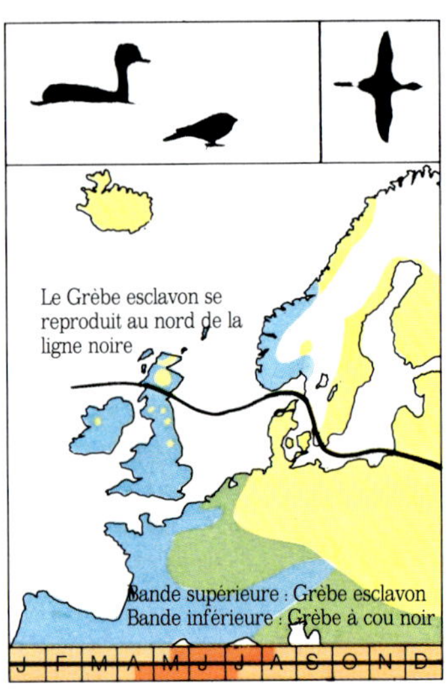

Ces deux espèces de petits Grèbes sont largement répandues dans l'Ancien et le Nouveau Monde ; ils superposent souvent leurs aires de répartition, quoique le Grèbe esclavon niche généralement plus au nord. En été, le Grèbe esclavon recherche les lacs et marais bien dégagés avec un rivage touffu. Le Grèbe à cou noir aime les marais boisés. En hiver, le premier fréquente les estuaires, l'autre les retenues d'eau intérieures. Le poisson est plus essentiel au Grèbe à cou noir, qui, surtout en hiver, est un plongeur assidu.

Les rôles du mâle et de la femelle sont mieux différenciés pendant la nidification que chez les Grèbes huppés et castagneux, la défense du territoire étant l'affaire du mâle.

Les deux sexes dressent leurs touffes de plumes auriculaires pendant les jeux nuptiaux, la femelle répondant aux avances du mâle en étendant le cou sur l'eau ou le nid. Celui-ci est un amas flottant de végétaux humides. Les deux espèces nichent en colonies, s'associant parfois aux Mouettes et aux Sternes qui les protègent des intrus.

Grèbe huppé *(Podiceps cristatus)*

Le plumage de la tête du jeune ressemble à celui de l'adulte, mais avec des taches blanches ou bistre sur le côté.

La huppe de l'adulte est moins importante en hiver. La collerette disparaît.

Grèbe huppé (ci-dessus) en plumage hivernal : profil élancé et allongé à tête plate.

Attitude étrange en vol : tête et cou plus bas que le corps. Les battements rapides font scintiller les taches alaires blanches.

(× 1/7)

L'espèce se distingue par sa collerette et sa double huppe.

Ci-dessous : jeux nuptiaux les plus courants :

1. Couple face à face, hochant la tête.

2. La femelle nage, cou arqué : le mâle plonge sous elle.

3. Attitude de la femelle quand le mâle se dresse en émergeant.

(× 1/5)

4. Couple face à face hochant la tête, se lissant parfois le plumage.

5. Oiseaux face à face : ils plongent tous deux pour cueillir des herbes.

6. Ils se présentent ces herbes.

Les pattes lobées facilitent la nage. La patte étroite porte des dents de scie sur la tranche.

Position dressée à terre.

Le nid flottant ressemble à celui du Grèbe castagneux.

Le poussin se pose souvent sur le dos de l'adulte au repos ou qui nage.

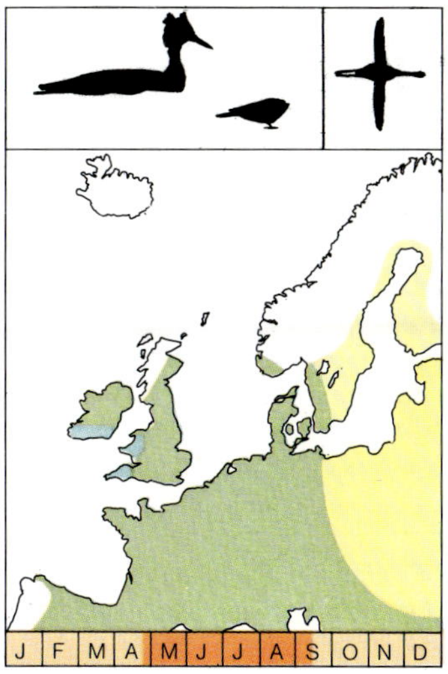

La pression que subit la faune sauvage d'Europe paraît compensée, dans une certaine mesure, par un changement d'attitude intervenu depuis un siècle environ dans la plupart des pays. Le Grèbe huppé, bien connu par ses jeux nuptiaux, n'était autrefois considéré que comme pourvoyeur des modistes. La protection et l'orientation différente de la mode l'ont sauvé d'une situation critique. Les lacs artificiels et les gravières abandonnées résultant des entreprises humaines lui procurent de nouveaux habitats.

Les jeux nuptiaux interviennent bien avant la nidification, qui commence dès la fin de février. Ces jeux débutent donc au milieu de l'hiver : ils sont célèbres pour leur diversité, mais surtout pour leur caractère isolé, chacun se suffisant à lui-même ; mâle et femelle prennent une part égale à ces parades.

Les parents couvent tous deux leurs trois à six œufs sur un nid flottant et pourrissant. Deux nichées sont parfois élevées en une saison.

Grèbe castagneux *(Podiceps ruficollis)*

S 60

Extrême gauche : tache jaune sur le bord inférieur du bec de l'adulte. À gauche : oiseau adulte n'ayant pas encore mué le plumage juvénile.

(× 1/7)

Vu de l'arrière, le plumage est brun roux, ce qui n'est pas aussi évident de profil. Le plumage duveteux de la queue reste discret sous ces deux angles.

L'attitude en vol est typique des Grèbes, mais cet oiseau est le seul de cette famille a ne pas avoir de blanc sur l'aile.

Ci-dessous : plumage hivernal de l'adulte nettement plus brun et terne.

Tête en plumage hivernal (3/4 de la taille réelle).

À gauche : le poussin nage quelques heures après l'éclosion. Ci-dessous, à gauche : très large, le Grèbe castagneux parait presque rond vu d'en haut.

Ci-dessous : adultes avec un poussin du jour sur le nid flottant. Celui-ci est accroché à une branche ou une plante. La végétation pourrie qui le constitue chauffe en fermentant et aide la couvaison.

(× 1/5)

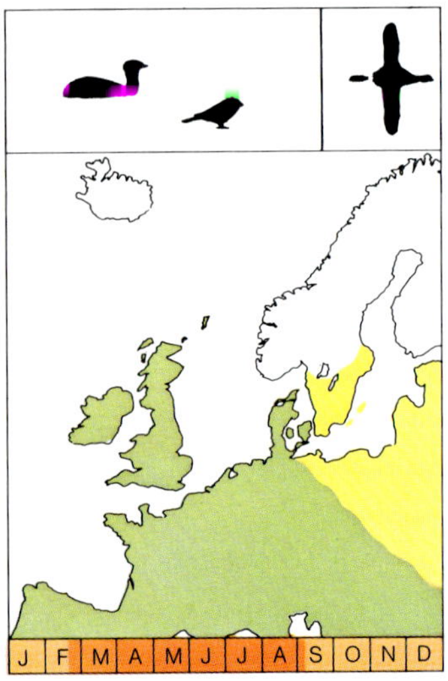

Plus répandu que le Grèbe huppé, le Grèbe castagneux est moins souvent observé, car il se hasarde peu sur les plans d'eau étendus et plonge à la moindre alerte. Il aime les mares, les rivières paresseuses et les canaux bordés de végétation. Il ne se trahit souvent que par ses rires presque hystériques qui font partie des jeux nuptiaux, les partenaires se tenant face à face, le cou tendu. Le reste de ces jeux est réduit, et il semble que le son prenne plus d'importance que la vue pour cette action qui, chez les autres Grèbes, comprend des hérissements de crête et des postures diverses.

Le nid, plus petit que celui du Grèbe huppé, est un amas flottant de végétation pourrie. Les parents couvent tous deux, celui qui remplace l'autre apporte des herbages frais. Le Grèbe castagneux défend attentivement son territoire au moyen d'attaques précipitées, ailes mi-soulevées. Les parents couvent tous deux quatre à six œufs pendant vingt jours : ils quittent le nid à la moindre alerte, couvrant les œufs avec des matériaux entourant la ponte. Les prédateurs (Hérons et brochets) s'emparent d'un grand nombre de jeunes, mais deux nichées annuelles compensent ces pertes. Les Cygnes, intolérants sur leur domaine, peuvent également contrarier les couvées.

Sarcelle d'hiver *(Anas crecca)*

Ci-dessous : mâle. Aucun autre Canard n'a cette tête vert et terre de Sienne bordée de sourcils crème.

(× 1/6)

Les battements d'ailes sont très amples au départ.

Plumage du mâle d'octobre à juillet. Il mue de la fin juillet à la fin août.

C'est, avec la Sarcelle d'été, le plus petit des Canards. Elle s'en distingue par le miroir alaire noir et vert. La femelle en vol (à droite) a deux barres alaires étroites.

Ci-dessus : femelle à l'envol.

Bond en l'air : seule la Sarcelle d'hiver parvient à s'envoler presque à la verticale. Elle est capable d'accélérations importantes.

Les Sarcelles volent vite et bas, se balançant et plongeant comme les limicoles. Il y a de fortes chances pour que deux ou plusieurs bandes de petits Canards manœuvrant ensemble soient des Sarcelles.

Mâle ayant mué.

La tête qui pivote indique l'imminence du départ.

Le plumage joliment vermiculé de la femelle sur le dos et les flancs est visible à courte distance.

Les sous-caudales crème et noires sont bien visibles de près comme de loin.

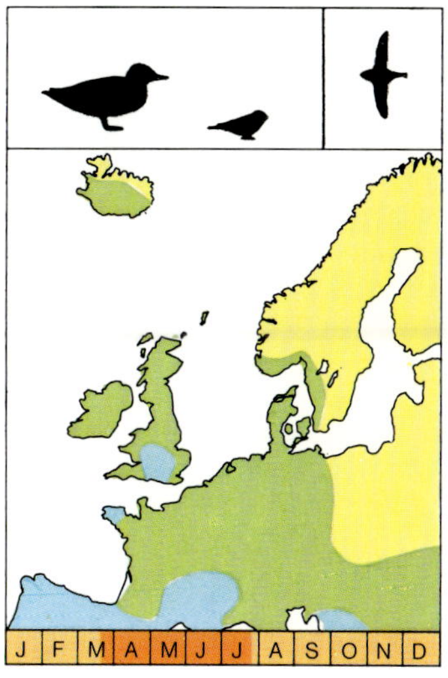

Les Canards se partagent en deux groupes selon leur façon de se nourrir en surface ou sous l'eau. Les Canards de surface comprennent, avec ceux des cinq pages suivantes, la Sarcelle d'hiver et le Souchet. Ils plongent rarement, mais se nourrissent en eau peu profonde, se dressant souvent tête en bas ou à terre. Ils ont les pattes placées en avant sous le corps et la plupart portent un miroir alaire.

La Sarcelle d'hiver fréquente les eaux côtières et intérieures. Elle se nourrit, dans les marais salants et les eaux saumâtres, de semences de fenouil marin, de potamot luisant ou de petits escargots glanés sur la vase. En eau douce, elle recherche les graines de jonc épineux et de renoncule ainsi que des larves de moucherons.

Comme pour beaucoup d'oiseaux d'eau, les jeux nuptiaux de la Sarcelle d'hiver sont compliqués. Un groupe de mâles évoluent sur l'eau autour d'une cane, rejetant de l'eau à coups d'aile vers la femelle, puis se dressant pour montrer leurs miroirs et leur tête colorée. Les bruyères et les tourbières, coupées de mares et de jonchaies, constituent un site de nidification favori. Un mois environ après la reproduction, le mâle mue, perdant totalement ses couleurs ; il ressemble alors à la femelle et aux jeunes.

Sarcelle d'été *(Anas querquedula)*

Bien net de très près, le sourcil blanc du mâle peut paraître sombre à distance.

Ci-dessus : la femelle, généralement accompagnée du mâle, a le sourcil plus pâle que celui de la Sarcelle d'hiver femelle.

(× 1/6)

La double barre alaire, qui tranche sur le gris clair, identifie le mâle de la Sarcelle d'été au premier coup d'œil. Il porte son plumage caractéristique de février à août.

Les Sarcelles d'été hochent la tête avant de s'envoler.

Ci-dessus, à gauche : appel nuptial du mâle, lancé le cou renversé. Il peut être émis en vol au printemps. Ci-dessus, à droite : lissage des plumes (jeux nuptiaux).

Femelle en vol : il faut de l'expérience pour reconnaître les ailes plus longues et le corps plus court que chez la Sarcelle d'hiver.

Le mâle en mue perd ses rémiges primaires. Ne pouvant voler, il est extrêmement vulnérable, mais son plumage lui sert de camouflage.

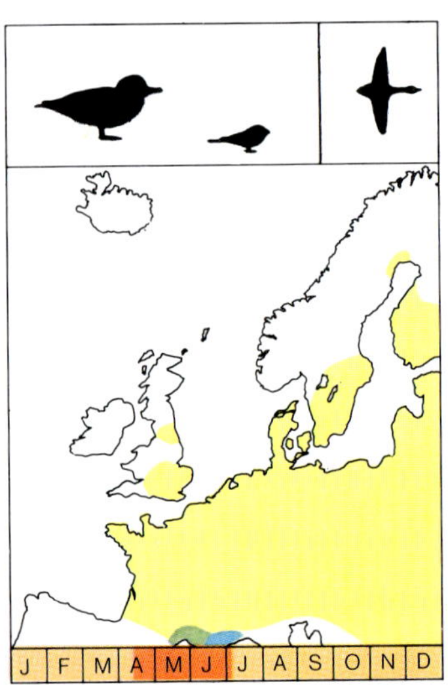

Ces petits Canards élégants ont la taille des Sarcelles d'hiver dont ils ne sont que des parents éloignés. Les Souchets leur sont plus proches : les épaules bleues mises à part, ils ont nombre d'attitudes communes comme celle de hocher la tête avant l'envol au lieu de la tourner latéralement comme les autres Canards de surface.

Les Sarcelles d'été passent l'hiver dans les régions méridionales, ne se montrant un peu partout en Europe qu'au cours de l'été.

Elles choisissent des plans d'eau douce peu profonde pour nicher. On les voit alors par couples ou petites bandes alors qu'en hiver elles forment de très grandes bandes. Le mâle produit un curieux cri d'amour grâce à son appareil vocal gonflé : il l'émet en renversant la tête et en dressant le bec. La femelle adopte aussi cette position, mais son cri est plus doux.

Le nid est caché dans les hautes herbes bordant les mares et les prairies inondées. Il est tapissé du duvet que la femelle arrache de sa poitrine. Les jeunes sont indépendants au bout de cinq ou six semaines. Les Sarcelles d'été se nourrissent comme les autres Canards de surface, mais passent moins de temps la tête sous l'eau. Elles paraissent se nourrir principalement d'animaux au lieu de végétaux.

Canard pilet *(Anas acuta)*

Caractéristiques vues de près, les longues rectrices du mâle ne permettent pas de confusion. À distance, on le reconnaît à son cou, sa poitrine blanche et les dessins blanchâtres et noirs sur l'arrière du corps.

Plumage caractéristique porté d'octobre à fin juin.

Le Pilet, bâti en fuseau, est le Canard le plus rapide. Ses ailes produisent un sifflement assez violent.

(× 1/6)

Pour se maintenir verticalement tête sous l'eau, le Pilet rame de ses pattes et se sert de sa queue comme d'un balancier. Ci-dessous : pendant les jeux nuptiaux, le mâle dresse la queue en nageant. Il tend aussi le cou.

À distance, le Pilet mâle paraît gris, blanc et brun.

Ci-dessous, à gauche : mâle en mue de mi-juillet à début septembre. À droite : femelle.

Ci-dessus : le mâle plonge le bec avant de commencer les jeux nuptiaux (ci-dessus, à droite).

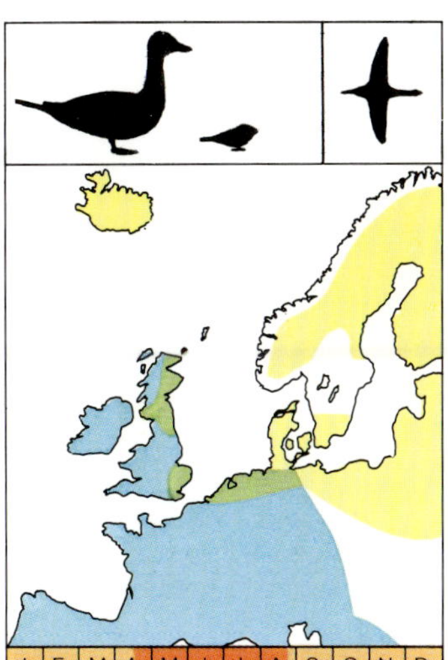

Mince et gracieux, avec un bec long et étroit, le Pilet se distingue quel que soit son plumage. Il niche très au nord, ne restant que sporadiquement dans la plus grande partie de l'Europe à ce moment. En hiver, la population des Pilets est augmentée de tous ceux qui viennent d'U.R.S.S. ; on en remarque un certain nombre dans les estuaires bien que les principales concentrations se fassent en eau douce. Les Pilets récoltent beaucoup de nourriture sous l'eau : des graines, des radicelles et du feuillage d'herbes aquatiques dont la vallisnérie. Ils se nourrissent également de riz, de grains et même de glands d'une part, de mollusques, de poissons, d'insectes et de têtards d'autre part. Même dérangés, ils se nourrissent principalement la nuit.

Les jeux nuptiaux sont compliqués. Le mâle se dresse pour montrer son cou blanc, sa longue queue et ses miroirs. Les Pilets nichent dans les landes et les marais, cachant moins leur nid que les autres Canards. Ils se groupent parfois, formant de petites colonies sur les îles des lacs. Le mâle reste près de la femelle, qui couve les sept à neuf œufs pendant vingt-trois ou vingt-quatre jours, puis quand elle surveille sa nichée. La femelle, très attentive, écarte les intrus en simulant, au besoin, une blessure.

Canard siffleur *(Anas penelope)*

On le reconnaît, de près, à la forme de la tête et du bec.

Les épaules blanches du mâle ne se retrouvent chez aucun autre Canard. Le gris argenté du dos est, en fait, composé de fines lignes noires sur les plumes blanches.

(× 1/6)

Ci-dessous : il broute parfois avec d'autres espèces (Bernache cravant, ici) au bord de l'eau. À gauche : il se nourrit également dans les champs, les marais et les prairies inondées de l'intérieur.

En groupe, ils forment des lignes irrégulières. À la vue d'un homme ou d'un fusil, ils freinent au beau milieu des airs dans un battement d'ailes parfaitement audible.

L'épaule du premier plumage hivernal du mâle ressemble à celle de la femelle.

Le mâle porte son plumage caractéristique de novembre à juin.

Les Siffleurs sont grégaires ; ils se rassemblent en grandes bandes pour se reposer au large ou sur un plan d'eau intérieur leur convenant.

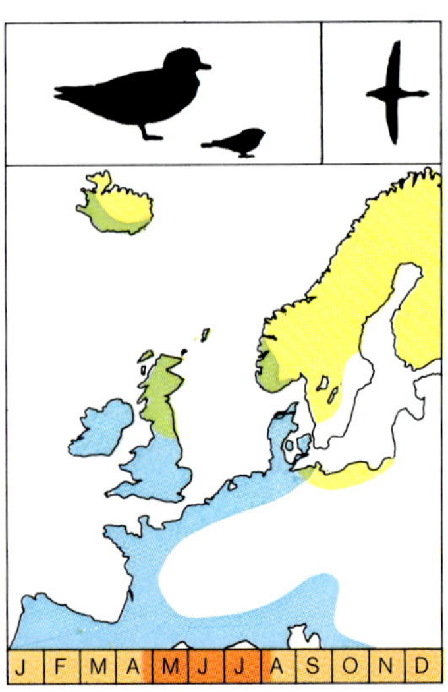

La tête du Siffleur ne ressemble à celle d'aucun autre Canard, avec son bec court et massif, et son front haut. Cela indique aussi sa façon de se nourrir : principalement brouteur, il barbote peu, n'ayant donc pas besoin d'un bec long et large. En hiver, il se tient sur les bancs de vase et dans les marais salés, broutant la vallisnérie, des algues et des herbes amères recherchées par les Bernaches cravants. Ces deux espèces broutent souvent ensemble, les Siffleurs se contentant apparemment des restes des Bernaches. Ils se nourrissent aussi sur les herbages de l'intérieur, près des lacs.

Le mâle siffle d'une manière inoubliable. Ce sifflement porte loin ; c'est un bon présage pour les chasseurs qui recherchent les Canards siffleurs. Les femelles cancanent aussi d'une manière particulière, en grondant légèrement.

Les couples sont formés avant de regagner l'aire de nidification, et les jeux nuptiaux n'ont que relativement peu d'importance pour cette espèce, plus strictement monogame que les autres Canards de surface. Le nid est placé dans la bruyère ou la toundra, à proximité de petits plans d'eau peu profonds. Une couvée de neuf œufs est courante dans le nord. Elle ne compte que sept ou huit œufs plus au sud.

Canard chipeau *(Anas strepera)*

(× 1/7)

Le mâle perd son plumage nuptial entre juin et octobre. Derrière lui : la femelle.

Ses taches alaires blanches apparaissent en vol. À distance, son plumage sobre paraît gris et brun.

Les Canards de surface, habitués à se tenir à terre, ont le doigt postérieur moins développé que les plongeurs.

Ci-dessous, la femelle et, à droite, le mâle. Le plumage délicatement vermiculé est visible de près. À distance, on note l'arrière-train noir.

Comme les autres Canards de surface, le Chipeau se pose sur l'eau en tendant le cou et les pattes.

Quand il barbote, tête sous l'eau, on le distingue du Colvert à ses pattes plus claires.

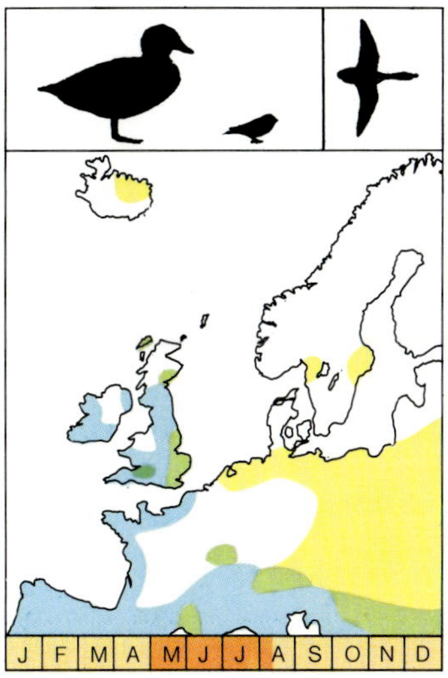

Le mâle paraît bien terne comparé aux autres Canards de surface. Son plumage délicatement strié est pourtant plaisant vu de près. Malgré sa taille et sa forme proches de celles du Colvert, le Chipeau ne lui est pas apparenté. Ses mœurs le rapprocheraient davantage du Siffleur : tous deux ont, par exemple, l'habitude des jeux de bec après avoir repoussé un rival.

Le Chipeau niche en Europe, en Asie et en Amérique, mais sa distribution est disparate. L'espèce progresse : elle a été introduite artificiellement en Amérique du Nord, et il existe une population de Chipeaux croisés de Colverts en Grande-Bretagne. Cette espèce niche principalement dans la région située entre le Caucase et la Caspienne ; les Chipeaux sont d'ailleurs plus nombreux dans l'est de l'Europe.

Ce sont des Canards d'eau douce rarement observés dans les estuaires. Ils se nourrissent de plantes aquatiques de diverses espèces mais y ajoutent des nourritures animales, surtout au moment de la ponte. Les Chipeaux recherchent les plantes charnues plus que les graines.

Le nid est généralement bien caché dans la végétation mais peut, parfois, être exposé au milieu d'une colonie de Sternes ou de Mouettes.

Canard colvert *(Anas platyrhynchos)*

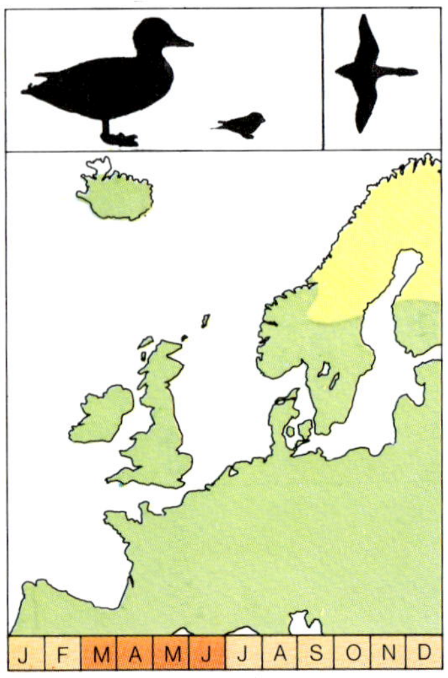

Commun dans une grande partie du monde, le Colvert présente les caractéristiques d'adaptation qui font les espèces de grande diffusion. Son aptitude à vivre sur n'importe quel type de terrain proche de l'eau, même s'il s'agit d'un site totalement artificiel, a facilité sa domestication. Il se nourrit également d'une grande variété de choses comme le démontrent les analyses d'estomac réalisées avec le concours des chasseurs.

Ces nourritures diffèrent d'une année à l'autre, d'un lieu à un autre : les graines prédominent (principalement de petites plantes comme le carex, l'épinard sauvage et le potamot luisant), mais il peut consommer de grandes quantités de pois, de maïs et même de glands.

Ses mœurs ressemblent à celles des autres Canards de surface. Les jeux nuptiaux, qui conduisent plutôt à la formation d'un couple qu'à la simple reproduction, comprennent des courbettes, des plongeons du bec, des postures droites et couchées.

Le nid peut être placé dans une grande diversité d'endroits, parfois même assez loin de l'eau. Les nids installés dans des saules têtards ou des arbres creux ne sont pas rares. Les neuf à douze œufs sont couvés pendant vingt-huit jours.

Fuligule milouinan *(Aythya marila)*
Fuligule morillon *(Aythya fuligula)*

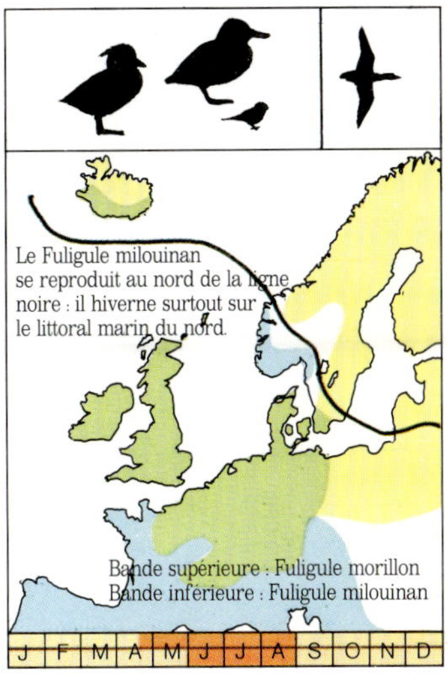

Leur habitat est celui du Milouin, mais ils sont plus attachés aux eaux douces. Comme deux espèces ayant les mêmes besoins cohabitent rarement, il n'est pas surprenant de constater qu'elles se nourrissent différemment ; les Morillons recherchent davantage de matières animales au cours de leurs plongeons explorant les fonds boueux des lacs : larves d'insectes, mollusques et crustacés, avec une petite proportion de plantes aquatiques et de leurs semences.

Ils nichent aussi différemment des Milouins, et établissent leur nid en terrain plus sec, protégé par des touffes d'herbe. Ils choisissent habituellement les îles pour se protéger des prédateurs, notamment des renards. Ces îles étant souvent petites, les Morillons se retrouvent groupés. Le nid, bien tapissé de duvet, contient sept à douze œufs qui sont couvés pendant vingt-trois à vingt-sept jours. Les jeunes sont indépendants à six semaines.

Peu après, les Milouinans redeviennent marins, se groupant en grand nombre dans les estuaires où ils trouvent des moules en quantité. Ils nichent, comme les Morillons, sur les îlots des lacs forestiers nordiques.

Nette rousse *(Netta rufina)*

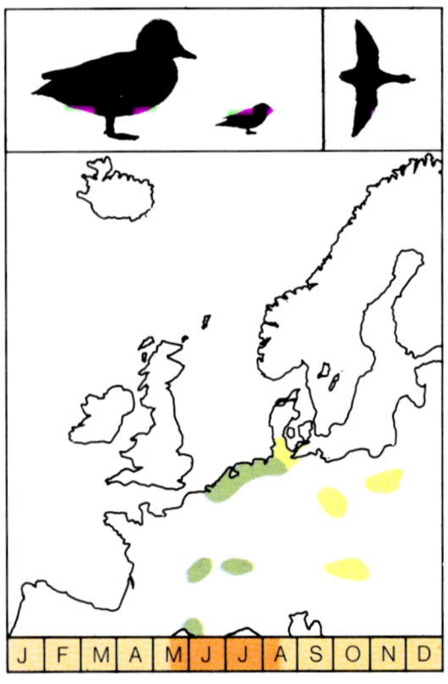

Les Canards plongeurs diffèrent des Canards de surface par leurs pattes reportées en arrière, ce qui les rend maladroits à terre et les force à se tenir plus dressés que les autres. Plus massifs, ils ont un vol différent, un cou épais, des ailes plus étroites et d'une forme particulière. À l'envol, ils courent généralement sur l'eau avant de prendre leur essor, puis volent en battant très rapidement des ailes. Ils sont plus silencieux et ont un plumage plus discret. Le mâle fait exception à cette règle avec son bec rouge et sa tête rousse.

Cette espèce recherche les lacs profonds d'eau douce ou saumâtre, de préférence entourés d'un rideau de roseaux. Le nid est bien caché dans la végétation et contient six à douze œufs que la femelle couve pendant vingt-six à vingt-huit jours après avoir pondu le dernier. Elle prend également soin des jeunes pendant six ou sept semaines.

La Nette rousse a étendu son aire de nidification au cours des quatre dernières décennies ; elle est actuellement fixée aux Pays-Bas, mais il faut se garder de suppositions non confirmées à ce sujet, car il s'agit d'une espèce dont un bon nombre de sujets captifs s'évadent et provoquent la confusion. Les oiseaux du nord de l'Europe hivernent généralement en Camargue.

Fuligule milouin *(Aythya ferina)*
Fuligule nyroca *(Aythya nyroca)*

S

Groupe de Milouins montrant les variations de plumage : femelle en hiver (à gauche), mâle en hiver (à droite), et femelle en éclipse (premier plan).

En hiver, le mâle est identifié par sa tête rousse et les zones noires séparées par du gris clair argenté (presque blanc).

Fuligule nyroca mâle (en bas, à gauche) : sa barre alaire est blanche comme celle du Morillon, mais son œil est blanc.

(× 1/6)

Le Fuligule nyroca mâle renverse le cou au cours des jeux nuptiaux : il montre ainsi son arrière-train blanc.

(× 1/6)

Ci-dessus : attitude du Milouin pendant les jeux nuptiaux.

Femelle en hiver

Mâle en hiver

Fuligules nyrocas prenant leur essor en « pédalant » sur l'eau. Le dessous des ailes blanc est nettement visible.

Fuligule nyroca mâle : sous-caudales blanches.

Les Milouins plongent fréquemment ; ils aiment se nourrir dans des eaux comprises entre 1 et 2,50 m de profondeur.

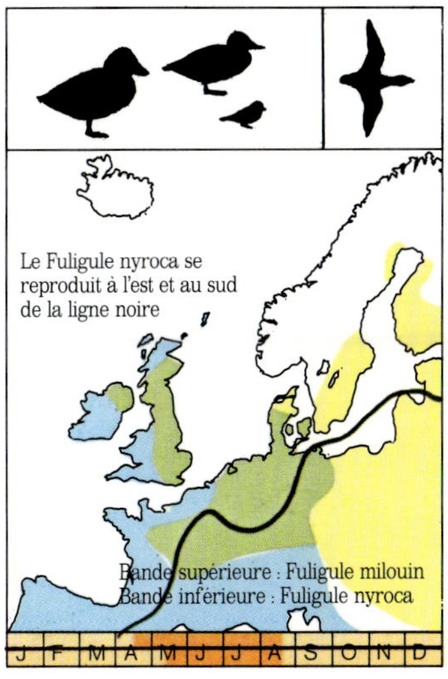

Les Milouins s'associent volontiers aux Morillons, mais ils sont moins nombreux, plus timides et se tiennent écartés des rivages. Ils ne nichent que le long de lacs d'eau douce bordés de roseaux ou de joncs et se nourrissent en plongeant – parfois en barbotant tête sous l'eau en eau peu profonde – de *Chara* principalement, mais aussi de différentes graines et, pour une faible part, de matières animales.

Les mâles entourent une femelle pendant les jeux nuptiaux : ils allongent le cou sur l'eau en dressant les plumes de la nuque, ce qui exagère l'importance de leur stature. On dit qu'ils émettent alors un son ressemblant à celui d'un asthmatique.

Le nid, bâti de joncs, est bien camouflé dans la végétation mais très sommairement tapissé de duvet.

Le Fuligule nyroca ne niche guère que dans le sud-est de l'Europe, mais il se disperse en hiver, atteignant les îles Britanniques.

Fréquentant plus volontiers que le Milouin les eaux salées, il subsiste alors de mollusques et de petits poissons.

Garrot à œil d'or *(Bucephala clangula)*

Son front haut, son bec très particulier et la tache blanche et ronde qui orne sa tête l'identifient à n'importe quelle distance.

Ci-dessous : la femelle a le même profil et le même bec que le mâle.

Ils sont très rapides, et on ne voit guère que leurs ailes noires et blanches quand ils volent au loin.

Comme les autres plongeurs, les Garrots à œil d'or piétinent l'eau avant de s'envoler.

Ci-dessus : saut plongeant amorçant la prospection sous l'eau. Les Garrots à œil d'or restent assez longtemps immergés pour égarer les poursuivants.

Pendant les jeux nuptiaux, les mâles rejettent la tête en arrière, étendent le cou au ras de l'eau et battent des pattes en projetant de l'eau.

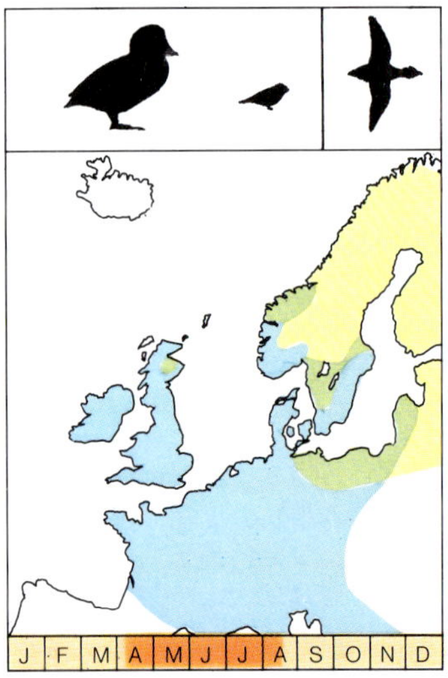

Les Garrots à œil d'or sont faciles à reconnaître en vol ou sur l'eau. Leur battement d'ailes produit un sifflement qui ne trompe pas et, sur l'eau, leur silhouette à front haut et bec court ne permet pas de confusion. Ces Canards plongent, et trouvent des proies en retournant des galets au fond des lacs et des estuaires. Leur bec court est bien adapté à cette besogne. La forme de leur tête les différencie des autres plongeurs dont le crâne épais diminue la flottabilité, car les sinus du Garrot à œil d'or renferment probablement assez d'air pour lui permettre de longues plongées.

Il aime les régions boisées coupées de lacs et de cours d'eau et y choisit généralement un tronc creux pour nicher. Six à quinze œufs y sont déposés sur une litière de copeaux et de duvet, puis couvés pendant vingt-six à trente jours. La femelle les laisse à peine vingt-quatre heures au nid après l'éclosion pour qu'ils se sèchent : elle les fait descendre au sol où ils tombent, protégés par leur petite taille et leur duvet épais. Ils ne voleront pourtant pas avant huit semaines au moins !

Canard souchet *(Anas clypeata)*

S/M H

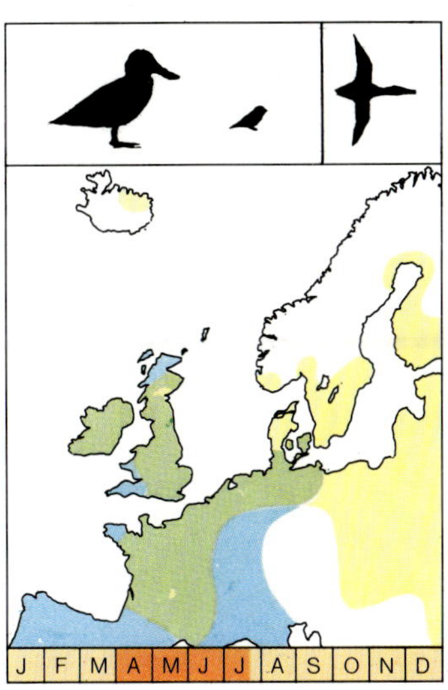

Le grand bec et le bord d'ailes bleu pâle des deux sexes identifient rapidement le Canard de surface qu'est le Souchet. Le bec difforme est bien adapté à une méthode de nourrissage particulière ; ce bec est terminé par une rangée de dentelures très fines qui forment un tamis. Nageant en tenant le bec sous la surface, le Souchet pompe de l'eau à l'aide de sa langue et l'éjecte latéralement, maintenant les nourritures recueillies dans ce tamis. Comme ces Canards évoluent souvent en groupe, leurs mouvements font probablement remonter beaucoup de matières du fond : ils aiment d'ailleurs les eaux peu profondes et encombrées de végétation de l'intérieur des terres, bien qu'ils séjournent en petit nombre dans les estuaires.

Cette espèce est nombreuse et largement distribuée. Elle niche comme les autres Canards de surface, mais le nid est parfois étonnamment exposé ; il contient huit à douze œufs, couvés pendant vingt-trois à vingt-cinq jours par la femelle. Le mâle participe parfois à l'élevage des jeunes, qui dure environ six semaines.

Harelde *(Clangula hyemalis)*

Le mâle est facile à distinguer. Pour la femelle, il faut noter les taches faciales brunes, puis la forme de la tête et du bec. La silhouette est moins tassée que celle des autres plongeurs.

Mâle (en haut) et femelle, tous deux en plumage hivernal (octobre à février).

En vol, les ailes sont légèrement arquées vers le bas et leur mouvement vers le haut ne dépasse pas de beaucoup l'horizontale. Le roulis montre, tour à tour, leur ventre clair et leur dessus sombre pendant le vol.

(× 1/7)

Jeune

Femelle en hiver

Ci-dessus : mâle en plumage d'été. À droite : en hiver.

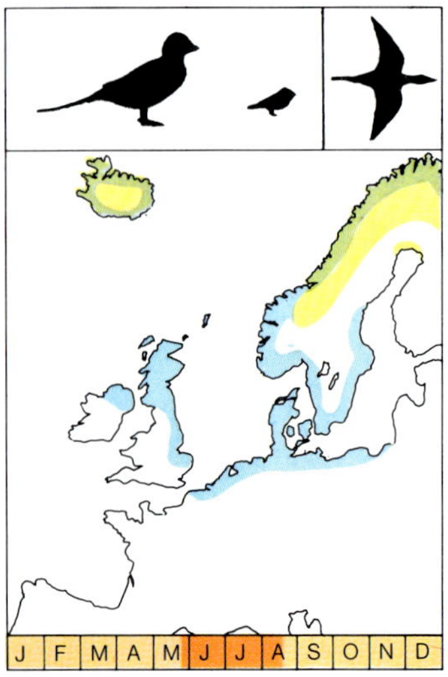

L'appel de la Harelde ressemble plus ou moins aux plaintes de chiens courants lointains ou au son aigu d'une cornemuse, mais ni l'un ni l'autre ne reproduisent exactement ce son obsédant. On l'entend au printemps dès que commence la parade, avant même la migration vers l'Arctique. Des groupes de mâles se rassemblent autour d'une femelle, élèvent la queue, puis le corps sans arrêter d'appeler jusqu'à ce que tout le groupe s'envole, précipitamment, pour une longue poursuite.

Pour l'hivernage, ces oiseaux préfèrent les eaux peu profondes, car ils aiment se nourrir en eau transparente. La Baltique, qui leur offre ces conditions, les rassemble par milliers.

Ils nichent le long des marais de la toundra, chaque couple assez isolé, bien qu'ils se groupent parfois avec des Sternes arctiques. Ils arrivent sur ces lieux peu après le dégel, mais attendent au large que le temps s'améliore. Dans ces régions désertiques, le nid se réduit à un simple creux garni d'herbes et de duvet. La femelle couve seule ses cinq à neuf œufs, mais, au début, le mâle reste à proximité. Éclos au bout de vingt-trois à vingt-cinq jours, les jeunes restent environ cinq semaines près de la femelle. Les Hareldes se nourrissent de crabes, de bigorneaux et de divers bivalves.

Harle piette *(Mergus albellus)*

Mâle adulte

En plumage hivernal, le mâle se distingue de tous les autres Canards par sa tête et son cou d'un blanc éclatant.

Le vol est rapide et les battements d'ailes très vifs. On distingue facilement les mâles mêlés à d'autres oiseaux d'eau.

(× 1/7)

Tête du mâle montrant l'œil rouge et les « dents de scie » de la bordure du bec.

Femelle en hiver. Les jeunes ont le même plumage, sauf les taches alaires d'un blanc sale.

La parade des mâles peut parfois être observée au mois de mars en Grande-Bretagne.

L'éclipse assimile pratiquement le plumage du mâle à celui de la femelle.

Femelle en éclipse

Mâle en éclipse

À droite : deux mâles avec une « tête rouge ». L'assise des mâles est plus haute sur l'eau et ils paraissent d'un blanc éclatant. Ce sont des oiseaux timides, capables de s'aplatir sur l'eau et prenant le large à la moindre alerte.

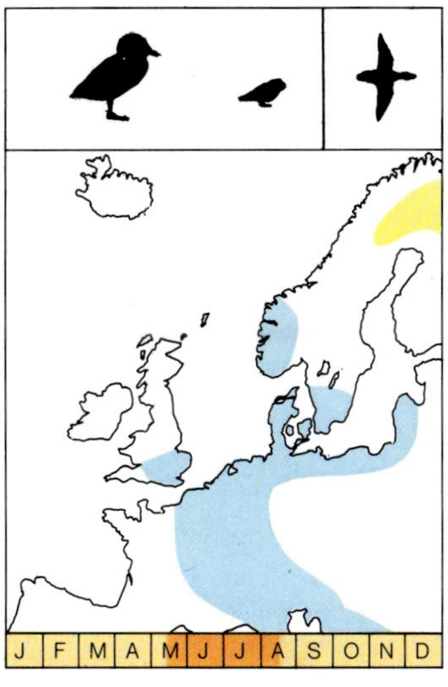

Très séduisant dans son plumage blanc, le mâle pourrait être confondu avec un des blocs de glace flottants parmi lesquels il hiverne. Les femelles et les jeunes, dont le plumage est plus conventionnel, restent pourtant bien différents des autres Canards, mais, dans de mauvaises conditions de visibilité, on pourrait les prendre pour des Grèbes esclavons ou à cou noir.

Les trois Harles (Piette, Bièvre et Huppé) ont le bec bordé de dents de scie pour bien saisir les poissons. Comparé aux deux autres, le Piette est plus petit et son bec plus court ; il se nourrit aussi de proies autres que des poissons, bien que ceux-ci constituent presque exclusivement sa nourriture en hiver. Le Harle piette pêche alors presque toute la journée, par des actions d'une demi-heure entrecoupées de repos de l'ordre de cinq minutes. Ces oiseaux pêchent volontiers par couples, parfois en bande comme les autres Harles.

Ils hivernent en eau peu profonde, dans les baies ou sur des retenues d'eau de l'intérieur. En été, ils se tiennent sur les lacs entourés de forêts, nichant dans le creux de troncs d'arbres, parfois dans des nichoirs. La femelle couve ses six à dix œufs pendant trente jours sous la surveillance du mâle qui ne quitte les lieux que quand les jeunes paraissent.

Harle bièvre *(Mergus merganser)*

S

Le Harle bièvre mâle est le Canard le plus blanc, si l'on excepte le Harle piette mâle, beaucoup plus petit.

La tête verte, le long bec rouge et le dos noir tranchent sur tout ce blanc, même à très grande distance. Il paraît très long.

(× 1/6)

Les mâles (ci-dessus) se rassemblent pendant que les femelles couvent. À gauche : les Harles bièvres sont d'excellents plongeurs, capables de rester fort longtemps sous l'eau.

La femelle ou le jeune (à droite) sont souvent nommés « têtes rouges ». Le contour brun de la tête et le blanc de la poitrine sont nettement délimités. Il n'en est pas de même chez le Harle huppé.

Femelle près de son nid établi dans le creux d'un arbre, toujours à proximité de l'eau.

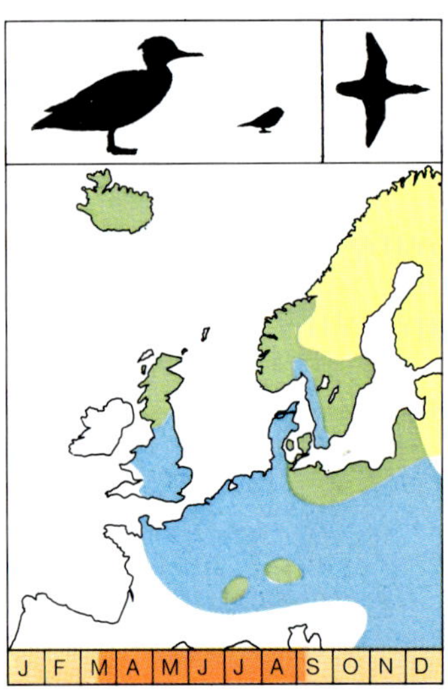

Ce grand Harle a considérablement élargi son aire de répartition : nichant en Écosse depuis 1871, il s'est fixé en Angleterre depuis 1940.

En été, il aime les grands lacs et les rivières larges bordées de forêts, bien qu'il n'y ait pas d'arbres dans les sites où il niche en Islande. On le trouve jusqu'à 500 m d'altitude en Grande-Bretagne, et à plus de 1 300 m en Europe centrale. Il hiverne volontiers sur de grands plans d'eau intérieurs. Cet oiseau se nourrit principalement de poisson et, de ce fait, il n'est pas toujours bienvenu. Les pêcheurs et les gardes le poursuivent, protégeant les jeunes saumons et les truites.

Comme les autres Harles, il niche dans un trou. Les troncs creux lui conviennent jusqu'à une dizaine de mètres du sol. En Islande, il se contente d'une crevasse de rocher ou même d'une situation exposée. La femelle quitte souvent le nid pour pêcher pendant un long moment. Les œufs sont protégés par une couche épaisse de copeaux de bois et de duvet. Très jeunes, les petits escaladent le dos de leur mère pendant qu'elle nage : elle peut en transporter cinq à la fois. Ils ont toutes leurs plumes au bout de cinq semaines.

Harle huppé *(Mergus serrator)*

S/M$_H$

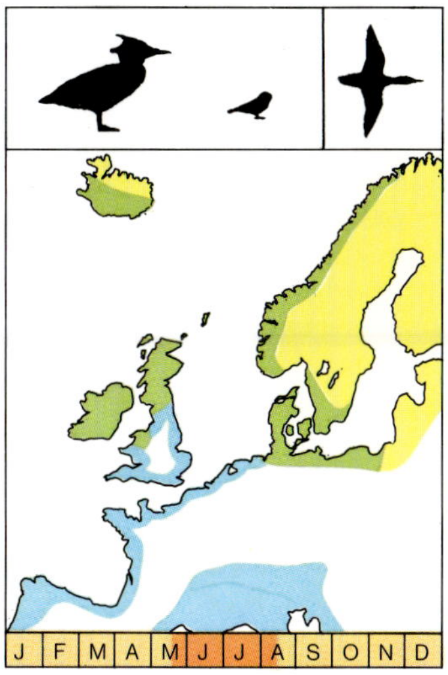

Un Harle huppé en chasse dans un estuaire file, cou et bec tendus au ras de l'eau d'une manière qui ne ressemble à celle d'aucun autre Canard. Contrairement aux deux autres espèces de Harles, celle-ci est rare sur les eaux intérieures en hiver et, même l'été, elle préfère les fjords aux lacs qui peuvent pourtant lui suffire. Bien qu'arrivée vingt ans plus tard que le Harle bièvre dans les îles Britanniques, cette espèce s'y est mieux développée.

Le Harle huppé pêche en plongeant et en nageant la tête sous l'eau. Les jeunes pêchent dans des eaux moins profondes que les adultes.

Les jeux nuptiaux peuvent être observés dans les quartiers d'hiver. Un groupe de mâles entoure une femelle ; ils prennent d'abord une position arrondie, la tête enfoncée dans les épaules mais la crête dressée, puis ils lèvent soudain la tête et la crête s'affaisse, enfin ils se penchent en avant et posent la tête à la surface de l'eau.

Les Harles huppés ne nichent pas dans le creux des troncs d'arbres, mais dans des endroits bien protégés par les rochers et la végétation.

Tadorne de Belon *(Tadorna tadorna)*

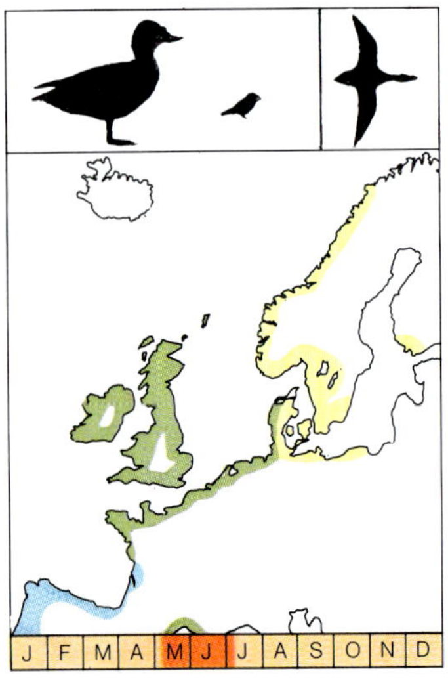

Les Tadornes de Belon se situent à mi-chemin entre les Oies et les Canards, mais diffèrent de plusieurs façons des oiseaux d'eau européens.

Ils se nourrissent principalement de mollusques, dont un petit escargot, nommé *Hydrobia* (on en a retrouvé trois mille dans l'estomac d'un Tadorne). Cet *Hydrobia* est également recherché par les limicoles mais, comme il s'enfonce dans la vase à marée basse et n'en émerge qu'à marée haute, les Tadornes peuvent l'exploiter en barbotant et en fouillant. Les Tadornes nichent dans les terriers de lapins : ils écartent les intrus en sifflant. La femelle couve seule, mais le mâle se tient à proximité.

Les parents quittent souvent leur nichée avant la fin des six à huit semaines nécessaires pour que les jeunes aient toutes leurs plumes : ces jeunes se joignent alors à d'autres, pris en charge par des oiseaux qui n'ont pas niché.

Pendant ce temps, les parents ont rejoint l'un des grands sites de mue comme Knechtsand, dans la baie de l'Elbe, ou Bridgwater, dans l'estuaire de la Severn. Ces endroits ont servi de cibles aux exercices de bombardement aérien, mais la situation a changé.

Eider à duvet *(Somateria mollissima)*

Le plumage des adultes varie d'un oiseau à l'autre. Le plumage nuptial est porté de novembre à juin.

Ci-dessous : le mâle est facilement identifié grâce à son plumage bicolore et à sa tête caractéristique. À droite : le vol est direct et soutenu, le plus souvent à 1 m à peine de la surface de l'eau.

(× 1/7)

Les jeunes (ci-dessus) ressemblent aux femelles : ils ne se développent pas rapidement.

Le plongeon de l'Eider, qui s'aide des pattes et des ailes, est puissant.

La femelle prélève du duvet de sa poitrine pour tapisser le nid en y mêlant quelques plumes plus grandes.

L'Eider est un oiseau marin, capable de plonger par gros temps pour se nourrir sur les fonds rocheux. On le voit rarement au-dessus des terres sauf en migration.

Les femelles d'Eider abandonnent rarement leur nid, surtout en terrain exposé.

Ci-dessus : triangle caractéristique allant du bec à la joue. À gauche : mâle adulte.

Le duvet d'Eider, longtemps employé comme isolant thermique, garde une certaine valeur économique. Bien que peu différent du duvet d'autres Canards, il est facile à récolter sur les nids. Plusieurs milliers de couples semi-domestiqués des fermes à Eiders d'Islande et de Scandinavie bénéficient de protection et de nids artificiels, ce qui est une forme convenable d'exploitation de la faune sauvage. Malgré la pollution pétrolière, les populations d'Eiders augmentent : on en dénombrait environ 600 000 en Baltique en 1973.

Ces oiseaux se nourrissent en eau peu profonde à fond rocheux ou sableux, barbotant plus que les autres plongeurs. À l'aide de leurs pattes ils dégagent un creux dans la vase à peine couverte d'eau, puis le prospectent avec le bec. Quand les Eiders plongent, ils tiennent les ailes à moitié ouvertes.

Les moules de 2 à 24 mm constituent une proie favorite : ils les ouvrent ou, plus souvent, les avalent tout entières.

Le nid est placé dans des herbages, des rochers ou des bâtiments abandonnés. Dès l'éclosion, les canetons sont conduits à la mer où les couvées se rassemblent pendant les dix semaines et demie nécessaires à l'acquisition des plumes.

Macreuse noire *(Melanitta nigra)*
Macreuse brune *(Melanitta fusca)*

Les ailes du mâle sont plus étroites que celles de la femelle.

Le mâle de la Macreuse noire a le plumage noir de jais et un joli bec, la femelle a la tête brune et les joues claires.

Macreuse noire femelle

Macreuse brune mâle

Les Macreuses se dressent souvent sur l'eau pour battre des ailes : si celles-ci portent des taches blanches, il s'agit de Macreuses brunes.

Le vol (ci-dessus) est direct et rapide, formé en ligne ou en triangle, et suit parallèlement le rivage à 700 ou 800 m au large.

Une bande de Macreuses dérivant (ci-dessous) prend souvent des apparences trompeuses : une partie des oiseaux disparaissent puis réapparaissent continuellement.

Macreuse noire mâle

Macreuse brune femelle

Famille de Macreuses noires : les parents, en plumage adulte, nagent tandis que le jeune se tient droit sur le rivage.

Les taches alaires blanches des Macreuses brunes sont visibles à grande distance. Les jeunes mâles ont des taches sur la tête : elles ne sont parfois pas bien distinctes l'une de l'autre.

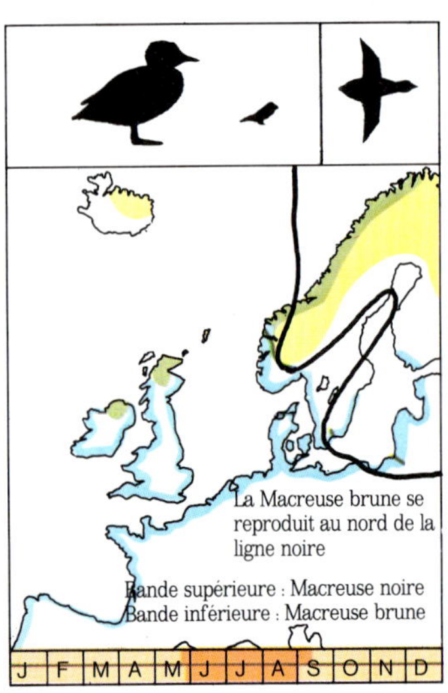

Quelques oiseaux imbibés de mazout, échoués après une tempête, voilà généralement les seules Macreuses que l'on rencontre en Europe. Ces oiseaux se déplacent au large, volant en longues lignes cachées par les vagues : ils se jettent ainsi dans les filets des oiseleurs de la mer Baltique.

On peut les voir de plus près en les approchant par bateau, là où l'eau peu profonde couvre des bancs de sable riches en mollusques. Les Macreuses s'y tiennent en bandes de centaines et même de milliers d'individus. La Macreuse brune est plus rare et ne se groupe pas à plus d'une centaine d'oiseaux, qui se dispersent pour se nourrir. Sous l'eau, les Macreuses se servent de leurs ailes comme de gouvernails à la manière de l'Eider et de la Harelde, ce que ne fait aucun autre Canard plongeur.

En été, elles se tiennent sur les lacs forestiers, mais on rencontre aussi la Macreuse noire dans la toundra désertique. Les deux espèces nichent au sol, à l'abri de la végétation ; les Macreuses brunes choisissent parfois le pied d'un arbre. Les six à dix œufs sont couvés pendant quatre semaines et les jeunes sont indépendants onze ou douze semaines plus tard ; ils ont alors leurs plumes depuis cinq semaines.

Macareux moine *(Fratercula arctica)*

S

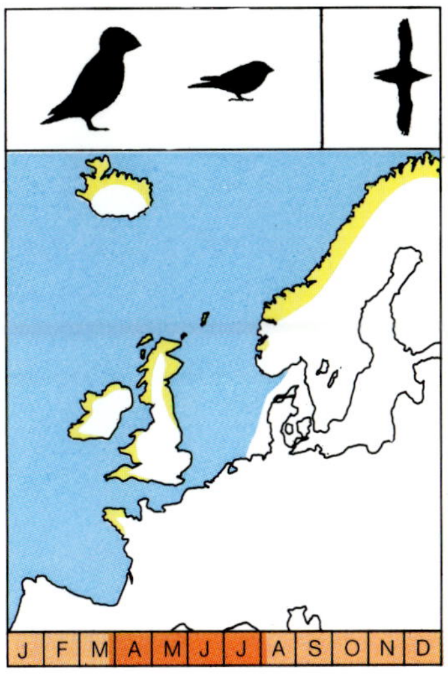

L'apparence curieuse des Macareux moines est familière à ceux qui ne les ont jamais vus. Malgré cette affection dans laquelle on les tient, l'espèce diminue.

Ils nichent dans des terriers, au sommet des falaises. Ils les creusent en sol mou et les tapissent d'herbes. Arrivant au début du printemps, ils se suralimentent au large avant de mettre pied à terre. La parade comprend beaucoup de coups de becs multicolores, dégénérant parfois en batailles furieuses. Les parents couvent tous deux l'œuf unique, à tour de rôle et pendant six semaines. Le poussin est nourri d'ammodytes, de merlans et de sprats apportés par dix ou douze. Comme beaucoup d'autres jeunes oiseaux marins, celui-ci jeûne, vivant de ses réserves de graisse, quand ses parents le quittent à l'âge de six semaines. Il a besoin d'une déclivité pour prendre son premier essor : pendant la marche jusqu'à ce tremplin, il est très vulnérable. Bien qu'effectué au crépuscule, ce trajet permet aux Goélands marins et aux Grands labbes de faire ripaille.

Ces prises n'expliquent pourtant pas le déclin de l'espèce probablement accru par la pollution pétrolière et chimique des eaux. L'étude de cet oiseau est toutefois difficile car il hiverne au large et disparaît là où il succombe.

Goéland argenté *(Larus argentatus)*

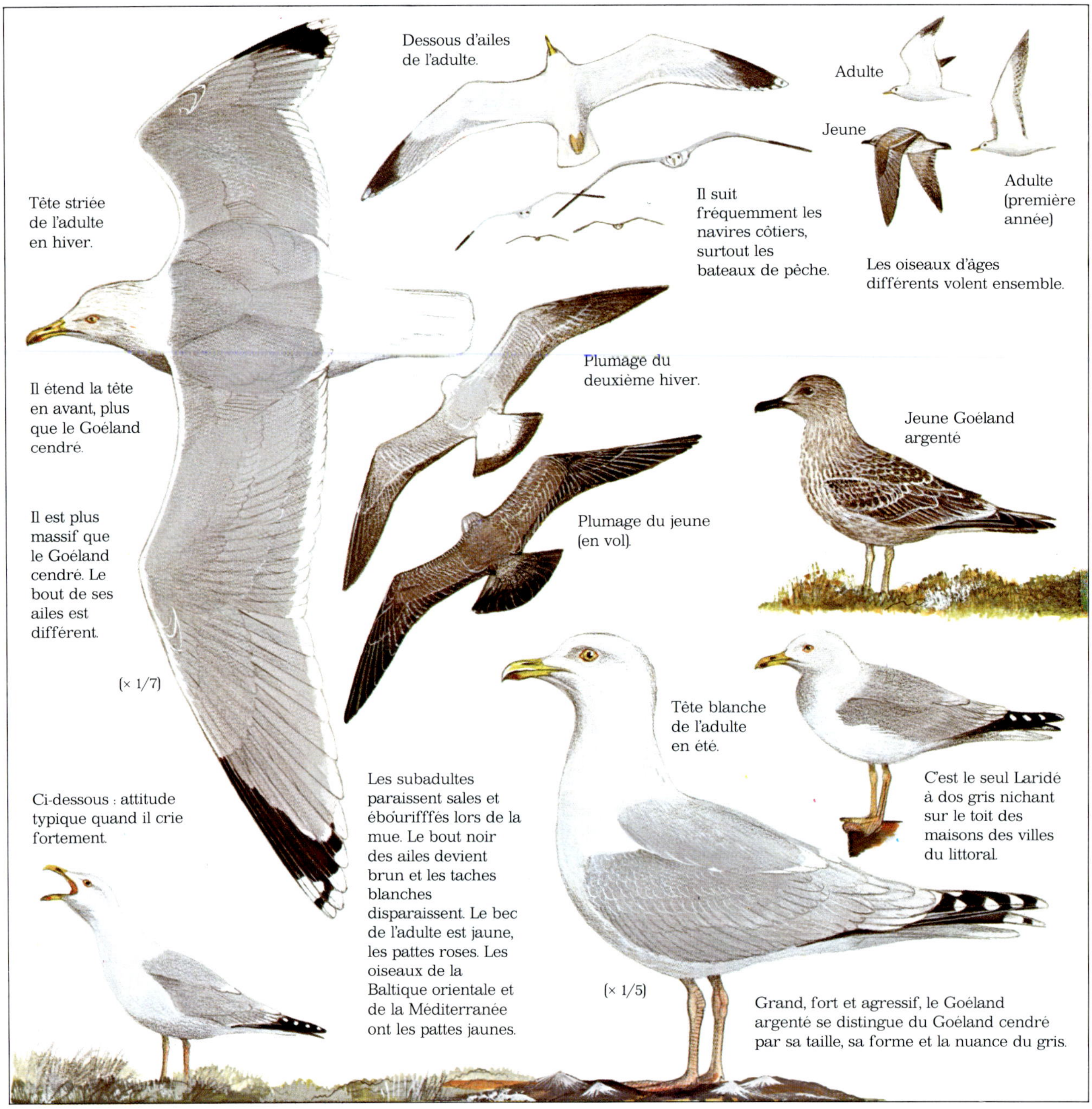

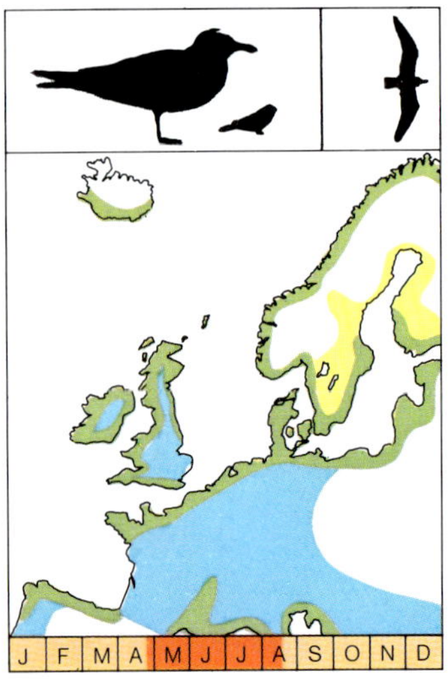

C'est le Goéland le plus populaire ; il exploite les décharges d'ordures, les ports, suit les bateaux pour récupérer ce qui en tombe et niche parfois sur les toits. Dangereux sur les aérodromes, cet oiseau a causé plusieurs accidents. L'espèce est nombreuse et progresse activement.

Les Goélands argentés nichent normalement en colonies sur les promontoires, les falaises et les dunes, mais peuvent se contenter de bâtiments, des rives d'un étang ou de carrières. Les parents bâtissent un nid épais fait d'algues, d'herbes et de bois flotté, puis se partagent l'incubation des deux ou trois œufs, pondus à deux ou trois jours d'intervalle, pendant vingt-huit à trente-trois jours. Les jeunes quittent le nid dès les premiers jours, mais restent pendant six semaines sur le territoire des parents ; ceux qui s'en écartent sont immédiatement dévorés par les voisins. Les parents se chargent tous deux d'apporter une grande variété d'aliments récoltés parmi les ordures. Ils prennent aussi des crabes et des mollusques qu'ils ouvrent en les projetant de haut.

Goéland cendré *(Larus canus)*

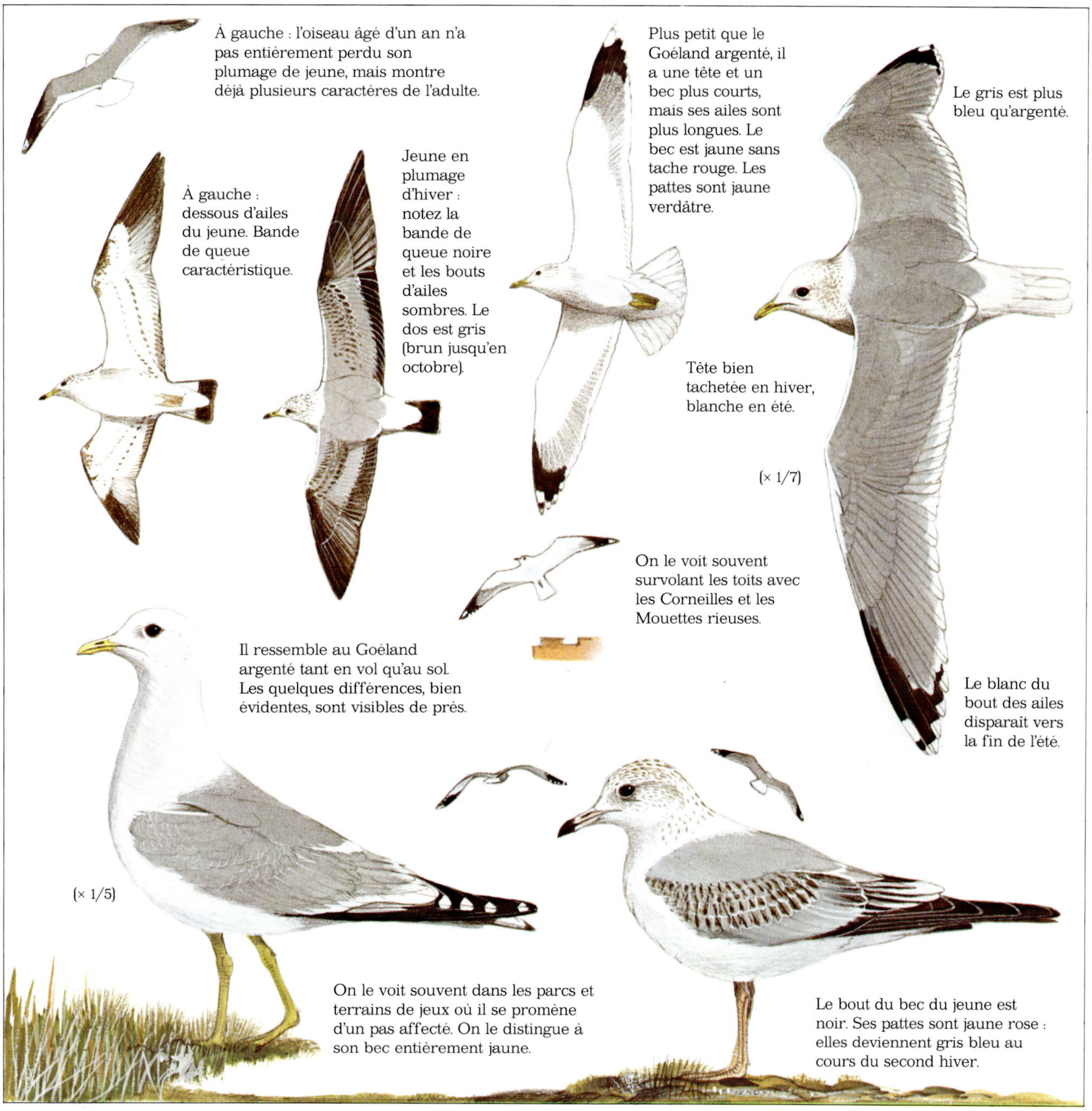

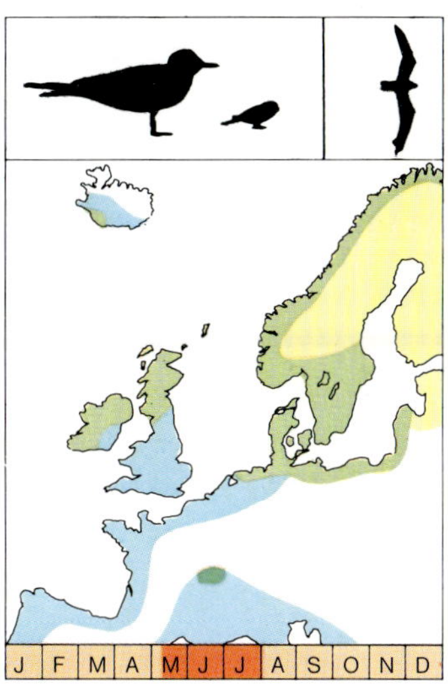

Le Goéland cendré n'est pas toujours remarqué parce qu'il a la taille de la Mouette rieuse et la couleur du Goéland argenté. Il s'agit pourtant d'une espèce répandue en Europe, en Asie, au Canada et en Alaska. Il aime les eaux abritées, ne s'aventurant que peu en mer pour se nourrir. On le voit surtout sur les cultures, les vases des estuaires et les terrains de sport. Le soir, il se retire sur les vasières inondables ou plus à l'intérieur des terres. Il se nourrit, comme ses cousins, en exploitant les dépôts d'ordure mais vole aussi de la nourriture aux autres à la manière des Labbes ; les Mouettes rieuses sont ses victimes préférées. Le nid varie d'un simple creux à une construction massive d'herbes et d'algues ; il est généralement caché dans les rochers ou la végétation près de l'eau, mais peut être placé dans un arbre. Ce nid est parfois isolé, parfois associé à une colonie de Sternes ou de Mouettes. Les parents couvent tous deux les deux ou trois œufs pendant vingt-deux à vingt-cinq jours, puis nourrissent les jeunes qui marchent de très bonne heure.

Goéland marin *(Larus marinus)*

S

Ses très grandes ailes, sa tête projetée en avant et son grand bec lui donnent un air de rapace. Cette apparence est trompeuse, car il ne pèse pas plus de 2,5 kg et son envergure n'est que de 1,60 m. Ses allures lentes et réservées ne l'empêchent pas de se précipiter sur les oiseaux blessés et de faire rendre gorge à des Mouettes pour récupérer des prises. Le mouvement des ailes est lent et régulier, coupé de vols planés.

Ces Goélands volent généralement par petit groupe, les uns battant des ailes pendant que les autres planent.

L'adulte, ci-dessus, montre l'étendue des taches sombres sous l'aile.

Plumage de quatrième année.

Plumage de troisième année.

Plumage de deuxième année.

(× 1/7)

Les jeunes sont tachetés, mais les variations de leur plumage sont complexes : ces oiseaux deviennent très pâles avant de prendre les couleurs des adultes.

(× 1/5)

L'intensité et l'étendue du plumage noir ne sont pas des éléments très sûrs d'identification. Quoique très sombre, le plumage dorsal du Goéland marin n'est pas aussi foncé que celui de la sous-espèce nordique du Goéland brun.

Certains détails de l'extrémité des ailes varient d'un oiseau à l'autre.

Les mâles de ces grands oiseaux à grosse tête ont un bec plus fort que celui des femelles. Leur tête est plus allongée que celle, relativement ronde, des Mouettes.

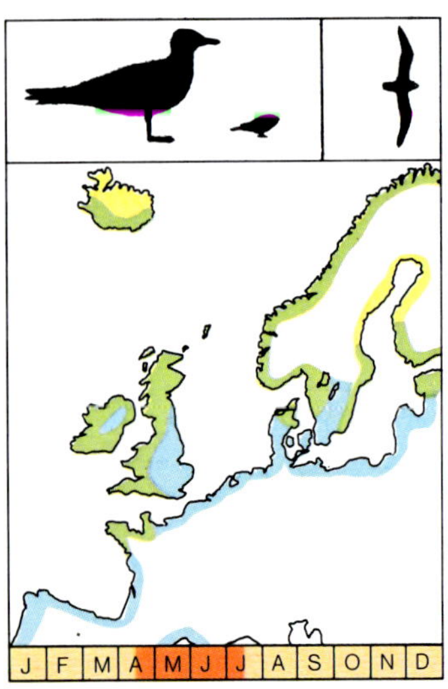

Comme la plupart des Goélands, celui-ci se nourrit de proies vivantes : il tue non seulement d'autres oiseaux de mer et des lapins, mais même ses propres jeunes. Les proies importantes sont déchirées une fois leur peau retournée, les plus petites avalées d'un seul coup, car son bec peut s'ouvrir très largement.

En principe, les Goélands marins ne sont régulièrement rapaces que pendant la reproduction. Le reste de l'année, ils se nourrissent surtout d'ordures, de charognes et des déchets rejetés par les bateaux de pêche. L'intensification de la pêche industrielle explique probablement le développement de cette espèce au cours des dernières décennies. Les méfaits des Goélands tempèrent l'ardeur de ceux qui veulent protéger les oiseaux de mer à tout prix. Il est question de réduire leur nombre depuis que les dommages causés aux Puffins des Anglais ont été considérablement diminués à Skokholm, au large du pays de Galles, grâce à une opération de contrôle de l'espèce.

Volontiers solitaire pour nicher, le Goéland marin amasse un grand tas d'algues, d'herbes et d'autres déchets ou ordures. Les deux ou trois œufs sont couvés pendant vingt-six à vingt-huit jours et les jeunes ont leur plumage complet à sept ou huit semaines.

Goéland brun *(Larus fuscus)*

S/M_H

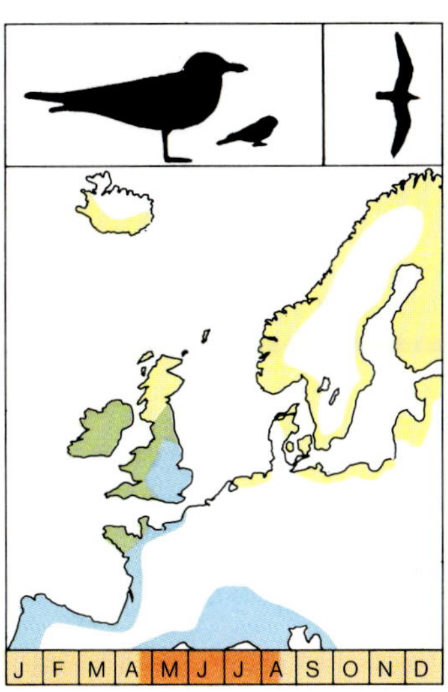

Les Goélands bruns et les Goélands argentés sont parents. La distribution de ces derniers se situe à l'ouest de l'Arctique et elle y rencontre celle du Goéland brun. Les deux Goélands pourraient donc n'être que les extrêmes d'une seule espèce maintenant leurs caractères de part et d'autre d'une zone de croisement. En Europe, ils se côtoient, nichant côte à côte sans mélange. Il arrive que l'on rencontre des oiseaux hybrides, mais cela peut avoir été provoqué par un échange d'œufs : ces oiseaux s'identifient au groupe de leurs parents adoptifs et se reproduisent avec des partenaires de cette espèce, produisant alors des hybrides. Les deux espèces ont d'ailleurs des mœurs semblables ; cependant, les Bruns se nourrissent moins d'ordures, mais constituent, comme les Argentés, un danger pour les aérodromes.

Les Goélands argentés se rassemblent en grand nombre sur les lacs en hiver (Grande-Bretagne).

Ces deux espèces nichent dans des endroits très variés, mais, quand elles se retrouvent le long des côtes rocheuses, les Goélands bruns s'installent généralement en terrain plat alors que les Goélands argentés choisissent le rebord des falaises.

Mouette rieuse *(Larus ridibundus)*

Adulte en février : calotte partiellement brune.

Adulte en reproduction : mars à août.

Adulte en hiver.

Jeune : le brun disparaît après le mois d'août.

Vol de prospection typique.

Ci-dessus : la Mouette rieuse est la seule à présenter du gris, du noir et du blanc sous l'aile. Le devant de l'aile est blanc et le bord externe noir.

Ci-dessous : plumage du premier âge, d'août à mars. L'aile est brune de l'épaule au coude. Le bas de l'aile est blanc comme celui des adultes. Le bord inférieur de l'aile tout entière est foncé. La queue est barrée de noir.

(× 1/7)

Adulte en hiver : le bord inférieur sombre et le devant blanc sont caractéristiques.

Ci-dessus : notez, sur ce jeune, la barre de queue et le détail de coloration du dessous d'ailes.

Le plumage nuptial des adultes est souvent légèrement rose par-dessous.

Le plumage du jeune disparaît progressivement entre août et mars, mais le bec et les pattes ne sont pas encore ceux d'un adulte.

Ci-dessus : attitude typique d'un oiseau attaquant un intrus.

(× 1/5)

La calotte sombre est bien visible de l'arrière ; elle est plutôt brune que noire.

Ci-dessous : Mouette rieuse défendant son nid en gonflant la gorge et en tendant le cou.

En hiver, le bec de l'adulte devient sombre au bout et ses pattes sont plus claires.

La Mouette rieuse est le plus petit Laridé fréquentant les villes et les sites du littoral. Son bec et ses pattes sont rouges au printemps, orange en hiver.

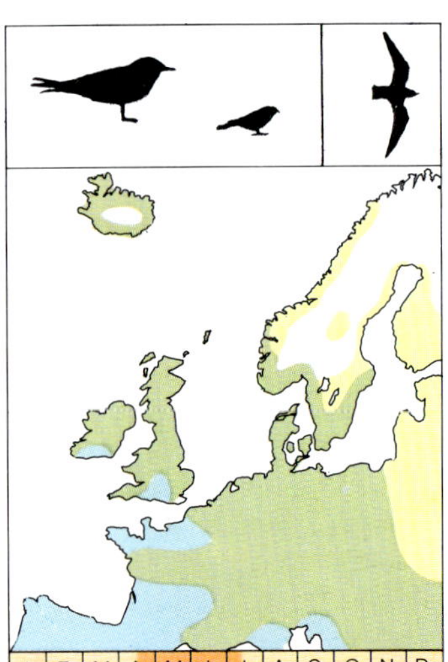

Les oiseaux américains atteignent fréquemment l'Europe, mais le contraire est rare à cause des vents peu favorables. La Mouette rieuse effectue régulièrement cette traversée comme la Mouette pygmée : toutes deux nichent parfois sur l'autre continent. Cela résulte peut-être de l'extension extraordinaire de cette espèce (27 % en Angleterre, au pays de Galles, depuis vingt ans, cent fois plus depuis le début du siècle en Suède et Finlande).

Cette espèce s'adapte fort bien aux modifications de l'environnement : elle suit les charrues, profite des terrains de sport, des dépôts d'ordures, des jardins de banlieue, des parcs et des lacs où elle exploite les déchets et recherche des invertébrés terrestres.

Les nids, groupés en colonies autour des marais, salines, champs d'épandage et gravières, comptent parfois plusieurs milliers de couples. Dans les marais, ils sont parfois flottants. Les trois œufs sont couvés pendant vingt-trois ou vingt-quatre jours. Les jeunes sont indépendants après cinq ou six semaines.

Goéland bourgmestre *(Larus hyperboreus)*
Goéland à ailes blanches *(Larus glaucoides)*

M H

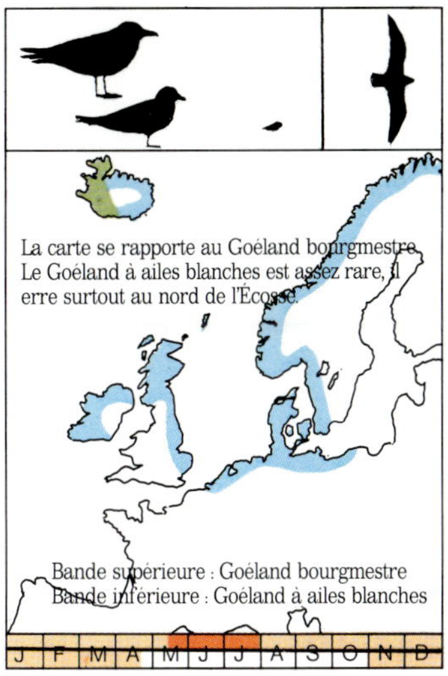

Ces deux espèces se ressemblent. Le Goéland à ailes blanches paraît être un petit Goéland bourgmestre, mais sa façon d'être est celle du Goéland argenté, qui est probablement son cousin. Les Bourgmestres semblent être une version pâle des Goélands marins dont ils ont presque la taille. Ils vivent d'ordures et de rapines comme la plupart des oiseaux marins de l'Atlantique. Les Mergules nains sont une de leurs proies favorites, dont ils se saisissent quand ces oiseaux nagent, serrés en masse, vers le rivage. Pris en surface, le Mergule ne peut être déchiré : il doit être ingurgité d'un seul coup. Les Sternes arctiques sont également attaquées, mais elles se défendent bien en colonie. Pour le reste, ces Goélands se nourrissent d'invertébrés marins et de déchets récoltés autour des bâtiments.

Le Goéland à ailes blanches niche au Groenland et dans le Grand Nord canadien. Il hiverne, en petit nombre, dans la Baltique et autour des îles Britanniques. Bien que subsistant de déchets et de rapines comme son cousin, il pêche volontiers en plongée.

Labbe pomarin *(Stercorarius pomarinus)*
Grand labbe *(Stercorarius skua)*

Labbe pomarin : les battements d'ailes sont lents, puissants et continus.

Un Grand labbe en maraude culbute un Fou de Bassan en le saisissant par la queue. La victime rend gorge dans la plupart des cas.

Les Grands labbes en migration (ci-dessus) volent très régulièrement, soit à une trentaine de mètres, soit au ras de l'eau.

Grand labbe : la queue arrondie est caractéristique.

Jeune Labbe pomarin : phase sombre

Labbe pomarin : phase claire

Jeune Labbe pomarin : phase : sombre

Le Labbe pomarin adulte se distingue à ses longues rectrices. Les tronçons de plumes brisées restent bien visibles.

Il ne laisse pas les autres oiseaux marins en paix.

(× 1/7)

Le Labbe pomarin est un oiseau lourd et puissant, se plaçant par la taille entre le Grand labbe et le Labbe parasite. Son plumage varie du pâle au foncé. Il est plus fort et a les ailes plus larges que le Labbe parasite.

L'aspect des marques blanches en mouvement est identique sur les deux faces.

(× 1/7)

Grand labbe en position d'attaque

Attaque d'un intrus près du nid

Le Grand labbe (ci-dessus) n'a pas de rectrices proéminentes.

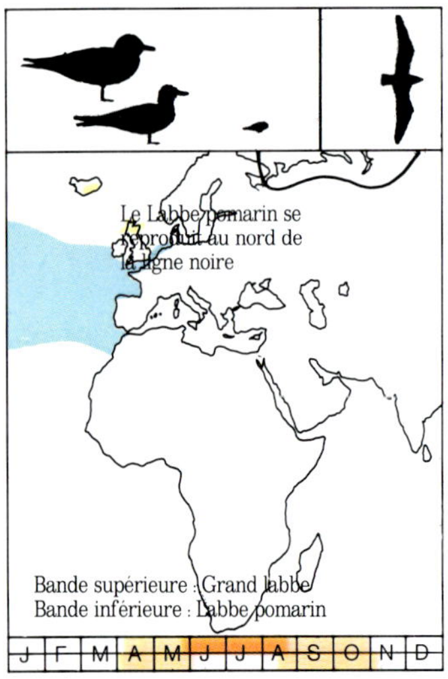

Les Grands labbes utilisent une méthode très particulière pour se nourrir : ils attaquent les autres oiseaux de mer, jusqu'à la taille du Fou de Bassan, et les forcent à lâcher leurs proies.

Ce sont des rapaces redoutables, qui s'emparent non seulement des œufs et des jeunes, mais également des oiseaux adultes de nombreuses espèces : on les a observés tuant des Hérons cendrés et des Goélands marins, quitte à être blessés pendant le combat. Les Grands labbes ne répugnent même pas au cannibalisme. Le Macareux moine est souvent surpris par le Grand Labbe à la sortie de son terrier.

Ces oiseaux nichent isolément ou en colonie dans des sites boisés mais dégagés. Le territoire est violemment défendu même contre les hommes, que le Grand labbe attaque résolument en frappant les intrus à la tête avec ses pattes.

Les deux sexes couvent les deux œufs, pondus dans un creux pauvrement tapissé, pendant vingt-huit à trente jours. Les jeunes ont toutes leurs plumes au cours de la sixième ou septième semaine.

Labbe à longue queue *(Stercorarius longicaudus)*
Labbe parasite *(Stercorarius parasiticus)*

Jeune Labbe à longue queue (à gauche) : il est plus mince que le Labbe parasite, ses ailes sont plus longues et plus étroites, sa queue est plus longue et ses rectrices médianes sont arrondies. Le corps est moins massif que celui du Labbe parasite.

Ces oiseaux marins bruns, ressemblant à des rapaces, volent rapidement en planant par moments au ras des vagues. Le plumage a des phases claires et sombres. Le corps est plus massif que celui du Labbe à longue queue.

(× 1/7)

Ci-dessous : jeune Labbe à longue queue. Notez le ventre clair, le dessous des ailes bien marqué et la barre sous la queue. Les rectrices s'allongent de 10 cm par an : les oiseaux de deux ans ressemblent au Labbe parasite adulte.

Jeune Labbe parasite : phase sombre

Jeune Labbe parasite (vu du dessous)

Jeune : août à mars

(× 1/7)

Le vol est lent et gracieux. Quand l'identification n'est pas certaine, il s'agit généralement d'un Labbe parasite adulte.

À gauche : Labbe parasite adulte vu du dessous. À droite : le même vu du dessus. Les rectrices des adultes sont très longues.

Labbes parasites en chasse (ci-dessus) illustrant la variété du plumage. Dès qu'une victime est en vue, le rythme du vol s'accélère, les ailes se touchant presque sous l'oiseau. Ce changement d'allure se remarque à grande distance.

Labbe à longue queue adulte (phase claire)

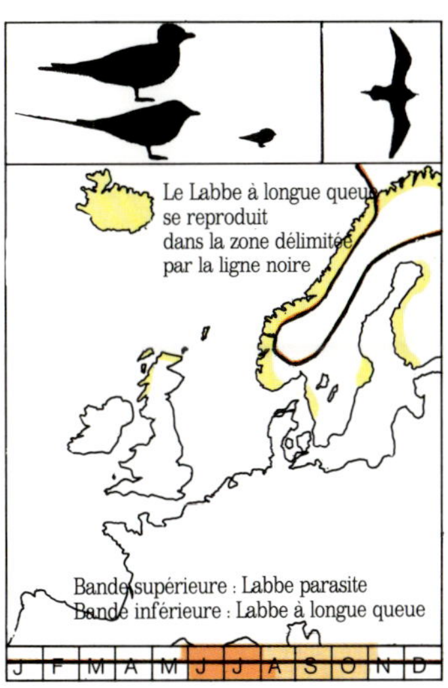

Il existe deux phases de coloration du plumage chez les Labbes parasites : dessous clair ou foncé. En Norvège méridionale et dans la Baltique, la plupart des oiseaux sont sombres, mais la proportion des oiseaux clairs augmente vers le nord, atteignant 90 % en Norvège septentrionale. Ces oiseaux clairs sont nombreux en Écosse, sur les Hébrides, où ils composent la moitié de la population. Les Labbes parasites sont plus pirates que les Grands labbes : ils s'attaquent aux Mouettes tridactyles et aux Sternes ; dans la toundra, ils s'en prennent aux rongeurs et aux oiseaux.

Ils nichent à terre et en colonies lâches comme les Grands labbes, attaquant tous les intrus. Les oiseaux non reproducteurs ou au repos se livrent souvent à des jeux acrobatiques au-dessus de la colonie. Ces oiseaux se reproduisent à partir de l'âge de quatre ans. Deux œufs sont couvés pendant vingt-six jours et les jeunes sont indépendants quatre ou cinq semaines plus tard.

Les Labbes à longue queue sont les plus élégants de cette famille et restent presque toujours en phase claire. Ils nichent dans ou près de l'Arctique, subsistant principalement de lemmings. Il est difficile de les observer, car ils regagnent l'Atlantique sans suivre les côtes.

Mouette tridactyle *(Rissa tridactyla)*

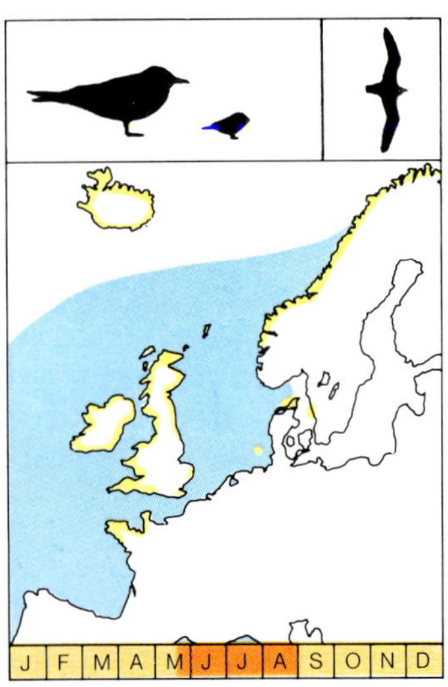

Cette Mouette se distingue par ses nids bâtis sur les corniches et son existence pélagique. Comme elle se pose rarement à terre, ses pattes sont courtes et n'ont pas de doigt postérieur. Elle se nourrit de poissons pendant la reproduction et d'invertébrés de surface pendant l'hivernage dans l'Atlantique.

Comme pour d'autres espèces de Mouettes et pour le Fulmar, le nombre des Mouettes tridactyles s'est accru au cours du XXe siècle, ce qui curieusement est passé inaperçu jusqu'en 1959, à la suite de comparaisons de comptages. Cet accroissement de population, de l'ordre de 50 % par décennie, s'est maintenu entre 1959 et 1969. Un demi-million de couples nichent le long des côtes britanniques et le développement de l'espèce se poursuit autour de la mer du Nord. Le nombre des colonies a peu évolué, mais chacune d'elles augmente sa population. Ces Mouettes profitent peu des activités humaines, mais leurs nids ne sont plus pillés comme au cours du siècle dernier. Faits d'algues cimentées aux rochers à l'aide de guano, ces nids sont parfois accrochés aux corniches des fenêtres des maisons dans les ports en Angleterre et en Norvège.

Mouette pygmée *(Larus minutus)*

Adulte en hiver : gris et blanc dessus, tête marquée de noir. La taille est petite, le vol ressemble à celui d'une Sterne et, chez les adultes d'un certain âge, il ne reste plus de noir sur le dessus de l'aile.

Le jeune oiseau (ci-dessous) a le dos brun jusqu'au milieu du premier printemps. Il devient gris par la suite.

La jeune Mouette pygmée est identifiée en vol par sa taille et le dessin du dessus des ailes. Il faut éviter la confusion avec la jeune Mouette tridactyle dont l'aspect est davantage celui d'un Goéland.

Ces Mouettes volent près de la surface des eaux côtières ou intérieures pour glaner de la nourriture. Certaines volent sur place.

(× 1/7)

Chassant en mer, ces Mouettes volent entre 15 et 30 mètres de hauteur, cherchant des petits poissons en surface et plongeant pour les attraper. Les Puffins des Anglais surveillent attentivement ce manège et se précipitent au bon moment.

La Mouette pygmée se pose généralement en tenant les ailes très hautes.

La taille seule suffit à identifier cet oiseau. L'adulte (à gauche) a la poitrine légèrement rose et le dessous des ailes gris avec le bord blanc. Le dessous des ailes du jeune est tout blanc.

(× 1/5)

Jeunes oiseaux (à gauche) posés sur des piliers ou des brise-lames le long du rivage. Notez la petite tête et l'expression avenante. Cet oiseau ressemble à la Mouette tridactyle.

Sa distribution sporadique et ses migrations déconcertantes la distinguent. Elle niche surtout en U.R.S.S. et, en Europe, à l'est des Pays-Bas. La Mouette pygmée hiverne surtout autour de la mer Noire et de la Méditerranée mais peut être rencontrée en mer du Nord et sur les côtes européennes de l'Atlantique. Elle hiverne, irrégulièrement, dans quelques localités écossaises et apparaît isolément en Angleterre. Elle atteint régulièrement les côtes orientales d'Amérique du Nord et y niche maintenant en petit nombre.

Elle ressemble aux Sternes (Guifette noire par exemple) par son vol et ses mœurs et niche parfois en leur compagnie. Les sites de nidification sont les herbages marécageux et les marais présentant de belles surfaces d'eau riches en insectes. Après la reproduction, cette Mouette se nourrit de petits poissons et de crustacés.

La plupart des colonies comptent moins de cinquante couples, mais il peut en exister de plus importantes là où l'espèce est rare. Le nid, assez volumineux, est fait d'herbes et placé sur un bouquet de végétation émergeant de la surface ; il contient deux ou trois œufs. Les jeunes quittent la colonie en famille, avec leurs parents, qui les abandonneront ultérieurement.

Sterne pierregarin *(Sterna hirundo)*

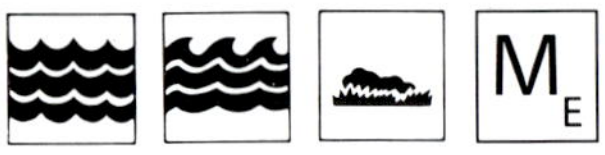

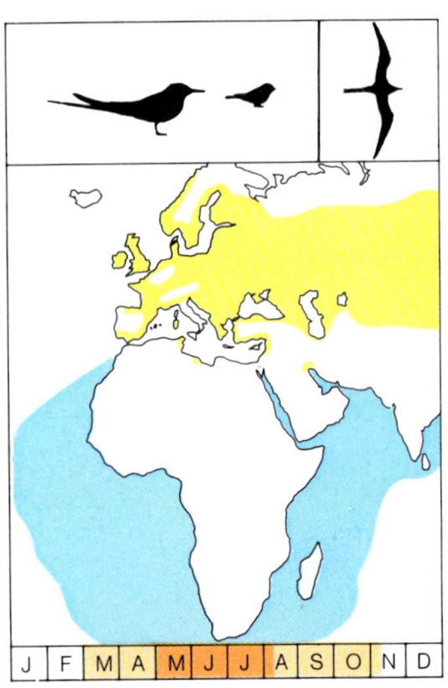

Les Sternes pierregarin et arctique se ressemblent beaucoup. L'aire de nidification de la Pierregarin commence à la limite méridionale de celle de la Sterne arctique. Quelques colonies sont mixtes, mais la zone commune est étroite. La Sterne pierregarin niche de la Méditerranée à la mer du Nord, et dans des zones humides éloignées des côtes, même à 3 500 m d'altitude au Tibet.

Les colonies éloignées des côtes ne sont pas nombreuses. Quelques couples nichent parfois sur les aménagements artificiels de plans d'eau intérieurs. Le tumulte (pour la défense du nid) est moins obsédant que chez la Sterne arctique.

La Sterne pierregarin se nourrit à proximité du rivage et prend, de ce fait, davantage de crustacés et d'insectes : la blanchaille est l'une de ses proies favorites. Elle chasse les insectes à la manière de la Guifette noire, au-dessus de l'eau, et attrape des tipules au-dessus de la terre ferme.

Pendant la parade, le mâle vole en rond, portant un poisson dans le bec, puis le présente à sa future partenaire. Les deux espèces gardent les jeunes au nid pendant quelques jours sous la surveillance de l'un des parents. Hors du nid, ces jeunes se cachent dans la végétation avoisinante.

Sterne arctique *(Sterna paradisaea)*

M E

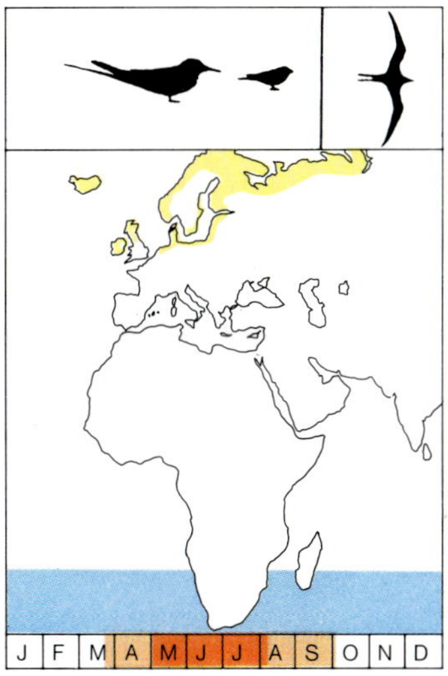

Pénétrer dans une colonie de Sternes arctiques est éprouvant pour les nerfs, car elles piquent vers la tête de l'intrus, pouvant même le blesser. Ces colonies, qui rassemblent plusieurs milliers d'oiseaux, sont souvent partagées par d'autres oiseaux, tels les Eiders, qui recherchent la défense bruyante des Sternes contre les Goélands et les renards. Les colonies sont situées sur des plages, des rochers ou des herbages ras proches de la mer. L'admission dans une de ces colonies peut se faire attendre pendant cinq ans : ensuite un ou deux poussins seront élevés à partir des deux ou trois œufs pondus. La Sterne arctique jouit de plus de lumière que n'importe quelle autre espèce animale. Se reproduisant au bord de l'océan Arctique, de l'Atlantique et du Pacifique Nord, elle hiverne dans l'Antarctique, choisissant ainsi les régions bénéficiant d'un maximum de lumière tout au long de l'année. La Sterne arctique couvre annuellement une moyenne de 35 000 kilomètres pour ses seules migrations. Un oiseau de cette espèce a atteint l'âge de vingt-sept ans : au cours de sa vie, il aurait parcouru pour ses migrations deux ou trois fois la distance Terre-Lune.

La mue rapide exigée par de telles migrations se fait dans l'Antarctique, où les eaux poissonneuses fournissent les réserves d'énergie pour le retour.

Sterne naine *(Sterna albifrons)*

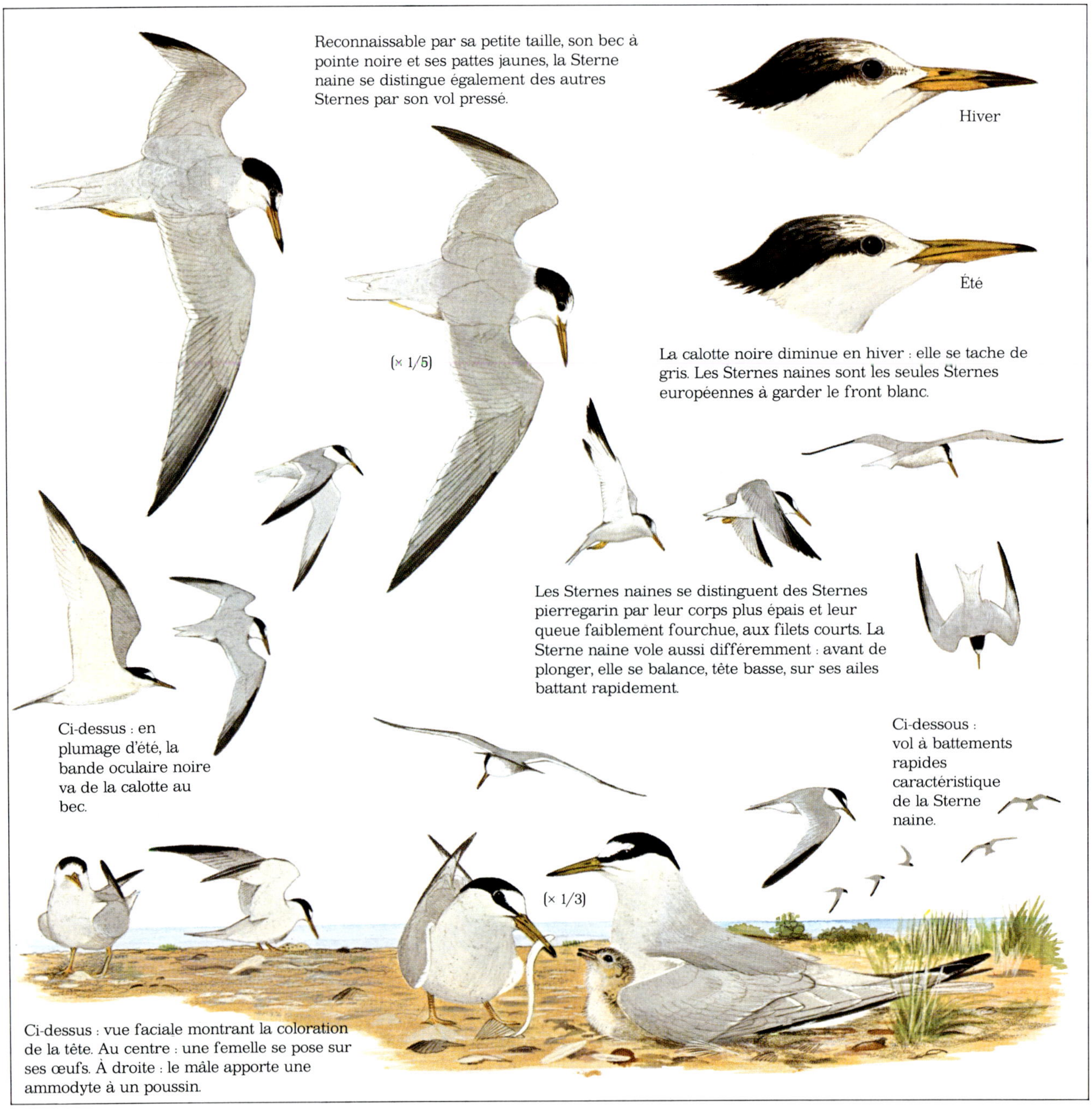

Reconnaissable par sa petite taille, son bec à pointe noire et ses pattes jaunes, la Sterne naine se distingue également des autres Sternes par son vol pressé.

La calotte noire diminue en hiver : elle se tache de gris. Les Sternes naines sont les seules Sternes européennes à garder le front blanc.

Les Sternes naines se distinguent des Sternes pierregarin par leur corps plus épais et leur queue faiblement fourchue, aux filets courts. La Sterne naine vole aussi différemment : avant de plonger, elle se balance, tête basse, sur ses ailes battant rapidement.

Ci-dessus : en plumage d'été, la bande oculaire noire va de la calotte au bec.

Ci-dessous : vol à battements rapides caractéristique de la Sterne naine.

Ci-dessus : vue faciale montrant la coloration de la tête. Au centre : une femelle se pose sur ses œufs. À droite : le mâle apporte une ammodyte à un poussin.

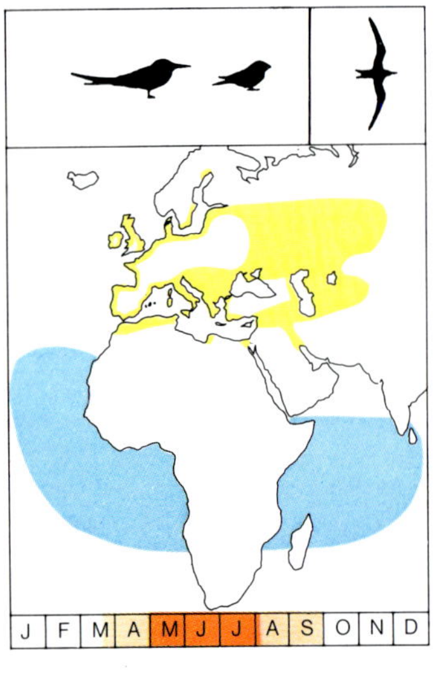

C'est la plus petite Sterne européenne, mais son aire de nidification est la plus étendue : elle niche sur tous les continents ; répandue en Europe, elle n'en quitte guère les côtes, se fixant en colonies dispersées le long des plages de galets ou sableuses, ou sur les bancs de sable des eaux intérieures.

La population américaine de cette espèce a beaucoup souffert au cours du siècle dernier, car ses plumes étaient recherchées. L'espèce est de nouveau menacée, un peu partout dans le monde, car les plages où elle niche sont envahies par les baigneurs. Les œufs sont tellement bien cachés dans un trou que les gens les écrasent ou font déserter le nid. Moins agressive que les Sternes arctiques ou pierregarin, elle crie moins pour se défendre.

La Sterne naine se nourrit près des côtes, souvent aussi au bord des lacs, planant davantage et battant plus rapidement des ailes que les autres Sternes. Nichant rarement à plus de quelques mètres de la limite des hautes eaux, l'espèce perd beaucoup de jeunes à cause du sable porté par le vent, de l'écume et des promeneurs. Elle se nourrit de petits crustacés, de vers, d'ammodytes et de blanchaille. En migration, les Sternes naines se joignent aux colonies locales de leur espèce, ce qui complique les observations.

Sterne caugek *(Sterna sandvicensis)*
Sterne hansel *(Gelochelidon nilotica)*

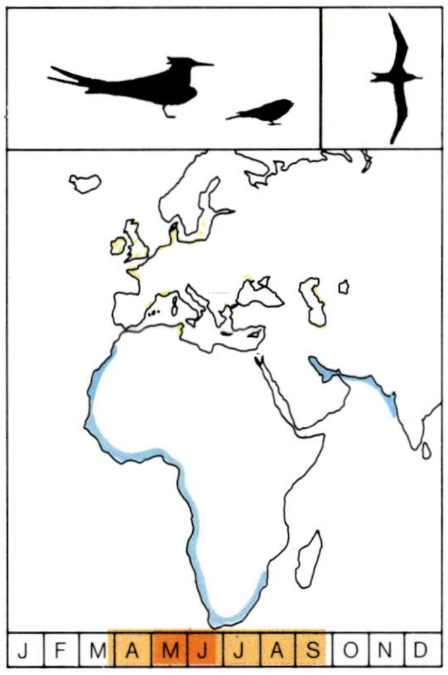

Les colonies très denses de ces oiseaux élégants sont passionnantes à observer malgré leur brouhaha discordant. Il faut les approcher prudemment, car ils peuvent s'effrayer. Des pionniers choisissent un site dans lequel s'établissent des « sous-colonies », dont les membres nichent simultanément, ce qui améliore le rendement des nichées. Moins agressive que les Sternes pierregarin ou arctique, la Sterne caugek niche souvent près de celles-ci ou de Goélands marins, profitant de leur protection contre les intrus.

Le vol nuptial débute tôt au printemps : des petits groupes montent très haut puis descendent en planant et criant. Les œufs (un ou deux) sont couvés pendant trois ou quatre semaines. Parents et jeunes se nourrissent de poissons (ammodytes et sprats).

Les Sternes caugek plongent de plus haut et plus profondément que les autres Sternes. Elles vont se nourrir loin : la plaque d'un jeune saumon écossais a été retrouvée à 70 km, quarante-huit heures après le marquage. Très mobiles, elles parcourent assez souvent le littoral européen.

La Sterne hansel ressemble à la Sterne caugek par sa taille et son aspect, mais elle a un bec noir et épais. Moins aquatique, elle se nourrit principalement d'insectes.

Guifette noire *(Chlidonias niger)*

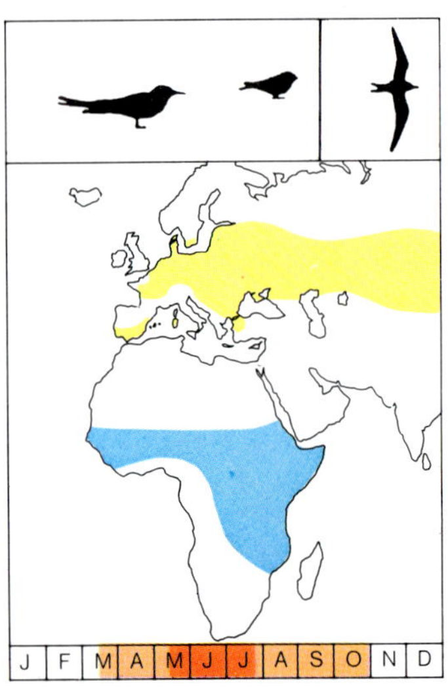

Largement répandues dans le monde entier, les Guifettes noires nichent dans les marécages où l'eau alterne avec la végétation. Elles prennent, en vol, les insectes aquatiques qui y abondent. Elles plongent rarement, prenant peu de poissons mais davantage de grenouilles et de têtards.

Les Guifettes noires explorent les eaux en groupes, s'appelant fréquemment. Le vol nuptial les rassemble ; elles tournent haut dans le ciel en s'appelant, puis se partagent en petits groupes qui descendent en planant, ailes tendues.

Le nid est un amas flottant d'herbes et de joncs. Il est parfois bâti sur une touffe de carex. Les deux sexes couvent les deux ou trois œufs, mais les jeux nuptiaux continuent près du nid, le mâle se penchant, bec baissé, queue et ailes dressées. Les poussins quittent l'œuf au bout de trois semaines, puis restent encore une semaine au nid avant de s'engager dans la végétation environnante, où les parents les nourrissent pendant quatre ou cinq semaines supplémentaires, même quand ils sont capables de voler.

Les Guifettes noires nichent jusqu'à l'Ienisseï, en Sibérie, et hivernent en Afrique tropicale au nord de l'équateur.

Puffin des Anglais *(Puffinus puffinus)*

Ailes raides touchant les vagues, de petits groupes de Puffins des Anglais montrent, tour à tour, leur dos noir et leur ventre blanc. Ils planent, s'appuyant sur le moindre souffle, ne battant des ailes que par temps calme ou pour décoller. La sous-espèce méridionale, dite des Baléares, a le ventre brun.

Les Puffins des Anglais se rassemblent pour se nourrir au ras de l'eau et, parfois le soir, près du littoral au large des falaises. Ils recherchent les bancs de petits poissons, planant brièvement puis plongeant en surface. Ils surveillent attentivement les Mouettes et profitent de leurs découvertes.

Ils ont les narines tubulaires des Pétrels.

Les Puffins des Anglais sont très maladroits à terre après la tombée du jour. Ils doivent se hisser sur les rochers pour reprendre l'air.

Ils sentent fortement le moisi. Les jeunes sont parfois tellement gras qu'on les nomme « oiseaux-moutons ».

Présent sur tous les océans, facile à observer en colonie, le Puffin des Anglais niche dans des terriers sur des îles, les rencontres et jeux nuptiaux se faisant de nuit avec des cris. Il se nourrit de petits poissons pêchés en surface, souvent loin de la colonie.

Ces oiseaux s'orientent remarquablement : quelques sujets, transportés à Boston ont regagné leur colonie dans le pays de Galles en moins d'une douzaine de jours. Les adultes quittent la colonie pour s'engraisser en mer une dizaine de jours avant de nicher, puis ils se relaient sur le nid avec des absences pouvant atteindre une semaine. L'œuf unique éclôt au bout de sept ou huit semaines. Les parents nourrissent le poussin d'aliments prédigérés.

La colonie est très calme en période de pleine lune, les oiseaux restant parfois trois jours au large. Le jeune quitte le nid au bout de deux mois et prend la mer une semaine plus tard.

Les Puffins des Anglais se reproduisent à l'âge de cinq ou six ans et peuvent vivre vingt ans. L'introduction du rat dans les îles a détruit beaucoup de colonies. La Grande-Bretagne compte 175 000 couples, mais d'autres sous-espèces nichent en Méditerranée et dans le Pacifique. Les oiseaux de l'Atlantique Nord hivernent au large de Rio de Janeiro.

Fulmar, Pétrel glacial *(Fulmarus glacialis)*

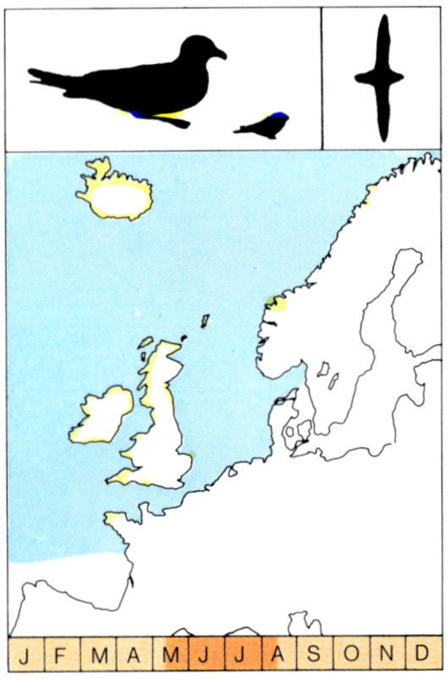

Leur plumage gris, leur virtuosité d'évolution, ont fait la légende des Fulmars. Jusqu'en 1878, ils n'étaient connus que dans l'îlot de Saint Kilda. Remarqués ensuite aux Shetland, ils sont, depuis, dispersés autour des îles Britanniques, avoisinant 305 000 couples. Cette expansion date du jour où les insulaires cessèrent de les capturer pour leur chair, leur graisse et leurs plumes.

Profitant des déchets rejetés par les baleiniers, puis les chalutiers, l'espèce se développa de manière surprenante pour des oiseaux qui n'atteignent l'âge de reproduction qu'à sept ou huit ans et ne pondent qu'un seul œuf par an. Il est vrai qu'ils vivent vingt-cinq ans.

Revenant d'excursions lointaines dans l'Atlantique Nord en novembre-décembre, les Fulmars regagnent les falaises où ils nichent en mai. Les couples quittent la colonie une ou deux semaines, pour constituer des réserves. La parade consiste à bâiller ou à caqueter en chœur. Les poussins sont nourris d'aliments régurgités et d'huile stomacale. L'odeur de moisi, habituelle chez les Fulmars, se retrouve sur des oiseaux empaillés depuis plus d'un siècle. À l'âge de six semaines, les jeunes, prêts à s'envoler, dépassent le poids des parents. Ceux-ci cessent de les nourrir quelques jours avant l'envol.

Pingouin torda *(Alca torda)*

S

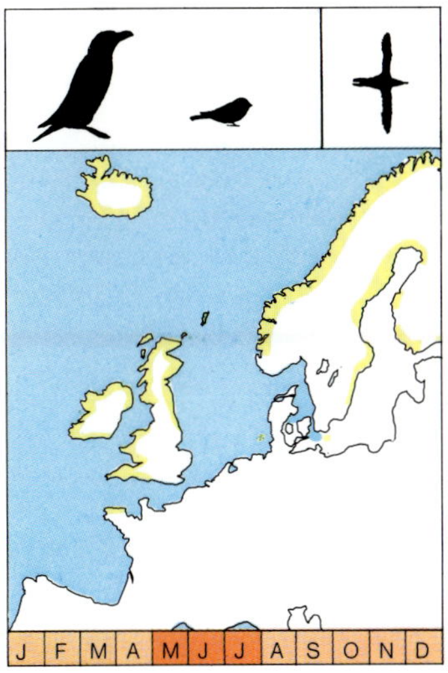

Son bec le fait ressembler, en plus petit, à son parent éteint, le Grand pingouin, qui ne volait pas. Il niche dans les petites cavernes des falaises ou dans les rochers des îles désertes. Les nids en surplomb sont rares. Coloré comme celui du Guillemot, l'œuf du Torda est plus rond. Bien que leurs nids ne soient pas tellement exposés, les Tordas, comme les Guillemots, emmènent les jeunes âgés de dix-huit jours (ils ont alors atteint la moitié de leur taille d'adulte) vers la mer au crépuscule. Le jeune est nourri de petits poissons. Les plus gros poissons sont donnés un par un. Les anguilles, les sprats, les crustacés et les mollusques composent le régime.

Regagnant l'aire de nidification dès janvier, les Tordas s'égaillent autour de la colonie. On les voit souvent nageant en ligne et plongeant ensemble. Les couples tournent l'un autour de l'autre. À terre, ils hochent la tête, le bec ouvert, montrant leur gosier jaune. Les oiseaux quittent la falaise d'un vol lent et papillonnant. Leur appel grave et bruyant ressemble à celui du Guillemot.

Jadis traqués par les marins, les Tordas sont actuellement menacés par les « marées noires » et les pêcheurs qui craignent leur concurrence. Ils se maintiennent pourtant mieux que les Guillemots et les Macareux.

Guillemot de Troïl *(Uria aalge)*
Guillemot à miroir *(Cepphus grylle)*

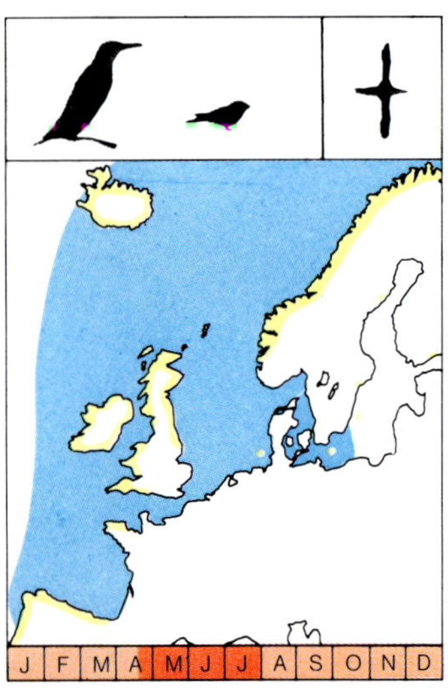

Les Guillemots de Troïl nichent en colonies denses au sommet des rochers isolés ou des falaises. Ils hochent continuellement la tête : ces jeux nuptiaux ressemblent à ceux du Pingouin torda. Une cacophonie assourdissante couvre la colonie sans discontinuer. Ils prennent facilement peur : beaucoup de poussins se perdent dans des fuites subites.

Les œufs coniques tournent sur eux-mêmes au lieu de tomber des falaises. Leur centre de gravité se déplace vers le bout étroit pendant la couvaison. Les Goélands détruisent beaucoup d'œufs et de poussins.

Les jeunes sont nourris de poissons assez gros apportés un par un. À moitié de leur taille d'adulte, ils quittent la falaise exposée aux prédateurs : ils battent frénétiquement des ailes et étendent les pattes pour freiner leur chute vers la mer où les parents les attendent pour les nourrir.

Plus petits et moins nombreux, les Guillemots à miroir nichent individuellement ou par petits groupes le long des côtes rocheuses. Leurs pattes rouges jouent sans doute un rôle lors de leurs danses aquatiques. Ce sont les seuls Alcidés européens à pondre deux œufs dans une cavité entre les rochers. Ce nid, mieux protégé, permet de garder les jeunes deux fois plus longtemps que chez le Guillemot de Troïl.

Fou de Bassan *(Sula bassana)*

Le nombre des Fous de Bassan augmente, ce qui est surprenant pour une espèce qui ne pond qu'un seul œuf par an et ne se reproduit pas avant l'âge de cinq ans. Ils profitent apparemment du volume croissant de déchets rejetés par les bateaux de pêche.

Le nid est un monticule conique d'algues et de bois flotté plâtrés de guano. Les parents couvent tous deux avec les palmures de leurs pattes. Les jeunes restent quinze semaines au nid, où ils sont nourris de poisson régurgité : en le quittant, ils pèsent plus lourd que leurs parents. Cet excédent disparaît au cours des deux premières semaines d'indépendance. Les Fous bruns, leurs cousins tropicaux, quittent le nid dès la douzième semaine mais restent pendant plusieurs mois avec leurs parents pour apprendre à pêcher.

Les rochers isolés au large rassemblent souvent de grandes colonies : Boreray (Hébrides) compte plus de 70 000 couples. Quand les jeunes sont assez forts, une colonie de cette importance consomme quotidiennement plus de cent tonnes de poissons (harengs, maquereaux et merlans).

Atteignant l'Afrique, la migration de la première année est la plus lointaine. Ensuite, les oiseaux hivernent en Méditerranée ou dans le golfe de Gascogne. Les adultes se dispersent aux alentours de la zone de reproduction.

Grand cormoran *(Phalacrocorax carbo)*

S

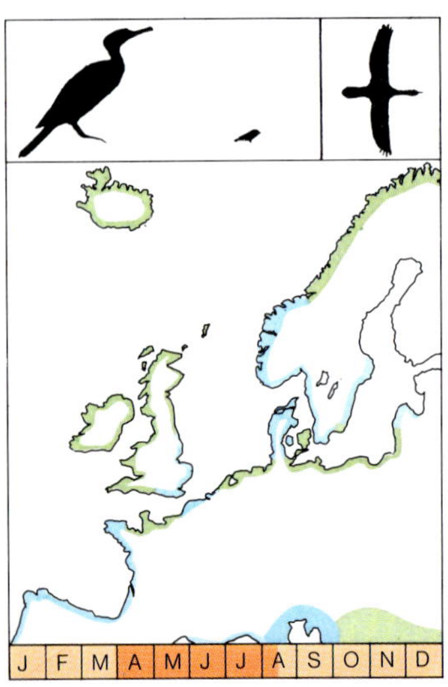

Connu dans le monde entier, le Grand cormoran est commun le long des côtes et de certains lacs intérieurs. Les colonies se fixent sur des îlots bas et rocheux, ou dans des arbres que le guano dégrade. Le nid est un amas d'algues et de branches tapissées de végétaux plus fins. Les deux ou trois œufs d'un bleu crayeux sont couvés pendant un mois. Les jeunes sont nus à l'éclosion ; ils ne voleront pas avant deux mois.

Les Grands cormorans sont bons pêcheurs ; plongeant ailes serrées pendant vingt ou trente secondes, ils atteignent 9 m de profondeur : ils recherchent des poisssons plats le long des côtes et peuvent en prendre plus d'un kilo par jour. De ce fait, ils sont pourchassés par les pêcheurs, mais leurs prises ont peu d'incidence en mer. Dans certains lacs, ils peuvent être utiles en s'emparant des prédateurs des jeunes saumons. Les Chinois les emploient pour la pêche depuis dix siècles : l'oiseau, tenu au bout d'une ligne, a le cou serré par un anneau de cuir, ce qui l'empêche d'avaler le poisson.

Le Grand cormoran ne migre pas réellement mais peut s'éloigner de quelques centaines de kilomètres après la reproduction. Sa population est assez stable.

Cormoran huppé *(Phalacrocorax aristotelis)*

S

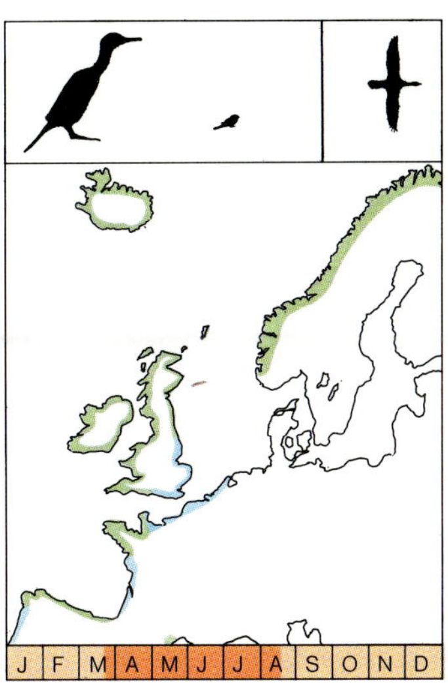

Plus petit et plus svelte que le Grand cormoran, le Cormoran huppé est très foncé, sa tache faciale jaune mise à part. Le reflet métallisé du plumage lui donne une apparence verdâtre. Comme le Grand cormoran, il est généralement silencieux, sauf pendant la reproduction et au dortoir où les grognements sont habituels.

Les Cormorans huppés sont plus marins que les Grands cormorans, qui aiment les côtes rocheuses. Les oiseaux rencontrés à terre ont généralement été déportés par une tempête d'automne (ils échouent fréquemment dans une rue passante).

Le nid est une pile d'algues posée entre des rochers ou dans une cavité proche de la falaise qui le protège des prédateurs et des intempéries.

Les sites favorables sont disputés et les jeunes couples voient parfois leur nid balayé par les vagues. La ponte des trois œufs commence en février mais parfois plus tôt (record observé : 20 novembre). Elle coïncide généralement avec une abondance de nourriture au moment de l'éclosion. Se disputant l'aire de nidification comme les Grands cormorans, les Cormorans huppés ne s'en écartent pas autant. La population paraît assez stable avec des variations probablement dues à la pollution.

Oiseaux des côtes et des marécages

Ce type d'habitat est le plus menacé. Ces zones sont progressivement asséchées depuis des siècles pour être bâties ou cultivées, et cela continue.

L'aménagement de lacs artificiels et de gravières a légèrement amélioré cette situation, bien que peu de ces sites présentent des caractères naturels. Quelques zones humides sont protégées mais subissent quand même l'effet des pollutions et des nuisances. Les zones humides accueillent différents groupes d'oiseaux, pour la plupart assez timides. Parmi ceux-ci, on compte les *Sylviinae* et les *Rallidae* qui animent les roseaux de leurs chants et de leurs cris. Outre ces espèces, les Hérons comptent parmi les habitants les plus caractéristiques.

Héron garde-bœuf - *Bubulcus ibis*
Plus trapu que l'Aigrette garzette, plus clair que Crabier. Se pose sur le bétail. Sud-ouest de l'Espagne, Afrique du Nord.

(× 1/5)

Aigrette garzette - *Egretta garzetta*
Fine, blanche, pieds jaunes et pattes noires. Chassée autrefois pour son plumage nuptial. Europe méridionale et Afrique du Nord.

(× 1/6)

(× 1/15)

Grue cendrée - *Grus grus*
En vol, se distingue du Héron par son cou tendu. Niche en Scandinavie, Europe septentrionale et orientale. Traverse majestueusement l'Europe en criant bruyamment pendant sa migration.

(× 1/5)

Grèbe jougris - *Podiceps griseigena*
Ressemble au Grèbe huppé, mais est plus petit et n'a pas le sourcil blanc en hiver. Niche en Europe centrale et orientale. Hiverne dans les estuaires et les marais côtiers.

Plumage d'hiver au premier plan.

Héron crabier - *Ardeola ralloides*
C'est le plus petit des Hérons blancs d'Europe. Il paraît roussâtre au repos. Porte une crête et de longues plumes en été. Europe méridionale et Nord-Ouest africain.

Flamant rose -
Phoenicopterus ruber
Grand oiseau blanc à pattes roses et grand bec adapté à la succion et au filtrage. Niche dans le sud de la France et le nord-est de l'Espagne, dans quelques secteurs bien délimités. Il hiverne dans une zone légèrement plus étendue le long des côtes et en Afrique du Nord.

Héron bihoreau - *Nycticorax nycticorax*
L'adulte a une calotte noire, une longue huppe blanche et des ailes grises. Les jeunes sont plus sombres avec des taches roussâtres. Position de repos affaissée. Principalement nocturne.

Blongios nain -
Ixobrychus minutus
Petit Héron aux ailes marquées de blanc sale. Timide, se cache dans les roseaux et se fige comme le précédent. Été : toute l'Europe continentale au sud de la Baltique.

Grand butor - *Botaurus stellaris*
Grand Héron brun et timide, se tenant surtout dans les roseaux. Son plumage le camoufle bien quand il se fige au « garde-à-vous ». Présent et nichant un peu partout en Europe et dans le Nord-Ouest africain.

Petits Échassiers

Un grand nombre d'oiseaux viennent régulièrement en Europe en petit nombre pour nicher ou se reposer lors des migrations. D'autres y passent occasionnellement ou très rarement, telles seize espèces nord-américaines. Les oiseaux suivants sont régulièrement rencontrés aux endroits favorables. Tous nichent en Europe sauf le Phalarope à bec large.

(× 1/3)

Glaréole à collier - *Glareola pratincola*
Se nourrit d'insectes en vol, souvent en bandes bruyantes. Niche dans l'extrême sud de l'Europe en terrain sec proche de l'eau. Parfois active à la tombée du jour.

(× 1/4)

Pluvier guignard - *Eudromias morinellus*
Mâle couvant, femelle et oiseau en plumage hivernal derrière. Niche à grande altitude en Scandinavie. Dans les terrains asséchés aux Pays-Bas.

(× 1/3)

Phalarope à bec large - *Phalaropus fulicarius* Oiseau de passage nichant dans le Grand Nord.

Bécasseau cocorli - *Calidris ferruginea*
Premier plan : plumage estival. Le plumage hivernal ressemble à celui du Bécasseau variable. Oiseau de passage généralement observé sur les lacs artificiels.

(× 1/2)

Bécasseau de Temminck : il paraît très petit sur le terrain.

Bécasseau de Temminck - *Calidris temminckii*
Plumage estival. Niche en Scandinavie. Migrateur ailleurs.

Plumage d'hiver.

(× 1/3)

(× 1/3)

Phalarope à bec large - Plumage d'été.

Phalarope à bec étroit - *Phalaropus lobatus*
Femelle (été) nageant. Mâle muant à droite. Plumage hivernal derrière. Peu farouche comme le précédent. Niche le long des lacs de la toundra. Oiseau de passage.

Oiseaux des montagnes

Quelques-unes de ces espèces, comme la Niverolle, habitent les crêtes. D'autres peuvent être rencontrées en plaine pourvu que le milieu (rochers, climat rude) coïncide avec celui de la montagne. Le Crave à bec rouge est observé le long des côtes rocheuses, et le Lagopède alpin descend jusqu'au niveau de la mer dans l'Arctique. On ne voit généralement les Vautours, y compris le Gypaète barbu, qu'en vol.

Vautour fauve - *Gyps fulvus*
Grand, ailes larges et courte queue. Monte en spirale en élevant les ailes en V. Espagne, Pyrénées, Sud-Est européen.

(× 1/22)

(× 1/12)

Buse pattue - *Buteo lagopus*
Dessous des ailes plus clair que chez la Buse variable. Elle niche en Scandinavie et hiverne en Europe centrale.

Gypaète barbu - *Gypaetus barbatus*
Espèce en déclin. Espagne, Alpes, Sud-Est européen.

(× 1/14)

Vautour moine - *Aegypius monachus*
Il a la taille du Vautour fauve et plane en tenant les ailes à l'horizontale. Espagne et Sud-Est européen.

(× 1/11)

Chocard à bec jaune - *Pyrrhocorax graculus*
Pyrénées, Alpes.

(× 1/5)

Niverolle - *Montifringilla nivalis*
Ressemble au Bruant des neiges, mais la tête est sombre (et non blanche). Elle en diffère aussi par le biotope. Principalement alpine, mais aussi dans les Pyrénées.

(× 1/3)

(× 1/11)

Crave à bec rouge - *Pyrrhocorax pyrrhocorax*
Grande-Bretagne, Espagne, Alpes, Bretagne.

(× 1/6)

(× 1/6)

Lagopède alpin - *Lagopus mutus*
En été (mâle derrière la femelle). Scandinavie, Écosse, Alpes.

Lagopède alpin - En automne et en hiver (plumage d'automne du mâle derrière, mâle et femelle en plumage hivernal au premier plan).

Oiseaux du Midi

Deux grandes barrières, le Sahara et la Méditerranée, séparent l'Europe de l'Afrique tropicale. Quelques espèces d'oiseaux originaires des pays chauds sont régulièrement observées en Europe méridionale.

Circaète Jean-le-Blanc - *Circaetus gallicus* Grand rapace à ailes longues et larges. Son plumage est blanc. Europe méridionale, Asie jusqu'à l'Oural, nord-ouest de l'Afrique. Chasse en vol plané dans les lieux légèrement boisés.

Aigle botté - *Hieraaetus pennatus* La phase claire (à gauche) est plus fréquente que la foncée (à droite) : France, Espagne, Afrique du Nord, Asie centrale, en forêt.

(× 1/11)

(× 1/5)

Aigle impérial - *Aquila heliaca adalberti* Ressemble par sa taille à l'Aigle royal mais s'en distingue par ses épaules blanches et sa nuque claire. La sous-espèce espagnole devient rare. Chasse en forêt de plaines, terrains découverts et marais.

(× 1/11)

(× 1/5)

Hirondelle de rocher - *Hirundo rupestris* Ressemble à l'Hirondelle de rivage, mais n'a pas la bande de poitrine. La queue est tachetée de blanc. Sud de l'Europe, sud-ouest de l'Afrique. Niche dans les falaises et éboulis de montagne.

(× 1/3)

Hirondelle rousseline - *Hirundo daurica* Nuque et croupion roux. Espagne, nord-ouest de l'Afrique, Méditerranée orientale. Habite sites rocheux et bâtiments.

Faucon d'Éléonore - *Falco eleonorae* Variantes foncée et claire. Excellent chasseur. Niche sur les îles de la Méditerranée.

(× 2/5)

(× 1/5)

Traquet rieur - *Œnanthe leucura* (ci-dessus) Rochers et ravins de l'Europe du Sud-Ouest et du nord-ouest de l'Afrique.

Percnoptère d'Égypte - *Neophron percnopterus* Répandu autour de la Méditerranée. Charognard de plaine et de montagne.

(× 1/2)

(× 1/8)

Traquet oreillard - *Œnanthe hispanica* Europe méridionale, Méditerranée orientale, nord-ouest de l'Afrique. Recherche les lieux secs et dégagés avec quelques arbres ou buissons.

LA VIE DES OISEAUX

Qu'est-ce qu'un oiseau ?

On ignore souvent que les oiseaux sont les descendants d'une lignée de petits dinosaures à sang chaud, qui apparurent il y a plus de 100 millions d'années. Le plus ancien oiseau, l'Archéoptéryx, n'est connu que d'après des empreintes fossiles gravées dans des roches calcaires datant de 130 millions d'années environ. Il avait bon nombre de caractères typiques des reptiles, mais d'autres (par exemple la possession de plumes) attestaient qu'il s'agissait d'un oiseau.

À l'époque où apparurent les premiers oiseaux, il y avait encore des reptiles volants, les ptérosauriens, dont les ailes étaient formées de surfaces de peau. Certains pouvaient pratiquer le vol battu, mais les plus grands étaient presque certainement obligés de planer sans agiter les ailes. Le Ptéranodon, géant du groupe, mangeur de poissons marins, se comportait peut-être comme les Albatros actuels. Toutefois, cet étonnant reptile n'eut pas de descendance car les oiseaux actuels dérivent indubitablement d'animaux revêtus d'écailles semblables à celles des crocodiles et qui se transformèrent en plumes. Cependant, les oiseaux ont encore des écailles sur les pattes, ce qui, entre autres détails, prouve que leurs ancêtres étaient des reptiles.

La transformation des écailles en plumes eut des conséquences très importantes. En effet, comme les chauves-souris actuelles, les ptérosauriens avaient des surfaces alaires tendues entre les membres antérieurs et les membres postérieurs, ce qui les empêchait de se déplacer aisément au sol. Au contraire, les plumes permirent aux oiseaux non seulement de voler mais aussi de marcher et de nager, c'est pourquoi ils ont pu se répandre presque partout dans le monde. L'un d'eux, le Labbe ou Skua antarctique, a même été observé au pôle Sud.

Les oiseaux partagent avec les ptérosauriens une adaptation importante pour le vol : leurs os longs sont creux, ce qui les rend plus légers et économise de l'énergie. Par contre, les oiseaux n'ont plus de dents depuis fort longtemps, leur rôle étant tenu par les muscles de l'estomac et les graviers qu'il renferme souvent.

Bien qu'il semble parfois très lourd, le bec est léger car il a une structure en « nids d'abeilles ». Malgré de nombreuses adaptations au vol, les oiseaux ont tous les organes des autres vertébrés ; la coupe du corps d'un Vanneau huppé (ci-contre) montre que les organes principaux, tels le cœur, le foie, les reins, sont groupés dans une cavité relativement petite et proche du centre de gravité. Plus de la moitié du volume du corps correspond aux puissants muscles des ailes.

L'efficacité de la musculature est le facteur qui limite la taille des oiseaux capables de voler. En effet, la puissance maximale qu'elle produit augmente en fonction de la surface de la section de ses éléments, mais le poids de l'oiseau (et de ses muscles) augmente comme le cube de ses dimensions ; autrement dit, quand la longueur de l'oiseau double, son poids devient huit fois plus élevé. Les oiseaux les plus lourds capables de pratiquer le vol battu atteignent tout juste 20 kg, limite extrême compatible avec ce mode de locomotion. En revanche, un oiseau pratiquant le vol plané pourrait être bien plus lourd. Jadis, l'atmosphère probablement plus dense permettait sans doute aux ptérosauriens et à des oiseaux plus lourds de voler activement.

L'Archéoptéryx avait des plumes bien développées, mais l'absence de sternum permet de penser qu'il volait mal.

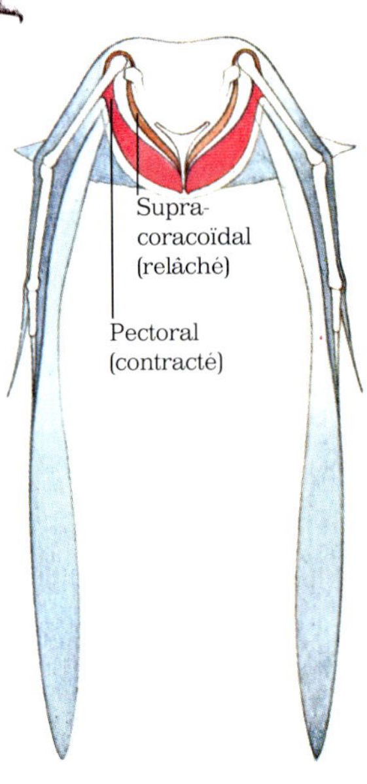

Les ailes sont relevées par un système de poulies. Les tendons insérés sur l'humérus passent sur l'épaule et rejoignent les muscles supracoracoïdaux, qui se contractent quand les muscles pectoraux se relâchent après la phase d'abaissement.

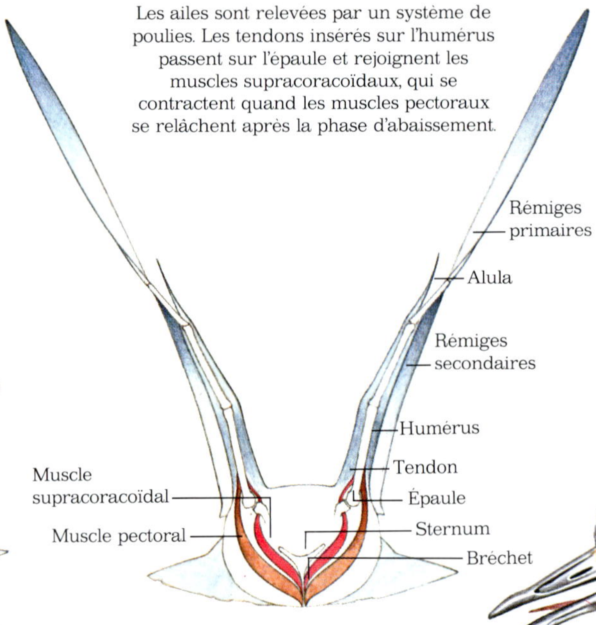

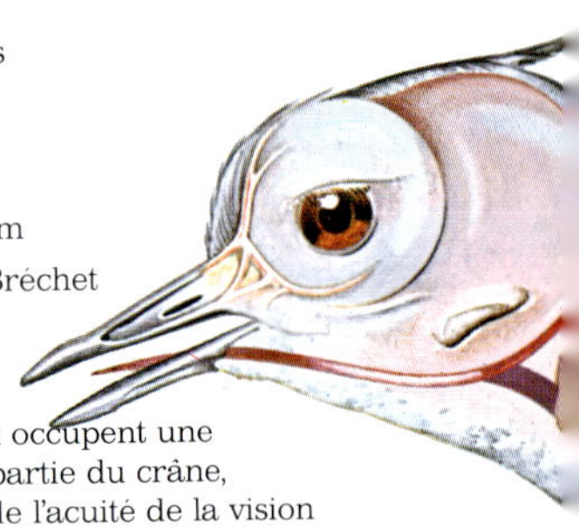

Les yeux occupent une grande partie du crâne, preuve de l'acuité de la vision chez les oiseaux.

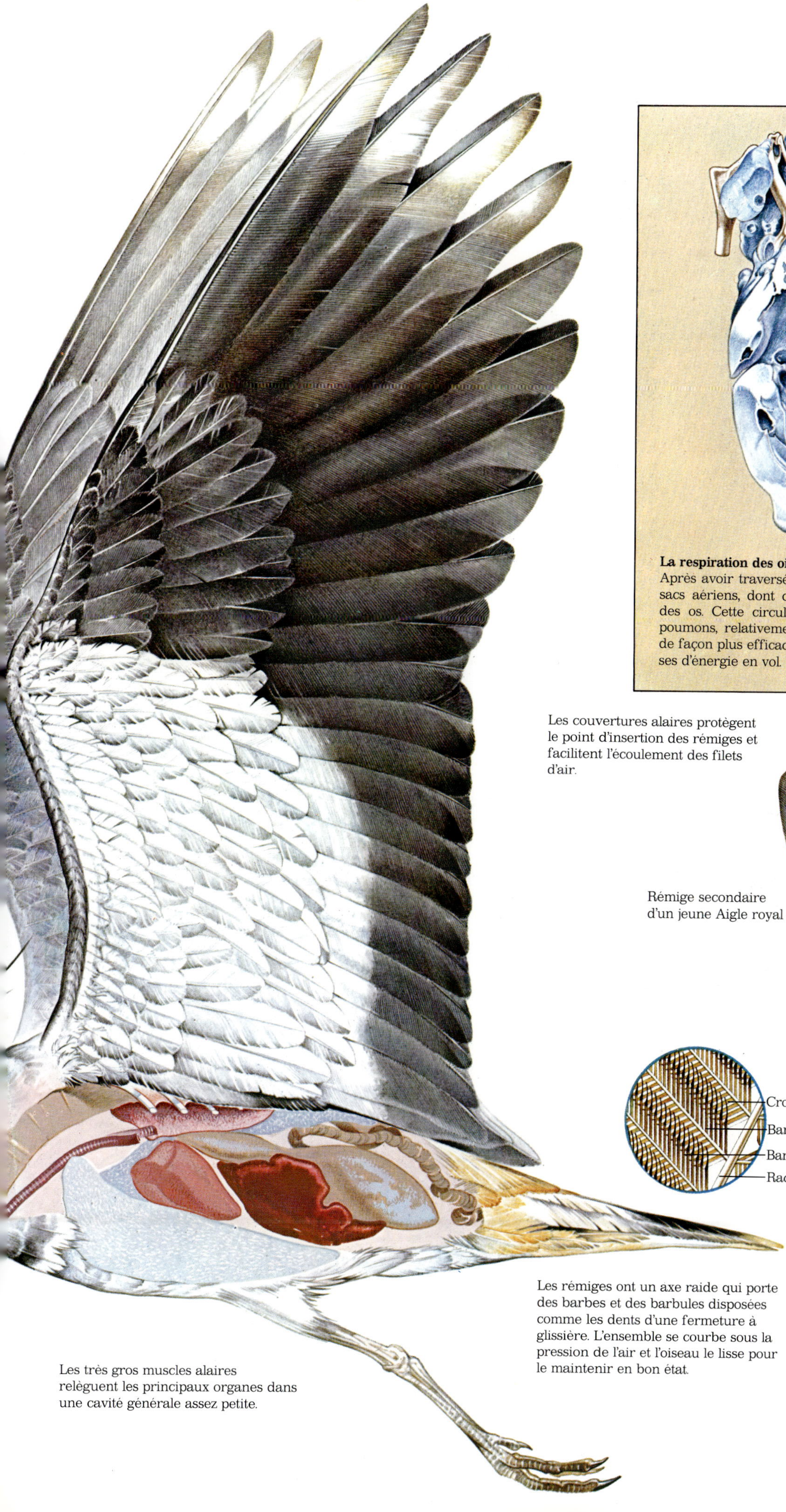

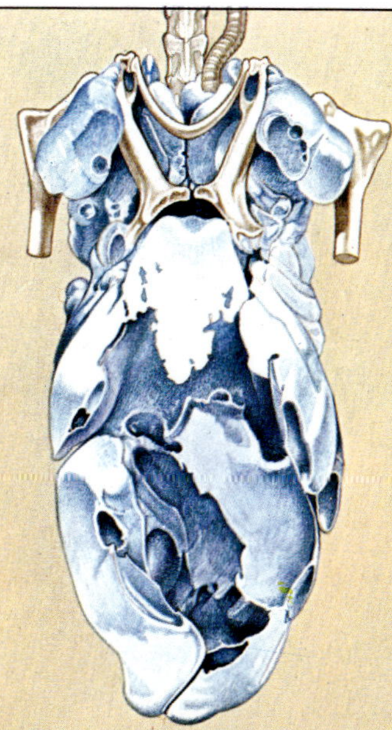

La respiration des oiseaux
Après avoir traversé les poumons, l'air gagne les sacs aériens, dont certains communiquent avec des os. Cette circulation complexe permet aux poumons, relativement petits, d'utiliser l'oxygène de façon plus efficace pour faire face aux dépenses d'énergie en vol.

Les couvertures alaires protègent le point d'insertion des rémiges et facilitent l'écoulement des filets d'air.

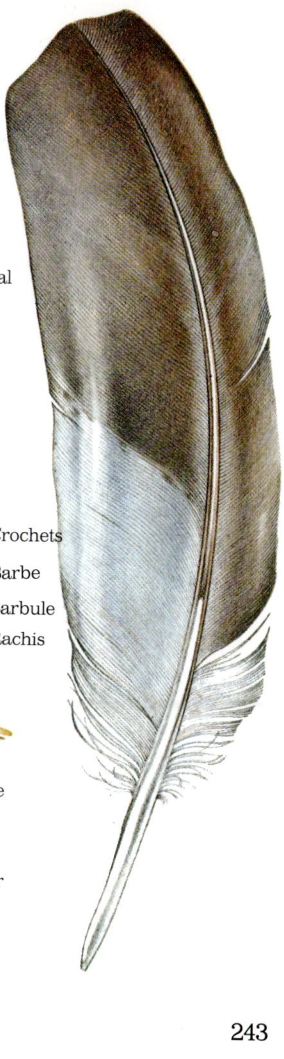

Rémige secondaire d'un jeune Aigle royal

Les rémiges ont un axe raide qui porte des barbes et des barbules disposées comme les dents d'une fermeture à glissière. L'ensemble se courbe sous la pression de l'air et l'oiseau le lisse pour le maintenir en bon état.

Les très gros muscles alaires relèguent les principaux organes dans une cavité générale assez petite.

Adaptations

Les quelque 9 000 espèces d'oiseaux vivant actuellement dans le monde ont évolué de telle sorte qu'elles sont adaptées à une très grande variété d'habitats naturels. Leurs dimensions vont des minuscules colibris pesant 2 g jusqu'à l'Autruche qui dépasse 100 kg. En Europe, il n'y a plus de grands oiseaux incapables de voler. Les plus lourds, les mâles de Cygne tuberculé, atteignent 15 kg et les plus petits, les femelles du Roitelet huppé, pèsent un peu moins de 5 g. Entre ces extrêmes, on observe une grande variété de dimensions parmi les centaines d'espèces présentes (environ 265 nichent en France). Personne ne saurait les confondre avec d'autres animaux, mais dans le détail toutes ces espèces diffèrent les unes des autres et chacune possède des particularités lui permettant de vivre à sa façon. Nous ne traiterons ici que de l'évolution des caractères morphologiques liés à la nutrition, car ils ont souvent une grande importance pour l'identification.

Certains oiseaux en chassent d'autres ou bien capturent des mammifères, batraciens, reptiles, poissons et insectes ; d'autres sont charognards. Beaucoup mangent des susbtances végétales, notamment des fruits et des graines. Les adaptations au régime sont très précises ; il suffit pour s'en convaincre d'examiner la forme du bec et aussi celle des pattes, des ailes et de la queue.

Qu'ils appartiennent ou non à un même groupe, les oiseaux qui ont un régime analogue présentent des caractères morphologiques voisins. Ainsi, les Hirondelles ont un petit bec qui s'ouvre largement et de longues ailes, ce qui leur permet de poursuivre et de capturer des insectes en plein vol. L'Engoulevent, qui ne leur est point apparenté, a cependant une structure voisine car il chasse aussi en vol des papillons nocturnes. Ces ressemblances se retrouvent entre les rapaces diurnes (Aigles, Éperviers, Faucons), les rapaces nocturnes et les Pies-grièches qui ont évolué séparément : tous ces oiseaux ont un bec crochu apte à déchirer la chair de leurs proies. Cette convergence est particulièrement évidente entre les Hiboux et Chouettes d'une part, et les rapaces diurnes d'autre part ; tous ont des pattes puissantes munies de fortes griffes (les Pies-grièches sont plus faiblement armées).

À l'intérieur d'un groupe, les différences dans la forme du bec expriment celles des habitudes alimentaires. Ainsi, chez les Canards, les « généralistes » comme le Colvert ont un bec de taille moyenne qui sert à filtrer les aliments et à fouiller la vase ou à brouter des végétaux. Le Canard siffleur broute davantage avec son bec plus petit, tandis que le Souchet a un bec plus apte à filtrer. D'autres Canards comme la Macreuse noire qui mange des mollusques, ont un bec puissant avec lequel ils prennent leurs proies sur les fonds marins. Quelques Canards piscivores comme les Harles ont un bec pourvu latéralement de denticulations qui maintiennent efficacement les proies visqueuses.

Les adaptations des espèces apparentées sont parfois minimes, mais suffisent pour exploiter différentes sources de nourriture dans le même habitat. Ainsi, les trois Mésanges illustrées page 245 se ressemblent par leur agilité et leur habitat ; la plus petite, la Mésange noire, a un long bec fin adapté à prendre les aliments parmi les aiguilles des conifères ; celui de la Mésange bleue (10 g), lui permet d'examiner les rameaux car il est plus court, tandis que la Mésange charbonnière (19 g) ne se hasarde pas sur ces brindilles. Cette dernière peut briser des graines dures avec son bec robuste ; en outre, elle vient plus souvent à terre où elle sait s'imposer à côté d'autres espèces.

Il y a de nombreux exemples de cette correspondance entre les détails morphologiques, le comportement et le type d'aliments consommés : le Gypaète barbu s'élève à quelques dizaines de mètres et laisse tomber des os jusqu'à ce qu'ils se brisent et qu'il puisse en manger la moelle. Le Goéland argenté fait de même pour casser la carapace des crabes. En Amérique, en Afrique et en Asie, les Becs-en-ciseaux ont une longue mandibule inférieure avec laquelle ils effleurent la surface de l'eau pour capturer leurs proies.

Oiseaux sylvestres

Le Pic épeiche escalade les arbres avec ses pattes pourvues de fortes griffes et creuse le bois et l'écorce avec son bec puissant. Sa grande langue lui permet de prendre les insectes dans leurs galeries, et des adaptations empêchent son cerveau

Rapaces diurnes

Épervier

Chouette hulotte

Pie-grièche écorcheur (Passereau)

Canards

Colvert

Siffleur

Souchet

Macreuse noire

Harle bièvre

de souffrir des chocs consécutifs aux coups de bec. En revanche, le Grimpereau familier a un bec allongé, fin et recourbé, avec lequel il saisit de menues proies dans les fentes des écorces, mais il ne peut creuser.

Deux fringilles ont un bec très spécialisé. Chez le Bec-croisé, les mandibules se chevauchent et facilitent l'épluchage des cônes d'épicéa et de pin. Cet oiseau a de courtes pattes avec lesquelles il s'accroche aux rameaux et aux cônes eux-mêmes. Le Gros-bec a un énorme bec et une puissante musculature, ce qui lui permet d'ouvrir des noyaux de cerise et même d'olive. En revanche, ses pattes sont assez faibles car il mange assez souvent à terre.

Oiseaux des eaux douces

La vase qui recouvre le bord des étangs, lacs et réservoirs est riche en petits invertébrés appréciés par de nombreux oiseaux. Avec son grand bec, très sensible à l'extrémité, la Bécassine des marais extrait des vers et d'autres bestioles. Dans l'eau peu profonde, le Héron cendré attend le passage d'un poisson qu'il prendra en projetant brusquement son bec semblable à un harpon. Le Martin-pêcheur fait du vol sur place pour épier un poisson et se précipite dans l'eau pour le capturer avec son bec acéré ; contrairement au Héron cendré, il ne transperce pas sa proie mais la maintient entre ses mandibules dont le bord est assez coupant. Le Balbuzard plonge lui aussi pour pêcher, mais il s'enfonce, les pattes en avant, et tient le poisson avec ses doigts munis d'aspérités et ses griffes fortement recourbées. Ce grand rapace ne se sert de son bec que pour dépecer ses proies. Localement, il pêche aussi au bord de la mer.

Oiseaux marins

Dans les estuaires et sur les plages, toutes sortes de petits Échassiers (limicoles) exploitent, chacun à sa manière, les nombreuses proies disponibles. Ceux qui ont de longues pattes entrent dans l'eau, ceux qui ont un long bec sondent la vase, tandis que les plus petits, qui ont généralement un bec et des pattes assez courts, trottinent sur le sable ou les rochers, picorant de-ci de-là ou même retournant des cailloux. L'Avocette est une originale avec son bec fortement retroussé et ses très longues pattes. Elle s'avance dans l'eau, écarte légèrement ses mandibules et balance son bec de gauche à droite pour saisir de petits invertébrés.

Au large, les oiseaux piscivores se comportent de façon variée. Le Cormoran huppé nage à la surface avant de plonger et poursuit ses proies sous l'eau, se propulsant avec ses pattes aux quatre doigts palmés. Il prend les poissons avec son bec crochu. Le Fou de Bassan plonge dans les flots d'une grande hauteur pour saisir ses proies. En général, tous deux ne prennent qu'un seul poisson à la fois. Par contre, le Macareux moine en capture souvent plusieurs ; il nage, s'enfonce et d'un seul coup pêche deux ou trois poissons. Comme le Cormoran huppé, il plonge tout en nageant. Il tient ses proies en travers du bec car ses mandibules peuvent s'écarter à peu près également.

Nidification

La survie des oiseaux dépend de leur aptitude à se reproduire avec succès. Là encore, leur comportement varie à l'infini. Le plus souvent cependant, un mâle et une femelle s'accouplent durant une saison de nidification, mais chez certaines espèces c'est le mâle ou la femelle qui s'occupe seul(e) de l'incubation et de l'élevage des jeunes. La polygynie existe elle aussi. Chez la Perdrix rouge, il arrive que la femelle fasse deux pontes successives dans deux nids et chacun des adultes s'occupe d'une ponte. Il existe également des espèces chez lesquelles des oiseaux apparentés au couple lui prêtent assistance ; ainsi, il n'est pas rare que trois ou quatre Mésanges à longue queue nourrissent une nichée.

Le nombre des œufs varie beaucoup selon les espèces. Certaines en pondent un grand nombre, mais chacun est relativement léger par rapport au poids de la femelle : chez la Mésange bleue, les 12 à 15 œufs représentent chacun 7 à 8 % du poids de l'oiseau. À l'opposé le poids de l'unique œuf du Pétrel tempête, oiseau pélagique, correspond à 25 % de celui de la pondeuse, voire davantage. Dans tous les cas, la formation des œufs entraîne de grandes dépenses d'énergie chez la femelle, car son organisme doit produire les éléments dont ils sont formés, et en particulier, la coquille dont les sels calcaires sont prélevés dans ses propres os.

Les parades nuptiales

Plusieurs oiseaux des jardins s'accouplent et défendent un territoire quelques semaines, voire des mois, avant de bâtir leur nid. Cette période est très importante, car pour se reproduire avec succès, deux oiseaux doivent former un couple stable. L'un et l'autre peuvent participer au choix du site de nidification, à la construction du nid, à l'incubation et à l'élevage des jeunes.

Avant même le début de la ponte, il arrive que le mâle nourrisse la femelle, lui fournissant 30 à 50 % de sa ration. Ces préliminaires aident aussi la femelle à vérifier que son partenaire sera capable d'élever une nichée ; s'il ne paraît point apte à cette tâche, elle pourra le quitter.

Le nid et son emplacement

Certains nids sont très compliqués et d'autres fort simples. Le choix de l'emplacement est essentiel pour la stabilité et le camouflage du nid. Au cours de la même année, certains oiseaux font plusieurs ébauches dans différents sites. Les nids bâtis au printemps se trouvent souvent dans des végétaux à feuilles persistantes alors que plus tard ils sont installés dans les arbres à feuilles caduques. Les membres d'une même espèce font des nids qui se ressemblent fortement, mais entre deux espèces voisines il peut y avoir de grandes différences. Ainsi, extérieurement, les nids du Merle noir et de la Grive musicienne se ressemblent puisqu'ils comportent une couche de terre et de la mousse, mais celui du Merle est garni d'herbes sèches alors que la Grive musicienne laisse la coupe nue, sans revêtement. Le nid du Bouvreuil est une petite plate-forme de brindilles sur laquelle repose une coupe de racines. Les Hirondelles de fenêtre et de cheminée tapissent leur nid de terre avec des plumes. Comme d'autres espèces, elles utilisent souvent d'anciens nids ou un site traditionnel. Souvent énorme, l'aire de l'Aigle royal peut supporter le poids d'un homme, et chaque année elle est agrandie et renforcée.

Le choix du site est aussi le reflet des adaptations de l'espèce à son habitat, au climat ou aux prédateurs. Les Plongeons nichent souvent sur les îlots des lacs, des rapaces diurnes sur des corniches inaccessibles dans des falaises, tandis que le Martin-pêcheur et l'Hirondelle de rivage creusent une galerie dans un talus sablonneux. Les Pics et la Mésange boréale forent le bois, et les trous des premiers sont souvent appréciés par d'autres oiseaux qui peuvent déloger les propriétaires. Les occupants de ces cavités changent souvent au fil des ans. Dans les forêts exploitées de façon intensive, ces oiseaux ont souvent des difficultés à trouver des trous et leur nombre est limité. Pour pallier cette pénurie, certains ornithologistes placent des nichoirs qui attirent les Mésanges et le Gobe-mouches noir. La Chouette hulotte et le Faucon crécerelle adoptent aussi des nichoirs de grandes dimensions.

L'immense majorité des oiseaux s'occupe des œufs et des petits, mais une minorité est parasite. Chez nous, le Coucou gris est très connu. Malgré sa taille comparable à celle d'un Merle ou d'une Grive draine, la femelle du Coucou pond de petits œufs dont la durée d'incubation est assez courte. Chaque année, elle en pond 8 à 10, à raison d'un seul dans autant de nids de l'espèce qui, le plus souvent, l'a élevée. Ils ressemblent fréquemment à ceux de l'hôte, ce qui limite les réactions de rejet. Huit heures après son éclosion, le jeune Coucou encore nu et aveugle s'efforce de rejeter hors du nid les œufs (ou les jeunes) de son hôte. Resté seul, il absorbe tous les aliments que lui apportent ses parents adoptifs, car son vaste gosier rougeâtre et ses petits cris représentent des super-stimuli auxquels ils ne résistent pas.

Types de nids

Hirondelle de fenêtre — Pic épeiche — Mésange à longue queue — Sterne naine

Les œufs

Les œufs ont toujours suscité l'admiration de l'homme, et pendant longtemps on les a collectionnés, mais cette pratique, désormais interdite, est tombée en désuétude. Leur forme et leur couleur sont propres à chaque espèce et ont une grande importance pour sa survie. Les oiseaux adultes connaissent leur aspect, ce qui leur permet, assez souvent, de les distinguer de ceux du Coucou gris qu'ils rejettent. Les œufs de certains oiseaux qui nichent à découvert sur le sable, les graviers ou les rochers, sont si bien camouflés qu'ils échappent aux regards des prédateurs. L'œuf des Guillemots a la forme d'une toupie ; quand il est incubé, il tourne sur lui-même et ne roule pas dans le vide s'il est heurté par l'oiseau qui part après avoir couvé.

La coquille protège l'embryon et ses annexes ; elle doit être assez résistante pour ne pas se casser pendant l'incubation, mais pas trop dure car le jeune oiseau ne pourrait l'ouvrir. Pour la briser, l'oisillon ou le poussin porte au bout de la mandibule supérieure une protubérance calcaire, le diamant, qui tombe peu après l'éclosion. Pendant l'incubation, des échanges de gaz et d'humidité ont lieu entre l'œuf et l'air ambiant à travers de minuscules ouvertures, les pores ; il en résulte que le poids de l'œuf diminue généralement de 10 % ou plus.

L'incubation

L'oiseau couveur perd une partie de ses plumes ventrales et applique sa peau nue contre les œufs, ce qui facilite leur réchauffement. Les espaces dénudés, appelés « plaques incubatrices », peuvent occuper une grande partie de l'abdomen, mais chez les oiseaux qui pondent toujours un, deux ou trois œufs, il y a une, deux ou trois plaques. Quand la peau entre en contact avec les œufs, la circulation sanguine devient plus intense, ce qui accroît la quantité de chaleur transmise. Quelques oiseaux marins couvent avec les palmures de leurs pattes.

L'élevage des jeunes

L'époque de la nidification a une importance capitale pour son succès, car dès leur éclosion, les jeunes qui restent au nid doivent être nourris régulièrement. Ils ont besoin de grandes quantités d'aliments, étant donné que leur croissance, notamment celle de leur plumage, est rapide. Les oisillons qui éclosent dans un trou d'arbre ou de mur sont plus à l'abri et ont une croissance plus lente que les poussins nidifuges qui éclosent à l'air libre et peuvent se déplacer très vite. Malgré tout, la Mésange bleue, qui élève dix jeunes ou plus dans un nichoir, doit trouver pendant trois semaines la nourriture nécessaire à leur développement. Durant ce laps de temps, leur poids passe de moins de 1 g à 10 ou 12 g. Cela est possible parce que la période où les jeunes s'envolent correspond à celle où l'abondance des insectes (chenilles) atteint son apogée. Chez les espèces qui font plusieurs pontes annuelles, la plus forte est déposée quand les conditions sont idéales ; en fin de saison ou au début, la ponte est inférieure d'un tiers.

À mesure que la saison avance, le comportement des adultes change, et cela vaut particulièrement pour la susceptibilité à l'égard des perturbations. S'ils sont dérangés en bâtissant leur nid, ils l'abandonnent facilement pour en refaire un ailleurs ; de même, ils peuvent délaisser une ponte incomplète ; par contre, ils supporteront d'importants dérangements quand les jeunes seront assez grands et encore au nid. Il faudrait un désastre pour les forcer à les abandonner à ce stade crucial de leur développement.

Nourrissage rituel
Ce Rouge-gorge mâle apporte des aliments à sa femelle. Ce rituel a une grande importance pratique. La femelle se comporte comme un jeune qui réclame à manger.

Forme particulière
En forme de toupie, l'œuf du Guillemot de Troïl ne roule pas loin quand l'incubation est avancée.

Nid parasité
Ce nid de Rousserolle effarvatte contient un œuf de Coucou gris dont la coloration est si proche qu'il ne sera sans doute pas rejeté.

Le vol des oiseaux

Les oiseaux ont le choix entre quatre manières de voler. Ils en préfèrent toujours au moins une : vol plané, vol plané ascensionnel, vol battu et vol sur place. Plusieurs espèces utilisent une combinaison de ces techniques de vol qui leur convient en raison de l'environnement ou de leurs mœurs.

Le vol plané, technique simple, exige moins d'énergie. L'oiseau tient l'air grâce à la différence de pression exercée par l'air au-dessus et au-dessous de l'aile. Comme la friction réduit la vitesse et que celle-ci doit être maintenue pour que l'air le porte, l'oiseau se sert de son poids, ce qui l'oblige à descendre. Il reprend de l'altitude en battant des ailes ou en profitant d'un courant d'air ascendant.

Le vol plané ascensionnel dépend entièrement de ces courants ascendants résultant des différences de température de la surface du sol. Les oiseaux parviennent à tenir l'air pendant des heures pratiquement sans dépenser d'énergie grâce à quelques mouvements adroits du corps et des ailes, qui leur permettent de voler horizontalement ou de s'élever en s'appuyant sur ces courants. Ils s'élèvent généralement en tournant autour de l'axe du courant puis, ayant atteint la hauteur désirée, s'en écartent pour descendre en planant jusqu'à la base du courant suivant.

Le vol battu demande beaucoup d'énergie. Les grands oiseaux, tels les Aigles et les Cigognes, qui ne peuvent pas toujours se nourrir en déplacement (pour les secondes au moins), s'en servent donc peu et préfèrent s'appuyer sur les courants aériens.

Il existe deux sortes de battements : ceux, assez précipités, du départ et ceux, plus réguliers, du vol horizontal. En vol normal, l'oiseau se sert de ses ailes comme d'avirons, le mouvement énergique vers le bas donnant assez de poussée pour maintenir le corps en l'air. Le geste vers le haut n'est pas efficace pour ce genre de vol. Pour le départ et la montée il est au contraire aussi utile que le geste vers le bas.

Le vol sur place est une particularité dont certains petits oiseaux, volant à la manière des insectes, ont le secret. La Crécerelle est, de tous les oiseaux européens, celui qui se sert le plus volontiers de cette méthode de vol, mais d'autres, notamment les Sternes, l'utilisent aussi brièvement avant de plonger sur leur proie. La plupart des oiseaux se tiennent face au vent dans ce cas, afin de conserver leur portance. Les petits oiseaux à vol bourdonnant volent sur place par vent nul et peuvent même reculer en volant.

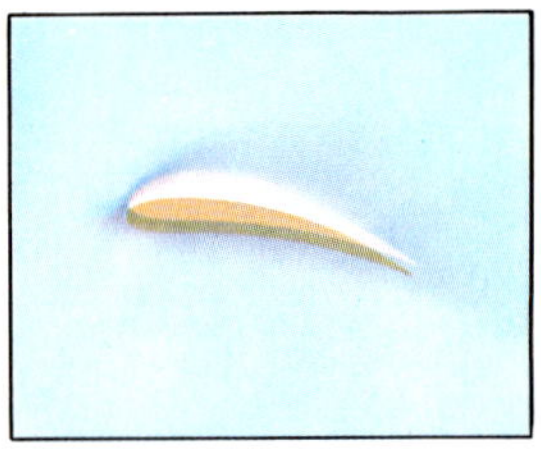

Flux d'air normal

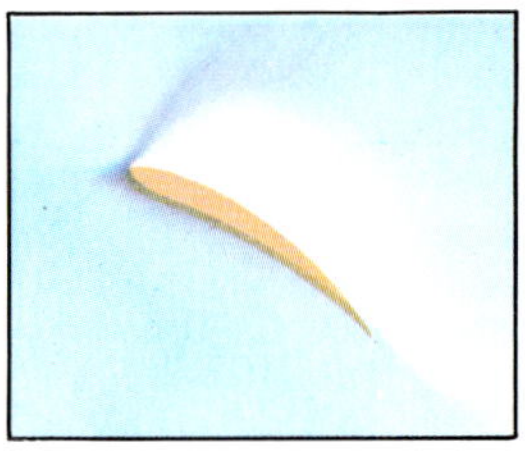

Flux d'air interrompu

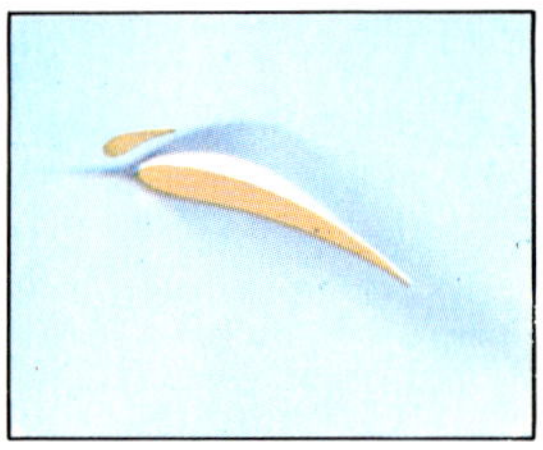

Récupération de la stabilité

Les ailes doivent avoir une surface portante (voir ci-dessus) pour bien remplir leur fonction. La différence de pression créée entre le dessus et le dessous de l'aile par le courant d'air assure la force ascensionnelle nécessaire pour maintenir l'oiseau en vol. Pour voler lentement, l'oiseau augmente l'angle d'attaque ou incline plus profondément l'aile dans le courant d'air. Si cet angle est trop important, l'air ne porte plus et l'oiseau tombe. À petite vitesse de vol, l'alula (une sorte de petite aile auxiliaire située au bout du bord antérieur de l'aile) est étendue, formant une entaille qui force l'air sur la surface de l'aile et maintient ainsi la stabilité de l'oiseau.

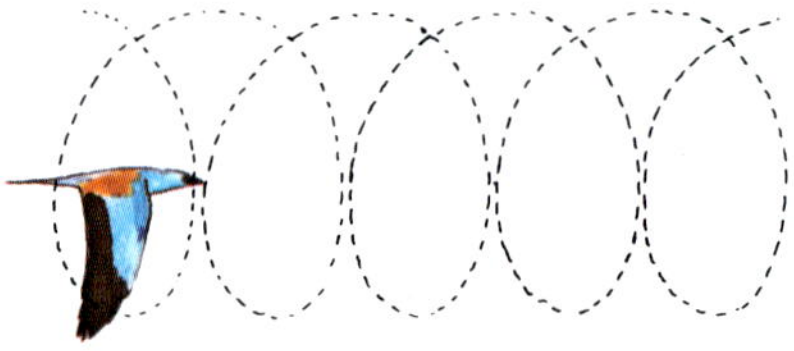

En vol vers l'avant, l'aile accomplit à peu près un mouvement circulaire par rapport au corps en balayant vers l'avant, puis vers le bas, enfin en remontant par l'arrière. Néanmoins, elle paraît ne battre qu'à la manière d'un aviron. Peu perceptible chez les petits oiseaux, le mouvement circulaire est plus caractéristique chez les grandes espèces (Corbeau, Oie).

Techniques de vol

Beaucoup d'oiseaux utilisant le vol plané ascensionnel prennent appui sur les courants ascendants provoqués par des obstacles physiques comme les bois, les constructions et les falaises. Ces courants assez étroits résultent d'une différence de température du sol. L'air ascendant se rencontre généralement au-dessus des labours et des agglomérations. En se refroidissant, l'air descend vers des zones froides (absorbant la chaleur) comme les bois et l'eau. Certains oiseaux migrateurs, notamment le Busard et la Cigogne, se servent beaucoup de ces courants ascendants, mais, comme ceux-ci ne se forment qu'au-dessus de la terre ferme, ces oiseaux évitent de survoler la mer sur de grandes distances.

Le vol plané, horizontal ou ascensionnel, économise l'énergie des oiseaux marins qui s'aventurent loin au large. Volant bas au-dessus des vagues (à 15 ou 30 m), ces oiseaux gagnent de la vitesse en profitant des courants d'air plus rapides, puis ils planent plus bas encore, où l'air est plus calme, et remontent pour reprendre de l'élan. Les Fous de Bassan en vol plané ascensionnel (extrême droite) se groupent dans une vague fixe d'air provoquée par un courant descendant.

Flux d'air dévié

Courant ascendant

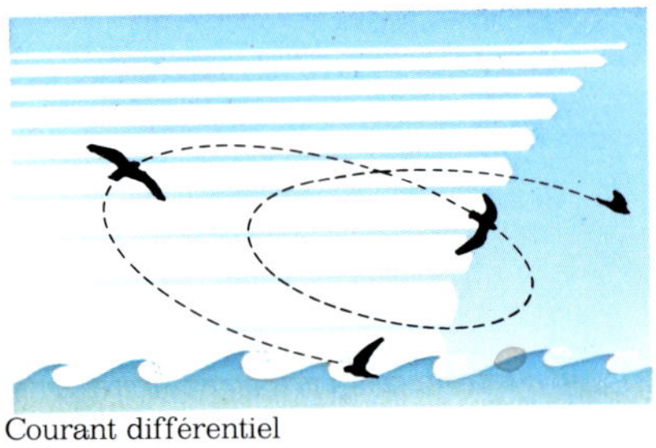

Courant différentiel

Vague fixe

L'envol qui demande un gros effort provoque un mouvement particulier : l'aile élevée est tirée vers l'arrière, les rémiges primaires étant à plat. L'oiseau ne peut s'élever que si l'air glisse sur l'aile. Le battement d'ailes, qui maintient ce mouvement de l'air, est plus complexe qu'il ne paraît. Quand l'aile s'abaisse dans le mouvement principal vers le bas, les rémiges primaires, tenues bien raides, se tordent, ne repoussant pas seulement l'air vers le bas mais aussi vers l'arrière. L'aile bouge simultanément vers l'avant par rapport au corps, allégeant l'effort. Le plus grand effort vers l'avant est atteint au bas du mouvement principal descendant (à droite, ci-dessus), quand l'aile rame vers l'arrière. Le mouvement d'ailes ascendant (à droite, au centre) provoque une nouvelle torsion des rémiges primaires dans une position presque verticale afin de réduire la résistance de l'air.

Lors de l'atterrissage, la coordination est essentielle. Les yeux fixent le perchoir. Le corps, dressé presque verticalement, augmente l'angle d'attaque des ailes jusqu'au point d'arrêt en l'air. La descente vers le perchoir réclame un arrêt total de la sustentation, d'où le dressage de la queue pour diminuer encore la surface portante. Le contrôle de la vitesse est effectué au moyen des rémiges et rectrices écartées pour freiner et par des mouvements inversés des ailes. Enfin, les pattes touchent le perchoir. L'extension de l'alula contrôle à tout moment le risque de perte de vitesse et de chute.

Pendant l'atterrissage, même bien coordonné, l'impact reste fort. Les pattes de l'oiseau sont renforcées pour y résister. Le bassin est important et solidement relié à l'épine dorsale de manière à gagner de la rigidité. Cela donne une bonne assise aux muscles importants des jambes qui, pour des raisons d'équilibre, sont placés près du centre de gravité.

La bonne étreinte du perchoir est un point essentiel pour l'oiseau qui y passe des heures, parfois même ensommeillé. Les doigts sont pliés par un tendon qui passe par l'axe du pied. Le poids de l'oiseau fait plier cet axe : de cette manière il tire le tendon qui actionne les doigts.

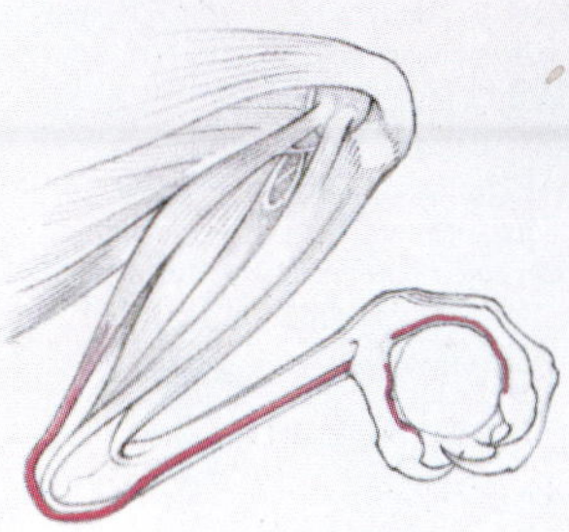

Comportement et voix

Deux sens, la vue et l'ouïe, interviennent quand les oiseaux communiquent entre eux, car l'odorat est peu développé chez la plupart. Presque tous ont une vue excellente et chez certains rapaces le pouvoir de résolution est supérieur à celui de l'œil humain. Les oiseaux voient les couleurs. Leur ouïe est généralement très bonne et certains perçoivent des fréquences inaudibles pour l'homme. Chaque oiseau doit pouvoir reconnaître les membres de son espèce, surtout en période de reproduction. Les différences de taille et de coloration sont souvent évidentes, mais il y en a aussi dans la voix et le comportement. Les relations qui se créent entre le jeune oiseau et ses parents lui laisseront une empreinte définitive de l'aspect des membres de son espèce.

Ainsi, des poussins de Goéland argenté placés dans un nid de Goéland brun et élevés par cette espèce se comporteront comme s'ils étaient des Goélands bruns. S'ils atteignent la maturité sexuelle ils essaieront, sans grand succès, de s'accoupler avec des Goélands bruns. Les jeunes Coucous gris se comportent différemment puisque après leur éclosion et l'envol, ils risquent de ne pas rencontrer de congénère pendant un certain temps.

Les espèces qui se ressemblent fortement par l'aspect se différencient souvent de façon nette par leur voix et leur habitat. Ainsi, trois des quatre Pouillots qui nichent en Europe occidentale ont un chant très différent et n'ont pas exactement les mêmes exigences en ce qui concerne l'habitat : le Pouillot siffleur préfère les peuplements d'arbres âgés et assez espacés, le Pouillot véloce aime les bois plus touffus et le Pouillot fitis anime les taillis. De même, les Pipits des arbres et farlouse, qui se ressemblent beaucoup et nichent dans les mêmes régions, se distinguent néanmoins par le chant, le vol nuptial et l'habitat précis, en sorte qu'ils ne se croisent pas.

Menacés par des prédateurs, les petits oiseaux signalent l'approche de leurs agresseurs en lançant des cris d'alarme assez semblables qui avertissent du danger leurs congénères et les espèces voisines. Certains ont même des cris spéciaux selon la nature de l'intrus : le Merle noir crie différemment en présence d'un homme, d'un chat ou d'un Épervier. Il arrive que les oiseaux de plusieurs espèces s'assemblent autour d'un rapace pour le houspiller. C'est ce qui se passe quand des Passereaux forestiers trouvent une Chouette en plein jour. Les cris ne sont pas les seuls moyens de communication rapide : des marques blanches sur les ailes ou la queue constituent des signaux optiques mis en évidence quand un individu s'envole en présence d'un danger, avertissant ainsi ses congénères.

Pour celui qui observe les oiseaux, le chant est le mode de communication le plus facilement reconnaissable, mais il a encore plus d'importance pour ces animaux. En effet, en chantant, un oiseau signale sa présence à un partenaire potentiel, annonce qu'il est déjà accouplé ou, le plus souvent, proclame sa présence dans son territoire. Ce dernier peut être assez vaste pour que l'oiseau y trouve de quoi nourrir sa nichée ou se limiter aux environs immédiats du nid. L'apparition d'un oiseau chanteur en plusieurs points de son territoire suffit généralement à écarter ses voisins qui ne se hasarderont pas à empiéter sur son domaine.

Le concert matinal des Passereaux

En général, il suffit que le Rouge-gorge montre sa poitrine rouge pour que son concurrent soit intimidé. Posséder un territoire est essentiel pour cet oiseau qui y niche et y trouve sa nourriture en hiver.

En haut : le Goéland argenté qui a le dos tourné s'est posé dans le territoire de l'autre. Tous deux manifestent leur agressivité en dressant la tête. En bas : finalement, l'intrus se retire. Une femelle cherchant un partenaire aurait pris une attitude de soumission allant jusqu'à imiter un jeune qui quémande de la nourriture.

Les Mouettes tridactyles accouplées passent des heures sur leur nid et se lissent mutuellement les plumes. Ce comportement a beaucoup d'importance car il renforce les liens indispensables au succès de la reproduction. Leur gosier rouge est un signal visuel jouant un rôle au cours des salutations rituelles.

est l'annonce, par les mâles, de leur présence dans un territoire. Quand un concurrent se montre, le propriétaire du territoire ne se contente pas de le menacer en chantant ; il commence par prendre une posture d'intimidation qui, en général, suffit à éloigner l'intrus, évitant ainsi une bataille. Toutefois, si l'étranger reste sur place, la lutte s'engagera et se terminera parfois par une blessure, voire la mort de l'un des adversaires (ce dernier cas est rare).

Le propriétaire d'un territoire doit évidemment surmonter son agressivité instinctive quand il va s'accoupler. À cet égard, il n'y a pas de difficulté quand la femelle diffère beaucoup du mâle, mais quand les deux sexes ont le même aspect, il faut que la femelle détourne l'agressivité du mâle. Une fois que les conjoints sont associés, le lien qui les unit peut être renforcé pendant plusieurs semaines ou plusieurs mois par des comportements tels qu'un nourrissage symbolique ou une toilette mutuelle, car toute manifestation d'hostilité en période de reproduction aurait des effets néfastes.

Les oiseaux ne sont pas tous monogames. Certains, comme le Tétras lyre, vivent en état de « promiscuité » : il n'y a aucun lien entre un mâle et une femelle. Les mâles se réunissent pour parader sur une « arène » (ou lek) et la femelle choisit son partenaire qui, après l'accouplement, ne s'occupera plus d'elle, la laissant pondre, couver et élever les jeunes. De nombreux Canards forment des couples très unis jusqu'à la ponte, après quoi les mâles ne participent ni à l'incubation ni à l'élevage des canetons. En fait, ces mâles veillent surtout à ce que leur femelle ne s'accouple pas avec un concurrent. La cane qui essaye de se reproduire en fin de saison est souvent poursuivie avec acharnement par plusieurs mâles.

Dès que les jeunes sont éclos, des communications acoustiques s'établissent entre eux et leurs parents (elles commencent souvent avant l'éclosion). Les comportements de nutrition sont instinctifs ; c'est par exemple le cas pour l'habitude qu'ont les jeunes Faisans de picorer les objets qu'ils voient à terre, ou pour celle des jeunes Passereaux qui ouvrent le bec quand un adulte apporte à manger. Quel que soit leur âge, les jeunes oiseaux sont menacés par des prédateurs et différents comportements tendent à les protéger de ces attaques lorsqu'ils sont nidifuges. Le Vanneau huppé lance un cri pour que ses petits fuient en courant et un autre pour qu'ils s'immobilisent. S'ils partent en tous sens, le prédateur sera décontenancé et s'ils se cachent il ne les verra pas.

Les communications au sein d'une troupe d'oiseaux en vol (Étourneaux ou Bécasseaux variables, par exemple) se font si rapidement qu'on a l'impression qu'il y a des phénomènes de télépathie. Dans les groupes dont les individus se connaissent, une hiérarchie s'établit ; grâce à elle, chacun reste à sa place et les altercations sont rares. D'une façon générale, la vie collective accroît la sécurité car un grand nombre d'individus peuvent déceler l'approche d'un prédateur ; on dirait même parfois qu'il y a des guetteurs. Au contraire, un oiseau isolé se trouve dans une situation moins avantageuse sur ce plan.

Certains oiseaux (Oies, Mouettes, Grues) se déplacent en adoptant une formation en V, ce qui leur permet d'économiser un peu d'énergie.

Un jeune Goéland fraîchement éclos picore instinctivement la tache rouge du bec de l'adulte. Ces coups de bec incitent l'adulte à régurgiter la nourriture.

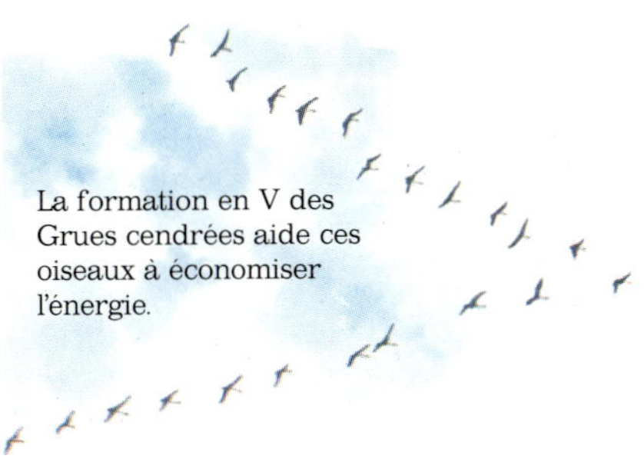

La formation en V des Grues cendrées aide ces oiseaux à économiser l'énergie.

Dans une troupe d'Oies, pendant qu'un oiseau surveille, les autres peuvent manger tranquillement. La vie en groupe augmente la sécurité.

La toilette et la mue

La mue est un événement annuel qui échappe souvent à l'observation. Elle dure au moins 5 semaines chez les Fauvettes migratrices, 3 ou 4 mois chez les gros oiseaux sédentaires ; chez les très grandes espèces comme les Aigles, elle s'étale sur plusieurs années.

En général, les grandes plumes des ailes (rémiges) tombent progressivement, de sorte que l'oiseau peut toujours voler, mais chez certains groupes (Canards, Oies, Cygnes, Râles), ces plumes tombent toutes en même temps et les oiseaux ne peuvent voler tant que les nouvelles plumes n'ont pas poussé.

Tout au long de l'année les oiseaux entretiennent leur plumage, passant de longs moments à le lisser, à remettre les barbes en place et à l'enduire de la sécrétion de la glande uropygienne (en haut). En se baignant (comme le Merle, au centre), ils se débarrassent des parasites : certains prennent des « bains de poussière ». Les bains de soleil (en bas) durant lesquels ils écartent les ailes et déploient la queue leur permettent également de maintenir leur plumage en bon état. La toilette est essentielle puisque le plumage permet le vol et protège le corps des écarts de température.

Les migrations/1

Les migrations des oiseaux ont toujours fasciné l'homme, sans doute parce qu'il est incapable de se déplacer dans l'espace et de parcourir de très grandes distances comme le font des milliards de volatiles. Chaque année, les Hirondelles quittent l'Europe, l'Asie et l'Amérique du Nord pour se rendre en Afrique, en Inde et en Amérique du Sud. Qu'il s'agisse d'adultes ayant déjà effectué le voyage ou de jeunes sortis de l'œuf quelques semaines auparavant, toutes doivent partir. En Europe, certains oiseaux sont entièrement migrateurs alors que chez d'autres il y a des populations migratrices (surtout dans le nord et l'est où l'hiver est rude) et des populations sédentaires. Les conditions climatiques jouent un rôle essentiel dans le déroulement des migrations, car c'est seulement à la belle saison que certains oiseaux peuvent subsister dans la partie septentrionale de l'hémisphère Nord. En hiver, ils ne trouveraient pas la nourriture qui leur est indispensable.

Bien qu'un froid extrême soit mortel pour divers oiseaux, c'est surtout l'absence de nourriture qui les empêche de rester sur place à la mauvaise saison. En hiver, les oiseaux insectivores seraient privés d'aliments non seulement dans les régions arctiques, mais également dans une grande partie de l'Europe. Il y a trop peu d'insectes volants pour que Martinets et Hirondelles se rassasient et les branches nues des arbres et des buissons n'offrent aucune nourriture aux Fauvettes. Les oiseaux insectivores qui ne migrent pas, telles les Mésanges, trouvent des insectes en train d'hiberner à l'état larvaire ou d'œufs, ou bien les cherchent là où ils sont cachés ; c'est ce que font le Troglodyte et l'Accenteur mouchet.

Le comportement migratoire qui permet aux oiseaux insectivores de profiter de la chaleur et d'une nourriture abondante dans les savanes et les forêts africaines résulte d'une adaptation qui s'est établie à la lointaine époque où les frontières climatiques du monde subirent des changements. Les migrateurs européens doivent franchir deux obstacles pour gagner l'Afrique tropicale, la Méditerranée et le Sahara, c'est pourquoi beaucoup traversent la première en ses points les plus étroits. Ils passent par l'Espagne et le Portugal à l'ouest, la Grèce ou la Turquie à l'est. Chez plusieurs espèces européennes, les populations qui nichent à l'ouest du 15e parallèle gagnent l'Afrique occidentale alors que celles qui nichent à l'est vont en Afrique orientale.

Les Hirondelles de cheminée s'assemblent sur les fils électriques avant de partir en automne. Il leur faut 2 mois pour aller du nord de l'Europe en Afrique du Sud.

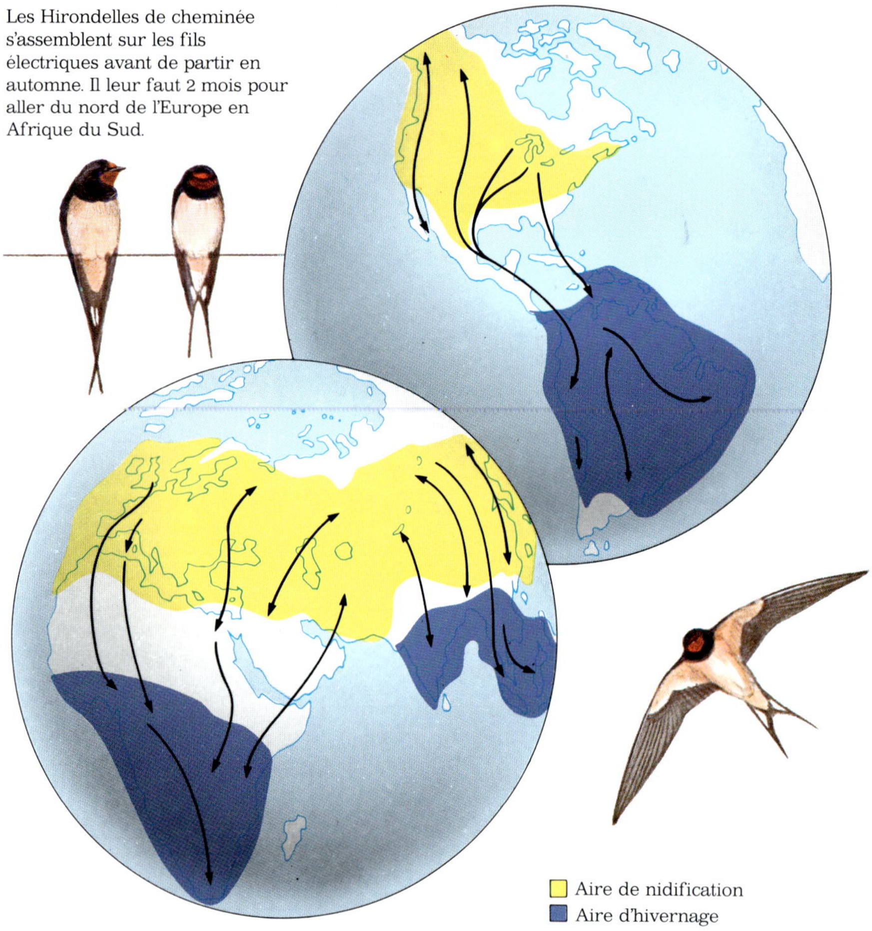

La longueur des voyages migratoires est stupéfiante, mais la façon dont chaque espèce les effectue est encore plus étonnante, car l'oiseau doit faire preuve de beaucoup d'endurance et il lui faut s'orienter constamment. Les migrateurs au long cours se préparent à faire de longues étapes sans interruption en accumulant des réserves de graisse sous-cutanée et interne. Chez certaines espèces (Fauvettes), ces stocks représentent 30 à 50 % du poids normal. Ce « carburant » leur permettra de franchir d'une seule traite 2 000 à 3 000 km en volant jour et nuit sans interruption. Des oiseaux marins couvrent de plus grandes distances en profitant des courants d'air qui se forment au ras des vagues. De cette façon, ils économisent une énergie précieuse car ils n'ont pas besoin de battre des ailes sans arrêt.

C'est justement dans le groupe des oiseaux marins que se recrutent les migrateurs les plus remarquables. Les Puffins des Anglais nichent sur des écueils au large du pays de Galles, de l'Écosse et de l'Irlande. En septembre, les jeunes quittent les terriers où ils sont éclos après avoir été nourris pendant des semaines par leurs parents. Ils commencent par exercer leurs ailes et regagnent chaque jour ces abris pour échapper aux prédateurs. Finalement, au bout de plusieurs jours, ils s'envolent et partent vers le sud-ouest en direction des quartiers d'hiver situés près des côtes de l'Amérique du Sud. On pense qu'ils effectuent ce voyage grâce aux réserves de graisse qu'ils possèdent au moment du départ, car il est peu vraisemblable qu'ils s'alimentent durant la traversée de l'Atlantique.

Pendant longtemps, la façon dont les oiseaux s'orientent est restée mystérieuse, mais depuis quelques décennies, les recherches ont permis d'émettre des hypothèses. Cependant, ce qu'on observe chez une espèce n'est pas forcément valable pour d'autres. Les oiseaux n'utilisent pas tous les mêmes repères pour s'orienter, et on suppose qu'ils en emploient plusieurs selon les circonstances.

À titre d'exemple, on pense aujourd'hui que les jeunes Puffins des Anglais regardent les étoiles quand ils agitent leurs ailes, la nuit, avant de partir en migration. Des expériences en planétarium ont en effet montré qu'ils n'ont pas une connaissance innée de l'aspect du ciel nocturne. Il

Durant la première glaciation, les ancêtres de la Fauvette grisette furent séparés en deux groupes situés à chaque extrémité de la Méditerranée. Les oiseaux de l'est donnèrent la Fauvette babillarde, et ceux de l'ouest la Fauvette grisette. Plus prospère, cette dernière s'étendit vers l'est et, à la fin de la seconde glaciation, il y avait en Europe occidentale une population de Fauvettes grisettes qui migrait en Afrique par le sud-ouest, tandis qu'à l'est un ensemble formé par les deux espèces gagnait l'Afrique noire par le sud-est. Aujourd'hui, la Fauvette babillarde existe jusqu'en Grande-Bretagne, mais elle migre toujours par le sud-est.

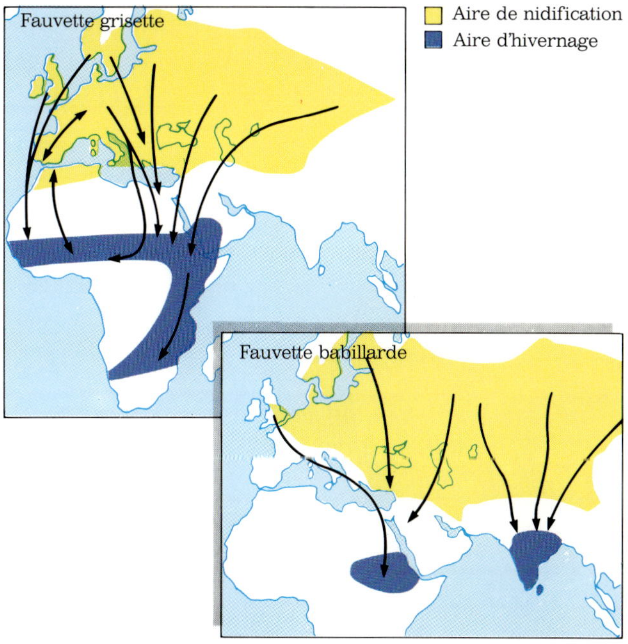

Le Puffin des Anglais est un migrateur au long cours, qui franchit de très grandes distances à l'âge de quelques mois. Il profite habilement des courants d'air pour voyager en planant.

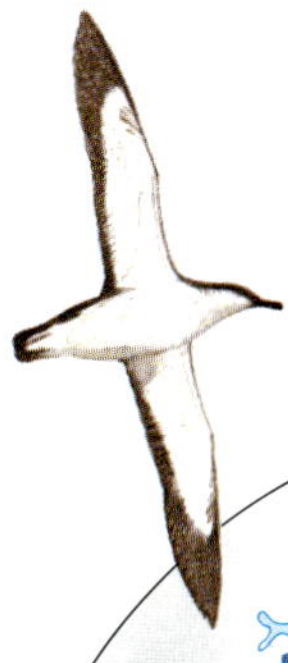

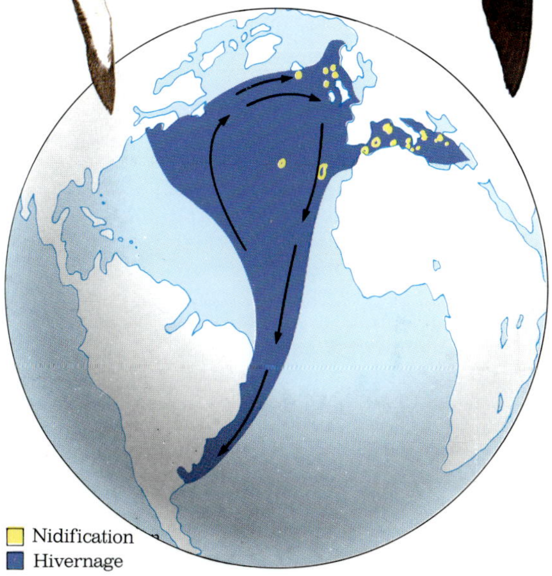

semble au contraire qu'ils doivent l'observer pour déceler l'axe apparent de rotation des étoiles. D'autres expériences ont montré que certains oiseaux sont sensibles au champ magnétique terrestre. Cette explication, longtemps mise en doute, est à nouveau soutenue et étayée par quelques faits, notamment la découverte de particules de magnétite dans le cerveau de plusieurs espèces, mais on ignore encore comment cette substance permettrait à l'oiseau de se repérer. Pour les migrateurs qui volent de jour, les grandes lignes du paysage (vallées, cours d'eau, côtes, montagnes) facilitent l'orientation et l'on constate, localement, que de très nombreux oiseaux les suivent.

Pour ces mêmes oiseaux le soleil est également un repère astronomique important. Les oiseaux se rendent compte de l'écoulement du temps, ce qui leur permet de tenir compte du mouvement apparent du soleil. D'autres espèces sont sensibles à la polarisation de la lumière et peuvent détecter la position du soleil même quand le ciel est très couvert. Enfin, récemment, des expériences ont montré que l'odorat joue un rôle chez le Pigeon voyageur qui revient à son colombier.

À petite distance, il est évident que les oiseaux ont une bonne mémoire des lieux, puisque à l'issue d'un très long voyage ils peuvent regagner le même territoire, voire le même nid comme l'a prouvé le baguage chez l'Hirondelle de cheminée.

Quel que soit le repère utilisé, les oiseaux disposent de systèmes de secours grâce auxquels ils s'orientent s'ils ne peuvent pas se servir de celui qu'ils emploient régulièrement : on a montré que mis en présence de cartes du ciel statiques et inconnues, des oiseaux étaient capables de s'orienter au bout de quelques jours à condition qu'ils aient également été exposés au champ magnétique terrestre. Par contre, ceux que l'on gardait dans une cage isolée du point de vue magnétique ne pouvaient en faire autant.

Il est évident que tous ces procédés de « navigation » seraient inutiles si la migration n'était pas programmée correctement. Cette organisation est contrôlée par un rythme annuel, lui-même soumis à des influences hormonales, comme l'ont montré des observations faites sur des oiseaux tenus en cage dans des conditions immuables. Chez les oiseaux sauvages, ce rythme est déterminé par la durée de l'éclairement, et plus précisément par l'allongement ou le raccourcissement des jours. Ce cycle contrôle le début de la saison de reproduction, la mue, la période de préparation au voyage et la disposition à migrer.

Les oiseaux qui passent la mauvaise saison très loin de la région où ils se reproduisent trouvent-ils les mêmes aliments dans leurs quartiers d'hiver ? La réponse est simple : étant adaptés à manger tel type d'aliments (végétaux ou animaux), ils le retrouvent, mais il ne s'agit pas des mêmes espèces. Un petit Échassier qui a niché dans les régions arctiques et qui passe par l'Europe pour gagner l'Afrique ne trouvera pas exactement les mêmes vers tout au long de son chemin, mais il aura à sa disposition des animaux de la même catégorie et de taille voisine. Les habitats qu'il fréquente aux escales lui offriront la nourriture qui lui convient. De même, les Fauvettes trouvent des aliments adéquats au cours de leur voyage et dans les quartiers d'hiver et les granivores peuvent trouver des graines d'espèces plus ou moins apparentées dans des régions très éloignées les unes des autres.

Les migrations/2

Avant que le déroulement des migrations soit connu de façon précise, on avait imaginé diverses théories pour expliquer la disparition de certaines espèces en automne et leur réapparition au printemps. L'une d'elles faisait appel à la transmutation : les espèces présentes en été auraient changé d'aspect en hiver ; ainsi, le Rougequeue à front blanc se serait transformé en Rouge-gorge et la Fauvette des jardins en Fauvette à tête noire. D'autres personnes pensaient que les Hirondelles hibernaient dans la vase des lacs et des étangs ou que les migrateurs allaient passer l'hiver dans la lune ! C'est seulement depuis 200 ans que l'on a progressivement admis l'ampleur des migrations aviennes. En collectant les oiseaux présents dans différentes régions, on s'aperçut que certaines espèces qui disparaissaient de l'Europe septentrionale à la fin de l'été, étaient présentes dans la région méditerranéenne et l'Afrique du Nord, non seulement en automne, mais aussi au début du printemps. Ultérieurement, lorsque les Européens se mirent à explorer l'Afrique, ils découvrirent les quartiers d'hiver de certains oiseaux. D'autres observations complétèrent ces constatations, par exemple le passage de troupes d'oiseaux dans la journée, l'attraction exercée sur les oiseaux par les lumières des phares et enfin la brusque apparition de migrateurs sur des îles et des côtes.

Au XXᵉ siècle le développement du baguage a considérablement accru nos connaissances ; les oiseaux bagués trouvés morts (ou vivants) ont permis de préciser les itinéraires et les périodes de migration. Malheureusement, le pourcentage d'oiseaux bagués que l'on retrouve est très faible (sauf pour les oiseaux-gibier) et il faut souvent de très nombreuses reprises pour obtenir des informations intéressantes. C'est pourquoi des ornithologistes partent en expédition pour baguer et rechercher des oiseaux marqués dans les quartiers d'hiver.

On se sert aujourd'hui de radars très sensibles capables de déceler des oiseaux isolés et permettant de connaître la fréquence de leurs battements d'ailes. Une autre technique, dont l'emploi est cependant très limité, consiste à munir un oiseau d'un petit appareil de radio pour le suivre.

Les itinéraires de migration indiqués sur les cartes de cette double page ont été tracés d'après des résultats obtenus par différentes méthodes. Chaque espèce a ses habitudes et, souvent, ses différentes populations ne se comportent pas exactement de la même manière. L'Hirondelle de rivage est un Passereau migrateur que l'on a étudié de façon détaillée. En été, peu après leur envol, les jeunes se déplacent et visitent les colonies et dortoirs de leur région d'origine. Ils apprennent ainsi à reconnaître les lieux où ils reviendront au printemps suivant. Au début d'août, les Hirondelles commencent à partir vers le sud et forment de grands dortoirs dans les roselières des étangs. Des oiseaux bagués en France ont été retrouvés en hiver au Sénégal.

Pour la migration de retour au printemps, les Hirondelles de rivage ont tendance à emprunter un itinéraire situé plus à l'est que celui de la migration d'automne, mais on ignore encore pourquoi. Les oiseaux adultes arrivent les premiers sur les lieux de nidification, précédant les jeunes de trois semaines ou plus, et il arrive qu'une chute de neige tardive les surprenne. Les jeunes partent plus tard et, semble-t-il, voyagent plus lentement. Leur arrivée tardive réduit leurs chances de se reproduire avec succès. L'Hirondelle de rivage migre de jour et se déplace par petites étapes alors que d'autres Passereaux voyagent la nuit et franchissent de grandes distances d'un seul coup. C'est le cas des Gobe-mouches, des Fauvettes et des Pouillots. Le Gobe-mouches noir en est un bon exemple.

Toutes les Hirondelles de rivage vont hiverner dans le sud. Cette espèce est largement répandue dans l'hémisphère Nord. Elle passe dans l'ouest des Pyrénées et suit la vallée de l'Èbre. Au printemps, elle emprunte une route plus orientale.

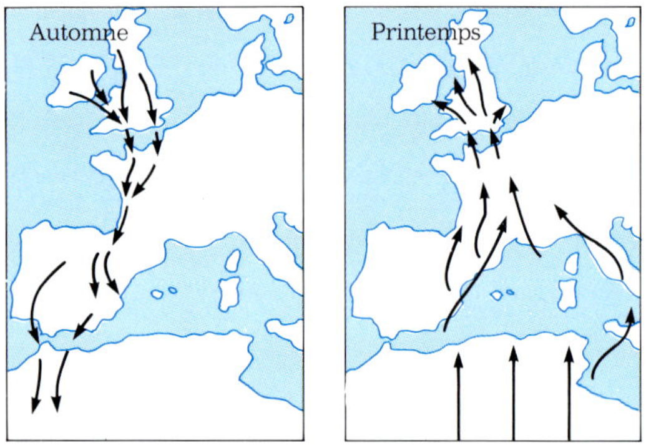

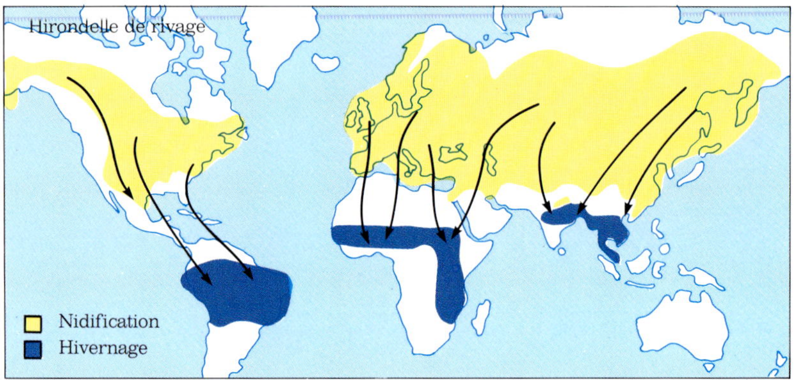

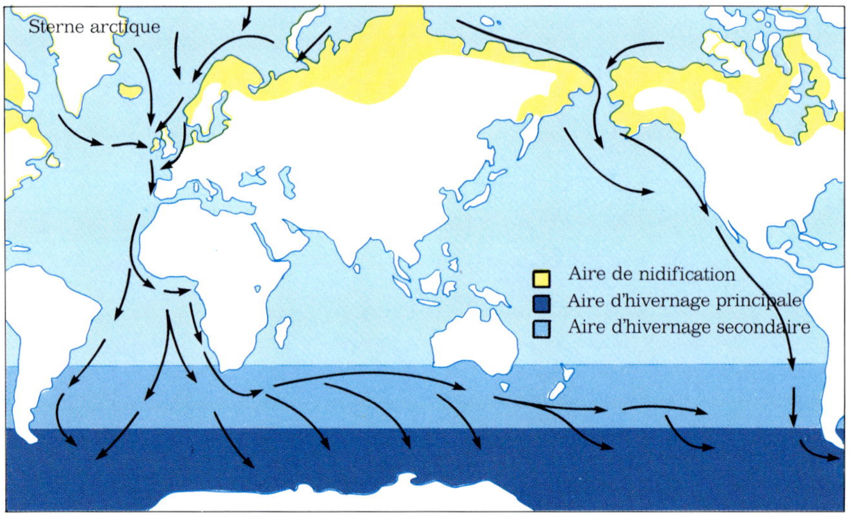

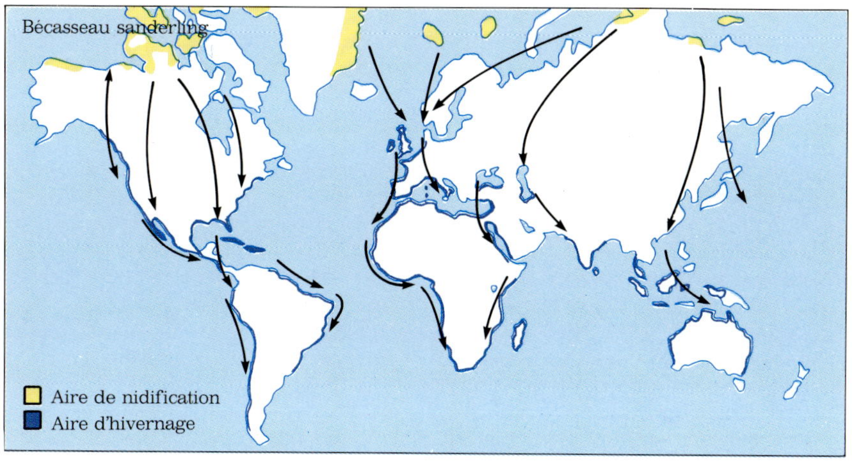

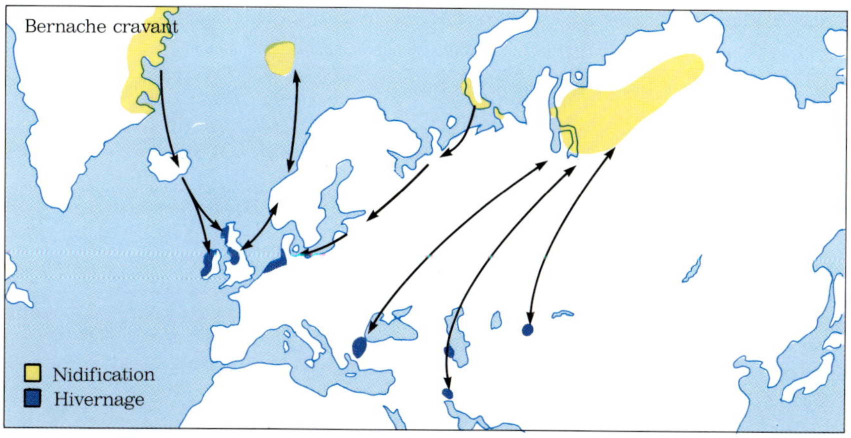

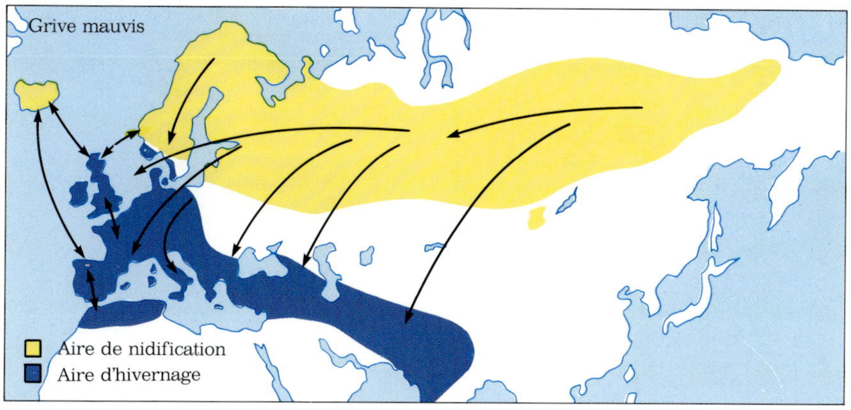

Ce Passereau niche dans une grande partie du centre et du nord de l'Europe. La plupart de ses populations gagnent le nord-ouest de la péninsule Ibérique où elles font escale dans le nord du Portugal. Les oiseaux s'engraissent avant de repartir pour traverser, en trois jours et sans arrêt, le reste du pays, la Méditerranée, l'Afrique du Nord et le Sahara. Leurs quartiers d'hiver se trouvent dans les forêts humides de la Guinée. Chaque oiseau séjourne 3 à 6 semaines au Portugal et son poids passe de 11,5 à 18 g environ.

L'Hirondelle de cheminée et le Rossignol vont, eux aussi, passer l'hiver en Afrique après avoir niché en Europe. Le Martinet noir, qui revient assez tard au printemps, est l'un des premiers à partir à la fin de juillet.

Les oiseaux côtiers et marins vont parfois beaucoup plus loin que les Passereaux ; la Sterne arctique, qui niche dans le nord de la Grande-Bretagne, passe l'hiver près de la banquise antarctique. Le voyage des jeunes Sternes est très rapide : elles se trouvent souvent en Afrique occidentale un mois après avoir pris leur essor. D'autres espèces de l'Arctique vont également très loin. C'est le cas des petits Échassiers ou limicoles. Cependant, on peut voir des Bécasseaux sanderling sur toutes les côtes européennes et cela en toute saison, car durant leur premier été certains sujets ne vont pas dans le nord. Il s'agit peut-être aussi d'oiseaux appartenant à des populations qui nichent à quelques centaines de kilomètres du pôle Nord, mais qui hivernent jusqu'au Cap de Bonne Espérance.

Ces voyages dans le sens nord-sud ne doivent pas faire oublier que d'autres oiseaux se déplacent d'est en ouest ; après avoir niché en Europe centrale et en Scandinavie, ils gagnent l'ouest du continent pour y passer l'hiver. Chaque année, des millions d'Étourneaux, de Merles noirs et de Mouettes rieuses viennent hiverner en France et en Grande-Bretagne. Beaucoup de Canards font de même tandis que les Cygnes et les Oies vont plutôt en Grande-Bretagne. Les Grives mauvis qui arrivent chaque automne en France viennent de Scandinavie ; celles d'Islande vont sur les îles Britanniques. Le baguage a montré que des sujets originaires d'U.R.S.S. à l'est de l'Oural, ne sont point rares parmi ces visiteurs d'hiver. Les oiseaux ne gagnent pas tous les mêmes quartiers d'hiver chaque année : ils peuvent en changer comme le prouvent ces Mauvis baguées en Grande-Bretagne et reprises au cours des hivers suivants en Turquie, Géorgie et Iran. Les Grives litornes hivernent également en Europe occidentale et on les voit dans les prés en compagnie des Mauvis.

Le Rouge-gorge est un migrateur partiel. Les oiseaux d'Europe occidentale sont plus ou moins sédentaires alors que ceux de Scandinavie migrent et parcourent plusieurs centaines de kilomètres ou davantage. En octobre ils traversent la Grande-Bretagne, en suivant surtout ses côtes orientales, et beaucoup vont jusqu'en France, en Espagne, au Portugal et même en Afrique du Nord. Les reprises effectuées en été montrent qu'ils nichent en Norvège, Suède et Finlande. On connaît aussi des Rouges-gorges britanniques qui abandonnent leurs lieux de nidification en hiver ; la majorité supportent les intempéries, mais s'il y a une vague de froid beaucoup meurent. Ceux qui ont migré peuvent combler les pertes.

D'autres oiseaux ne se déplacent que si le temps est très mauvais. Ainsi, les Grives musiciennes de Grande-Bretagne sont généralement sédentaires, mais si les conditions climatiques deviennent rigoureuses, celles du nord vont en Irlande et celles du sud se dirigent vers l'ouest, parfois jusqu'en France. Certains migrateurs partiels comme la Bergeronnette grise se déplacent toujours.

Le baguage

Le baguage permet d'identifier individuellement les oiseaux marqués grâce à une bague portant un numéro. Correctement placée, la bague ne gêne en rien l'oiseau. Le baguage a une très grande importance pour connaître la biologie des oiseaux. Il renseigne non seulement sur leurs migrations, mais fournit aussi des indications précises sur leur fidélité au lieu de reproduction, aux quartiers d'hiver ou au conjoint ; il donne également les seules informations valables sur leur longévité dans la nature.

En France, on a commencé à baguer des oiseaux en 1912. Depuis et jusqu'en 1989, environ 5 200 000 oiseaux ont été marqués, non seulement dans l'hexagone mais aussi en Afrique et sur les terres australes. Actuellement, 150 000 oiseaux sont bagués chaque année. Quant un oiseau bagué est retrouvé, vivant ou mort, cela constitue une reprise (s'il est vivant on dit qu'il s'agit d'un contrôle). Jusqu'à présent, près de 64 000 oiseaux porteurs de bagues françaises ont été repris à des distances très variables en Europe, en Afrique ou en Asie. En France, les oiseaux sont bagués par les membres du C.R.B.P.O., seul organisme officiel qui délivre les bagues et collecte les résultats fournis par quelque 300 collaborateurs bénévoles (voir page 267).

Ce sont les oiseaux marins et les Échassiers qui atteignent l'âge le plus avancé, d'après les renseignements donnés par le baguage. Parmi les oiseaux d'Europe, la Cigogne blanche atteint 34 ans, le Goéland argenté 33 ans, le Courlis cendré 31 ans. En revanche, la majorité des petits Passereaux ont généralement une existence très brève. Voici quelques maxima observés : 20 ans (Merle noir, Étourneau), 16 ans (Hirondelle de cheminée), 15 ans (Mésange charbonnière), 13 ans (Moineau domestique), 12 ans (Rouge-gorge).

Les oiseaux sont bagués au nid, alors qu'ils sont encore très jeunes, ou, le plus souvent, après avoir été capturés dans un filet. Une fois sortis des mailles, chaque oiseau est soigneusement examiné. On détermine son sexe et son âge (quand cela est possible), son degré d'adiposité (importance de ses réserves de graisse), le degré d'avancement de la mue des rémiges et des rectrices ; on mesure aussi la longueur de ses ailes et on le pèse ; enfin, on place une bague autour de l'une de ses pattes.

Il faut baguer beaucoup d'oiseaux car on n'en retrouve qu'un très petit nombre. Ce pourcentage dépend de plusieurs facteurs et varie selon qu'il s'agit d'un oiseau-gibier ou non. Dans le premier cas, la proportion atteint et dépasse 10 %, dans le second (la plupart des petits Passereaux), elle est inférieure à 1 %. Ainsi, sur 396 334 Hirondelles de cheminée baguées par l'un des centres allemands, 0,2 % furent reprises. À l'opposé, sur 33 841 Colverts bagués aux Pays-Bas, 20,9 % ont été retrouvés. Le nombre de migrateurs que l'on retrouve en Afrique est faible, car beaucoup de bagues ne sont pas renvoyées.

Le baguage est indispensable pour étudier les populations. Ainsi, un travail entrepris par le C.R.B.P.O. sur l'Hirondelle de cheminée a montré que le taux de survie diffère profondément selon l'âge : chez les jeunes de moins d'un an il était égal à 26 %, chez les oiseaux d'un ou deux ans il atteignait 31 %, et chez les adultes de plus de deux ans il s'élevait à 57 % (pourcentages calculés sur 360 reprises à l'issue du baguage de 116 610 jeunes marqués au nid). Avec l'observation directe, le baguage est la plus ancienne méthode d'étude des oiseaux, et malgré l'apparition de nouveaux procédés, il conserve une importance capitale pour les biologistes.

Filet fixe pour l'interception d'oiseaux en vol.

Prise correcte de l'oiseau qui ne peut se débattre. Le pouce et l'annulaire restent libres pour vérifier la bague.

Ci-dessous : taille des bagues, allant de celle qu'on utilise pour le Roitelet huppé à celles convenant pour les gros oiseaux.

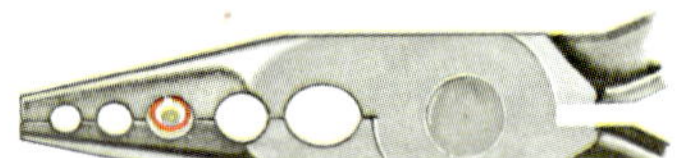

Des pinces spéciales permettent de serrer la bague sans gêner l'oiseau.

Station de baguage permanente située sur une route de migration et utilisant des nasses d'Heligoland. Les oiseaux sont poussés vers la cage située au fond du tunnel.

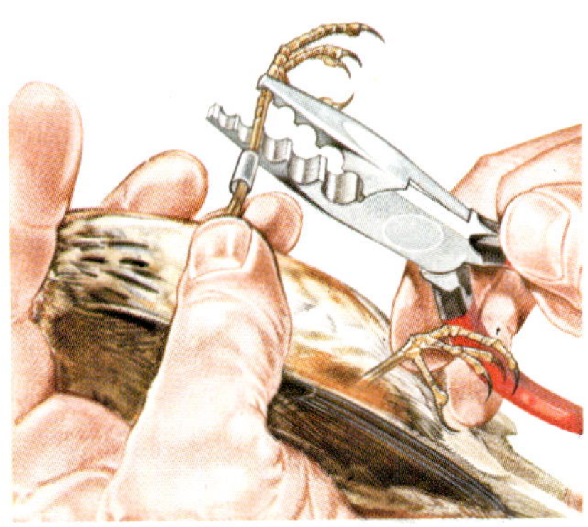

La bague est placée autour de la patte au-dessus des doigts. Elle est peu serrée pour pouvoir coulisser.

Les invasions

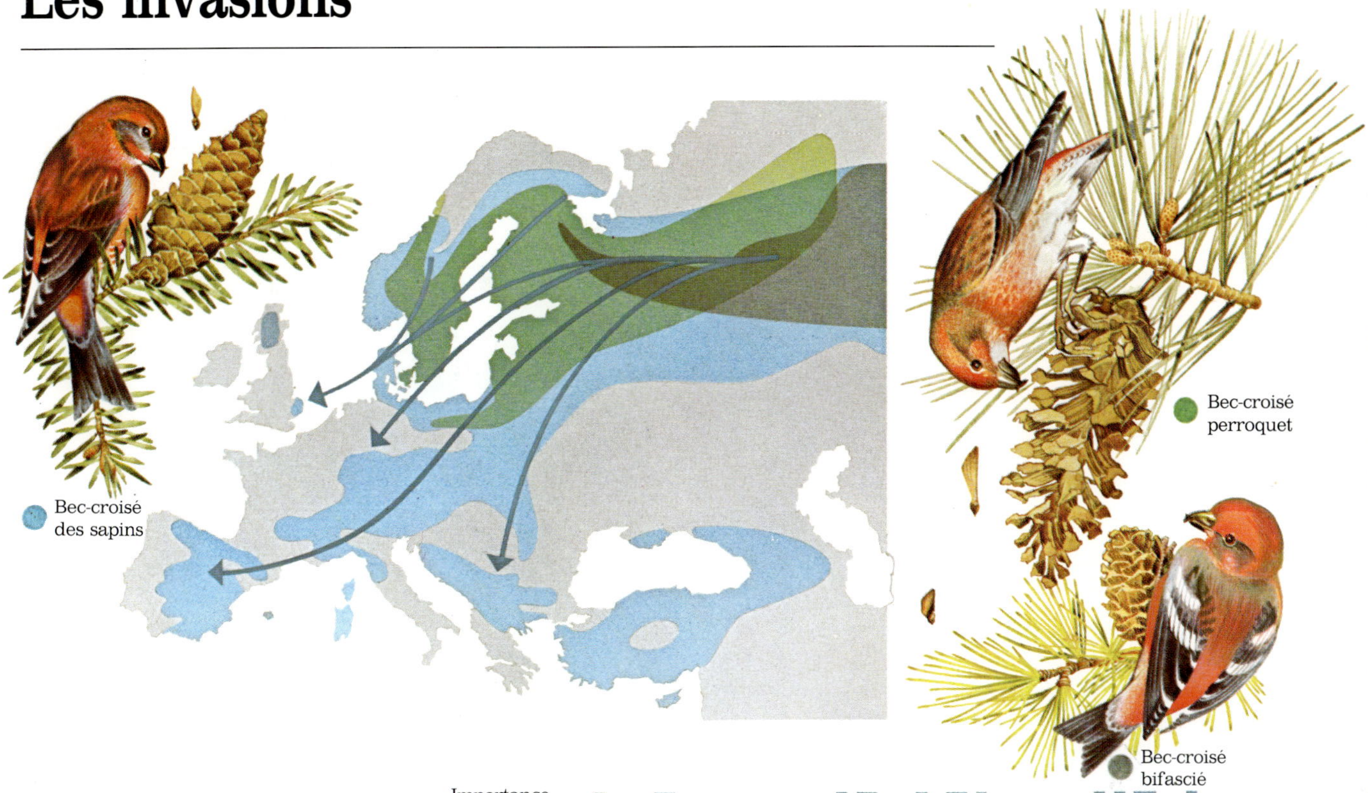

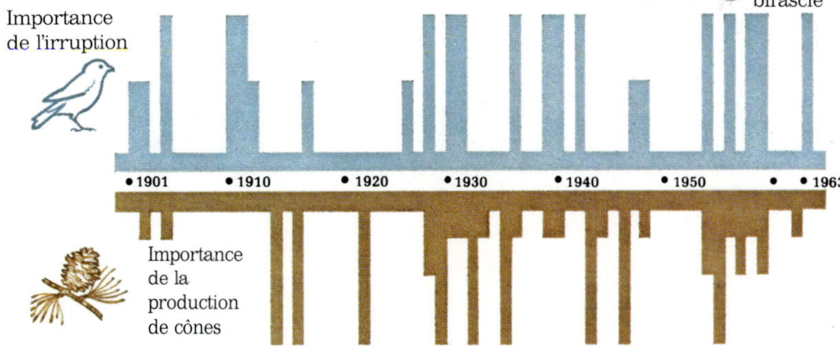

N'importe quel jardinier sait que les arbres fruitiers portent plus de fruits certaines années que d'autres. Il en est de même pour les fruits sauvages dont les arbres demandent plus de douze mois de réserves accumulées pour assurer la production.

Les herbages ont une production annuelle à peu près régulière. Le grand nombre d'oiseaux se nourrissant de leurs graines présentent donc peu de variation de population d'une année à l'autre. Les Linottes mélodieuses, par exemple, n'augmentent pas leur nombre de plus de 50 % en un an.

Un petit nombre d'espèces dépendent des arbres pour se nourrir et présentent d'importantes variations en fonction de la production de ces arbres : le Tarin des aunes et le Sizerin flammé, par exemple, peuvent multiplier leur nombre par quatre d'une année à l'autre. Ces oiseaux n'ont également pas de voies de migration régulières : ils font face à la disette en cherchant une région favorable.

Les Tarins des aunes et les Sizerins flammés font souvent de telles irruptions, mais les Pinsons du Nord, les Durs-becs des sapins, les Jaseurs boréaux et les Grives mauvis en font également. Les Becs-croisés des sapins sont, de tous ceux-ci, les plus curieux : ils quittent totalement leur pays d'origine pendant les années de disette et envahissent alors massivement une autre région pendant un an.

En haut : le Bec-croisé des sapins (qui se nourrit principalement sur les épicéas) a deux parents européens : le Bec-croisé perroquet et le Bec-croisé bifascié. Le premier préfère les pins, l'autre les mélèzes. Tous trois font irruption, venant de la même direction et dans des endroits précis. Les Becs-croisés des sapins de Scandinavie iront dans le Royaume-Uni.

Ci-dessous : des baguages effectués en Suisse indiquent que certains Becs-croisés des sapins retournent sur leur lieu d'origine après deux ans d'exil pendant lesquels ils se reproduisent, contrairement à d'autres espèces.

Ci-dessus : ce schéma indique approximativement l'importance des invasions de Becs-croisés des sapins venant de Suède entre 1901 et 1963, avec en parallèle les productions de cônes d'épicéa. Si dans l'ensemble ces voyages correspondent aux disettes, deux ne sont pas dans ce cas. Le mouvement débute également souvent avant que les cônes ne soient formés. Il faut probablement que leur population soit très importante avant que soit envisagé le départ, mais, dès ce moment, le premier indice déclenche l'exode.

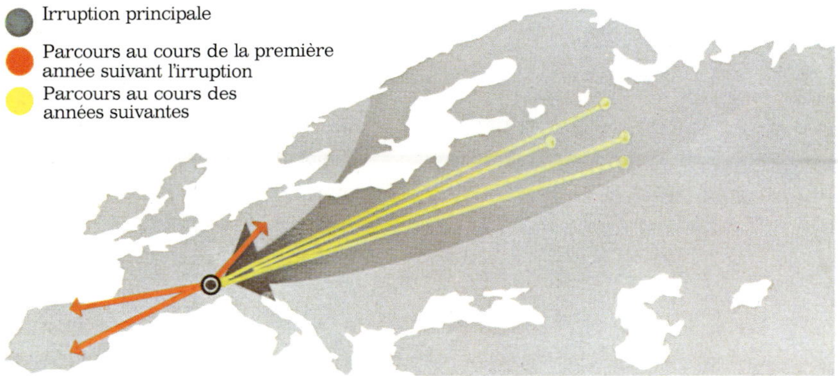

Observer les oiseaux

Équipement d'un ornithologiste sur un lieu de passage de migrateurs. Le télescope est monté sur un trépied (absolument indispensable). L'appareil de radio permet de communiquer avec d'autres observateurs situés à plusieurs centaines de mètres.

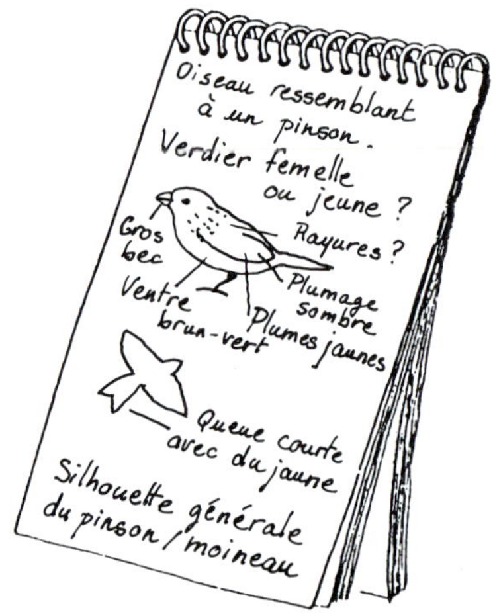

Les notes prises sur le vif aident à préciser une identification douteuse. Elles sont indispensables pour établir le bilan d'un recensement.

Tout observateur doit d'abord apprendre à identifier correctement les différentes espèces aviennes qui vivent dans sa région. Il trouvera dans ce livre des indications sur la manière de s'y prendre et des renseignements sur le plumage des adultes, des jeunes et éventuellement des deux sexes d'une même espèce. Ayant acquis ces connaissances élémentaires, il pourra se perfectionner dans un domaine plus étroit. Ainsi, certains observateurs s'efforcent de connaître le plus grand nombre possible d'espèces et dressent la liste de celles qu'ils ont vues dans telle ou telle région. D'autres s'intéressent surtout aux oiseaux rares et il en est qui s'efforcent d'étudier la nidification ou la façon dont les oiseaux s'alimentent.

Certaines localités sont particulièrement favorables à l'observation d'un grand nombre d'espèces aux périodes de migration : il s'agit par exemple des cols dans le Massif Central ou les Alpes, des défilés dans le Jura et ailleurs, d'îles comme Ouessant, où l'on peut même voir des Passereaux nord-américains entraînés par une tempête d'ouest au-dessus de l'Atlantique.

Ceux qui désirent apprendre à observer peuvent adhérer à une association régionale car accompagner des connaisseurs est le moyen le plus rapide pour identifier les oiseaux. On trouvera aux pages 264 et 266 quelques adresses utiles. Ceux qui ne souhaitent pas ou ne peuvent pas faire partie d'un groupe mettront un peu plus de temps mais éprouveront encore plus de plaisir à identifier de nouvelles espèces. Dans tous les cas, il faut chercher les lieux les plus propices à l'observation et les visiter régulièrement. Selon la région il s'agira d'une plage, d'une portion de côte rocheuse, d'un marais, d'un étang, des rives d'un fleuve, d'une forêt, d'une lande, d'une garrigue ou d'une certaine tranche d'altitude en montagne.

En présence d'un oiseau inconnu il est recommandé de s'attacher à certains détails, tels que :

– Est-il plus petit ou plus gros qu'un oiseau déjà connu (Moineau, Merle, Corneille) ?

– Sa silhouette est-elle trapue ou élancée ? (elle peut varier chez un même oiseau, par exemple s'il fait froid, il se mettra en boule).

– Son bec est-il long (Bécasse) ou bref (Mésange), rectiligne ou de forme différente (Bec-croisé) ?

– Ses pattes sont-elles longues (Avocette) ou courtes (Hirondelles) ?

– Quelle est sa coloration ? Est-elle unie ou bigarrée ? Dans ce dernier cas il faut détailler la couleur des différentes parties du corps.

– Y a-t-il sur les ailes, le corps ou la queue des taches de couleur contrastant avec le reste du plumage (exemples : croupion blanc du Traquet motteux, taches blanches des ailes du Pinson des arbres, tache blanche sur la nuque de la Mésange noire) ?

– A-t-il une huppe, des plumes de forme particulière sur la queue (mâle de Tétras lyre, par exemple) ou bien certaines plumes semblent-elles absentes (par exemple les rectrices chez le Grèbe castagneux).

– Comment se déplace-t-il ? En marchant, en sautillant, en courant, en grimpant sur un arbre ?

– S'il vole, sa trajectoire est-elle rectiligne ou ondulée ? Se déplace-t-il à faible ou grande hauteur ? Quelle est sa silhouette ? A-t-il des ailes longues, étroites et pointues, ou courtes et larges ? Sa queue est-elle fourchue, arrondie ou carrée à l'extrémité ?

– S'il nage, sa tête reste-t-elle immobile ? Sa queue est-elle relevée ou parallèle à l'eau ?

– Est-il isolé ou fait-il partie d'un groupe ?

– Est-il silencieux ? S'il crie, essayez de traduire ses appels par des onomatopées. S'il chante, ce sera bien plus difficile (dans ce cas le mieux est d'écouter une cassette ou de consulter un expert).

– Il est indispensable de tenir compte du lieu ou l'on a vu l'oiseau inconnu (jardin, bois, étang, bord de mer, montagne, etc.), de la saison, de l'heure et aussi de la date (pour les oiseaux migrateurs).

Notez le maximum de détails pour pouvoir répondre à ces questions. Ensuite, chez vous, regardez les images de ce livre pour voir si l'oiseau observé s'y trouve.

Le débutant s'apercevra bien vite que l'identification n'est pas une affaire aussi simple qu'il y paraît. Ainsi, les oiseaux qui ont des taches de couleurs caractéristiques bien visibles quand leurs ailes sont ouvertes les gardent obstinément fermées s'ils se reposent sur un plan d'eau ou une île... On dit souvent que les Mésanges se distinguent par leurs cris, mais certaines ont des appels qui se ressemblent. Beaucoup d'oiseaux inconnus s'envolent avant qu'on ait eu le temps de voir les caractères nécessaires pour les identifier. Souvent aussi, ils sont trop loin ou bien à contre-jour. Toutefois, avec de la patience et en

Les vêtements kaki, tels ceux des « surplus militaires », sont excellents pour celui qui observe les oiseaux, en raison de leur coloration neutre. Une cagoule foncée, voire quelques traits de noir de fumée sur les joues, contribueront à rendre le visage moins visible. L'essentiel est d'éviter de porter des vêtements dont la couleur tranche nettement sur le milieu ambiant.

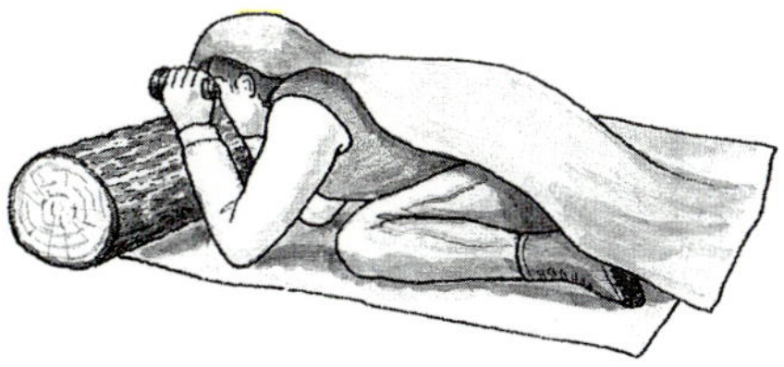

Vous pouvez improviser une tente-abri (ci-dessus) avec de la toile camouflée, des piquets et des tendeurs. Assurez-vous que la toile ne claque pas au vent, ce qui effraierait les oiseaux. À défaut, un morceau de bâche brune ou vert foncé ou encore un filet de camouflage vous permettront de passer inaperçu, à condition aussi de rester immobile.

voyant la même espèce dans différentes situations, vous acquerrez une expérience extrêmement utile.

Soyez prudent avant d'affirmer que vous avez vu telle ou telle espèce. Les conditions de votre observation étaient-elles parfaites ou mauvaises ? Êtes-vous certain de ne pas avoir confondu un oiseau avec un autre ? De nombreuses indications sur la présence d'espèces rares ou accidentelles (c'est-à-dire qui se montrent tout à fait exceptionnellement) sont *erronées* et ne peuvent être retenues quand on fait un inventaire des oiseaux nicheurs ou présents en hiver à l'échelon régional ou national. L'observateur doit donc être lucide et ne pas imaginer ce qu'il n'a pas vu !

Celui qui s'intéresse sérieusement aux oiseaux en viendra un jour ou l'autre à transmettre ses observations aux responsables d'une association locale d'ornithologistes, surtout s'il a vu un oiseau qui lui paraît rare. Pour que ses observations soient authentifiées, on lui demandera des détails sur ce dernier et c'est alors que les notes prises sur place auront beaucoup d'importance. Qu'il soit débutant ou expérimenté, aucun ornithologiste ne peut se dispenser de prendre des notes car c'est le meilleur moyen de conserver une trace de ce qu'il a vu. On peut également enregistrer ses observations sur un magnétophone de poche.

À mesure qu'il progressera dans la connaissance des oiseaux, l'ornithologiste pourra participer aux enquêtes lancées périodiquement à l'échelon local ou national, par exemple sur les oiseaux nicheurs ou sur les oiseaux présents en hiver, etc. Il pourra aussi faire partie du réseau de correspondants d'organismes internationaux comme le BIROE (Bureau International de Recherches sur les Oiseaux d'Eau) qui, chaque année en hiver, effectue des comptages de Canards, Cygnes, Oies, Foulques, sur les plans d'eau en Europe et ailleurs. Les informations rassemblées permettent d'estimer de façon correcte les populations de ces oiseaux. En Belgique, en France, au Luxembourg et en Suisse, ces recensements se déroulent depuis 1967 et leurs résultats sont publiés périodiquement.

Dans d'autres pays comme la Grande-Bretagne, les ornithologistes sont sollicités pour participer à une enquête permanente sur la nidification. Des cartes leur sont fournies et pour chaque nid découvert ils en remplissent une sur laquelle ils donnent divers renseignements. L'analyse des résultats permet de déceler des différences entre populations, par exemple en ce qui concerne le nombre des œufs pondus et le nombre de pontes régulières.

Parmi les grandes enquêtes effectuées au cours des vingt dernières années et qui ont réuni le plus grand nombre d'ornithologistes, il faut mentionner l'établissement d'atlas de la répartition des oiseaux nicheurs et des oiseaux présents en hiver. Des atlas des oiseaux nicheurs ont été publiés en France (1976), en Suisse (1980), en Belgique (1988) et au Luxembourt (1987). L'atlas des oiseaux présents en hiver en France est paru en 1991. Ces atlas fournissent des informations bien plus détaillées que celles que l'on trouve dans les ouvrages d'ornithologie, où l'on se contente souvent de dire d'une espèce qu'elle est « commune ».

Certains ornithologistes s'intéressent plus particulièrement à la photographie (ou au cinéma) ou à l'enregistrement des cris et des chants des oiseaux. Pour parvenir à de très bons résultats, ces techniques exigent beaucoup de temps et aussi un matériel d'excellente qualité, généralement coûteux.

Quelle que soit l'orientation choisie par celui qui s'intéresse aux oiseaux, le respect doit toujours primer : l'observateur ne doit pas être un destructeur, conscient ou non. Dans tous les cas, il faut éviter au maximum les dérangements intempestifs et se montrer particulièrement discret au printemps (période de nidification). En ornithologie comme dans les autres sciences, chercher à établir des records est dérisoire, car c'est la qualité de l'observation qui en pâtit et les causes d'erreur se multiplient si l'on veut aller trop vite. N'oubliez pas que la très grande majorité des oiseaux sont protégés par la loi, les espèces-gibier étant, en France, essentiellement des petits Échassiers, quelques Gallinacés, quelques Passereaux et des Canards (la liste peut en être obtenue auprès de la L.P.O. en France, de la Ligue luxembourgeoise pour la protection de la nature et des oiseaux, de la Ligue royale belge pour la protection des oiseaux ou de la Société romande pour l'étude et la protection des oiseaux (voir page 264). De même, n'oubliez pas que tous les terrains d'observation appartiennent à une collectivité (commune, État, etc.) ou à un particulier et qu'il convient de respecter les droits des propriétaires.

Au jardin

Cotoneaster horizontalis est un arbuste d'ornement très cultivé et dont les fruits sont appréciés par les oiseaux. Il en est de même pour l'aubépine, le houx et le berbéris.

Le toit de ces nichoirs est pourvu de charnières permettant de le soulever pour les nettoyer en automne. Les nichoirs doivent toujours être en bois.

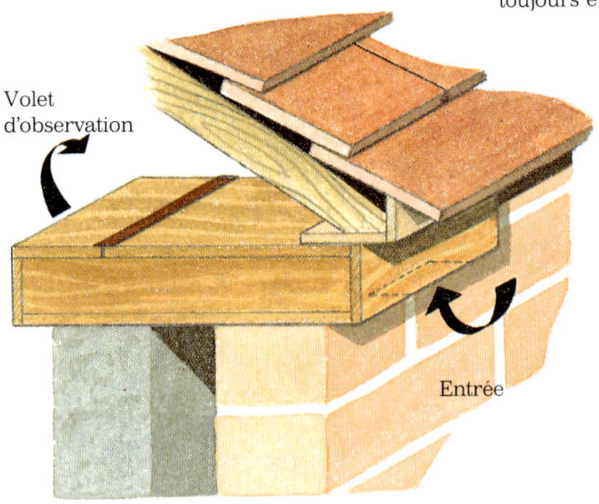

Nichoir pour Martinets en place au bord d'un toit. Pendant les parades nuptiales, des Martinets tournent devant, vont à l'entrée en criant et frappent le nichoir avec leurs ailes.

De nombreuses personnes prennent plaisir à regarder les oiseaux dans leur jardin et leur offrent de la nourriture et des abris pour qu'ils y restent le plus longtemps possible. Réaliser cet objectif ne présente guère de difficultés, encore faut-il éviter les erreurs comme celle qui consisterait à disposer des aliments près d'un buisson où un chat peut se tenir à l'affût. Pour qu'un jardin attire les oiseaux, ils doivent y trouver de l'eau, de la nourriture, des abris et des emplacements pour nicher.

Nourriture

On pense souvent qu'il suffit de suspendre des filets remplis de graines ou de mettre des miettes dans une mangeoire, mais si cela est possible, il est préférable de cultiver des végétaux produisant des fruits en automne et en hiver ; ceux-ci sont appréciés par les oiseaux qui consomment la nourriture artificielle et par d'autres espèces. Les cardères et les chardons intéressent les Chardonnerets, les graines de bouleau sont recherchées par les Sizerins et les Tarins. Les fruits des pyracanthas et cotonéasters attirent les Grives qui picorent aussi ceux des pommiers d'ornement, par exemple le pommier rouge de Sibérie *(Malus robusta)* dont les pommes écarlates restent sur l'arbre jusqu'à ce que le froid les ramollisse. Ces pommes sont appréciées par les Grives mauvis et litornes, voire par les Jaseurs durant leurs « invasions » périodiques. Poires, prunes et surtout cerises font les délices de certains oiseaux ; pensez donc à les protéger si vous voulez également en profiter. Si la récolte de pommes a été abondante, réservez-en une partie pour nourrir les oiseaux en hiver.

Les variétés actuelles d'arbres fruitiers produisent généralement des fruits au bout de 3 ou 4 ans. Les variétés régionales sont les plus intéressantes, mais beaucoup ne conviennent pas dans un petit jardin car elles peuvent atteindre de grandes dimensions. De même, il est impensable de planter un chêne, un hêtre ou un merisier sauvage dans un jardinet, bien que ces arbres hébergent de nombreux insectes consommés par divers oiseaux et que leurs fruits soient mangés en hiver par des oiseaux et des rongeurs (le Gros-bec casse les noyaux des merises). Par contre, le sorbier, le houx et l'aune peuvent, selon la nature du terrain, fournir des aliments intéressants pour les oiseaux. Certaines plantes annuelles, si on les laisse monter en graines, sont exploitées par les oiseaux, par exemple les myosotis et les centaurées.

En hiver, de nombreuses personnes offrent des cacahuètes aux oiseaux ; celles-ci sont très appréciées par les Mésanges. Des cerneaux de noix concassés, un mélange de suif fondu, de raisins secs et de flocons d'avoine coulé dans un récipient peu profond et placé sur une tablette en bois fixée sur un piquet de 1,50 m de haut (figure page 261) feront les délices de plusieurs espèces de Mésanges.

Il est préférable de munir cette mangeoire d'un petit toit qui protégera les aliments de la pluie et de la neige. Sur les côtés, fixez un rebord qui empêchera la nourriture de tomber ou d'être entraînée par le vent, mais laissez quelques interstices pour faciliter l'écoulement de l'eau. Nettoyez chaque jour cette mangeoire pour éviter que les aliments non consommés pourrissent. Placez-la bien en vue pour faciliter l'observation des oiseaux et la surveillance des chats.

Eau

Les oiseaux ont besoin d'eau pour boire et se baigner. Un petit couvercle de poubelle en plastique renversé et enfoncé dans la terre est le plus simple des abreuvoirs ; placez au milieu quelques cailloux ou une demi-brique dépassant de l'eau (l'eau ne doit pas avoir plus de 2 à 3 cm de profondeur).

En hiver, ne mettez pas d'antigel ou d'alcool dans l'abreuvoir ; s'il gèle fort, renouvelez fréquemment la provision d'eau, car il faut éviter que les oiseaux se baignent et que l'eau gèle sur leur plumage (la quantité d'eau doit donc être très faible).

Emplacements de nidification

Les nichoirs ne sont occupés que par quelques espèces. Le modèle le plus simple et le plus employé est le nichoir pour Mésanges bleue et charbonnière. Il mesure 25 cm de haut, 15 cm de côté et l'orifice ne doit pas dépasser 28 mm de diamètre sinon des Moineaux l'occuperont et empêcheront les Mésanges de s'y installer. Utilisez des planches en bois de 2 cm d'épaisseur, traité pour résister à la pluie (le contre-plaqué marine est également utilisable). Ne fixez pas de perchoir près de l'entrée car les chats peuvent essayer de sortir les oisillons. Fixez le nichoir sur un poteau, métal-

Les fruits de l'aune sont un aliment essentiel des Tarins en hiver. Ces petits fringilles approchent les fruits de leur bec en les tirant avec une patte.

Un couvercle de poubelle retourné dans lequel on verse 2 ou 3 cm d'eau et où l'on place des cailloux ou une demi-brique servira d'abreuvoir aux oiseaux, tels ces Étourneaux.

Un filet rempli de cacahuètes ou d'un mélange de graisse fondue, de raisins secs et de flocons d'avoine attire les Mésanges. Les espèces plus lourdes ou plus agressives préfèrent se nourrir sur un plateau.

lique de préférence (sur un arbre, placez un manchon de métal autour du tronc pour empêcher les chats de l'atteindre), à environ 2 m de haut. Évitez de l'exposer en plein soleil. Mettez-le en place à l'automne ou à la fin de l'hiver. Si l'espace le permet, disposez deux ou trois nichoirs dans le jardin, car un emplacement choisi par l'homme ne convient pas toujours aux oiseaux. En automne, enlevez le nid qui se trouvait dans le nichoir et nettoyez le nichoir de façon à éviter la pourriture du bois et la prolifération des invertébrés parasites.

Le Rouge-gorge, le Gobe-mouches gris et quelques autres espèces adoptent volontiers les nichoirs dont la paroi antérieure est à demi-ouverte (modèle de droite, page 260). Placez ce type de nichoir sur un arbre recouvert par un lierre ou une autre plante grimpante.

On peut inciter l'Hirondelle de fenêtre ou le Martinet noir à pondre dans des nichoirs spéciaux que l'on trouve en vente auprès des associations de protection des oiseaux. Cependant, n'oubliez pas que de très nombreuses fientes s'accumulent sous les nids d'Hirondelle de fenêtre, salissant fenêtres et murs ; tenez-en compte si vous envisagez de placer un ou plusieurs nichoirs destinés à cette espèce. Le Martinet noir préfère s'installer dans un nichoir placé sous le rebord d'un toit. Dans tous les cas, ne vous découragez pas si aucun oiseau n'occupe le ou les nichoirs l'année même de leur installation ; cela vaut tout particulièrement pour le Martinet noir : il se passe parfois plusieurs années avant qu'il accepte les nids artificiels, mais la patience est récompensée car les Martinets font partie des oiseaux les plus spectaculaires que l'on puisse voir sur une maison, surtout si une petite colonie s'établit au fil des ans.

De nombreux oiseaux n'occupent pas les nichoirs car ils font leur nid à ciel ouvert. Vous les encouragerez à nicher en plantant des arbrisseaux ou des plantes grimpantes ; ils y trouveront des emplacements à leur convenance (c'est le cas pour la Fauvette à tête noire). D'autres nichent volontiers dans un appentis ou un garage, du moment qu'une fenêtre reste ouverte en permanence ; c'est le cas du Troglodyte et, à la campagne, de l'Hirondelle de cheminée. L'absence de certains matériaux de construction peut rendre l'installation des Hirondelles difficile ; si le printemps est sec, un petit espace de boue, régulièrement maintenu humide, attirera Hirondelles, Merle noir ou Grive musicienne.

Abris

La plupart des oiseaux s'habituent à la présence de l'homme et aux allées et venues, mais il y a des limites ! Dans un petit jardin, un massif d'arbustes toujours verts sera l'abri le plus fréquemment utilisé par diverses espèces d'oiseaux. L'épicéa et les autres arbres à feuilles persistantes constituent des abris particulièrement sûrs pour la gent ailée, car elle s'y trouve protégée des prédateurs et du froid en hiver.

Le chat domestique est le prédateur le plus redoutable pour les oiseaux des jardins. En banlieue, il est impossible de l'empêcher de venir dans un jardin à moins que l'on ait un chien ou un chat qui défendra son territoire contre ses congénères (les chats bien nourris, castrés, ne sont pas tous des chasseurs invétérés).

Ayant fait le nécessaire pour rendre votre jardin accueillant aux oiseaux, vous pourrez profiter de leur présence et observer leurs faits et gestes. Vous pourrez suivre la reproduction de ceux qui auront adopté le nichoir en regardant son contenu quand les parents commenceront à apporter des insectes, mais jamais avant car vous risqueriez de déranger l'oiseau couveur. Agissez discrètement, rapidement et une seule fois.

L'équipement de l'ornithologiste

L'un des principaux avantages de l'observation des oiseaux est qu'elle peut être pratiquée par tous, en tous lieux et en tout temps, et cela avec un minimum d'équipement. Cependant, les spécialistes ont généralement différents instruments d'optique selon le milieu qu'ils parcourent et les espèces qu'ils étudient. Une paire de jumelles représente l'équipement de base absolument indispensable.

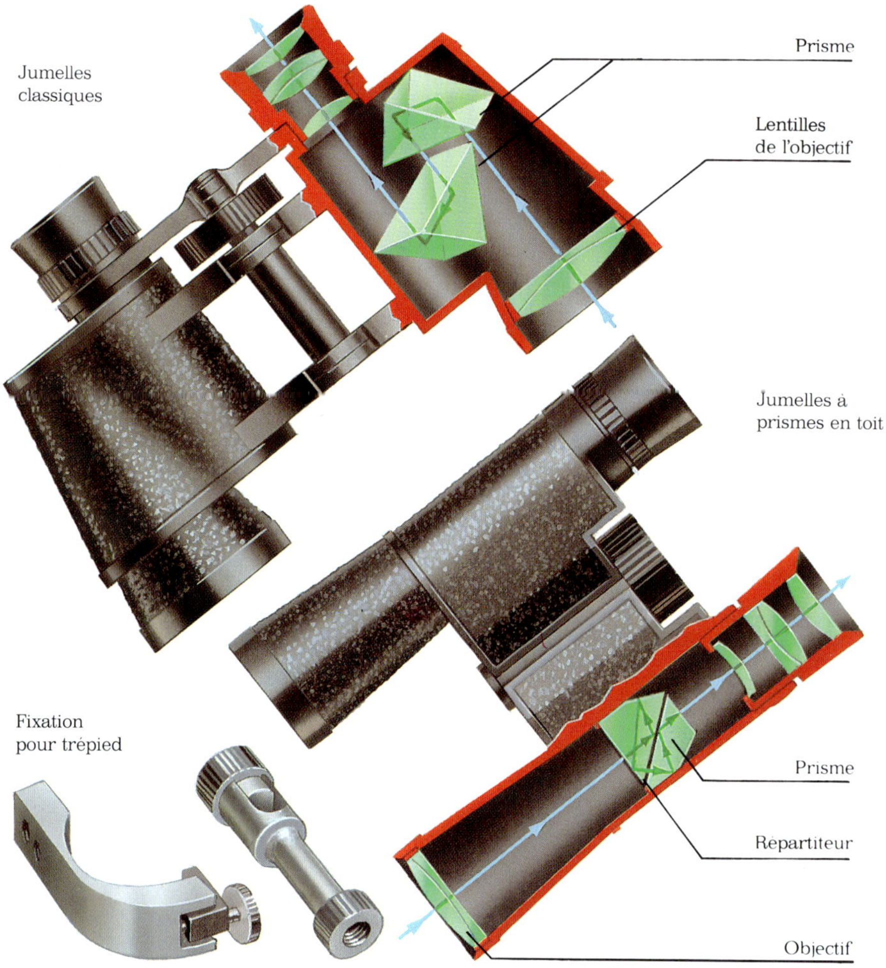

Jumelles

L'achat d'une paire de jumelles ne doit pas être fait à la légère. Les jumelles de théâtre qui grossissent seulement 2 ou 3 fois sont inefficaces pour qui veut observer les oiseaux. Choisissez des jumelles à prismes grossissant 7, 8 ou 10 fois. Les grossissements supérieurs (12 et plus) ne sont utilisables que si l'on a un trépied sur lequel on fixera les jumelles, faute de quoi et, sauf exception, il est difficile d'obtenir des images stables (la firme Zeiss a mis au point des jumelles de très fort grossissement dont l'image ne tremble pas, mais elles sont extrêmement chères).

Toutes les jumelles portent sur leur axe des chiffres séparés par le signe ×, par exemple 8 × 30. Le premier correspond au grossissement, les seconds au diamètre de l'objectif (partie la plus éloignée de l'œil quand on regarde). Le rapport entre ces chiffres a une grande importance car il détermine la luminosité des images. Plus le diamètre de l'objectif est grand, plus les jumelles seront lumineuses, même si le temps est couvert ou si l'on se trouve à l'ombre. Les meilleures jumelles actuellement disponibles sont les modèles à prismes en toit, fabriqués en France, en Grande-Bretagne, en Allemagne et au Japon. Elles sont peu encombrantes, légères, donnent des images très précises, claires, et la distance minimale à laquelle on peut observer est relativement faible. Leur prix est élevé, mais si l'on en prend soin, elles durent très longtemps (les meilleures sont garanties 30 ans).

Avant de vous décider, regardez plusieurs modèles et demandez à les essayer dans la rue, à l'extérieur du magasin. Les personnes qui portent des lunettes choisiront un modèle prévu pour elles, dont les oculaires sont munis d'une bonnette repliable, en caoutchouc. Tout d'abord, réglez l'écartement des deux tubes de la jumelle de façon à ce qu'il corresponde à celui de vos yeux, après quoi, regardez une maison ou un arbre situé à grande distance et ensuite un bord de toit ou une porte à quelques mètres en tournant la molette centrale qui permet la mise au point. Regardez un objet ayant un bord rectiligne (toit ou mur) ; si ce bord reste toujours rectiligne quand vous déplacez votre regard du centre vers l'extérieur, les jumelles sont de bonne qualité. Vérifiez également qu'il n'y a pas d'aberrations chromatiques : y a-t-il une frange colorée au bord de chaque objet examiné ? Dans l'affirmative, n'achetez pas les jumelles car elles ont un défaut grave. Comparez plusieurs modèles de la même marque et différentes marques, mais ayant le même grossissement et des objectifs de même diamètre, de façon à apprécier les différences de luminosité, de rendu des couleurs et de champ (espace visible).

Si vous désirez observer les oiseaux de façon intensive, ne choisissez pas un modèle très bon marché, car même si la luminosité est bonne et s'il n'y a pas d'aberrations chromatiques ou d'autres défauts apparents, sa solidité, autrement dit sa longévité, risque d'être faible et vous serez vite déçu. Certaines jumelles ont un zoom permettant de faire varier le grossissement de 8 à 16 ou même 20. C'est en se servant souvent de ses jumelles que l'on apprend à repérer très rapidement un oiseau pour l'observer, qu'il soit posé ou en vol. Ne gardez pas les jumelles dans leur étui quand vous vous promenez pour observer des oiseaux, car ceux-ci partiront avant que vous ayez eu le temps de les regarder.

Certaines précautions sont indispensables pour profiter de la garantie et pour garder les jumelles en bon état le plus longtemps possible. Évitez tout ce qui pourrait rayer les objectifs et les oculaires ; ne les laissez pas tomber ; nettoyez les verres avec un papier spécial pour lunettes ; au bord de la mer, ne les utilisez pas si le vent soulève le sable, un de leurs pires ennemis (choisissez un modèle étanche si vous habitez une région côtière). Ne les laissez pas exposées à la pluie. Pour une utilisation intensive, choisissez un modèle gainé de caoutchouc qui les protégera contre les chocs légers.

Selon le milieu qu'ils fréquentent et selon leurs préférences, les ornithologistes utilisent différents types de jumelles. Ceux qui vont surtout en forêt ont besoin de jumelles grand

angle, mais de grossissement relativement faible, car la vue est vite limitée ; ceux qui observent des oiseaux au bord des étangs, lacs, côtes, préféreront une longue-vue et un grossissement plus fort.

Longues-vues
Une bonne longue-vue est irremplaçable pour l'observation à grande distance d'un oiseau rare, des oiseaux aquatiques ou des rapaces au nid, mais il est indispensable d'avoir un trépied sur lequel elle sera fixée au moyen d'un filetage ou d'un adaptateur. Les modèles actuellement en vente ont un corps coulissant ou, le plus souvent, fixe, avec un oculaire droit ou incliné à 45°. Certains modèles ont une tête rotative permettant de changer rapidement de grossissement, d'autres ont un zoom ou encore des oculaires interchangeables (montage à baïonnette).

Les grossissements compris entre 25 et 40 sont généralement préférables, mais il existe d'excellents modèles (très chers) ayant des grossissements de 80 à 100. Là encore, avant l'achat, comparez plusieurs modèles et demandez l'avis d'un autre ornithologiste ayant déjà une longue-vue. Comme pour les jumelles, ne vous arrêtez pas seulement au prix.

Appareil-photo
Si vous souhaitez photographier les oiseaux, achetez un ouvrage consacré à la photo animalière, bien qu'il soit possible d'obtenir de bons résultats à faible distance du sujet avec un appareil réflex (l'image que l'on voit dans le viseur est celle que l'on aura sur le cliché). Certaines longues-vues sont prévues pour s'adapter sur un appareil réflex et servir de téléobjectif.

Magnétophone
Comme pour l'optique, la qualité des sons enregistrés dépend étroitement de celle du matériel, donc de son prix. Les meilleurs magnétophones sont chers, quels que soient leur encombrement et leur poids, mais il ne suffit pas d'avoir un bon appareil, il faut aussi disposer d'un très bon micro et d'une bonne bande. La plupart des preneurs de son emploient une parabole pour concentrer les émissions sonores des oiseaux et limiter dans une certaine mesure les bruits parasites, mais il faut savoir que l'enregistrement de la voix des oiseaux devient de plus en plus difficile car les lieux et les moments où l'on n'entend ni voiture, ni avion, se font de plus en plus rares. D'autre part, il faut une bonne dose de patience pour obtenir des documents corrects, et avoir la possibilité de se déplacer beaucoup afin de trouver une ambiance proche de l'idéal. On peut cependant obtenir des résultats passables avec un matériel bon marché. Une télécommande évite de déclencher l'appareil au moment nécessaire, et ainsi de déranger l'oiseau. Les appareils qui permettent d'écouter immédiatement la bande enregistrée sont un peu plus chers. Plus la vitesse de déroulement est élevée, meilleure sera la qualité du son.

Les enregistreurs à cassettes ne permettent pas de faire varier cette vitesse et les dictaphones ont une gamme de fréquence trop étroite, ce qui limite la finesse des enregistrements obtenus. Toutefois, certains « Walkman » miniatures, équipés d'un micro stéréophonique et d'une boule de mousse destinée à réduire le bruit du vent, permettent d'obtenir des enregistrements d'assez bonne qualité.

Tente-abri
Il y a quelques dizaines d'années, les ornithologistes utilisaient une tente-abri pour observer les oiseaux de près et surtout les photographier, car les performances de leurs appareils étaient assez faibles. Aujourd'hui, les choses ont changé, mais la tente-abri est toujours indispensable si l'on veut photographier de très près. Une voiture (à condition de se montrer discret à l'intérieur) est un excellent abri auquel les oiseaux semblent assez indifférents, car elle permet d'approcher certaines espèces sans les déranger outre mesure.

Vêtements
Portez des vêtements de teintes neutres, qui ne font pas de bruit. Évitez les cirés car ils sont bruyants et empêchent la transpiration de s'évaporer, en sorte qu'on se trouve aussi mouillé que si l'on n'avait pas d'imperméable... Une veste munie de grandes poches dans lesquelles on peut placer jumelles ou carnet de notes est utile. Un sac à dos devient indispensable dès que l'on transporte du matériel encombrant (longue-vue, appareil-photo, téléobjectif). Enfin, n'oubliez pas que les cordons de suspension de certaines jumelles sont beaucoup trop fins ; il est préférable de les munir d'une courroie plus large.

Où observer les oiseaux en Europe ?

Si vous vous intéressez aux oiseaux et à la nature en général, les voyages (professionnels ou d'agrément) vous offriront des occasions d'observation dont il serait dommage de ne pas profiter. Chaque pays a ses oiseaux, et parmi eux certains vous seront inconnus ; même au centre des grandes villes on peut observer des espèces absentes chez nous, par exemple le Martinet pâle dans le sud de l'Europe. Il est bien sûr possible de faire des voyages d'exploration ornithologique, mais de plus en plus certaines associations et certaines agences de voyage proposent des circuits ou des séjours ornithologiques. Les participants ont de grandes chances d'observer dans de bonnes conditions des oiseaux très localisés. En outre, ils bénéficient presque toujours d'accompagnateurs spécialisés qui les aident pour l'identification et les conduisent aux lieux les plus propices à l'observation.

Si vous voyagez seul, efforcez-vous de trouver les lieux les plus favorables à l'observation, car il est exaspérant de découvrir à la veille du départ qu'un site proche de l'hôtel abritait de nombreux oiseaux intéressants. Beaucoup d'oiseaux communs dans un pays vous seront inconnus. Dans certaines réserves, il existe des parcours accessibles au public et équipés d'abris d'où l'on peut regarder les oiseaux à loisir sans les déranger.

Les adresses ci-dessous sont pour la plupart celles d'associations privées qui vous donneront des renseignements sur les régions les plus intéressantes. Dans plusieurs pays, il existe des livres où l'on a répertorié les itinéraires et les sites où l'on peut voir un maximum d'espèces ou des rassemblements selon la saison. Ainsi, en France, la L.P.O. a édité en 1989 un guide intitulé *Où voir les oiseaux en France* (publié par Nathan) qui décrit 278 itinéraires. Vous pourrez aussi obtenir des renseignements dans certains offices de tourisme. Dans tous les cas, si vous participez à un voyage organisé ou si vous êtes à l'hôtel, dites que vous vous intéressez aux oiseaux. Plus il y aura de visiteurs qui expriment leur opinion à ce sujet, plus les habitants comprendront que les oiseaux attirent des touristes et cela peut faire progresser la cause de la conservation de la nature ; ils s'apercevront peut-être qu'ils ont intérêt à la protéger.

LA PROTECTION DES OISEAUX EN EUROPE

ALLEMAGNE
Deutscher Bund für Vogelschutz, 705 Waiblingen, Lange Strasse 34.

AUTRICHE
Oesterreichische Gesellschaft für Vogelkunde, Naturhistorisches Museum, 1-1014 Vienne 1.

BELGIQUE
Ligue royale belge pour la protection des oiseaux (LRBPO), 8 Durentijdlei, 2130 Brasschaat.

DANEMARK
Dansk Ornithologisk Forening, Faelledvej 9 Mezz, 2200 Copenhague N.

ESPAGNE
Sociedad Española de Ornitologia, Castellana 80, Madrid.

FINLANDE
Societas pro Fauna & Flora Fennica, Zoological Museum of the University, Novra Järnvagsgaten 13, Helsinki 10.

FRANCE
Ligue Française pour la Protection des Oiseaux (L.P.O.), La Corderie Royale, BP 263, 17305 Rochefort cedex.
Société Nationale de Protection de la Nature et d'Acclimatation de France, 57 rue Cuvier, 75005 Paris.

GRANDE-BRETAGNE
Royal Society for the Protection of Birds, The Lodge, Sandy, Beds. SG 19 2DL.

IRLANDE
Irish Society for the Protection of Birds. Dept. of Lands, 24 Upper Merrien Street, Dublin 2.

ITALIE
Lega Italiana per la Protezione degli Uccelli, Lungano Guicciardina 9, 50125 Firenze.

LUXEMBOURG
Ligue luxembourgeoise pour la protection de la nature et des oiseaux, BP 709, 2017 Luxembourg.

NORVÈGE
Zoologisk Museum, Sarsgatan 1, Oslo 5.

PAYS-BAS
Nederlandse Vereniging tot berscherming van Vogels. Droeberseweg 16B, Zeist 2740.

PORTUGAL
Sociedade Portuguesa de Ornitologia, Secçao de Zoologica, Faculda de Ciencas, Oporto.

SUÈDE
Svenska Naturskyddsföreningen, Kungsholms Strand 125, 11234 Stockholm.
Sveriges Ornitologiska Förening, Runebergsgatan 8, 11429 Stockholm.

SUISSE
Station Ornithologique Suisse, 6204 Sempach.

SITES REMARQUABLES POUR L'OBSERVATION DES OISEAUX

Danemark
1 Skagen
2 Rold Skov
3 Nord du Sjaelland
4 Copenhague
5 Ouest du Sjaelland
6 Lolland-Falster-Mon
7 Langeland
8 Sud du Jutland
9 Blaavandshug
10 Fjord Ringkøbing
11 Limfjorden

Grande-Bretagne
1 Shetland-Fair Isle
2 Speyside
3 Foulsheugh
4 Firth of Forth
5 Îles Farne
6 Wash
7 Minsmere
8 Tamise-Medway
9 Réservoirs de Londres
10 Portland-Weymouth
11 Slimbridge
12 Skokholm-Skomer
13 Estuaire de la Dee
14 Îles Hébrides

Irlande
1 Malin Head
2 Lough Neagh
3 Strangford Lough
4 Dublin-ile North Bul
5 Wexford Slobs
6 Île du cap Clear
7 Îles Kerry
8 Lough Akeagh
9 Lough Erne

Pays-Bas
1 Zwartemeer
2 Oostelijk Flevoland
3 De Hoge Veluwe
4 Naarder Meer
5 Lac Nieuwkoop
6 Delta du Rhin
7 Alkmaarder Meer
8 Zwanenwater
9 Texel

Belgique
1 Landes de Kalmthou
2 Campine
3 Genk
4 Hautes Fagnes (parc national)
5 Harchies
6 Blankaart
7 Estuaire de l'Yser
8 Zwin

France
1 Sologne
2 Brenne
3 Dombes
4 Lac du Bourget
5 Parc national de la Vanoise
6 Camargue
7 Languedoc
8 Gorges du Tarn
9 Saint-Flour
10 Port de Gavarnie
11 Landes
12 Île d'Olonne
13 Baie de Bourgneuf
14 Lac de Grand-Lieu
15 Golfe du Morbihan
16 Les Sept-Îles
17 Saint-Malo
18 Baie des Veys

Espagne
1 Montana de Covadonga
2 Pyrénées
3 Andorre
4 La Escala
5 Delta de l'Ebre
6 Majorque
7 Sierra Nevada
8 Ronda
9 Andalousie méridionale
10 Coto Donana
11 Huelva
12 Badajoz
13 Sierra de Guadarrama

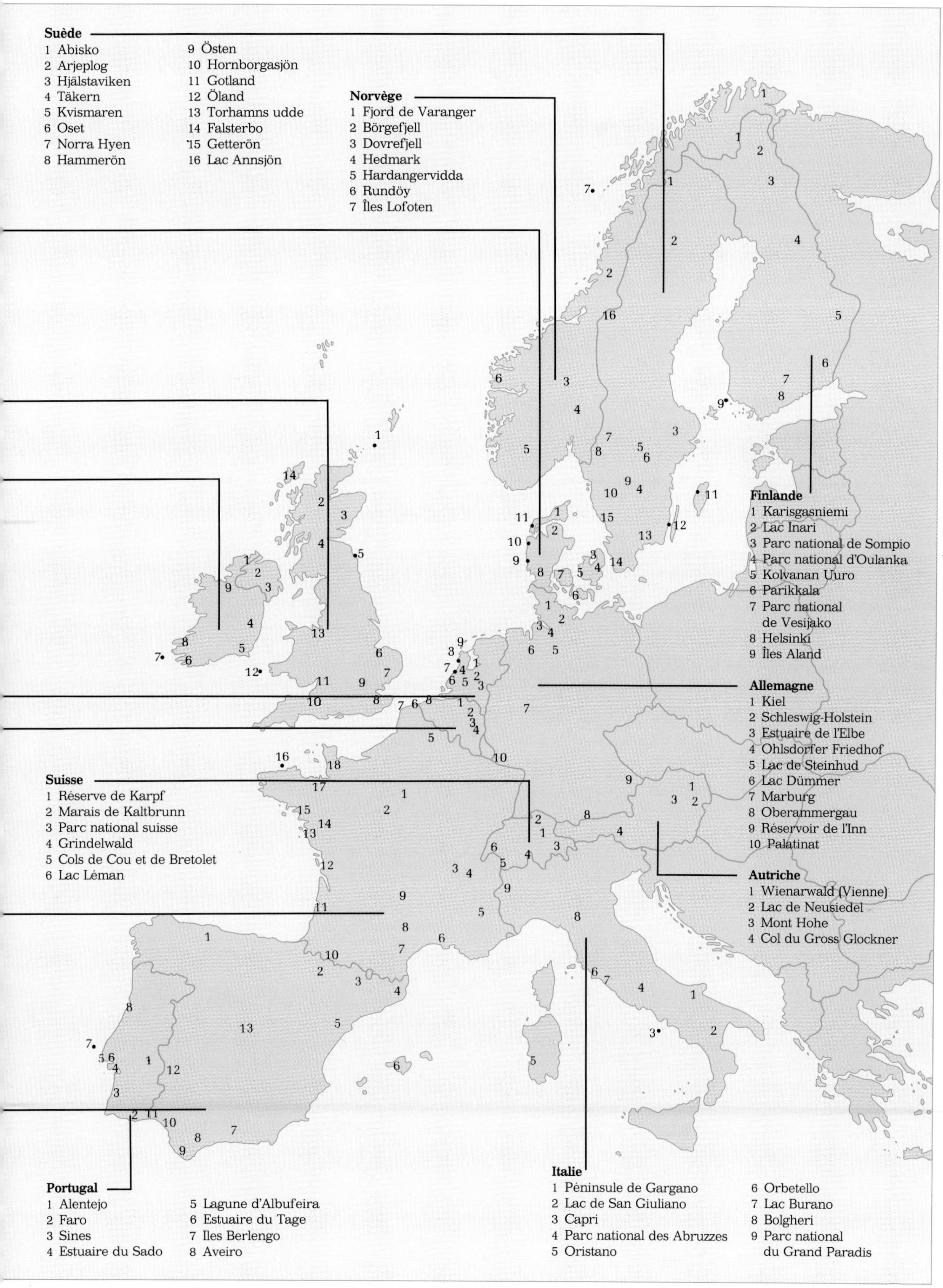
Suède
1 Abisko
2 Arjeplog
3 Hjälstaviken
4 Täkern
5 Kvismaren
6 Oset
7 Norra Hyen
8 Hammerön
9 Östen
10 Hornborgasjön
11 Gotland
12 Öland
13 Torhamns udde
14 Falsterbo
15 Getterön
16 Lac Annsjön
Norvège
1 Fjord de Varanger
2 Börgefjell
3 Dovrefjell
4 Hedmark
5 Hardangervidda
6 Rundöy
7 Îles Lofoten
Finlande
1 Karisgasniemi
2 Lac Inari
3 Parc national de Sompio
4 Parc national d'Oulanka
5 Kolvanan Uuro
6 Parikkala
7 Parc national de Vesijako
8 Helsinki
9 Îles Aland
Allemagne
1 Kiel
2 Schleswig-Holstein
3 Estuaire de l'Elbe
4 Ohlsdorfer Friedhof
5 Lac de Steinhud
6 Lac Dümmer
7 Marburg
8 Oberammergau
9 Réservoir de l'Inn
10 Palatinat
Suisse
1 Réserve de Karpf
2 Marais de Kaltbrunn
3 Parc national suisse
4 Grindelwald
5 Cols de Cou et de Bretolet
6 Lac Léman
Autriche
1 Wienarwald (Vienne)
2 Lac de Neusiedel
3 Mont Hohe
4 Col du Gross Glockner
Portugal
1 Alentejo
2 Faro
3 Sines
4 Estuaire du Sado
5 Lagune d'Albufeira
6 Estuaire du Tage
7 Iles Berlengo
8 Aveiro
Italie
1 Péninsule de Gargano
2 Lac de San Giuliano
3 Capri
4 Parc national des Abruzzes
5 Oristano
6 Orbetello
7 Lac Burano
8 Bolgheri
9 Parc national du Grand Paradis

Pour en savoir plus

EN FRANCE

– Muséum National d'Histoire Naturelle. Laboratoire des Mammifères et des Oiseaux, 55 rue de Buffon, 75005 Paris. Étroitement associé à la Société Ornithologique de France (même adresse) qui publie la revue *L'Oiseau* et la *Revue Française d'Ornithologie*.

– Société Nationale de protection de la nature et d'acclimatation de France, 57 rue Cuvier, 75005 Paris. Gère la réserve de Camargue.

– Société d'Études ornithologiques. Muséum National d'Histoire Naturelle, 91800 Brunoy. Publie la revue *Alauda*. Avec la Société Ornithologique de France, c'est l'autre association nationale. Toutes deux publient des travaux sur les oiseaux de France et d'autres pays.

– Ligue Française pour la Protection des Oiseaux (L.P.O.). La Corderie Royale, BP 263, 17305 Rochefort cedex. Publie une revue trimestrielle, *L'Oiseau Magazine*. Organise des voyages. Vend des livres, disques, cassettes, etc. Adresse à Paris (magasin) : 51 rue Laugier, 75017 Paris.

– Le Fonds d'Intervention pour les Rapaces (F.I.R.) est une association spécialisée dans l'étude et la protection des rapaces diurnes et nocturnes. Il s'occupe de la surveillance des nids de rapaces menacés et publie un bulletin de liaison. 29 rue du Mont Valérien, 92210 Saint-Cloud.

– La Fondation de la Tour du Valat, Le Sambuc, 13200 Arles, est la seule station privée d'études biologiques où l'ornithologie tient une place très importante.

Associations régionales publiant régulièrement un bulletin :

– Centre Ornithologique Lorrain, 176 rue Jeanne d'Arc, 54000 Nancy.

– Centre Ornithologique Auvergne, 2 bis rue du Clos Perret, 63100 Clermont-Ferrand.

– Groupe Angevin d'Études Ornithologiques, J.-C. Beaudoin, 3 allée des Aulnes, 49080 Bouchemaine.

– Groupe Ornithologique Normand, Université de Caen, 14032 Caen cedex.

– Centre régional ornithologique d'Aquitaine et des Pyrénées, BP 69, 33025 Bordeaux cedex.

– Groupe Ornithologique de Loire-Atlantique, C. Joannis, 49 avenue Camus, 44000 Nantes.

– Groupe Sarthois Ornithologique, 7 rue Saint-Flaceau, 72000 Le Mans.

– Groupe Ornithologique Vendéen, 4 place Albert Ier, 85000 La Roche-sur-Yon.

– Groupe Ornithologique Nord, L. Kérautret, 42 avenue de l'Abbaye des Prés, 59500 Douai.

– Centre d'Études Ornithologiques de Bourgogne, Laboratoire d'Écologie, Faculté des Sciences, bâtiment Mirande, 21100 Dijon.

– Centre Ornithologique de la Région Île-de-France, Muséum National d'Histoire Naturelle, 36 rue Geoffroy Saint-Hilaire, 75005 Paris.

– Groupe Ornithologique du Roussillon, BP 75, 66751 Saint-Cyprien-Village cedex.

– Centrale Ornithologique Picarde, salle polyvalente de l'Île aux Fagots, 43 chemin de halage, 80000 Amiens.

– Centre Ornithologique Rhône-Alpes (C.O.R.A.), Université de Lyon I, 43 boulevard du 11 novembre 1918, 69622 Villeurbanne.

– Groupe Ornithologique de la Vienne, 8 rue Jean-Jaurès, 86000 Poitiers.

– Centre d'Études Ornithologiques d'Alsace, 29 boulevard de la Victoire, 67000 Strasbourg.

– Groupe naturaliste de Franche-Comté, 3 rue Beauregard, 25000 Besançon.

– A.P.P.O.N. (Provence-Côte d'Azur), la Micouline, Sainte Trinide, BP 80, 83110 Sanary.

– Centre de Recherches ornithologiques de Provence, 6 rue Espariat, 13100 Aix-en-Provence.

EN BELGIQUE

– Société d'Études Ornithologiques Aves. Publie la revue *Aves*. 16 rue de la Cambre, bte 2, 1200 Bruxelles.

– Ligue royale belge pour la protection des oiseaux (L.R.B.P.O.), 8 Durentijdlei, 2130 Brasschaat. Publie la revue *L'homme et l'Oiseau*.

– Institut Royal des Sciences Naturelles de Belgique, 31 rue Vautier, 1040 Bruxelles.

EN SUISSE

– Société Romande pour l'étude et la protection des oiseaux, case postale 54, 1179 Prangins. Publie la revue *Nos Oiseaux*.

– Station Ornithologique Suisse, 6204 Sempach. Publie des brochures sur les oiseaux des différents milieux.

AU LUXEMBOURG

– Ligue luxembourgeoise pour la protection de la nature et des oiseaux, BP 709, 2017 Luxembourg. Publie la revue *Regulus*.

Livres sur les oiseaux
Chaque année on en publie de nouveaux, surtout en Grande-Bretagne et en Allemagne. Les ouvrages suivants sont des guides d'identification utiles en raison de leur valeur documentaire et de leur petit format, mais ils ne donnent aucun renseignement sur la biologie des oiseaux :

Guide des oiseaux d'Europe. Peterson, R.T., G. Mountfort, P.A.D. Hollom, P. Géroudet. Éditions Delachaux et Niestlé. Neuchâtel-Paris. 1954-1984 (constamment réédité).
Oiseaux d'Europe, d'Afrique du Nord et du Moyen-Orient. H. Heinzel, R. Fitter, J. Parslow. Delachaux et Niestlé. Neuchâtel, 1972 et éditions suivantes.
Tous les oiseaux d'Europe. B. Bruun, H. Delin, L. Svensson, A. Singer, D. Zetterström. Édition Bordas, Paris. 1981-1988.

Actuellement, les ouvrages les plus détaillés sur les oiseaux d'Europe sont en anglais et en allemand :

Handbook of the birds of Europe, the Middle East and North Africa. S. Cramp et K.E.L. Simmons (I-III), S. Cramp (IV-V), Oxford University Press, Oxford-New York. 1977-1988 (l'édition complète comptera 7 volumes).
Comporte pour chaque espèce deux cartes, des illustrations en couleurs et un texte condensé.
Handbuch der Vögel Mitteleuropas. U.N. Glutz von Blotzheim et K.M. Bauer, Akademische Verlagsgesellschaft, puis Aula Verlag, Wiesbaden (1966-1989). Plusieurs volumes doivent encore paraître. C'est de très loin le plus complet en ce qui concerne la documentation écrite, mais l'illustration est très réduite (dessins, quelques planches en couleurs, cartes seulement dans les tomes les plus récents).

Ouvrages plus accessibles sur les oiseaux d'Europe et du monde :

Le monde fascinant des oiseaux. E. Dunn, M. Cuisin. Éditions Gründ, Paris, 1981.

La Grande encyclopédie des oiseaux. K. Stastny. Éditions Gründ, Paris, 1989 (Oiseaux d'Europe seulement).

Oiseaux des pays d'Europe. J. Felix. Éditions Gründ, Paris, 1978.

L'ami des oiseaux. N. et K. Dawe, B. Scott. Éditions Gründ, Paris, 1990.

Oiseaux. M. Lambert, A. Pearson. Éditions Gründ, Paris, 1988.

Que faire si vous trouvez un oiseau blessé ou mazouté ?
Prenez contact par téléphone avec l'U.N.C.S. (Union Nationale des Centres de Sauvegarde), association dont les membres suivent un code de déontologie et recueillent les oiseaux blessés pour essayer de les réhabiliter. Il y a plusieurs dizaines de centres dont l'adresse peut être obtenue au siège social : Laboratoire de Phytopharmacie, I.N.R.A., route de Saint-Cyr, 78026 Versailles cedex. Téléphone : (16-1) 30 83 31 10 ou 30 83 31 34.

Pour un oiseau mazouté, en Bretagne, adressez-vous à la Station ornithologique de l'Île Grande, créée par la L.P.O. : 22560 Pleumeur-Bodou (Téléphone : (16) 96 91 91 40).

Pour transporter l'oiseau, munissez-vous de gants en cuir épais s'il s'agit d'un rapace ou d'un autre gros oiseau (faites attention aux griffes et au bec). Enfermez l'oiseau dans un carton pourvu de trous pour la respiration et, éventuellement, portez-le au centre de sauvegarde le plus proche.

Que faire si vous trouvez un oiseau (gibier ou non) porteur d'une bague ?
1) Il est mort. Retirez la bague ; chez vous, aplatissez-la, fixez-la avec du ruban adhésif au recto d'une lettre que vous enverrez au C.R.B.P.O. (Centre de Recherches sur la Biologie des Populations d'Oiseaux, 55 rue Buffon, 75005 Paris) avec les renseignements suivants : circonstances de la trouvaille, date, heure, lieu (commune, département), paysage (forêt, prairie, jardin, etc.), état de l'oiseau (écrasé sur une route, mort, tué à la chasse, réduit à l'état de squelette, etc.). N'oubliez pas d'indiquer votre propre adresse pour recevoir ultérieurement des informations sur le lieu et la date du baguage ainsi que sur l'oiseau (il n'est pas nécessaire de préciser l'espèce si on ne parvient pas à l'identifier, la bague suffit).
2) Il est vivant mais semble fatigué et se laisse prendre à la main. Lisez attentivement l'inscription figurant sur la bague et copiez-la immédiatement. Remettez l'oiseau à l'abri. Envoyez une lettre au C.R.B.P.O. en signalant les mêmes détails que précédemment et l'inscription de la bague.

Les oiseaux bagués en France portent des bagues sur lesquelles figure l'inscription « Oiseau Museum Paris » suivie d'une lettre ou d'un numéro (éventuellement des deux). Si, outre cette bague, l'oiseau porte des bagues de couleur en plastique, notez soigneusement leur nombre et leur disposition sur la ou les pattes (gauche, droite). Ces bagues sont destinées à l'identification à distance d'oiseaux migrateurs ou que l'on étudie dans leur territoire.

Le baguage ne peut être pratiqué que par les personnes qui ont effectué un ou plusieurs stages de formation où on leur apprend à identifier les oiseaux, à les manipuler et à les capturer avec des filets. Celles qui réussissent les épreuves reçoivent une carte d'identité qui est une autorisation de capture des oiseaux à des fins scientifiques et qu'elles doivent présenter à toute demande des autorités chargées de faire appliquer les règlements sur la chasse (gardes de l'Office National de la Chasse, O.N.C.).

Dans chaque pays, la liste des oiseaux protégés par la loi est fournie par les associations nationales de protection des oiseaux (en France, la L.P.O.).

Des oiseaux sont bagués dans presque tous les pays d'Europe. En France, on peut donc trouver des oiseaux portant des bagues avec les inscriptions suivantes qui indiquent leur provenance : London, Grande-Bretagne ; Bruxelles, Belgique ; Sempach, Suisse ; Radolfzell ou Helgoland, ou encore Hiddensee, Allemagne ; Bologna, Italie ; Mockba, U.R.S.S. ; Praha, Tchécoslovaquie ; Oslo, Norvège ; Leiden, Pays-Bas ; Warszawa, Pologne, etc.

Glossaire

Adulte Oiseau capable de se reproduire et qui porte un plumage généralement différent de celui des sujets immatures.

Albinisme Coloration blanche anormale due à une absence de pigmentation. L'albinisme peut être partiel ou total.

Alula (ou aile bâtarde) Groupe de petites plumes situées à la base de l'aile et qui peuvent être écartées pour empêcher l'oiseau de tomber en perte de vitesse. On les appelle aussi rémiges polliciales.

Axillaires Petites plumes situées sur la face inférieure de la base des ailes (à l'aisselle).

Baguage Marquage d'un oiseau au moyen d'une bague métallique placée autour d'une patte. Cette bague porte un numéro identifiant l'oiseau et l'adresse abrégée de l'institut qui l'a émise. Si l'oiseau est retrouvé ultérieurement, on saura d'où il vient, combien de temps il a porté la bague, etc. Le baguage est une méthode classique pour étudier les déplacements des oiseaux.

Carpienne (articulation) (ou poignet) Formée par deux petits os carpiens articulés, d'une part avec le radius et le cubitus, d'autre part avec les métacarpiens.

Cheville Chez les oiseaux, articulation intertarsienne située en haut de la partie visible des pattes et que l'on pourrait prendre pour le genou (celui-ci est caché sous la peau).

Couvée Nom donné à l'ensemble des œufs pondus dans un nid. L'incubation est l'action de couver.

Couvertures Plumes de contour qui recouvrent la base des ailes et de la queue.

Cryptique (coloration) Coloration du plumage qui camoufle l'oiseau parce qu'elle le rend invisible dans son habitat.

Éclipse (plumage d') Plumage terne que portent les mâles des Canards pendant une courte période suivant la saison de reproduction (en été).

Erratisme Terme employé pour désigner les déplacements non orientés de certains oiseaux pendant la mauvaise saison (c'est le cas des Chardonnerets, des Verdiers).

Famille Unité de la classification qui comprend un ou plusieurs genres. Exemple : la famille des Turdidés *(Turdidae)*.

Genre Unité de la classification qui comprend une ou plusieurs espèces. Exemple : le genre *Sylvia* (Fauvettes).

Immature Après le départ du nid, les jeunes oiseaux portent un plumage dit « juvénile » qui est mué de façon partielle ou complète et remplacé par un plumage d'immature. Celui-ci sera remplacé à son tour par le plumage de l'adulte quand l'oiseau aura atteint la maturité sexuelle.

Lek (ou arène) Lieu où les mâles de certains oiseaux se rassemblent pour parader à la saison de reproduction.

Métabolisme Ensemble des transformations chimiques qui ont lieu en permanence dans les cellules et les tissus d'un organisme.

Nuptial Plumage plus ou moins vivement coloré des oiseaux mâles à la saison de reproduction. Cet adjectif qualifie également les parades, cérémonies favorisant la formation des couples ou à tout le moins précédant l'accouplement.

Oisillon Jeune oiseau qui, à l'éclosion, est nu ou presque, incapable de voir (sauf exceptions), de se déplacer et qui dépend entièrement de ses parents (exemple : jeune Merle noir).

Passereau Oiseau faisant partie de l'ordre des Passériformes, le plus vaste de la classe des oiseaux puisqu'il réunit plus de la moitié des espèces connues. Les Passereaux ont pour caractères essentiels un organe vocal particulièrement développé et des pattes qui leur permettent de se percher aisément.

Pélagique Espèce qui passe une grande partie de sa vie au-dessus de la mer, loin des côtes (exemple : Pétrel tempête).

Phase (ou forme) À l'intérieur d'une espèce, ensemble des individus qui se distinguent par leur coloration. Ainsi, chez la Chouette hulotte il existe une phase rousse et une phase grise.

Plumes de couverture (ou tectrices) Plumes qui recouvrent le corps de l'oiseau et contribuent à lui donner sa silhouette. On les distingue des pennes, grandes plumes des ailes et de la queue. Certaines plumes de contour, ou couvertures, recouvrent la base des ailes et de la queue.

Polygamie Mode de reproduction où un mâle s'accouple avec plusieurs femelles (exemple : Tétras lyre) ou, plus rarement une femelle avec plusieurs mâles (exemple : Phalaropes).

Poussin Très jeune oiseau qui, à l'éclosion, est couvert de duvet et est capable de se déplacer au bout de quelques heures (exemples : Bécasse, Chevalier gambette).

Primaires (rémiges) Grandes plumes de l'aile fixées sur les os de la main.

Rectrices Grandes plumes de la queue fixée sur les dernières vertèbres caudales soudées.

Scapulaires Plumes situées sur les épaules. Elles font la transition entre les plumes de l'aile et celles du dos.

Secondaires Rémiges fixées sur le cubitus, l'un des deux os de l'avant-bras.

Sédentaires Espèces qui n'effectuent pas de déplacements migratoires au cours de leur existence et dont les membres ne quittent pas leur région d'origine (exemple : Moineau domestique).

Sub-adulte (ou presque adulte) Oiseau en train d'acquérir le plumage d'adulte mais qui porte encore une partie du plumage d'immature.

Tarse Partie généralement la plus visible des pattes d'un oiseau. Selon l'espèce, il est recouvert d'écailles cornées (cas général) ou de plumes.

Taxinomie Science de la classification des êtres vivants.

Tertiaires (rémiges) Groupe de rémiges fixées sur l'humérus et situées après les rémiges secondaires ; elles sont très développées chez certains oiseaux.

Index des noms latins

A
Accipiter gentilis 133
Accipiter nisus 131
Acrocephalus arundinaceus 42
Acrocephalus palustris 39
Acrocephalus schoenobaenus 38
Acrocephalus scirpaceus 39
Aegithalos caudatus 19
Aegypius monachus 239
Alauda arvensis 75
Alca torda 231
Alcedo atthis 103
Alectoris rufa 127
Anas acuta 197
Anas clypeata 205
Anas crecca 195
Anas penelope 198
Anas platyrhynchos 200
Anas querquedula 196
Anas strepera 199
Anser albifrons 186
Anser anser 189
Anser brachyrhynchus 188
Anser fabalis 188
Anthus campestris 79
Anthus pratensis 77
Anthus spinoletta petrosus 78
Anthus spinoletta spinoletta 78
Anthus trivialis 76
Apus apus 86
Apus melba 87
Aquila chrysaetos 142
Aquila heliaca adalberti 240
Ardea cinerea 176
Ardea purpurea 177
Ardeola ralloides 237
Arenaria interpres 154
Asio flammeus 147
Asio otus 145
Athene noctua 144
Aythya ferina 203
Aythya fuligula 201
Aythya marila 201
Aythya nyroca 203

B
Bombycilla garrulus 98
Botaurus stellaris 237
Branta bernicla 187
Branta canadensis 185
Branta leucopsis 184
Bubulcus ibis 236
Bucephala clangula 204
Buteo buteo 138
Buteo lagopus 239

C
Calidris alba 150
Calidris alpina 152
Calidris canutus 160
Calidris ferruginea 238
Calidris maritima 155
Calidris minutus 153
Calidris temminckii 238
Caprimulgus europaeus 129
Carduelis cannabina 24
Carduelis carduelis 27
Carduelis chloris 26
Carduelis flammea 25
Carduelis flavirostris 24
Carduelis spinus 29
Cepphus grylle 232
Certhia familiaris 63
Cettia cetti 41
Charadrius alexandrinus 151
Charadrius dubius 149
Charadrius hiaticula 148
Chlidonias niger 228
Ciconia ciconia 178
Cinclus cinclus 88
Circaetus gallicus 240
Circus aeruginosus 136
Circus cyaneus 137
Circus pygargus 137
Cisticola juncidis 35
Clangula hyemalis 206
Coccothraustes coccothraustes 32
Columba livia 105
Columba oenas 107
Columba palumbus 106
Coracias garrulus 102
Corvus corax 120
Corvus corone cornix 121
Corvus corone corone 121
Corvus frugilegus 118
Corvus monedula 119
Coturnix coturnix 122
Crex crex 122
Cuculus canorus 128
Cygnus bewickii 182
Cygnus cygnus 182
Cygnus olor 183

D
Delichon urbica 84
Dendrocopos major 112
Dendrocopos minor 113
Dryocopus martius 111

E
Egretta garzetta 236
Emberiza calandra 73
Emberiza cia 69
Emberiza cirlus 66
Emberiza citrinella 67
Emberiza hortulana 68
Emberiza schoeniclus 70
Erithacus rubecula 21
Eudromias morinellus 238

F
Falco columbarius 135
Falco eleonorae 240
Falco peregrinus 134
Falco subbuteo 132
Falco tinnunculus 126
Ficedula albicollis 60
Ficedula hypoleuca 60
Fratercula arctica 213
Fringilla coelebs 31
Fringilla montifringilla 30
Fulica atra 190
Fulmarus glacialis 230

G
Galerida cristata 74
Gallinago gallinago 167
Gallinula chloropus 191
Garrulus glandarius 117
Gavia arctica 181
Gavia immer 181
Gavia stellata 180
Gelochelidon nilotica 227
Glareola pratincola 238
Grus grus 236
Gypaetus barbatus 239
Gyps fulvus 239

H
Haematopus ostralegus 174
Hieraaetus pennatus 240
Himantopus himantopus 172
Hippolais icterina 46
Hippolais polyglotta 47
Hirundo daurica 240
Hirundo rupestris 240
Hirundo rustica 83

I
Ixobrychus minutus 237

J
Jynx torquilla 64

L
Lagopus lagopus lagopus 123
Lagopus lagopus scoticus 123
Lagopus mutus 239
Lanius collurio 100
Lanius excubitor 99
Lanius minor 99
Lanius senator 101
Larus argentatus 214
Larus canus 215
Larus fuscus 217
Larus glaucoides 219
Larus hyperboreus 219
Larus marinus 216
Larus minutus 223
Larus ridibundus 218
Limosa lapponica 168
Limosa limosa 169
Locustella luscinioides 40
Locustella naevia 37
Loxia curvirostra 34
Loxia leucoptera 257
Loxia pytyopsittacus 257
Lullula arborea 72
Luscinia megarhynchos 61
Luscinia svecica 56
Lymnocryptes minimus 167
Lyrurus tetrix 124

M
Melanitta fusca 212
Melanitta nigra 212
Mergus albellus 207
Mergus merganser 208
Mergus serrator 209
Merops apiaster 104
Milvus migrans 141
Milvus milvus 141
Monticola saxatilis 89
Monticola solitarius 89

Montifringilla nivalis 239
Motacilla alba alba 82
Motacilla alba yarrelli 82
Motacilla cinerea 80
Motacilla flava 81
Muscicapa striata 62

N
Neophron percnopterus 240
Netta rufina 202
Nucifraga caryocatactes 116
Numenius arquata 170
Numenius phaeopus 171
Nycticorax nycticorax 237

O
Oenanthe hispanica 240
Oenanthe leucura 240
Oenanthe oenanthe 57
Oriolus oriolus 96
Otus scops 144

P
Pandion haliaetus 140
Panurus biarmicus 36
Parus ater 17
Parus caeruleus 15
Parus cristatus 18
Parus major 14
Parus montanus 16
Parus palustris 16
Passer domesticus 23
Passer montanus 22
Perdix perdix 127
Pernis apivorus 139
Phalacrocorax aristotelis 235
Phalacrocorax carbo 234
Phalaropus fulicarius 238
Phalaropus lobatus 238
Phasianus colchicus 126
Philomachus pugnax 159
Phoenicopterus ruber 237
Phoenicurus ochruros 59
Phoenicurus phoenicurus 58
Phylloscopus bonelli 44
Phylloscopus collybita 45
Phylloscopus sibilatrix 44
Phylloscopus trochilus 45
Pica pica 115
Picus canus 110
Picus viridis 110
Platalea leucorodia 175
Plectrophenax nivalis 71
Pluvialis apricaria 162
Pluvialis squatarola 163
Podiceps auritus 192
Podiceps cristatus 193
Podiceps grisoigona 236
Podiceps nigricollis 192
Podiceps ruficollis 194
Prunella modularis 20
Puffinus puffinus 229
Pyrrhocorax graculus 239
Pyrrhocorax pyrrhocorax 239
Pyrrhula pyrrhula 33

R
Rallus aquaticus 179
Recurvirostra avosetta 173
Regulus ignicapillus 13
Regulus regulus 13
Riparia riparia 85
Rissa tridactyla 222

S
Saxicola rubetra 55
Saxicola torquata 54
Scolopax rusticola 166
Serinus serinus 28
Sitta europaea 65
Somateria mollissima 211
Stercorarius longicaudus 221
Stercorarius parasiticus 221
Stercorarius pomarinus 220
Stercorarius skua 220
Sterna albifrons 226
Sterna hirundo 224
Sterna paradisaea 225
Sterna sandvicensis 227
Streptopelia decaocto 109
Streptopelia turtur 108
Strix aluco 143
Sturnus vulgaris 97
Sula bassana 233
Sylvia atricapilla 48
Sylvia borin 49
Sylvia cantillans 53
Sylvia communis 50
Sylvia curruca 51
Sylvia melanocephala 53
Sylvia nisoria 43
Sylvia undata 52

T
Tadorna tadorna 210
Tetrao urogallus 125
Tringa glareola 156
Tringa hypoleucos 158
Tringa nebularia 164
Tringa ochropus 157
Tringa totanus 165
Troglodytes troglodytes 12
Turdus iliacus 93
Turdus merula 94
Turdus philomelos 90
Turdus pilaris 92
Turdus torquatus 94
Turdus viscivorus 91
Tyto alba 146

U
Upupa epops 114
Uria aalge 232

V
Vanellus vanellus 161

Index des noms communs

A
Accenteur mouchet 20
Aigle botté 240
Aigle impérial 240
Aigle royal 142
Aigrette garzette 236
Alouette des champs 75
Alouette lulu 72
Autour des palombes 133
Avocette 173

B
Balbuzard pêcheur 140
Barge à queue noire 169
Barge rousse 168
Bécasse des bois 166
Bécasseau cocorli 238
Bécasseau maubèche 160
Bécasseau minute 153
Bécasseau sanderling 150
Bécasseau de Temminck 238
Bécasseau variable 152
Bécasseau violet 155
Bécassine des marais 167
Bécassine sourde 167
Bec-croisé bifascié 257
Bec-croisé perroquet 257
Bec-croisé des sapins 34
Bergeronnette grise 82
Bergeronnette printanière 81
Bergeronnette des ruisseaux 80
Bergeronnette de Yarrell 82
Bernache du Canada 185
Bernache cravant 187
Bernache nonnette 184
Blongios nain 237
Bondrée apivore 139
Bouscarle de Cetti 41
Bouvreuil pivoine 33
Bruant jaune 67
Bruant fou 69
Bruant des neiges 71
Bruant ortolan 68
Bruant proyer 73
Bruant des roseaux 70
Bruant zizi 66
Busard cendré 137
Busard harpaye 136
Busard des roseaux 136
Busard Saint-Martin 137
Buse pattue 239
Buse variable 138

C
Caille des blés 122
Canard chipeau 199
Canard colvert 200
Canard pilet 197
Canard siffleur 198
Canard souchet 205
Casse-noix moucheté 116
Chardonneret 27
Chevalier aboyeur 164
Chevalier cul-blanc 157
Chevalier gambette 165
Chevalier guignette 158
Chevalier sylvain 156
Chocard à bec jaune 239
Choucas des tours 119
Chouette chevêche 144
Chouette effraie 146
Chouette hulotte 143
Cigogne blanche 178
Cincle plongeur 88
Circaète Jean-le-Blanc 240
Cisticole des joncs 35
Cochevis huppé 74
Combattant 159
Corbeau freux 118
Cormoran huppé 235
Corneille mantelée 121
Corneille noire 121
Coucou gris 128
Courlis cendré 170
Courlis corlieu 171
Crave à bec rouge 239
Cygne de Bewick 182
Cygne sauvage 182
Cygne tuberculé 183

D
Dur-bec des sapins 257

E
Échasse blanche 172
Eider à duvet 211
Engoulevent d'Europe 129
Épervier d'Europe 131
Étourneau sansonnet 97

F
Faisan de Colchide 126
Faucon crécerelle 130
Faucon d'Éléonore 240
Faucon émerillon 135
Faucon hobereau 132
Faucon pèlerin 134
Fauvette babillarde 51
Fauvette épervière 43
Fauvette grisette 50
Fauvette des jardins 49
Fauvette mélanocéphale 53
Fauvette passerinette 53
Fauvette pitchou 52
Fauvette à tête noire 48
Flamant rose 237
Fou de Bassan 233
Foulque macroule 190
Fuligule milouin 203
Fuligule milouinan 201
Fuligule morillon 201
Fuligule nyroca 203
Fulmar 230

G
Garrot à œil d'or 204
Geai des chênes 117
Glaréole à collier 238
Gobe-mouches à collier 60
Gobe-mouches gris 62
Gobe-mouches noir 60
Goéland à ailes blanches 219
Goéland argenté 214
Goéland bourgmestre 219
Goéland brun 217
Goéland cendré 215
Goéland marin 216
Gorge-bleue 56
Grand butor 237
Grand corbeau 120
Grand cormoran 234
Grand gravelot 148
Grand labbe 220
Grand tétras 125
Gravelot à collier interrompu 151
Grèbe castagneux 194
Grèbe à cou noir 192
Grèbe esclavon 192
Grèbe huppé 193
Grèbe jougris 236
Grimpereau des bois 63
Grive draine 91
Grive litorne 92
Grive mauvis 93
Grive musicienne 90
Gros-bec 32
Grue cendrée 236
Guêpier d'Europe 104
Guifette noire 228
Guillemot à miroir 232
Guillemot de Troïl 232
Gypaète barbu 239

H
Harelde 206
Harle bièvre 208
Harle huppé 209
Harle piette 207
Héron bihoreau 237
Héron cendré 176
Héron crabier 237
Héron garde-bœuf 236
Héron pourpré 177
Hibou des marais 147
Hibou moyen-duc 145
Hibou petit-duc 144
Hirondelle de cheminée 83
Hirondelle de fenêtre 84
Hirondelle de rivage 85
Hirondelle de rocher 240
Hirondelle rousseline 240
Huîtrier-pie 174
Huppe fasciée 114
Hypolaïs ictérine 46
Hypolaïs polyglotte 47

J
Jaseur boréal 98

L
Labbe à longue queue 221
Labbe parasite 221
Labbe pomarin 220
Lagopède alpin 239
Lagopède d'Écosse 123
Lagopède des saules 123
Linotte à bec jaune 24
Linotte mélodieuse 24
Locustelle luscinioïde 40
Locustelle tachetée 37
Loriot jaune 96

M
Macareux moine 213

Macreuse brune 212
Macreuse noire 212
Martinet alpin 87
Martinet noir 86
Martinet à ventre blanc 87
Merle bleu 89
Merle noir 94
Martin-pêcheur 103
Merle à plastron 94
Merle de roche 89
Mésange bleue 15
Mésange boréale 16
Mésange charbonnière 14
Mésange huppée 18
Mésange à longue queue 19
Mésange à moustaches 36
Mésange noire 17
Mésange nonnette 16
Milan noir 141
Milan royal 141
Moineau domestique 23
Moineau friquet 22
Mouette pygmée 223
Mouette rieuse 218
Mouette tridactyle 222

N

Nette rousse 202
Niverolle 239

O

Oie à bec court 188
Oie cendrée 189
Oie des moissons 188
Oie rieuse 186

P

Percnoptère d'Égypte 240
Perdrix grise 127
Perdrix rouge 127
Petit gravelot 149
Pétrel glacial 230
Phalarope à bec étroit 238
Phalarope à bec large 238
Phragmite des joncs 38
Pic cendré 110
Pic épeiche 112
Pic épeichette 113
Pic noir 111
Pic vert 110
Pie bavarde 115
Pie-grièche écorcheur 100
Pie-grièche grise 99
Pie-grièche à poitrine rose 99
Pie-grièche à tête rousse 101
Pigeon biset 105
Pigeon colombin 107
Pigeon ramier (= Palombe) 106
Pingouin torda 231
Pinson des arbres 31
Pinson du Nord 30
Pipit des arbres 76
Pipit farlouse 77
Pipit maritime 78
Pipit rousseline 79
Pipit spioncelle 78
Plongeon arctique 181
Plongeon catmarin 180
Plongeon imbrin 181
Pluvier argenté 163
Pluvier doré 162
Pluvier guignard 238
Pouillot de Bonelli 44
Pouillot fitis 45
Pouillot siffleur 44
Pouillot véloce 45
Poule d'eau 191
Puffin des Anglais 229

R

Râle d'eau 179
Râle de genêts 122
Roitelet huppé 13
Roitelet triple-bandeau 13
Rollier d'Europe 102
Rossignol philomèle 61
Rouge-gorge 21
Rouge-queue à front blanc 58
Rouge-queue noir 59
Rousserolle effarvatte 39
Rousserolle turdoïde 42
Rousserolle verderolle 39

S

Sarcelle d'été 196
Sarcelle d'hiver 195
Serin cini 28
Sittelle torchepot 65
Sizerin flammé 25
Spatule blanche 175
Sterne arctique 225
Sterne caugek 227
Sterne hansel 227
Sterne naine 226
Sterne pierregarin 224

T

Tadorne de Belon 210
Tarin des aunes 29
Tétras lyre 124
Torcol fourmilier 64
Tournepierre à collier 154
Tourterelle des bois 108
Tourterelle turque 109
Traquet motteux 57
Traquet oreillard 240
Traquet pâtre 54
Traquet rieur 240
Traquet tarier 55
Troglodyte 12

V

Vanneau huppé 161
Vautour fauve 239
Vautour moine 239
Verdier 26

Sources

Pour la préparation de cette édition, nous avons consulté un grand nombre de livres et de revues, et plus particulièrement les suivants :

A Field guide to Birds' Nests, B. Campbell et I.J. Ferguson-Lees, Constable 1972 ; *A Field guide to the Nests, Eggs and Nestlings of British and European Birds*, Colin Harrison, Collins 1975 ; *A Guide to Bird-watching in Europe*, I.J. Ferguson-Lees, Bodley Head 1975 ; *A New Dictionary of Birds*, Landsborough Thomson, Nelson 1964 ; *Atlas of European Birds*, Nelson 1960 ; *Birds of the World* (volumes 1 à 10), John Gooders (éd.), IPCS 1969-1971 ; *Book of British Birds*, AA/Reader's Digest 1969 ; *Field Guide to the Birds of Britain and Europe*, Heinzel, Fitter and Parslow ; *Finches*, Ian Newton, Collins New Naturalist 1972 ; *Handbook of Waterfowl Behaviour*, P.A. Johnsgard, Constable 1965 ; *The Handbook of British Birds* (5 volumes), Witherby, Jourdain, Ticehurst, Tucker, Witherby, 1943-1944 (édition revue) ; *The Herring Gull's World*, Niko Tinbergen, Collins 1953 ; *The Life of Birds*, Joel Carl Welty, Constable 1964 ; *The World Atlas of Birds*, Mitchell Beazley 1974 ; *Nest Boxes*, Chris de Feu, BTO 1985 ; *A Dictionary of Birds*, B. Campbell et E. Lack, Poyser 1985 ; *The Birds of the Western Palearctic* (4 volumes), S. Cramp et K.E.L. Simmons, Oxford 1977-1985 ; *Binoculars, Telescopes and Cameras*, J.J.M. Flegg, BTO 1985.

Les auteurs remercient également la firme Opticron de St-Albans, Hertfordshire, pour ses renseignements et son catalogue de longues-vues et jumelles.